权威·前沿·原创

皮书系列为
"十二五""十三五""十四五"时期国家重点出版物出版专项规划项目

BLUE BOOK

智 库 成 果 出 版 与 传 播 平 台

气候经济蓝皮书

BLUE BOOK OF CLIMATE ECONOMICS

中国气候金融发展报告

（2024）

ANNUAL REPORT ON THE DEVELOPMENT OF CHINA'S CLIMATE FINANCE (2024)

中国社会科学院大学

组织编写／东方证券股份有限公司

中国城市经济学会

主　　编／潘家华　朱　民

执行主编／陈洪波

副 主 编／宋雪枫　李　萌　陈　刚　钟春平

社会科学文献出版社

SOCIAL SCIENCES ACADEMIC PRESS (CHINA)

图书在版编目（CIP）数据

中国气候金融发展报告. 2024／中国社会科学院大学，东方证券股份有限公司，中国城市经济学会组织编写；潘家华，朱民主编；陈洪波执行主编；宋雪枫等副主编. --北京：社会科学文献出版社，2024.10.
（气候经济蓝皮书）. -- ISBN 978-7-5228-4365-0

Ⅰ. F832. 5

中国国家版本馆 CIP 数据核字第 2024H1Q001 号

气候经济蓝皮书

中国气候金融发展报告（2024）

组织编写／中国社会科学院大学　东方证券股份有限公司　中国城市经济学会
主　　编／潘家华　朱　民
执行主编／陈洪波
副 主 编／宋雪枫　李　萌　陈　刚　钟春平

出 版 人／冀祥德
组稿编辑／恽　薇
责任编辑／颜林柯　高　雁　贾立平
责任印制／王京美

出　　　版／社会科学文献出版社·经济与管理分社（010）59367226
　　　　　　地址：北京市北三环中路甲 29 号院华龙大厦　邮编：100029
　　　　　　网址：www. ssap. com. cn
发　　　行／社会科学文献出版社（010）59367028
印　　　装／天津千鹤文化传播有限公司

规　　　格／开　本：787mm×1092mm　1/16
　　　　　　印　张：26.25　字　数：395 千字
版　　　次／2024 年 10 月第 1 版　2024 年 10 月第 1 次印刷
书　　　号／ISBN 978-7-5228-4365-0
定　　　价／158.00 元

读者服务电话：4008918866

《中国气候金融发展报告（2024）》
编 委 会

主要编撰者简介

　　潘家华　博士，中国社会科学院学部委员，中国社会科学院大学教授、博士生导师，中国社会科学院可持续发展研究中心主任。兼任国家气候变化专家委员会副主任委员、中国生态文明研究与促进会副会长、政府间气候变化专门委员会（IPCC）减缓评估报告主笔。1992年毕业于英国剑桥大学，获经济学博士学位，曾任中国社会科学院生态文明研究所所长、研究员，外交部外交政策咨询委员会委员，联合国开发计划署高级项目官员，IPCC减缓工作组高级经济学家，《城市与环境研究》主编等。享受国务院特殊津贴，入选文化名家暨"四个一批"人才工程。主要研究领域包括可持续城市化、气候变化经济学、可持续发展经济学、生态文明新范式经济学等。主持国家社会科学基金重大、国家自然科学基金重点、国家重大科技支撑等国家项目，中国社会科学院重大招标、重大国情项目，以及有关部委、地方政府委托和国际合作项目60余项。在《中国社会科学》、《经济研究》、*Nature*、*Science*、*Oxford Review of Economic Policy* 等学术期刊上发表论文300余篇，出版学术专著10余部，获中国社会科学院优秀科研成果奖、孙冶方经济科学奖、中华宝钢环境（学术）奖等重要学术奖项20多项。

　　朱　民　博士，中国国际经济交流中心资深专家委委员，世界经济论坛（WEF）董事会董事。兼任G20全球公共服务融资高级别委员会委员，联合国经济和发展高级别咨询委员会委员。于约翰·霍普金斯大学获得经济学博士与硕士学位，于普林斯顿大学伍德罗·威尔逊公共和国际事务学院获得公共管理硕士学位，于复旦大学获得经济学学士学位。2020~2024年任中国国际经济交流中心副理事长，2017~2022年任清华大学国家金融研究院院长，2011年7月至2016年7月担任国际货币基金组织（IMF）副总裁，是首位出任IMF高层管理职位的中国人。此前，曾担任中国人民银行副行长和中国银行副行长。曾在世界银行工作，并在约翰·霍普金斯大学和复旦大学讲授经济学。

陈洪波 博士，中国社会科学院大学应用经济学院副院长、教授、博士生导师，中国城市经济学会秘书长，中国社会科学院可持续发展研究中心副主任。2002年12月毕业于华中科技大学，获得经济学博士学位，2003年3月进入中国社会科学院从事博士后研究，研究方向为气候变化经济分析。2004~2005年被国家公派赴英国剑桥大学经济系研修能源-环境-经济模型。回国后先后在中国社会科学院生态文明研究所（原城市发展与环境研究所）和中国社会科学院大学从事研究与教学工作，主要研究领域为气候变化经济与政策分析、气候金融、新能源经济学等。先后发表论文60余篇，出版著作5部，主持国际国内课题50余项，获得国家科技进步奖二等奖等5项省部级以上奖项。

宋雪枫 博士，正高级经济师。上海机场（集团）有限公司副总裁、财务总监。2006年毕业于上海交通大学，获得管理学博士学位。2005~2012年任申能股份有限公司总经理助理、副总经理、总会计师、财务部经理，上海浦东发展银行股份有限公司监事，申能集团财务有限公司监事长，上海外高桥第二发电有限责任公司监事长等职务；2010年11月至2011年11月为中组部、团中央第十一批博士服务团成员，挂职任四川省自贡市市长助理；2012~2021年任申能（集团）有限公司总经理助理、副总经理、党委委员，上海诚毅投资管理有限公司总经理、董事长，东方证券股份有限公司监事会主席、党委书记等职务。主要研究领域为企业经营管理、企业财务管理、党务。2007 年被评为中国优秀首席信息官（CIO），2008 年被评为上海市先进会计工作者，2011 年被评为自贡市荣誉市民等。

李　萌　博士，中国社会科学院生态文明研究所研究员，中国社会科学院可持续发展研究中心理论部主任，中国社会科学院生态文明研究智库环境治理与生态修复部主任，中国生态经济学会城市生态经济专业委员会副主任。近年来，致力于生态环境的治理与可持续发展问题研究，主持国家社会科学基金项目、国情调研课题 5 项，完成欧盟、美国、印度、荷兰、英国等国外合作课题 12 项，国家发展和改革委员会、生态环境部及地方政府委托的相关课题 37 项。在核心期刊上发表论文 70 余篇，其中多篇文章被《人大复印报刊资料》《新华文摘》《中国社会科学文摘》等转载。出版专著 6 部，发表研究报告 120 余篇。部分研究成果和对策建议得到国家有关部门的认可，并在地方获得有效实践。获省部级信息对策一等奖、二等奖、三等奖若干次。

陈　刚　管理科学与工程博士。东方证券首席研究总监、总裁助理兼研究所所长，并担任清华大学全球证券市场研究院学术委员，复旦大学经济学院、上海交通大学高级经济学院、中国科技大学管理学院校外导师。具备多年证券研究和管理经验，先后任职于中原证券、上海融昌资产管理公司、光大证券研究所，曾获上海市青年五四奖章、上海市"金才"、新财富最佳分析师第一名等奖项，并获评 2023 年沪上金融行业创新人物。

钟春平　博士，中国社会科学院财经战略研究院教授，中国社会科学院大学教授、博士生导师。2004 年毕业于华中科技大学，获经济学博士学位，2004～2006 年为招商银行（西南财经大学）金融学博士后，2009～2010 年为国家公派多伦多大学访问学者，华中科技大学副教授（2006～2011 年）、教授（2011～2013 年）。主要研究领域为宏观经济学、金融学和公共经济学。在《经济研究》《经济学季刊》《金融研究》等中文期刊上发表论文数十篇，在 *Applied Economics Letters*、*Journal of Economic Policy Reform* 等国际

SSCI、SCI 期刊上发表论文多篇，出版学术专著多部。主持国家社科基金重点项目、教育部人文社科一般项目、全国统计科学重点课题、国家开发银行重点课题及中国社会科学院课题等多项。曾获霍英东教育基金会优秀青年教师奖（2011 年）、湖北省优秀社科成果奖（2009 年、2013 年）、张培刚发展经济学优秀博士论文奖（2004 年）等。

摘　要

　　全球平均温度逐年升高，气候变化呈加速态势，极端气候事件发生的频率增加，给地球生态系统和人类经济社会发展与健康带来严重威胁。应对气候变化需要世界各国及各个行业的共同行动，其中包括金融部门的参与和支持。气候金融是近年来金融领域刚刚兴起的一个重要分支，是应对气候变化的重要工具，发挥好气候金融的作用，对减缓与适应气候变化具有十分重要的意义。为此，中国社会科学院大学、东方证券股份有限公司和中国城市经济学会联合组织编写了《中国气候金融发展报告（2024）》。本书明确界定了气候金融的概念内涵，分析了气候金融风险的类型和传导机制，测算了我国气候投融资需求与缺口；构建了气候金融风险指数并分区域、分行业评估了我国气候金融风险的现状与态势；概述了我国碳市场与碳金融、银行业、保险业、证券业、绿色气候基金和 ESG 等领域气候金融发展的最新现状、特征与未来趋势；梳理了发达国家（地区）、国际组织以及我国可再生能源、储能行业的典型案例，以期为推动我国气候金融发展提供参考。本书共分为以下五大部分。

　　第一部分为总报告。首先，报告认为，在全球气候变化日趋严峻的背景下，气候金融作为一个新兴领域越来越受到广泛关注。气候金融源于气候融资，但随着气候变化相关风险逐渐成为金融风险的一个新的重要来源，气候金融概念的内涵扩展到包括气候投融资和气候金融风险管理在内的所有与气候相关的金融产品、服务、工具、标准、市场、监管和政策的总称，气候金融的框架尚未建立，认知尚未统一，本报告试图沿着气候投融资和气候金融

风险两大主线进行初步探讨。其次，报告梳理了气候金融风险认知的形成过程，概述了气候金融风险的类型及传导机制，以及我国气候金融风险的基本情况。再次，报告从减缓和适应两个方面初步测算了我国气候投融资需求，总结了我国气候投融资方面的进展。虽然目前气候投融资行动不断推进，但仍存在巨大的资金缺口。在减缓方面，我国在2021~2060年总计面临42.97万亿元的资金缺口，年均约为1.074万亿元；在适应方面，气候投融资的资金主要来源于公共资金，市场化投融资机制尚未建立，未来有可能因适应投融资不足而面临巨大损失。最后，报告从提高气候金融认知、加强气候金融风险评估、完善监管体系和加强国际合作等多个方面，提出促进气候金融发展的政策建议。

第二部分为指数篇。报告利用文本分析的方法构建气候变化词典，基于融资和投资的计量模型和2016~2022年的上市公司样本，构建了气候变化风险对企业投融资的冲击指数，在此基础上，进一步构建气候变化对不同省份、不同行业的气候变化风险冲击指数。研究发现，2016~2022年各省份面临的气候变化风险冲击指数呈上升趋势。在区域方面，气候变化风险对企业投融资活动的冲击影响较大的三个省份分别是新疆维吾尔自治区、宁夏回族自治区、河北省，影响较小的三个省份分别是广西壮族自治区、海南省、西藏自治区。在行业方面，气候变化风险对企业投融资的冲击影响较大的三个行业分别是电力、热力、燃气及水生产和供应业，电气机械及器材制造业，非金属矿物制品业，影响较小的三个行业分别是皮革、毛皮、羽毛及其制品和制鞋业，卫生和社会工作，居民服务、修理和其他服务业。

第三部分为分报告，共6个分报告。第一个分报告分析了碳市场和碳金融的发展现状，发现我国碳市场和碳金融政策体系逐渐完善，市场交易活跃度也显著提升，但碳金融产品创新度不足，价格发现能力较弱，市场体量和开放程度还有待提高。第二个分报告分析和梳理了气候金融和绿色金融在银行业战略、产品体系、风险管理、信息披露、统计评价等领域的实践。分析发现银行业积极制定和践行绿色金融发展战略，产品体系日益丰富，并积极开发了与气候金融相关的特色产品，花旗银行、中国工商银行、兴业银行等积极进行气候风险管理实践，相关环境信息披露机制也已逐步建立。第三个分报告梳理回顾了中国保险业参与气候金融的政策与业务实践，发现气候保险产品有所创新，保险资金积极参与气候投融资，市场实践也日益丰富。但与此同时，也存在气候风险累积、风险不确定性增强、政策体系和相关基础设备不足等问题。第四个分报告探讨了中国证券业气候投融资的发展现状与前景，发现中国证券业气候投融资虽然起步较晚，但发展迅速。气候友好型债券市场发行有以下特点：第一，数量多、规模大；第二，发行市场增长态势趋缓；第三，债券期限呈短长两极化趋势；第四，债券类型、发行人行业等逐步多元化。第五个分报告阐述了国际国内绿色气候基金的发展历程和最新动态，并详细分析了气候科技股权投资基金的投资特点。分析发现绿色基金相关企业注册量呈波动增长趋势，资本市场中的绿色主题基金种类逐渐丰富，规模增长迅速。气候科技股权投资基金发展势头强劲，国内大量投资投向能源、交通行业，且被投企业的地域分布较为集中。第六个分报告分析和梳理了中国 ESG 发展的历程和最新动态，发现全球对 ESG 投资的认可度不断提升，中国内地 A 股企业的 ESG 实践也逐渐增多，企业 ESG 报告发布率上升。在 ESG 投资方面，ESG 基金规模增大，ESG 债券产品发行规模也呈上升趋势。但同时也存在标准不统一、数据质量可靠性不足、投资者意识有待提升等发展中的问题。

第四部分为借鉴篇，梳理和总结了发达国家和国际组织气候金融相关经验。一方面，分析了英国、挪威和荷兰在各自气候金融发展过程中的典型特点，并总结其路径与经验。英国气候金融工具丰富，善于使用多样化的金融工具并将其与气候目标相结合，以推进气候治理。挪威着重促进能源转型，促进经济低碳发展。荷兰积极推动社会资本参与气候治理，并关注对气候风险的监测和评估。另一方面，关注了国际组织在气候金融方面的行动。梳理和总结了世界银行、国际货币基金组织和亚洲开发银行的气候行动。世界银行不仅直接对气候治理提供资金支持，还提供咨询服务及智力支持。国际货币基金组织注重持续融资、加强金融监管以及提供技术引导。亚洲开发银行在中国实施了广西区域合作一体化促进投资计划，协助中国应对气候变化。

第五部分为专题篇,分析了可再生能源和储能行业气候金融发展的典型案例。在可再生能源方面,以通威股份、金风科技、中广核风电、申能股份这四家企业气候投融资的实践为例,分析了气候金融对新能源企业发展的重要作用。在储能行业方面,以宁德时代、国轩高科、中国华能、中国天楹这四家企业为例,分析了其在产业链不同阶段运用绿色信贷、绿色债券、绿色股票指数等多种气候金融工具促进产业发展的实践,揭示了气候金融在储能产业发展中的关键作用。

关键词: 气候金融　气候变化　气候投融资

序

　　气候变化是当前全球面临的一项灾难性挑战，正以前所未有的速度改变着我们的世界。全球变暖趋势加剧、极端天气频发、生物多样性锐减、水资源短缺、健康危机、粮食安全以及经济损失等，无一不在凸显这一迫在眉睫的风险。正如联合国秘书长安东尼奥·古特雷斯所言："气候变化是人类面临的决定性问题，也是我们的时间轴上最紧迫的挑战。"

　　在全球气候变化的严峻形势下，气候金融作为应对气候变化的新兴重要力量正在迅速崛起，并进一步推动经济社会的转型与可持续化发展。当前，气候金融市场已粗具规模，涵盖了碳交易、绿色投资、气候保险、环境基金等多个领域，各类金融工具不断创新，国际合作日益紧密，全球气候资金流动显著增加。气候金融的蓬勃发展承载着应对气候变化威胁的责任担当和未来希望。在此背景之下，中国作为负责任的大国，积极推动旨在实现"双碳"目标的气候投融资，出台气候投融资试点工作方案，鼓励地方先行先试，创新发展碳市场与碳金融、气候友好型债券、绿色气候基金、ESG 基金等气候融资工具，引导撬动更多社会资金进入应对气候变化领域，为中国各类零碳产品的开发、推广和应用以及社会的零碳转型奠定了坚实基础，更为国际社会贡献了中国投融资方案，为全球气候治理贡献了中国智慧。

　　然而，气候金融的发展也面临着诸多挑战。其中一个较为突出的问题是，目前全球气候融资水平远未达到预期所需的资金规模。根据国际能源署的估计，为实现《巴黎协定》的目标，每年需要上万亿美元的投

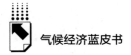

资，但实际投入的资金仍有很大差距，尤其是在发展中国家，气候项目的融资需求往往得不到满足。此外，气候金融还面临着制度、市场和技术等层面的困难。在制度安排上，尽管许多国家和地区制定了气候金融相关的政策和法规，但政策执行力和一致性仍有待提高，一些国家的政策缺乏连贯性，甚至存在逆政策，影响了市场信心和投资者预期，政策的不确定性增加了气候项目的风险，抑制了私人资本的流入。市场机制不健全、技术和创新不足、风险管理及评估工作滞后、国际协调与合作不足等，也在一定程度上制约了全球气候融资的效率和效果，影响气候融资市场的发展。想要有效应对这些挑战，各国政府、金融机构、企业和社会各界必须共同努力。这不仅需要凝聚共识、通力合作，还要求我们开展长期而持续的工作。

　　未来，随着经济社会转型的深入和技术创新的不断推动，气候金融的发展前景将更加广阔，其市场潜力和规模将不断扩大。例如，可再生能源技术、智能电网和储能技术等新兴技术快速发展，不仅将拓宽气候金融的投资领域，还将提升绿色项目的经济效益和商业可行性。基于技术成本的下降和效率的提升，气候金融的投资回报率将显著提高，并进一步吸引资本进入这一市场，形成更大范围的联动发展。不仅如此，气候金融的发展还会在世界范围内进一步彰显社会公正以及改善民生福祉。长期以来，化石能源行业的资本密集度高，从业人员的工资收入远高于社会就业人员的平均所得。气候金融的发展将进一步推动化石能源行业转型，使得化石能源的垄断地区和行业从业人员的工资逐渐趋向于社会平均工资水平，这本就是社会公正彰显的过程。同时，原本用于化石能源行业运行和发展的资金在气候金融的助推下将流入新能源等新兴领域，这能够带来规模庞大的产能以及就业岗位，进而切实改善民生福祉。可以预见，推动气候金融的发展将是一项具有深远意义的全球事业。

　　本书通过翔实的数据、经典的案例和前瞻性的观点，系统地介绍了气候金融的理论基础、发展历程和最新动态。通过系统的理论分析和翔实的案例研究，我们希望能够为政策制定者、金融从业者和学术研究者提供有益的参考。同时，也希望能够唤起更多人对气候变化和可持续发展的关注及参与，共同为实现净零碳的未来贡献力量。

　　是以为序。

潘家华

2024 年 8 月 1 日

目 录 ◤

Ⅰ 总报告

Ⅱ 指数篇

Ⅲ　分报告

Ⅳ　借鉴篇

Ⅴ　专题篇

皮书数据库阅读**使用指南**

总 报 告

B.1

中国气候金融发展态势分析与评价

陈洪波 李 萌 张联君 等*

摘 要： 全球平均温度持续升高，极端气候事件增多，气候变化成为全人类面临的共同挑战，应对气候变化需要世界各国及各个行业的共同行动，其中包括金融部门的支持和参与。首先，气候变化引起的金融风险日益显现，评估和防范化解气候金融风险是一个新的重要研究领域。本报告利用文本分析和计量模型相结合的方法测算各区域及各行业的气候金融风险，发现我国各省份气候金融风险总体呈现"东低西高"的态势，自然资源依赖度高和高碳行业的气候金融风险更加突出，服务业等行业的气候金融风险相对较低。其次，应对气候变化需要巨量的资金投入，分析评估气候投融资需求及资金缺口是气候金融的应尽职责。本报告基于 STIRPAT 模型及情景模拟法，

---

* 执笔人：陈洪波，博士，中国社会科学院大学应用经济学院副院长、教授、博士生导师，研究方向为气候变化经济分析、气候金融、新能源经济学等；李萌，博士，中国社会科学院生态文明研究所研究员，研究方向为生态经济、环境经济、气候治理等；张联君，中国社会科学院大学应用经济学院博士研究生，研究方向为新能源经济学、气候金融；马艳娜，博士，中国社会科学院大学应用经济学院博士后，研究方向为新能源经济学、气候金融；马苒迪，中国社会科学院大学应用经济学院硕士研究生，研究方向为可持续发展经济学；王亦菲，中国社会科学院大学应用经济学院硕士研究生，研究方向为能源经济学。

对我国碳达峰碳中和目标实现情景下的减缓资金需求以及 2℃ 温升情景下的适应资金需求进行了评估。研究发现，为实现"双碳"目标，2021~2060年需要投资约 118 万亿元的减缓气候变化资金，以及约 64 万亿元适应气候变化资金。虽然中国气候投融资地方试点正在如火如荼地进行，气候金融工具也日益丰富，但气候投融资缺口依然巨大。在减缓气候变化方面，我国在2021~2060 年总计面临 42.97 万亿元的资金缺口；而在适应气候变化方面，相关投融资政策和工具缺乏，投融资不能满足适应气候变化需求。最后，应对气候变化迫切需要金融创新，应创新气候金融体制机制，优化气候投融资模式，完善气候风险监管体系，增加绿色气候金融政策供给，充分发挥金融在应对气候变化中的作用。

关键词： 气候金融　气候变化　气候投融资

气候变化关乎全球安全与发展，应对气候变化是全人类面临的重要挑战，需要世界各国共同行动。2023 年《联合国气候变化框架公约》第 28 次缔约方会议指出，应对气候变化需要进行行业转型，迫切需要各个国家在最近关键的 10 年加速行动。气候金融是气候行动的基石之一，减缓和适应气候变化存在巨大的气候投融资需求。金融工具和机制是促进社会资本积极参与气候变化行动的重要途径，是落实《阿联酋共识》的重要力量。同时，气候相关的经济与金融风险正在成为经济社会发展的潜在威胁，需要理性认知、防范和积极应对。因此，积极发展气候金融是我国加快推进能源转型、实现碳达峰碳中和目标、促进经济高质量发展和中国式现代化建设的内在要求。

一　气候变化与气候金融

全球变暖的趋势仍在持续，并且呈现加速态势。自工业革命以来，温室气体浓度持续上升，全球气温持续升高。世界气象组织表示 2023 年全球平均气温相对于 1850~1900 年已高出 1.45±0.12℃[1]。全球平均气温不断刷新纪录，极端天气事件不断增多，对各国经济社会发展、财产安全和人身健康都带来严重威胁，气候变化是全人类面临的共同挑战。而且，气候变化引起的相关风险正在成为威胁全球金融稳定的风险来源，应对气候变化的资金需求与现实资金供给还存在巨大差距，迫切需要金融部门参与，创新金融工具，拓宽投融资渠道，防范化解气候金融风险，为经济转型提供金融支持。

（一）应对气候变化刻不容缓

工业革命以来，尤其是近 30 多年来，全球碳排放量总体呈升高态势（见图 1），国际能源署（International Energy Agency，IEA）报告指出 2023 年全球与能源相关的碳排放量达到 374 亿吨，全球碳排放量再创历史新高[2]。二氧化碳是大气中最主要的温室气体，约占长生命期温室气体（long-lived greenhouse gases，LLGHGs）辐射强迫的 64%。1990~2022 年，长生命期温室气体的辐射强迫增加了 49%，其中 CO_2 约占这一增量的78%[3]。人为碳排放导致温室气体浓度的增加是影响全球气候变化的最主要因素。

温室气体排放引起的气候变化对地球生态系统的健康与稳定和人类福祉都构成了威胁。全球变暖使气候系统的极端性增强，大气、海洋、冰冻圈和生物圈发生了广泛而迅速的变化，极端气温、干旱、洪涝、野火等气候灾害发生的频率不断增加（见图 2）。气候灾害对社会经济产生的影响亦不断凸显，

---

① WMO, "WMO Confirms that 2023 Smashes Global Temperature Record", 12 January, 2024, https：//wmo. int/zh-hans/media/news/wmoqueren2023nianquanqiuqiwendapojilu.

② IEA, "CO_2 Emissions in 2023", 18 March, 2024, https：//www. iea. org/reports/co2 - emissions-in-2023.

③ WMO,"WMO Greenhouse Gas Bulletin No. 19", 15 November, 2023, https：//library. wmo. int/ viewer/68532/download? file=GHG-19_ en. pdf&type=pdf&navigator=1.

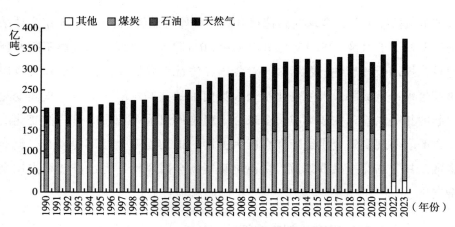

图1 1990~2023年与能源相关的碳排放量

资料来源：1990~2021年数据来源于IEA：Energy Statistics Data Browser；2022年数据来源于IEA，"CO$_2$ Emissions in 2022"，March 2023，https：//www.iea.org/reports/co2-emissions-in-2022；2023年数据来源于IEA，"CO$_2$ Emissions in 2023"，March 2024，https：//www.iea.org/reports/co2-emissions-in-2023；2022和2023年数据中"其他"能源碳排放量由对应年份的总值减去煤炭、石油、天然气的碳排放量计算得出。

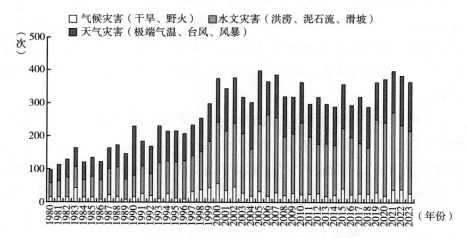

图2 1980~2023年全球重大气候灾害发生次数

资料来源：EM-DAT。

全球气候灾害损失加剧（见图 3）。EM-DAT[①] 数据显示，2023 年全球共发生天气、气候及水文灾害性事件共 364 次[②]，共 6291 万人受到影响，产生的经济损失预计达到 1507 亿美元[③]。

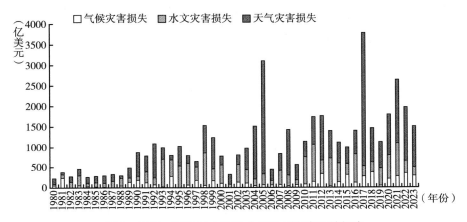

图 3　1980~2023 年全球重大气候灾害产生的损失

注：1980~2022 年的损失以 2022 年为基期，已使用 OECD 的 CPI 指数进行平减。2023 年的损失估计以 2023 年为基期。

资料来源：EM-DAT。

气候变化产生的影响任何国家都不能幸免，给发展中国家带来的影响更为严重。中国是世界上最大的发展中国家，也深受气候灾害的影响。中国自然灾害呈现短期内集中暴发，且损失巨大的特点。据统计，2023 年，中国自然灾害受灾人数达 9544.4 万人（见图 4），造成的直接经济损失达 3454.5 亿元（见图 5）。全球变暖引起的极端天气给人类生活和经济社会发展都带来了严重影响，采取气候行动减缓和适应气候变化刻不容缓。

---

① EM-DAT 指比利时鲁汶大学国家灾害流行病研究中心的紧急灾害数据库（The International Disaster Database of Centre for Research on the Epidemiology of Disasters）。
② EM-DAT 中气候灾害事件统计的条件必须满足下面三个之一：至少 10 人死亡（包括死亡和失踪）；至少 100 人受到影响（受灾、受伤或无家可归）；政府要求国际援助或宣布进入紧急状态。
③ 根据 EM-DAT 公布的数据整理，https：//www.emdat.be/。

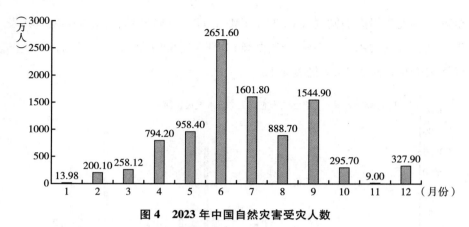

图 4　2023 年中国自然灾害受灾人数

资料来源：中华人民共和国应急管理部。

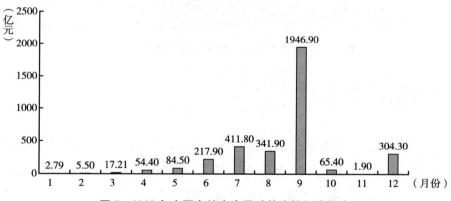

图 5　2023 年中国自然灾害导致的直接经济损失

资料来源：中华人民共和国应急管理部。

（二）应对气候变化离不开金融的重要支撑

气候变化产生的风险和相关损失损害随着地球表面气温的升高而增加①，而且气候和非气候风险的相互作用，将产生更加复杂和难以应对的复

---

① IPCC，"AR6 Synthesis Report：Climate Change 2023"，March 2023，https：//www.ipcc.ch/report/sixth-assessment-report-cycle/.

合风险，这将给经济和金融的稳定带来巨大挑战。气候变化风险将通过直接或间接的途径引发金融风险。一方面，气候变化加剧引起气候灾害发生频率的增加，这将给生态资产、人力资产、社会资产等带来更大的危害，引起巨大的经济损失；另一方面，为减缓和适应气候变化，各国陆续实行气候友好型措施或低碳转型，在此过程中技术更新、政策变化、产业结构变化、公众投资和消费偏好的变化等将影响部分行业，尤其是高碳产业，并可能传导至金融体系，增加金融风险。气候变化不仅给单个金融机构带来风险，还会威胁金融系统稳定。应对气候变化，金融体系无法置身事外。

应对气候变化需要金融系统评估和管理气候相关风险。气候变化已经成为金融风险一个新的重要来源，未来或将成为全球最大的系统性金融风险，金融部门首先需要正确认知气候变化相关风险，并有效评估风险，进而创新防范化解气候变化风险的相关政策机制和工具。一方面，金融部门应增强风险意识，深刻理解气候风险的起因、类型和传导机制，有效评估金融业务中气候风险的预期损失，制定防范和化解气候相关风险的具体措施。另一方面，金融监管部门应制定灵活的、包容的、具有长期性的气候金融风险管理和应对方案，减缓金融网络对气候风险的放大效应，降低气候变化引起的宏观金融风险和长期负面影响。

减缓和适应气候变化需要金融系统提供大量的资金支持。为应对气候变化，全球已经开始行动，并投入了大量资金，但要达到《巴黎协定》将温升控制在 2.0℃以内并力争 1.5℃的目标，还需要付出巨大努力。而且，适应气候变化的资金需求也不容小觑。联合国环境规划署发布的《2023 年适应差距报告》显示，全球气候风险和影响正在加速扩散，气候适应方面的投资和规划不足使气候适应资金缺口正在扩大，当下缺口为每年 1940 亿~3660 亿美元①。目前气候资金来源缺乏、气候行动进展缓慢，重要的原因之一是对气候金融的关注度不足，不但对气候金融风险的认识不充分，而且缺

---

① UNEP，"Adaptation Gap Report 2023"，02 November，2023，https：//www.unep.org/resources/adaptation-gap-report-2023.

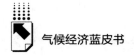

乏有效的气候投融资机制。中国同样面临气候资金缺乏的困境，柴麒敏等认为中国2019~2030年平均每年的资金缺口约为1.4万亿元①，巨大的资金缺口迫切需要气候投融资模式、机制和工具的创新。

（三）气候金融：一个值得关注的新领域

气候金融是应对气候风险、实现零碳转型、推动全球气候治理的重要手段。气候金融的英文是"Climate Finance"，源于《联合国气候变化框架公约》中关于资金机制的制度安排，主要是指建立国际资金机制，发达国家应"帮助发展中国家筹措减缓和适应气候变化影响的资金，且这些资金相对于官方发展援助而言是'额外'的，并覆盖相对于常规情景下发展成本的、应对气候变化的'增量成本'"。这些原则在2015年达成的《巴黎协定》中得到了重申，并逐步建立起了相对完整的涉及多边和双边的全球气候融资架构。可见，Climate Finance最初的含义是"气候融资"，而且在《联合国气候变化框架公约》下主要指发达国家向发展中国家应对气候变化提供的官方援助资金。气候政策倡议组织（CPI）把"发达国家和发展中国家为减缓和适应项目所投入的成本"都称作气候融资，这个定义把气候融资的范围扩大到包括各国政府之间以及各国国内用于减缓和适应气候变化项目的公共、私营以及公私合作的所有资金，但Climate Finance还仍然停留在"融资"层面。世界银行认为气候金融是一种致力于提高气候适应能力、促进低碳发展而进行的投资活动，如推动构建适应或减缓气候变化的环境、防范气候风险、支持气候行动及气候治理相关技术开发等项目的投资。可见，世界银行更关注的是气候相关的投资活动，虽然也注意到气候风险，但强调的是为防范气候风险而进行的投资，显然还不够全面。

气候变化相关风险作为金融风险的一个新的重要来源已经引起广泛关注，对气候金融风险的认知、评估和应对理应成为气候金融的一个重要组成

---

① 柴麒敏、傅莎、温新元等：《中国实施2030年应对气候变化国家自主贡献的资金需求研究》，《中国人口·资源与环境》2019年第4期。

部分。因此，本报告认为，气候金融应该定义为：为了减缓和适应气候变化、防范气候变化相关风险，世界各国政府、金融机构、企业、社会组织、投资者及国际组织，在国内或国家之间所进行的所有融资与投资项目（或活动），评估和应对气候金融风险活动，以及所有与气候相关的金融产品、服务、工具、标准、市场、监管和政策的统称。当前，气候金融的框架尚未建立，认知尚未统一，本报告试图沿着气候投融资和气候金融风险两大主线进行初步探讨。一方面，探讨对气候金融风险的认知、评估与防范化解，其中包括气候金融风险模型构建、气候风险信息数据库建设、防范气候金融风险相关预警体系建设，以及化解气候金融风险的产品、服务、监管和政策。例如，企业零碳转型过程中金融风险的评估和防范、基础设施气候风险损失预测系统建设、国家宏观层面及重点区域气候金融风险防范和预警体系建设、家庭气候金融风险模型及相关金融产品的开发等。另一方面，探讨减缓和适应气候变化的投融资活动，其中包括应对气候变化的金融产品和服务创新、金融政策机制和金融监管体系构建。例如，减缓气候变化的投融资活动包括可再生能源开发、利用及储能相关的投融资活动，提高能源效率而降低碳排放相关的投融资活动，碳汇和负碳技术开发与应用相关的投融资活动等；适应气候变化的投融资活动包括防洪和防旱的水利基础设施建设，生态保护修复以及相关技术研发的投融资活动，开发应对极端天气的保险、证券和基金产品，以及为更有效地利用气候资金而制定的相关政策等。发展气候金融的目的是通过创新金融工具、制度和模式，引导金融资源向气候友好型项目和业务聚集，更高效推动气候金融风险评估和应对，更好地减缓和适应气候变化、提高气候韧性、推动净零碳转型，促进可持续发展。

认知气候金融，需要明晰气候金融与碳金融、绿色金融、可持续金融等之间的区别和联系。碳金融是指与控制温室气体排放相关的一系列金融活动的总称，具体是指与控制碳排放相关的金融交易和金融制度安排，包括碳排放权配额、基于项目的碳信用以及碳配额和碳信用的衍生品交易，也包括为上述交易提供服务的各种金融中介活动，以及各类主体围绕上述交易和服务而进行的各种投融资活动。气候金融包含为降低碳排放而进行的所有金融活动。因而碳金融是气候金融的一个子集，两者为部分和整体的关系。

绿色金融的含义在政府、企业及学术界中存在差异。2016 年中国人民银行等七部门发布的《关于构建绿色金融体系的指导意见》中指出，绿色金融是指为改善环境、应对气候变化和促进资源节约高效利用而展开的经济活动，具体指对环保、节能、绿色交通、绿色建筑、清洁能源等领域的项目投融资、项目运营、风险管理等所提供的金融服务[①]。2016 年 G20 杭州峰会首次将"绿色金融"纳入议题，把绿色金融定义为，在金融业务中全面考虑项目对环境的影响以及相应的成本、收益、风险等问题，并以此作为金融支持与否的重要依据[②]。何德旭和程贵认为绿色金融是指为促进资源高效利用、改善生态环境质量而使用金融的手段和方法，使资金流向绿色低碳领域的金融活动[③]。综上，我们认为绿色金融是指为促进环境保护及治理，引导资源流向绿色低碳发展的领域，实现经济和环境的协调发展而进行的一系列金融制度和安排。绿色金融产品或服务包括绿色信贷、绿色债券、绿色保险、绿色基金、绿色信托等。绿色金融与气候金融的边界较难划分，有人将其二者等同，也有人认为，绿色金融是一个比气候金融范围更广的概念，除了为减缓和适应气候变化的融资，还包括污染治理、生物多样性保护与修复等[④]。

可持续金融将绿色金融的范围进一步扩展到环境、社会、经济和治理的相关内容[⑤]，是旨在推动实现全球和各区域可持续、平衡和包容性增长的金融工具、制度和市场安排。因而，气候金融是绿色金融的子集，绿色金融又是可持续金融的子集。本报告认为，如果只考虑气候金融的投融资功能，绿

① 《关于构建绿色金融体系的指导意见》，中华人民共和国生态环境部，https：//www.mee.gov.cn/gkml/hbb/gwy/201611/t20161124_ 368163.htm，2016 年 8 月 31 日。
② 《G20 杭州峰会：用绿色金融开启发展新时代》，新华网，http：//www.xinhuanet.com/world/2016-08/31/c_ 129264809.htm，2017 年 8 月 31 日。
③ 何德旭、程贵：《绿色金融》，《经济研究》2022 年第 10 期。
④ 王文：《气候投融资与中国绿色金融方向》，《中国金融》2022 年第 12 期。
⑤ Stefano Spinaci，"Green and Sustainable Finance"，https：//www.europarl.europa.eu/RegData/etudes/BRIE/2021/679081/EPRS_ BRI（2021）679081_ EN.pdf.

色金融和可持续金融都是比气候金融更广泛的概念，但本报告界定的气候金融强调对气候金融风险的评估和应对，而绿色金融和可持续金融较少关注气候金融风险。因此，本报告界定的气候金融与绿色金融、可持续金融在内涵上有交叉重叠的内容，但它们之间不是包含与被包含的关系（见图6）。

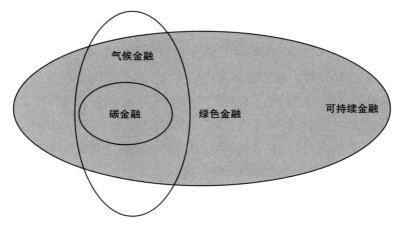

图6 气候金融与相关金融的关系

资料来源：笔者整理。

正确评估和管理气候金融风险，并使用气候投融资工具撬动更多公共和私营部门资本参与气候治理，对于减缓、适应气候变化和降低未来气候损害损失具有非常重要的作用。诚然，当前学术界、金融机构和监管部门对气候金融的认知还不尽一致，气候相关的金融业务在金融机构和监管部门还处在边缘地带，随着全球气候行动的深入推进和气候风险的日益显现，气候金融必将成为金融学术研究、金融业务实践和金融政策的主流之一。

二 气候金融风险的认知与评估

气候相关的金融风险是当前被严重忽视或低估的一种新的风险来源，Stroebel 和 Wurgler 对861名金融学者、金融从业人士、公共部门监管人员和政策经济学家进行了问卷调查，受访者认为气候风险目前被资本市场低估的

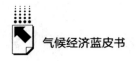
可能性至少是被高估的可能性的 20 倍①。因此，本报告认为有必要对如何认知气候金融风险进行系统的梳理。

（一）不容忽视的气候金融风险

气候金融风险，即气候变化可能会引发的单个金融合约和系统性金融风险，是气候金融领域不得不关注的一个新的风险来源。学术界和金融部门对气候金融风险的认知，随着近 30 年来人们对气候变化问题认识的加深而逐渐清晰。早在 2007 年，斯特恩在其气候变化经济学经典著作《气候变化经济学：斯特恩报告》② 中就已指出，气候变化可能给金融市场带来严重破坏，但该观点在当时未得到足够重视。直到 2015 年，时任 G20 金融稳定委员会主席、英格兰银行行长 Carney 发表了关于气候变化影响金融稳定的演讲后，才逐渐引起全球金融部门的关注③。

如图 7 所示，国际社会对气候金融风险的关注从 2007 年开始，大致可分为早期认知期、关注上升期和全球共识与持续升温期三个时期。2019 年 4 月，央行与监管机构绿色金融网络（NGFS）发布了首份综合报告《行动倡议：气候变化成为金融风险的来源》④，指出气候相关风险是金融风险的来源之一。以此为标志，"气候风险会导致金融风险"的观点成为全球共识。随后国际清算银行的报告⑤提出了"绿天鹅"概念，并指出气候变化有可能引发下一轮系统性金融危机。此后，"绿天鹅"一词便被广泛用来指代气候变化所可能引发的系统性金融风险事件。

---

① Stroebel, J. and Wurgler, J., "What Do You Think About Climate Finance?" *Journal of Financial Economics*, 2021, 142: 487-498.

② Stern, N., *The Economics of Climate Change: The Stern Review*. London: Cambridge University Press, 2007.

③ Carney, M., "Breaking the Tragedy of the Horizon-climate Change and Financial Stability", September 29, 2015, https://www.bis.org/review/r151009a.pdf.

④ NGFS: "A Call for Action-climate Change as a Source of Financial Risk", October 04, 2019, https://chinawaterrisk.org/research-reports/a-call-for-action-climate-change-as-a-source-of-financial-risk/.

⑤ Bank for International Settlements, *Annual Economic Report 2020*, June 2020, https://www.bis.org/publ/arpdf/ar2020e.pdf.

  2020 年 5 月，中国人民银行发表《气候相关金融风险——基于央行职能的分析》[1] 一文，阐述了气候金融风险对金融稳定的影响渠道。次年美国金融稳定监督委员会（FSOC）颁布了《气候相关金融风险报告》，首次明确将气候变化列为对美国金融稳定"正在出现和逐渐增长的威胁"。至此，气候金融风险正式成为世界各国重点关注的金融影响因素。

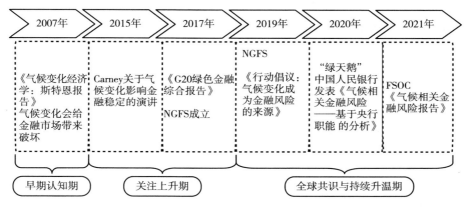

图 7　气候金融风险关注时间线

资料来源：笔者根据现有文献整理。

  气候金融风险的界定经历了由繁到简的演变。最初，斯特恩将气候变化相关风险分为四类[2]。第一类是物理风险，即洪水等极端天气事件对金融业实体资产造成损失的风险。第二类是相关风险，气候变化可能同时对经济产生多方面影响，这些冲击可能远超金融市场的承受能力。第三类是保险业资本约束，更加频发的极端天气事件将迫使保险公司增加资本持有，导致其成本上升。第四类是溢出风险，若保险公司资本不足，可能缩小保险保障范围，从而影响其他金融部门。进一步，Carney 从金融专业视角切入，将斯特恩分类中的四类影响包含进物理风险中，并根据不同风险的发生时间将气候

---

① 中国人民银行：《气候相关金融风险——基于央行职能的分析》，2020 年 5 月 22 日。

② Stern，N.，*The Economics of Climate Change：The Stern Review*. London：Cambridge University Press，2007.

金融风险分为三类①。第一类是物理风险，指气候和天气相关事件对金融资产价值和保险负债的影响，在当前发生。第二类是责任风险，指因气候变化而遭受损失者向相关责任人寻求赔偿时可能产生的影响，在未来发生。第三类是转型风险，当气候变化相关政策、技术和物理风险的变化所带来的成本和机遇越发明显时，可能导致大规模的资产价值重估，常与低碳转型相伴。随后 Buiter 和 Nabarro 将责任风险归类为物理风险，认为气候变化对实物资产造成的物理损失，可能进一步损害无物理影响的其他资产的价值②。

在此基础上，NGFS 对气候变化相关影响做出了更为明确的分类和定义③。第一类是物理影响，即物理风险，指因与气候变化相关的极端天气事件（如热浪、洪水、野火、风暴等）的严重程度和发生频率不断提升，以及气候的长期渐进变化（如降水量变化、极端天气变化、海洋酸化、海平面和平均气温上升等），导致经济成本增加，再通过资产价值重估、抵押品价值受损等途径给金融资产价值带来潜在威胁。第二类是转型影响，即转型风险，低碳经济转型过程中，减排政策、技术变化以及投资者和消费者偏好的变化可能引发金融资产和负债重新估值，给金融机构带来风险。物理风险和转型风险通过不同传导机制影响金融变量，从而对金融系统稳定性产生显著影响。NGFS 的定义更为清晰明确，内涵和外延也更具灵活性和包容性，得到广泛认可。后续研究或直接沿用 NGFS 的分类和定义，或做出边际上的补充和扩展。

综合已有研究，本报告认为气候金融风险是由气候变化和应对气候变化相关政策和技术进步引起的，可能对金融系统、企业、资产和投资组合产生负面影响的风险。相较于传统金融风险，气候金融风险呈现动态性、持续性

---

① Carney, M., "Breaking the Tragedy of the Horizon-climate Change and Financial Stability", September 29, 2015, https://www.bis.org/review/r151009a.pdf.

② Buiter, W., Nabarro, B., "Managing the Financial Risks of Climate Change", October 1st, 2019, https://www.citigroup.com/global/insights/citigps/managing-financial-risks-climate-change.

③ NGFS, "A Call for Action-climate Change as a Source of Financial Risk", October 4, 2019, https://chinawaterrisk.org/research-reports/a-call-for-action-climate-change-as-a-source-of-financial-risk/.

和非线性的特点。一是动态性，气候金融风险的影响范围广泛，涉及自然、社会和经济等多个方面，各领域之间相互关联，因此气候灾难的发生或政策的出台对各领域的影响程度存在动态性。二是持续性，气候金融风险的形成可能需要前期几十年的积累，其产生的影响具有显著的持续性。三是非线性，气候变化与灾害事件的分布呈现非线性特征，无法确定其变化规律，难以用过去的数据预测其潜在影响。气候金融风险的复杂特点导致企业和金融机构无法采用传统工具评估气候风险，亟须强化对气候金融风险的认知，开发风险评估新工具、新方法。

1. 物理风险的传导机制

气候变化导致的极端气候事件和自然灾害，包括洪涝、森林火灾、干旱以及物种灭绝等，直接对实物资产和自然资源造成损害，影响政府和企业的资产负债表，进而影响金融活动。气候变化通过两种传导机制导致物理风险（见图8）。一方面，极端气候事件通过损害社会基础设施、增加维护成本等增加政府预算支出，同时减少预算收入，增加政府债务的违约概率，导致金融风险。例如，2018年11月，加利福尼亚史上最大的野火——"坎普野火"烧毁了超过6万公顷的土地，造成近1.9万栋建筑和基础设施的损毁，导致地方政府支出急剧增加，对市政预算产生了重大影响①。另一方面，根据图9所示的传导路径，气候变化直接影响企业的外部生产环境，导致企业收入减少、抵押物贬值、现金流中断，进而使企业贷款违约概率激增，导致银行风险上升，银行收紧贷款条件，将进一步加剧受灾地区经济下行，从而形成负面循环。物理风险具有不确定性和非线性特征，从温室气体排放到温升幅度到极端气候事件再到灾害损失，都存在极大的不确定性，并且存在非线性关系，尤其是当温升超过一定阈值后，气候变化的影响和风险将很难预估。

2. 转型风险的传导机制

如图10所示，碳减排政策（如碳排放权交易、碳税等）的实施将增加

---

① Resources for the Furtuer, "Climate Financial Risk 101", June 2, 2022, https：//www.rff.org/publications/explainers/climate-financial-risks-101/.

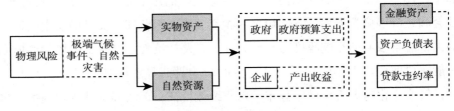

图8 物理风险的传导机制

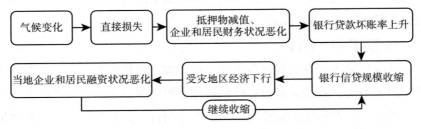

图9 气候变化对企业的影响路径

资料来源：笔者根据现有文献整理。

高碳企业的经营成本，低碳技术的推广应用将降低低碳产品与高碳产品的比价，进而影响二者的市场份额。投资者偏好和情绪的改变将进一步推动低碳技术的研发和推广，消费者偏好和情绪的改变将增加低碳产品的需求，进一步加速推动高碳产品与低碳产品市场份额的变化。这些因素综合起来将使高碳行业市场份额和收入下降，成本上升，大量资产搁浅，资产负债表恶化，债务违约概率上升，股价受到冲击，导致金融机构和投资人面临的风险增加，进而引起宏观金融风险。转型风险具有内生性特征，风险水平与人类的气候行动密切相关。气候行动可分为有序转型和无序转型两种情形，有序转型是指政府及早制定了应对气候变化目标和路线图，并逐步推行碳减排政策，市场能够合理预期到低碳政策的影响，适时做出相应调整，在这种情形下，转型风险相对较小；而无序转型是指政府没有制定应对气候变化的长远规划，在市场没有形成预期的情况下，突然出台碳减排政策，这种政策的不确定性将对实体经济和金融市场造成冲击，从而放大转型风险。

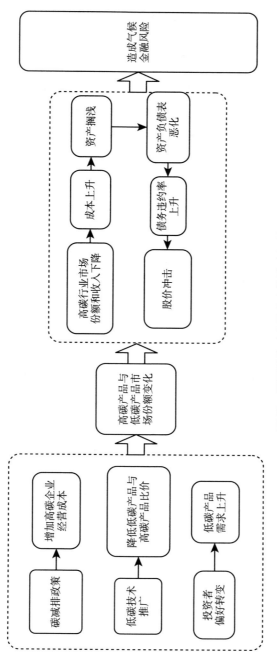

图 10 转型风险对金融稳定的影响机制

资料来源：笔者根据现有文献整理。

（二）气候金融风险评估的不断探索

1. 气候金融风险评估的先行探索

如表 1 所示，2018 年，联合国环境规划署金融倡议组织 16 家国际银行使用情景分析法开展了气候金融风险分析试点。美国金融稳定监督委员会认为情景分析法虽具有前瞻性，但使用复杂度较高且主观性较强。随后，荷兰央行率先开展了"自上而下"的气候转型风险压力测试，通过政策调整（如增加碳税）和快速转型冲击（包括可再生能源发展和化石燃料技术失效等）对 15 家主要金融机构面临的转型风险进行测试分析。欧洲其他机构也纷纷针对各自金融系统开展转型风险分析，但欧洲各国的风险测试仅针对转型风险，均未涵盖物理风险。2020 年，法国审慎监督管理局（ACPR）在已有方法的基础上创新性地使用动态资产负债表，提出"自下而上"的气候金融风险测试方法，虽覆盖了物理风险，但分析维度较为单一，对物理风险的重视仍然不足。

借鉴国际经验，中国人民银行等国内金融监管机构也开始关注气候风险对金融稳定的影响。2021 年 8 月，中国人民银行采用较为简单的单一碳价敏感性测试方法，针对火电、水泥、钢铁三大行业，对全国 23 家重点银行开展气候压力测试试点工作，但测试层面较为单一，缺乏系统性的分析方法。随后香港金融管理局（Hong Kong Monetary Authority）基于 NGFS 开展了气候压力测试，分别对银行、房贷和上市非金融企业的气候风险进行分析，具有一定的前瞻性，但对宏观因素的影响考虑不足，可能低估转型风险。中国工商银行于 2023 年建立了绿色压力测试体系，其中气候金融风险压力测试已经覆盖了政策、灾害和价格三大领域，但由于测算复杂性高，并未考虑相应而来的人力资源成本、交易成本等管理成本因素。

表 1　各国气候金融风险评估概况

年份	国家及机构	评估方法	局限性
2018	联合国环境规划署	情景分析法	复杂度较高且主观性较强
2020	荷兰央行、奥地利央行、挪威央行等	"自上而下"的气候转型风险压力测试	仅针对转型风险,均未涵盖物理风险
2020	法国审慎监督管理局	"自下而上"的气候金融风险测试方法	分析维度仍较为单一,对物理风险的重视不足
2021	中国人民银行	单一碳价敏感性测试方法	测试层面较为单一,缺乏系统性的分析方法
2023	香港金融管理局	基于 NGFS 的气候压力测试	对宏观因素的影响考虑不足,可能低估转型风险
2023	中国工商银行	绿色压力测试体系	并未考虑人力资源成本、交易成本等管理成本因素

资料来源:笔者根据现有文献整理。

当前金融机构在气候金融风险测试中采用多种评估模型,旨在从不同的角度和维度评估气候变化对金融系统的影响。主要包括综合评估模型(IAM)、动态随机一般均衡(DSGE)模型、可计算一般均衡(CGE)模型、投入产出(IOs)模型和宏观经济(ME)模型等。IAM 因其综合性和扩展性而被广泛采用,但无法充分考虑气候变化和政策干预的不确定性。DSGE 模型能够体现不确定性和非预期性,受到研究者的青睐,但侧重短期波动,对长期趋势的建模不够。CGE 模型提供了详细的价格和市场信息,但结果主观性较强且过于简化行为主体选择。IOs 模型能够跟踪气候变化在不同部门之间的流动,但在预测长期趋势和价格敏感性方面存在局限性。ME 模型捕捉了宏观经济体系的非均衡动态特征,但在中观和微观层面的政策模拟上存在不足。其他模型如 ABM、NM、OLG 模型和 SFC 模型等也存在一定局限性,具体在表 2 中体现。

表2 气候金融风险评估模型概况

气候金融风险评估模型	优势	局限性
综合评估模型（IAM）	可以集成多种系统，具有较强的扩展性	无法充分考虑气候变化和政策干预的不确定性
动态随机一般均衡（DSGE）模型	具有一般均衡理论和微观经济学基础，能够包含不确定性，可以直观体现经济变量的波动性	计算量大，对长期趋势的建模不够
可计算一般均衡（CGE）模型	可以提供价格和市场调整机制的详细信息，深入解释各经济部门的相互关系	过度简化行为主体选择，未能全面考虑个体决策的多样性和复杂性
投入产出（IOs）模型	可以跟踪气候变化在部门间的流动，适用于研究部门层面的问题	在对未来气候变化的长期趋势和价格敏感性的预测方面存在一定的局限性
宏观经济（ME）模型	能够捕捉宏观经济体系的非均衡动态特征	在中观和微观层面的政策模拟上存在不足
基于行为主体的模型（ABM）	能够在微观层面考察异质性行为主体的互动，更真实地反映现实世界中的复杂情境	存在数据缺口，在气候变化压力测试方面适用性低
网络模型（NM）	充分考虑了各部门之间的关联，具备解释实体经济和货币金融部门之间循环反馈的能力	无法研究宏观层面上的气候变化冲击
世代交叠（OLG）模型	在探讨代际再分配和长期经济影响方面具备较强的能力	在处理源于气候变化和低碳经济转型的内生系统性风险时存在一些局限性
存量流量一致性（SFC）模型	能够清晰展现各部门之间的资产和资金流动关系	在微观主体行为建模方面存在不足

资料来源：笔者根据现有文献整理。

2. 对气候金融风险仍需重视

当前，各国金融机构和国际组织已开始关注气候风险对金融系统的影响，但对气候金融风险尤其是物理风险仍不够重视。许多金融机构尚未意识到气候变化可能对其资产负债表和赢利能力产生潜在的重大影响，缺乏对气候金融风险的深入理解和评估，增加了金融系统的不稳定性。同时，金融机构对气候金融风险的评估目前仍处于探索阶段，尽管一些国家已开始开展气候金融风险的压力测试，但在实际操作中不同机构之间存在较大差异，评估标准和方法不统一，缺乏有效的信息共享和预警应对机制，系统性和横向比较性不足。而且，评估中使用的模型往往存在参数设定过于主观、模型假设具有局限性以及对长期趋势考虑不足等问题，影响金融机构对气候金融风险的准确评估，使金融机构难以及时发现和应对潜在的气候金融风险，限制了金融机构制定风险管理策略的有效性和可实施性，使金融系统更易受到外部冲击的影响。再者，当前国际金融市场仍缺乏针对气候金融风险的专门的金融产品和工具，金融机构在应对气候变化带来的风险时受到限制，增加了金融系统的脆弱性和不确定性，进一步降低了金融体系对气候变化的适应能力和抵御能力。

（三）中国气候金融风险

本报告采用文本分析法，选取上市公司作为原始样本进行对比评价与分析研究。分别基于企业融资和投资，构建中国各省份[①]和各行业的气候金融风险总指数、气候金融物理风险指数和气候金融转型风险指数。测算结果显示：中国气候金融风险在区域、行业等方面存在显著差异，地理环境和产业结构等因素共同塑造了中国复杂的气候金融风险。

1. 区域气候金融风险差异明显

由于不同地区的地理位置、产业结构、政策规定等方面存在差别，中国气候金融风险呈现区域差异。如图 11 所示，基于企业融资存量进行测算，

---

① 本书中"省份"指中国大陆 31 个省级行政区划单位，包括省、自治区、直辖市。

中国各省份气候金融风险总体呈现"东低西高"的趋势。其中，新疆维吾尔自治区、宁夏回族自治区、河北省的整体气候金融风险排在前三位，广西壮族自治区、海南省、西藏自治区的整体气候金融风险处在最后三位。从气候金融物理风险来看，新疆维吾尔自治区等西北地区沙漠、草原等地貌广阔，且气候较为干旱，气候变化导致的降水量下降等问题易加剧草原退化和沙漠化，引发沙尘暴等极端天气事件，物理风险较高。而广西壮族自治区等地区气候温和稳定，生态系统的自我调节能力高，不易受气候变化的直接影响。从气候金融转型风险来看，新疆维吾尔自治区等西北内陆地区多以煤炭、石油等资源型产业为主，产业结构单一，随着绿色转型和环保政策的实施，面临着较高的产业升级和转型风险。而广西壮族自治区等地区相对来说政策环境更加稳定，产业结构更为多元，对传统产业的依赖程度低，转型时面临的风险更低。

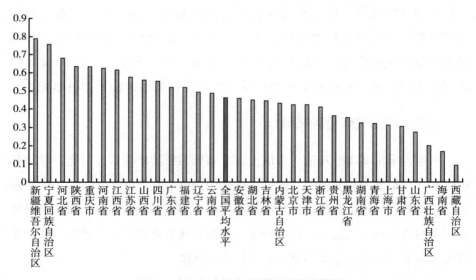

图 11 中国各省份气候金融风险总指数

资料来源：课题组基于 A 股上市公司数据和相关模型测算。

2. 资源依赖型行业的风险更突出

中国各行业都在不同程度上面临气候风险。基于企业融资存量进行测算，如图 12 所示，对自然资源依赖程度高的行业，气候金融风险更加突出，服务业等不直接依赖自然资源的行业，气候金融风险相对较低。一方面，农、林、牧、渔业，水利、环境和公共设施管理业等行业将自然资源作为生产要素，降水量和气温的大幅波动会显著影响这些行业的生产效率，洪水、飓风、干旱等极端气候事件也会对这些行业的基础设施造成较大冲击，使其面临较高的气候金融物理风险。另一方面，电力、热力、燃气及水生产和供应业，制造业，采矿业等传统产业将自然资源作为生产资料，随着社会对气候变化和环保问题的关注度增加，企业为符合新的环保标准需增加资本投入，提高了运营成本，增加了企业的气候金融转型风险。与之相反，文化、体育和娱乐业，卫生和社会工作，居民服务、修理和其他服务业更多地依赖人力、技术和服务，不会直接受到气候变化的威胁。同时，这些行业多样化的服务结构也帮助它们更好地分散风险，能够更加灵活地应对气候变化带来的挑战，降低气候变化带来的影响。

3. 中国气候金融风险十分复杂

中国气候金融风险成因多元，具有复杂性。首先，中国地域辽阔，从高原山地气候，到温带大陆性气候，再到温带和亚热带季风气候，跨越多种气候带，不同地区面临的气候威胁各异。地理环境和气候的多样性意味着气候金融风险的表现形式和影响程度存在显著地域差异，这要求地方政府根据本地的具体情况制定相应对策。例如，东南沿海地区需重点防范海平面上升和台风带来的气候风险，而内陆干旱地区则需应对水资源短缺和沙漠化的挑战。

其次，中国的经济结构和产业布局进一步提升了气候金融风险的复杂度。中国正处于产业转型期，不同行业对气候变化的敏感性和适应能力明显不同。重工业和农业等资源依赖型行业易受极端天气事件的直接影响，面临较大的物理和转型风险，而服务业和高科技产业则可能因气候变化对银行业的冲击面临投融资困境。此外，不同省份的经济发展水平也影响对气候变化的适应能力，经济发展水平较高的省份会将更多资源投资于应对气候变化，

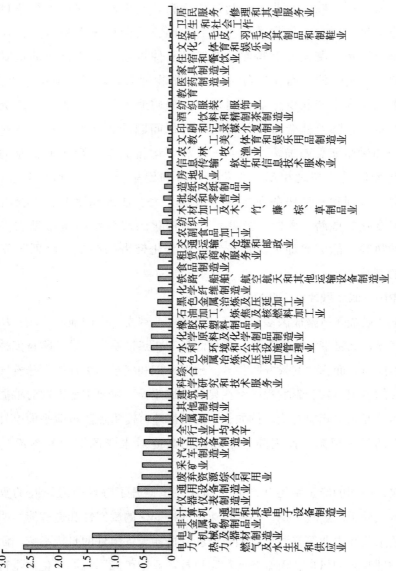

图 12 中国各行业气候金融风险总指数

资料来源：课题组基于 A 股上市公司数据和相关模型测算。

而经济发展水平较低的省份则可能因资源有限而更加脆弱。这些因素共同作用，使中国的气候风险更加复杂，在制定气候金融风险政策时需全面考虑经济发展、社会福祉和环境保护之间的复杂关系。

三 中国气候投融资的需求、行动与困境

（一）中国气候投融资需求

履行国家自主贡献义务并实现碳达峰碳中和目标需要庞大的资金投入和健全的投融资体系。针对中国气候投融资的资金需求规模问题，目前已有部分机构和学者进行了评估。世界银行在《中国国别气候与发展报告》（以下简称《国别气候报告》）中利用 CGE 模型给出了一个部门视角的分析。《国别气候报告》指出，到 2060 年，为实现国家自主贡献目标，电力部门总计需要增加投资约 42820 亿美元，交通运输部门总计需要增加投资约 95180 亿美元，但对工业部门、建筑部门等碳排放的重要部门则未给出具体的资金需求规模。国家气候战略中心预计在实现碳达峰碳中和目标情境下，到 2060 年中国新增气候领域投资需求规模将达 139 万亿元，年均约 3.5 万亿元。其余相关研究给出的年均投资需求范围在 1.3 万亿~2.9 万亿元不等[1][2]。总体而言，由于评估的目标情景、研究方法、评估范围与口径存在差别，不同学者、机构之间的资金需求规模测算差距较大。

2020 年 10 月 21 日，生态环境部、国家发展改革委、中国人民银行、中国银行保险监督管理委员会和中国证券监督管理委员会联合发布了促进中国气候投融资的指导文件——《关于促进应对气候变化投融资的指导意见》（以下简称《指导意见》）。《指导意见》指出，气候投融资是指为实现国家自主贡献目标和低碳发展目标，引导和促进更多资金投向应对气候变化领域

---

[1] 李碧浩、陈波、黄蓓佳等：《基于 CFDAM 模型的中国气候资金需求分析》，《复旦学报》（自然科学版）2017 年第 5 期。

[2] 王芳、焦健、刘蕾：《"十三五"期间中国能效投资前瞻》，《中国能源》2017 年第 4 期。

的投资和融资活动，是绿色金融的重要组成部分。气候投融资的资金支持范围包括减缓和适应两个方面。其中，减缓气候变化的资金支持范围包括积极发展战略性新兴产业以调整产业结构，大力发展非化石能源以优化能源结构，开展碳捕集、利用与封存（CCUS）试点示范，控制工业、农业、废弃物处理等非能源活动的温室气体排放，增加森林、草原及其他碳汇等。适应气候变化的资金支持范围包括提高农业、水资源、林业和生态系统、海洋、气象、防灾减灾救灾等重点领域的适应能力，加强适应基础能力建设，加快基础设施建设，提高科技能力等。本报告将在《指导意见》给出的资金支持范围内，讨论碳达峰碳中和目标实现的减缓资金需求以及2℃温升情景下的适应资金需求。

1. 减缓资金需求

不同的减缓路径对于碳达峰碳中和目标的实现以及投资需求规模都有很大的影响。目前，中国的碳排放有大致80%来源于能源活动，《指导意见》指出的气候投融资支持范围中，能源活动的减缓支持范围包括战略性新兴产业发展带来的产业结构转变，可再生能源发展带来的能源结构优化，碳捕集以及碳汇带来的负碳效应。课题组运用STIRPAT模型测算减缓领域（包括能源结构优化，产业结构转型，碳汇，碳捕集、利用与封存四方面）的投融资需求。总体而言，2021~2060年，为了顺利实现碳达峰碳中和目标，减缓资金总需求约为118.251万亿元，年均约2.956万亿元。其中能源结构优化的资金需求最多，约为52.154万亿元，年均约1.304万亿元；产业结构转型的资金需求次之，约为47.525万亿元，年均约1.188万亿元；然后是碳汇的资金需求，约为12.084万亿元，年均约0.302万亿元；最后是碳捕集、利用与封存的资金需求，约为6.488万亿元，年均约0.162万亿元。

（1）产业结构转型的投融资需求

传统高耗能、高碳排放行业是影响中国碳达峰碳中和目标实现的重点行业。为减缓气候变化，需要大力投资和扶持战略性新兴产业发展，提高行业绿色科技创新水平，培育壮大新产业新动能。但是目前少有机构或者学者给出产业结构转型的投融资需求规模测算结果，本报告尝试提供一种思路：《指导意见》中明确指出要通过大力发展战略性新兴产业来推动"双碳"目标的实现，在这种背景下，课题组首先测算了战略性新兴产业发展带来的碳排放强度变化情况，其次根据碳排放强度的变化来测算由此带来的碳减排规模，最后根据二氧化碳的影子价格测算出产业结构转型需要额外提供的气候投融资资金支持规模。模型测算结果是，国内生产总值中战略性新兴产业增加值占比每上升 1 个百分点，中国的碳排放强度就会下降 0. 211 个百分点。2022年，中国的战略性新兴产业增加值占国内生产总值的比重已经超过 13%，超过 2014 年 5. 8 个百分点，年均上升大约 0. 68 个百分点。结合目前战略性新兴产业的发展现状与态势，同时兼顾可行性，在"双碳"情景下，2060 年中国的战略性新兴产业增加值占国内生产总值的比重需要达到 56%。据测算，想要顺利实现碳达峰碳中和目标，2021～2060 年，中国的碳排放强度需要从2021 年的 8795. 7 吨/亿元降低至 2060 年的 714. 5 吨/亿元。其中通过增加战略性新兴产业增加值占国内生产总值的比重进而降低的碳排放强度水平为1471. 8 吨/亿元，在此过程中中国 GDP 由 2021 年的 114. 4 万亿元上升至 2060年的 432. 9 万亿元，可得发展战略性新兴产业实现的碳减排量为 29. 703 亿吨。根据中国碳排放的影子价格，测算可得战略性新兴产业的气候减缓资金需求为 47. 525 万亿元。

（2）能源结构优化的投融资需求

中国能源消费结构仍然以化石能源为主，2022 年，中国化石能源消费占能源消费总量的比例为 82. 5%，非化石能源消费占比为 17. 5%。持续推动可再生能源投资，降低能源领域的碳排放，是加快构建现代能源体系、实现碳达峰碳中和目标的关键举措。根据中国制定的"双碳"目标，到 2030年，非化石能源消费比重要达到 25%左右，风电、太阳能发电总装机容量要达到 12 亿千瓦以上；到 2060 年，非化石能源消费比重要达到 80%以上。《国别气候报告》中给出的分析表明，实现国家自主贡献目标要求 2020～2060 年电力行业累计增加投资约 4 万亿美元，其分析涵盖了水电、风电、光电、地热、核能、生物质、化石能源以及其他投资。根据《指导意见》给出的资金支持范围，课题组主要考量水电、风电、光电以及核能。《中国电力发展报告（2023）》显示，2022 年全国发电量为 8.7 万亿千瓦时，非化石能源发电量达到 36.2%。其中，2022 年风力发电量达到 7624 亿千瓦时，占全国总发电量的 8.8%；2022 年光伏发电量达 4251 亿千瓦时，占全国总发电量的 4.9%。本报告初步测算结果表明，在"双碳"情景下，能源结构转变需要在 2060 年之前让水电消费占总电力消费的比重达到 33.10%，核电消费占总电力消费的比重达到 8.85%，风电、光电消费占总电力消费的比重达到 30.99%，火电消费占总电力消费的比重下降到 27.04%。这意味着 2021~2060 年水电、核电、风光电的投资需求规模分别需要达到 20.899 万亿元、7.396 万亿元、23.859 万亿元，总计 52.154 万亿元，年均约 1.304 万亿元。

（3）碳汇的投融资需求

减缓气候变化不仅要减少温室气候排放，还应增加温室气体的吸收和利用。林地、草原与湿地均存在不同程度的碳汇能力，是降低大气中 CO_2 浓度直接且有效的途径。根据全国碳汇计量分析组的测算结果，林地碳汇能力约为 7.92 吨/年，草地的碳汇能力约为 1.00 吨/年，湿地的碳汇能力约为 0.39 吨/年。碳中和强调二氧化碳排放与减排中的人为因素[①]，这就意味着不仅需要加强对现有森林资源的保护，同时还需要加大对森林质量精准提升工程及森林经营增汇措施等的投资，进而增强人为因素的碳汇能力。根据第三次全国国土调查结果，中国林地面积为 28412.59 万公顷，草地面积为 26453.01 万公顷，湿地面积为 2346.93 万公顷，为中国提供了每年约 10 亿~13 亿吨的碳汇能力。如果在保住现有基础上进一步统筹海陆全域国土空间，发挥森林、草原、湿地、滨海的固碳作用，那么中国陆地生态系统碳汇能力有可能在现有基础上进一步提升。在"双碳"情景下，2021~2060 年林地、草地、湿地的碳汇及其投资需求逐年增长，年均碳汇投资需求为 0.302 万亿元，到 2060 年需要林地、草地、湿地每年各自提供 14.883 亿吨、1.714 亿吨、0.511 亿吨的碳汇。

---

① 陈迎：《碳中和概念再辨析》，《中国人口·资源与环境》2022 年第 4 期。

（4）碳捕集、利用与封存的投融资需求

碳捕集、利用与封存技术是推动化石能源大规模可持续低碳利用的重要途径，有助于在能源转型尚未完成的情况下构建低碳工业体系，同时其与生物质或空气源结合可具有负排放效应，是中国减缓气候变化投资领域的重要组成部分。《中国二氧化碳捕集利用与封存（CCUS）年度报告（2023）》（以下简称《CCUS 报告》）显示，碳达峰碳中和目标下中国 2030 年的 CCUS 减排需求约为 1 亿吨/年（0.58 亿吨/年~1.47 亿吨/年），2060 年将增长至 23.5 亿吨/年（21.1 亿吨/年~25.3 亿吨/年）。课题组测算，想要实现碳达峰碳中和目标，中国 2030 年的 CCUS 减排需求约为 0.13 亿吨/年，2060 年将增长至 11.2 亿吨/年。基于《CCUS 报告》中主要技术边际减排成本可得，中国的 CCUS 减排资金需求年均约为 0.162 万亿元。

根据本报告测算结果，在以上情景下，中国将于 2030 年前实现碳达峰目标，碳排放峰值为 110 亿吨左右；2060 年碳排放为 30 亿吨左右，将通过碳汇系统和碳捕集手段吸收而实现碳中和。

2. 适应资金需求

由于气候变化带来的影响具有长期性，适应气候变化是我们不得不面对的必然选择，然而，目前有关中国适应气候变化资金需求规模的测算较少。本报告借鉴柴麒敏等的研究思路[①]，通过设置温升情景，参照《国家适应气候变化战略 2035》（以下简称《适应战略》），重点考虑自然生态系统的适应资金需求以及经济社会系统的适应资金需求，选取基础设施与重大工程、农业与粮食安全、水资源、海洋与海岸带、陆地生态系统、健康与公共卫生六大重点适应领域，对中国的适应资金需求进行了估算。根据 IPCC 评估报告结果，按照目前的升温速度，到 2040 年全球平均气温将比工业化前高 1.5℃左右，结合《适应战略》指出的中国气温变化情况，中国在 1951~2020 年的平均升温速率为 0.26℃/10 年，预测中国到 2060 年的平均气温将

[①] 柴麒敏、傅莎、温新元等：《中国实施 2030 年应对气候变化国家自主贡献的资金需求研究》，《中国人口·资源与环境》2019 年第 4 期。

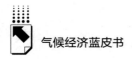

比工业化前高2℃左右。假设2060年中国的适应资金需求较2021年增加一倍，并在2021~2060年呈近似线性增长，那么，2021~2060年中国适应资金需求总额大约是64.116万亿元，年均约为1.6万亿元。

（1）提升自然生态系统适应气候变化能力的投融资需求

自然生态系统中，目前需要继续加大投资的领域主要包括水资源系统、陆地生态系统以及海洋与海岸带等。水资源是满足粮食生产和人民健康、保障经济可持续发展和社会稳定的重要战略性经济资源，其适应性投资需求主要包括构建水资源及洪涝干旱灾害智能化监测体系、推进水资源集约节约利用、实施国家水网重大工程、完善流域防洪工程体系与洪水风险防控体系等方面。据测算，这需要于2021~2060年总计投入5.039万亿元，年均投资需求约为0.125万亿元。陆地生态系统方面，重点是构建陆地生态系统综合监测体系，建立并完善陆地生态系统保护与监管体系，加强典型生态系统保护与退化生态系统恢复，提升灾害预警、防御与治理能力，实施生态保护和修复重大工程规划与建设等方面的投资。据测算，这需要于2021~2060年总计投入10.744万亿元，年均投资需求约为0.269万亿元。海洋及海岸带方面，为了适应未来的气候变化，适应性投资需求主要包括海洋气候观测与预测、海洋防灾减灾、沿海生态系统保护修复、改善海洋生态环境质量等方面。据测算，这需要于2021~2060年总计投入0.36万亿元，年均投资需求约为0.009万亿元。

（2）强化经济社会系统适应气候变化能力的投融资需求

经济社会系统适应气候变化能力的投融资需求主要包括基础设施与重大工程、农业与粮食安全以及健康与公共卫生等方面。在基础设施与重大工程方面，台风、洪水、冰雹等气候灾害直接对地区基础设施产生损害。因此，提高基础设施运行能力，增强基础设施防灾、抗灾能力，对于适应气候变化，提高区域公共服务水平和服务质量十分迫切且重要。为适应气候变化，建设新型基础设施以及改造现有基础设施的投入巨大。据测算，2021~2060年基础设施投资总计40.618万亿元，年均投资需求约为1.015万亿元。农业与粮食安全方面，中国应对气候变化的能力不足，未来气候变化将引起气温和降水模式的改变，将继续以直接或间接的方式影响农业生产。据测算，为保障农业与粮食安全，需要于 2021～2060 年总计投入 3.920 万亿元，年均投资需求约为 0.098 万亿元。健康与公共卫生方面，气候变化也加大了公共卫生领域的投融资需求。据世界卫生组织估计，到 2050 年，由于海平面上升、医疗基础设施遭到破坏等，全球或将产生 2.5 亿气候难民。如果全球气温升高 2℃，严重热浪将使全球大部分人面临热应力威胁[1]。中国也面临气候变化带来的健康与公共卫生方面的威胁，据测算，为了适应 2℃ 的温升环境，中国需要于 2021～2060 年在健康与公共卫生领域总计投入 3.455 万亿元，年均投资需求约为 0.086 万亿元。

（二）中国气候投融资行动

针对减缓和适应气候投融资需求，中国正在积极采取行动，开发拓展了一系列融资方式，并以项目推进和地区试点的方式开展气候投融资行动。《气候投融资试点工作方案》《气候投融资试点名单》（以下简称《试点名单》）《关于印发气候投融资试点地方气候投融资项目入库参考标准的通知》（以下简称《项目标准》）等文件为气候投融资提供了指导。

1. 减缓投融资行动

（1）产业结构转型的投融资行动

为满足产业结构转型的气候投融资需求，一方面，丰富拓展了一系列融资方式；另一方面，通过项目与地区试点拓宽了投资范围。从融资方式来看，除了传统融资方式以外，近年来推动产业结构转型的融资方式主要有气候科技股权投资基金、气候友好型债券、绿色气候基金、ESG基金等。2019～2021 年，气候科技股权投资基金初创期投资占比达 47%，成长期投资占比达 24%，种子期投资占比达 18%[2]；2016～2023 年，气候

---

[1] 《我们必须大力应对全球健康面临的极严重威胁：气候变化》，世界卫生组织官网，https://www.who.int/zh/news-room/commentaries/detail/we-must-fight-one-of-the-world-s-biggest-health-threats-climate-change，2023 年 11 月 3 日。

[2] 金融支持绿色科技平台、北京绿色金融与可持续发展研究院等：《中国碳中和领域创投趋势（2022）摘要报告》，https://www.ifs.net.cn/news/1184，2022 年 12 月 18 日。

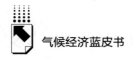

友好型债券发行数量累计达 3736 只，发行规模累计达 4.69 万亿元，年度参与气候友好型债券主承销商的证券公司数量从 2016 年的 26 家，发展到 2023 年的 72 家①；绿色气候基金方面，截至 2022 年底，国内与绿色投资主题相关的公私募基金数量接近 1300 只，管理规模合计超 8600 亿元②。从气候投融资项目来看，根据《项目标准》，产业结构转型的投融资项目包括低碳工业、低碳农业、低碳建筑及建筑节能、低碳交通、低碳服务、低碳供应链服务等。"试点名单"确定的 23 个气候投融资试点地区中公布的项目库信息显示，产业结构转型的投融资项目数仅低于能源结构转型的投融资项目数。

（2）能源结构优化的投融资行动

《"十四五"可再生能源发展规划》提出，开展水电、风电、太阳能、抽水蓄能电站基础设施不动产投资信托基金等试点，进一步加大绿色债券、绿色信贷对符合条件新能源项目的支持力度。鼓励社会资本按照市场化原则，多渠道筹资，设立投资基金，支持可再生能源开发利用。目前，"新能源+绿色金融"已经成为企业开发利用可再生能源的新兴融资模式，该模式以企业的融资需求为导向，组合运用股权、债权、资产证券化等多种金融工具，助力可再生能源的开发利用和"双碳"目标的顺利推进。根据《项目标准》，试点地区有关能源结构投融资的项目以可再生能源利用为主，包括太阳能、风力发电、生物质能、水力发电、地热能、海洋能、氢能、热泵、高效储能设施建设和运营等项目。目前，能源结构优化的投融资项目数是《试点名单》确定的 23 个气候投融资试点地区中公布的项目库中最多的。在强有力能源结构优化投融资行动的支持下，中国是迄今能源结构优化领域投资额最大的国家。

（3）碳汇投融资行动

充分发挥生态系统的碳汇能力，对于降低"双碳"行动的经济成本和抵

---

① 数据来源于 Wind。
② 数据来源于中国证券投资基金业协会。

御社会风险具有重要战略意义。为此，中国创新了一系列碳汇融资方式，包括碳中和债、碳汇保险、"碳汇+生态司法"模式等。其中，碳中和债是指符合《中国绿色债券原则》要求，募集资金专项用于具有碳减排效益的绿色项目，通过专项产品持续引导资金流向绿色低碳循环领域，助力实现碳中和愿景的有价证券。2021年9月23日，中国农业发展银行在中央结算公司通过公开招标方式成功发行了国内首单用于森林碳汇的碳中和债券，资金总额为36亿元。碳汇保险系列产品主要由中国财产保险公司开发，包括林木碳汇保险、森林碳汇保险、茶园农业碳汇保险、湿地碳汇保险、海洋碳汇保险等。"碳汇+生态司法"模式是在破坏森林资源刑事案件中，通过责令被告人认购森林碳汇量的融资模式。该模式弥补了补栽补种判决不能"第一时间"全方位修复生态的不足，丰富了认购碳汇的内涵、价值和法律属性。碳汇投资方面，中国林业集团积极发挥林业央企的主导作用，与国家林草局、国家开发银行共同承担国家储备林建设任务，先后在重庆、广东、广西、福建、贵州等10余个省份规划建设国家储备林2亿亩，目前已完成签约超1.1亿亩。

（4）碳捕集、利用与封存的投融资行动

近年来，中国CCUS技术正在迅速发展。据不完全统计，截至2022年底，中国已投运和规划建设中的CCUS示范项目接近百个，其中已投运项目超过半数，具备CO_2捕集能力约400万吨/年，注入能力约200万吨/年，分别较2021年提升33%和65%左右。此外，部分气候投融资试点地区还根据《项目标准》，投运或入库了二氧化碳驱油技术应用、直接空气碳捕集与封存、生物质能碳捕集与封存等项目。融资方式上，目前中国已开展的CCUS项目的主要资金来源为企业自有资金，个别项目得到了地方政府的资金支持或国内外研发赠款。国际上的CCUS项目在融资渠道上更为多样，除企业内部资金以外，项目还得到了公共资金、政府专项财政资金、投资机构投资、气候基金等外部资金的支持。

2. 适应投融资行动

（1）提升自然生态系统适应气候变化能力的投融资行动

水资源系统方面，为了强化大江大河大湖适应气候变化的能力，中国积极实施母亲河复苏行动、华北地区河湖生态环境复苏行动，推进一批重大水利工程建设实现关键节点目标。首先是母亲河复苏行动，2023年，在长江上中游、黄河上中游、东北黑土区等重点区域，治理水土流失面积6.3万平方千米；其次是华北地区河湖生态环境复苏行动，对华北地区7个水系，40条（个）河湖实施年度补水98.4亿立方米；再者是重大水利工程建设，西江大藤峡水利枢纽主体工程完工，广东珠三角水资源配置工程正式通水，南水北调中线引江补汉、淮河入海水道二期工程加快建设，吉林水网骨干工程、黑龙江粮食产能提升重大水利工程、环北部湾广西水资源配置工程开工建设等[①]。陆地生态系统方面，2023年"双重"项目安排造林任务3793.1万亩。指导推进"十四五"三批27个山水林田湖草沙一体化保护和修复工程、两批29个历史遗留废弃矿山生态修复示范工程项目实施，支持25个地市开展国土绿化试点示范项目建设。"十三五"以来，全国累计修复治理历史遗留废弃矿山面积450万亩以上。深入推进"三北"防护林等重点生态工程建设，组织实施森林质量精准提升工程和林草区域性系统治理项目。海洋与海岸带方面，为了加快适应气候变化进程，投资支持沿海城市实施47个海洋生态保护修复项目，同时持续实施海岸带保护修复工程，以提升沿海地区防御台风、风暴潮等海洋灾害的能力，引导社会资源投入红树林、海草床、滨海盐沼、海藻场等海岸带蓝碳保护恢复。

（2）强化经济社会系统适应气候变化能力的投融资行动

基础设施与重大工程方面，为了提高基础设施运行能力，增强基础设施防灾、抗灾能力，中国开展了交通强国建设试点、海绵城市试点等工作。从交通强国建设试点来看，中国以高边坡、特大桥、隧道等为重点，针对台风、暴雨及由此引发的洪水、泥石流、滑坡、崩塌等灾害，研究完善与气候变化相适应的水运工程标准，投资设置必要的防雷、抗震、导流（风）装置，进而在适应气候变化的导向上加强项目的投资建设。从海绵

---

① 国务院新闻办网站：《国务院新闻办就2023年水利基础设施建设进展和成效举行发布会》，https：//www.gov.cn/lianbo/fabu/202312/content_ 6919796. htm，2023年12月12日。

城市试点来看，中国以应对城市内涝为重点，在 60 个城市开展海绵城市建设示范，2023 年全国城市新建和改造排水管网约 1.8 万千米。农业与粮食安全方面，为建立适应气候变化的粮食安全保障体系，2023 年全国投资完成新建和改造提升高标准农田建设任务约 8611 万亩、高效节水灌溉面积约 2462 万亩。稳定保障 1 万亿斤以上粮食产能，全国耕地超过一半是高标准农田。此外，按照"政府引导、市场运作、自主自愿、协同推进"的原则，实施农业保险保费补贴政策，2023 年中央财政拨付农业保险保费补贴 459 亿元。健康与公共卫生方面，为了适应气候变化带来的影响，中国进一步推动环境健康风险评估试点建设，加强气候敏感疾病的监测预警及防控，提高极端天气健康风险预警的公众可及性，并在首批试点城市济南、青岛、深圳推广应用。

（三）中国气候投融资面临的困境

1. 减缓资金缺口仍旧巨大

对照"双碳"目标的资金需求，当前的减缓气候投融资仍存在巨大缺口。在减缓气候资金方面，即使我们假设碳汇和碳捕集等工作能够在 2060 年达到 30 亿吨的二氧化碳吸收能力，进而仅考虑能源结构优化和产业结构转型的气候投融资资金需求，这个缺口依旧庞大。总体而言，在减缓气候变化方面，即使不考虑碳汇和碳捕集等投融资需求，中国在 2021～2060 年也将面临 42.975 万亿元的资金缺口，年均约为 1.074 万亿元。其中，在能源结构优化方面，根据历史数据显示的年均增长率，2011 年中国的非化石能源消费占比为 8.4%，2020 年为 15.9%，10 年时间里上升了 7.5 个百分点。在基准情景下假设在未来 40 年中按照同样的速度增长，2030 年中国非化石能源消费占能源消费总量的比重会达到 23.4%，在 2060 年达到 45.9%，这与碳中和目标下的 80% 仍存在较大差距。同时实现基准情景要求 2021～2060 年在非化石能源领域投资 32.187 万亿元，与"双碳"情景下的 52.154 万亿元相比，存在 19.967 万亿元的资金缺口，年均资金缺口规模约为 0.499 万亿元。产业结构转型方面，中国战略性新兴产业占 GDP 比重在 2022 年超过

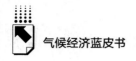

了 13%，比 2014 年至少高出了 5.4 个百分点。在基准情景下假设到 2060 年之前也按照同样的速度增长，意味着到 2030 年中国战略性新兴产业占比将达到 18.4%，2060 年将达到 38.8%。这将减少碳排放 15.322 万亿吨，同时需要 24.517 万亿元的资金投入。与"双碳"情景下的 47.525 万亿元相比，存在 23.008 万亿元的资金缺口，年均资金缺口规模约为 0.575 万亿元。这也就意味着在当前投资规模的基础上，每年还需要增加战略性新兴产业 0.575 万亿元的气候投资①。

2. 对适应投融资的关注远远不够

联合国环境规划署表示，气候变化的影响日益严重，各国增强气候适应能力的进展却在全面放缓。虽然中国对适应气候变化的规划和实施高于国际平均水平，但是适应气候变化的投融资工作严重依赖政府监管手段和公共财政，而对私营部门主导的适应工作缺乏有效的激励措施。同时，中国严重缺少有关适应气候变化的融资方式，这也导致了目前适应气候变化的投融资工作严重滞后。根据前文中的估算，在 2℃温升情景下中国 2021~2060 年的适应性投资总需求为 64.116 万亿元，年均约为 1.6 万亿元。这是一笔庞大的支出，但如果我们继续按"一切照旧"的方式投资，那么未来中国气候危机不断加剧所造成的损失可能将远远超过适应气候变化的投资额。搁浅资产造成的资本损失、自然和生物多样性损失、冲突加剧和人类迁移造成的资本损失等尚未得到合理的估算，将直接导致气候相关损失和其他不可保险损失增加、生产成本增加、生产力损失和健康成本增加的直接经济影响等远远超过预期，当下的投资不足将使未来遭受不可估量的损失。

四 应对气候变化需要气候金融创新

气候变化是一个长期、复杂的挑战，气候金融在应对气候变化的挑战中发挥着至关重要的作用。随着全球气候变化的影响日益显现，传统的金融模

---

① 数据基于 STIRPAT 模型测算得出。

式已无法满足减缓和适应气候变化的需求。为了有效应对这一挑战，需要金融行业在法规政策、气候风险评估、气候金融投融资模式、气候金融工具、监管制度等方面进行变革，为减缓和适应气候变化提供更多的资金支持。气候金融的创新不仅能引导资金流向绿色低碳产业、促进经济社会可持续发展，还能帮助企业和投资者规避气候风险，实现经济与生态的共赢。因此，加强气候金融创新是应对气候变化的重要途径，也是推动经济社会高质量发展的关键所在。

（一）提高气候金融认知，凝聚气候行动共识

气候金融是应对气候变化、实现零碳发展的有效工具，当前社会对气候金融的认知尚不全面，对其重视程度不足，其作用和价值尚未得到广泛认同，导致气候金融的发展面临诸多挑战。因此，加强气候金融相关知识和理念的传播，增强金融领域决策者和从业者应对气候变化的意识和责任感，是推动气候金融健康和快速发展的重要途径。具体来说，可以从以下几个方面着手。

一是利用各种媒体平台、社会组织、公益活动等方式，广泛传播气候金融的概念、范围、标准、案例、效益等内容，增强公众的气候意识和金融素养，引导公众积极参与气候金融的投资和消费。通过电视、广播、网络、报刊等媒体，定期发布气候金融的相关信息，介绍气候金融的发展现状、前沿动态、成功经验等，让公众更清楚地了解气候金融的意义和价值。二是加强对金融机构、企业和政府部门相关人员的气候金融培训和引导，提高他们的气候金融专业能力和服务水平，促进他们在气候金融的项目开发、资金筹集、风险管理、信息披露等方面的创新和实践。通过举办研讨会、论坛、培训班等形式，邀请国内外气候金融的专家和实践者，分享气候金融的理论知识和操作技巧，解答气候金融的相关问题，提升气候金融参与者的专业水平。三是强化对青少年和学生的气候金融教育，培养他们的气候意识和金融素养，为气候金融的可持续发展储备人才和力量。通过编写气候金融教材、开设气候金融课程、组织气候金融实践活动等方式，让学生从小接触和了解

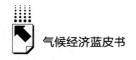

气候金融的基本知识和理念，激发他们对气候金融的兴趣和热情，培养他们的气候责任感和使命感。

（二）增加政策供给，制度保驾护航

法规政策在推动气候金融的发展和应对气候变化的挑战方面发挥着关键作用。适当的法规政策可以引导市场，提高透明度，降低风险，有助于实现气候友好和可持续的金融体系。尽管中国在财税、金融、碳市场等方面都出台了相应的政策，气候金融的相关体制机制和政策不断完善，并取得了一定效果，但是目前中国气候金融有关的政策体制仍有待健全，应加强顶层设计，尽快完善气候金融体系。

1.气候投融资方面

一是设立特别气候金融政策，对除气候投融资的定义及支持范围以外的问题（如气候投融资方式、资金流向管理等）进行具体规定。目前中国发电行业气候投融资政策相对其他行业更加完善，可以在发电行业试行推广完整的气候投融资政策体系，根据试行情况及各行业的不同特点不断调整并依次推广。二是完善针对气候金融的财税政策和信贷政策，鼓励更多社会资本投入气候金融领域。通过促进气候友好科技研发的财政政策、金融政策和产业政策，引导有转型需求的企业积极采用绿色创新技术，吸引更多的投资者关注和参与气候基金，促进气候友好产业的快速发展。三是完善配套支持措施。对气候项目推进形成一系列机制，气候项目申报前期由专业人士进行风险与可行性评估，提出一定的改进意见。项目试行期间持续监管，使投资项目风险可视化、透明化，从而对金融机构开展气候投融资业务形成有效激励约束。

2.气候金融风险方面

为了有效地管理和应对气候金融风险，需要从法律、监管、评估和教育等方面实施多层次的措施。一是制定气候相关的财务信息披露标准，提高气候风险的透明度和可比性，推动市场主体开展信息披露，使投资者能够充分认识到气候变化对其投资组合的潜在风险。二是建立气候风险识别、评估、

应对的方法论框架，利用气候风险压力测试等工具，量化和评价金融资产价值的影响，建立气候相关的风险指标体系，为投资者提供可靠的参考依据。三是构建气候风险监管应对框架，加强监管协调和政策沟通，制定风险缓释措施，防范系统性风险。

（三）加强气候风险评估，筑牢气候金融防线

通过评估气候变化风险，促进金融机构识别并防范物理风险和转型风险，科学有效地制定气候风险应对策略，提高社会和经济系统的适应能力和韧性。目前金融机构评估气候金融风险仍处于初级阶段，缺乏统一的评估标准和方法，信息共享和预警机制不足。评估模型存在主观性、局限性和对长期趋势考虑不足等问题，影响了评估的准确性，限制了金融机构制定有效风险管理策略的能力。因此，需要进一步加强气候金融风险评估和管理，提高金融体系的稳定性和抵御气候变化的能力。

一是建立统一的评估标准和方法。首先要制定气候金融风险评估标准。金融监管机构应组织专家团队，建立一套完善的风险评估体系，包括对项目的技术风险、市场风险、政策风险等方面的全面评估，详细规定气候金融风险评估的原则、程序、内容以及报告要求等，为金融机构提供明确的方向和指导。同时提高相关数据的准确性和完整性，建立统一的数据标准和采集系统。其次要开发适用于不同金融产品和市场的评估方法。对于不同类型的金融产品和市场，需要开发相应的气候金融风险评估方法，这些方法应能够准确评估物理风险和转型风险对金融机构的影响。

二是强化信息共享和预警机制。金融监管机构应建立一个气候金融风险评估信息共享平台，该平台应能够收集、整理并发布全球范围内的气候风险数据和信息，对气候项目的风险进行实时监测和预警，并建立应对极端气候事件的应急预案，确保在极端天气等情况下能够及时响应，降低金融体系的风险，应急预案应包括资源调配、信息共享、协调联动等方面。

三是提升评估模型的准确性和适应性。现有的气候风险评估模型可能存在一些缺陷和不足，如参数设定过于主观、模型假设具有局限性等。因此，

需要对这些模型进行改进和优化。

通过引入更先进的气候科学研究成果、引入更多的影响因素和变量、优化模型算法等方式，提高评估模型的准确性和可靠性。同时加强对长期气候趋势的分析，气候风险评估不应仅关注短期内的气候变化，还应考虑长期的气候趋势和变化。通过引入长期气候预测数据、考虑未来社会经济发展趋势等方式，使评估模型能够更好地适应未来气候变化的挑战。

（四）优化投融资模式，实现多主体共赢

气候投融资是促进气候金融高质量发展的重要举措以及减缓和适应气候变化的重要手段，需要不断创新和优化投融资模式，以实现经济和生态的共赢。投融资模式的创新可以引导和促进更多资金流向低碳零碳产业领域，有助于提高投资效率，降低投资风险，为应对气候变化提供更强大的资金支持。

一是推进气候友好导向的开发模式（Cliamte-friendly-Oriented Development，简称 COD 模式）等投融资模式的创新。COD 模式强调在开发过程中充分考虑减缓和适应气候变化的需要，把项目策划、开发、建设和运营全过程纳入 COD 模式分析框架，全面引导项目投融资模式的新方向，促进资金流向气候友好产业开发和基础设施建设，实现经济社会全面零碳转型发展。

二是开发混合融资模式。开发多元化的融资渠道和工具，公共部门和私营部门共同参与气候项目的融资，通过股权融资与债务融资相结合等方式，充分利用各种融资渠道和工具的优势，降低融资成本，提高融资效率。同时，也可以探索融入更多的投融资模式，如融资租赁、资产证券化等，以满足不同项目的融资需求，为减缓和适应气候变化提供资金支持。

（五）开发气候金融工具，激发创新活力

气候金融工具的创新可以为应对气候变化提供有效的解决方案。当前中国上海市、武汉市、广东省等地区已陆续开发碳金融衍生品，试行碳远期、碳互换、碳期权、碳期货等金融衍生品，但气候金融工具在中国金融市场的

推行仍有较大空间，金融工具的创新任重道远。

一是推广专业化气候金融工具。根据中国人民银行确立的气候金融"三大功能""五大支柱"的政策思路，总结碳债券等金融工具的成功经验，可以进一步推广气候债券、气候期货、气候远期等气候金融衍生品。这些工具将专门针对气候变化领域的投融资需求，为企业提供更多的融资渠道，推进气候金融体系的逐步完善。同时创新风险管理工具，开发天气衍生品、巨灾债券等，为企业提供更多的风险转移和分散途径，鼓励投资者和金融机构积极参与气候友好投资，从而更好地应对气候变化带来的挑战。

二是为不同行业开发差异化气候金融产品。针对不同行业应对气候变化的需求，提高气候金融的针对性和有效性，拓展气候金融的市场空间和发展潜力。例如，针对储能和氢能等新兴领域，推出储能贷款等储能项目融资工具、储能技术研发保险、储能碳信用交易工具、储能投资基金等气候金融工具，为各行业减缓和适应气候变化以及管理气候风险提供资金支持，也为投资者提供多样化的投资选择。

三是加强气候金融产品创新。积极发展多层次的气候金融市场，满足不同投融资主体的多样化需求，推出基于碳减排量的创新投融资工具和服务模式，激励投融资主体实现减碳。例如，部分地区和企业推出碳足迹挂钩贷款，将贷款利率与借款企业的碳足迹直接挂钩，利率设定根据企业实际碳足迹情况而有所不同。这种产品的推出有助于推动企业更加关注自身的碳排放情况，采取积极措施降低碳足迹，从而实现绿色发展。

（六）完善监管体系，保障信息披露

有效的气候金融监管体系对引导资金流向气候友好型项目、提高金融体系应对气候变化的能力、增强投资者信心、保障金融市场的稳定运行都具有重要意义。目前国内尚未建立完善的气候金融监管体系，加强气候金融监管制度建设刻不容缓。

一是完善气候金融监管制度与手段。新加坡储蓄债券（Singapore Savings Bond，SSB）和相关国际机构已制定气候相关风险的监管期望及涵盖银行、保险

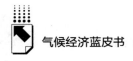
和资产管理部门的监管指南，中国应借鉴新加坡经验，尽快建立一个完善的气候金融监管体系，包括监管机构、监管规则、监管技术等，全面覆盖气候金融市场的各个方面，确保所有相关机构和交易都受到适当的监督。针对与气候相关的金融产品制定统一的标准和规范，以确保产品的质量和可持续性。

二是加强信息披露监管。一方面，规定统一的信息披露标准。统一透明的标准将为制定气候投融资项目的贴息政策提供充足的依据，有利于将气候投融资项目纳入财政资金支持范围。央企要探索建立健全 ESG 体系，实现 ESG 专项报告披露全覆盖。随着能源结构转型的加速推进，应加强对高碳行业碳排放核算报告的核查监管。另一方面，提高信息披露的质量。每个细分行业的排放标准、核算边界、认证方法、减碳技术、产品碳足迹等方面的制度都需要完善。切实提高融资企业和相关融资项目的环境信息披露程度和精度，提高碳核查以及绿色评级能力，减少环境信息不对称。

（七）加强国际合作，促进经验交流

气候变化是一个全球性的问题，需要全球共同应对。气候金融的推进发展并不是一个国家或地区能够独立应对的，而是全球共同的责任。通过加强国际气候金融合作，可以集合各国的力量和资源，为全球气候金融的发展提供动力。

一是加强与国际组织的联系，积极开展政策对话与协调。应与国际金融机构如世界银行、国际货币基金组织等能够发挥桥梁作用的国际组织加强合作沟通，为中国应对气候变化的挑战争取资金支持和技术援助。还应与绿色气候基金会、气候债券倡议组织等气候金融相关的组织建立联系，共享资源、技术和经验，提高应对气候变化的能力和效率。同时与各国定期进行政策对话，共同探讨在气候金融领域的政策动向、监管框架和有效路径，分享最佳实践经验，以促进相互理解与合作。同时，协调各国政策有助于减少投资障碍、提高市场效率和增强投资信心，共同为构建可持续发展的未来做出贡献。

二是学习其他国家的成功经验。学习其他国家的气候金融成功经验是推

动中国气候金融发展的重要途径。通过了解和借鉴其他国家在气候金融领域的成功实践，为中国气候金融的发展提供有益的参考和借鉴。例如，美洲开发银行提出的节能保险这一金融工具，有效打消了中小企业对购买节能产品的顾虑；挪威奥斯陆国际气候与环境研究中心采用绿色标签评价方法，使用三种不同深度的绿色将绿色项目分类，有助于投资者对比绿色项目的绿色级别。

指 数 篇 ⟩⟩

B.2
气候变化风险对企业投融资的
冲击模型与冲击指数

何 理　陈洪波　甄皓晴　等*

摘　要：　气候变化风险对企业投融资以及金融系统都带来巨大威胁，是影响金融稳定的重要因素之一。准确评估和度量气候变化风险给不同企业、区域以及行业带来的冲击至关重要，精准地测量气候变化风险，有利于提升企业气候治理水平，进而促进企业绿色化转型及可持续发展。本报告基于2016~2022年的上市公司样本，结合文本分析的方法构建气候变化词典，并将气候变化词典进一步细分为物理风险词典和转型风险词典。除此以外，构建了基于融资的计量模型和基于投资的计量模型，分析气候变化风险给企业投资和融资带来的具体影响，并形成气候变化风险对企业投融资的冲击指数。在此基础上，进一步构建气候变化对不同省份、不同行

---

*　执笔人：何理，博士，中国社会科学院大学应用经济学院副教授，研究方向为数字经济、气候金融；陈洪波，博士，中国社会科学院大学应用经济学院副院长、教授、博士生导师，研究方向为气候变化经济分析、气候金融、新能源经济学等；甄皓晴，中国社会科学院大学应用经济学院博士研究生，研究方向为可持续发展经济学；王庸源，中国社会科学院大学应用经济学院硕士研究生，研究方向为产业金融。

业的冲击指数。本报告的研究为准确量化气候变化产生的风险奠定了坚实的基础。

关键词： 气候变化风险　企业投融资　冲击指数

一　气候变化风险对经济的冲击

（一）气候变化风险对金融系统的冲击

气候变化风险对金融系统的稳定性构成重大威胁。目前有大量证据表明，气候变化风险会对宏观金融稳定性造成冲击，例如，全球气温上升可能显著增加极端天气事件的频率和强度，这些极端天气事件直接对经济社会造成损失，包括房地产价值下降，企业生产和经营受到影响、赢利能力降低，以及居民财富减少。这些经济恶化还会直接传递给宏观金融体系，导致通胀上升，资产价值下降，引发系统性的金融风险。有研究表明，气候变化对金融资产现值造成巨大冲击，现有路径下的气候风险价值可能高达数万亿美元[1]。国际清算银行在报告中指出，气候变化可能引发下一轮系统性金融危机，强调各国央行和金融监管机构应积极采取措施应对气候变化。

气候风险对金融机构造成的冲击主要可分为两类：物理风险和转型风险。物理风险指的是由极端气候事件和气候变化导致的直接损害。海平面上升和极端气候灾害导致的房地产贬值将增加金融机构的贷款风险，进而提高整体风险水平[2]。极端强降水可能对商业银行产生直接影响[3]。这些气候相关风险

---

[1] Dietz, S., Bowen, A., Dixon, C., Gradwell, P., "Climate value at risk' of global financial assets", *Nature Climate Change*, 2016（6）.

[2] Krogstrup, S., Oman, M., "Microeconomic and financial policies for climate change mitigation：A review of the literature", *IMF Working Papers*, 2019.

[3] 潘敏、刘红艳、程子帅：《极端气候对商业银行风险承担的影响——来自中国地方性商业银行的经验证据》，《金融研究》2022 年第 10 期。

直接影响资产方和负债方①。转型风险是指经济结构和市场转型过程中的风险，如由传统化石能源向清洁能源的转型所带来的技术和市场转型风险。G20下辖的金融稳定委员会成立的气候相关财务信息披露小组（Task Force on Climate-Related Financial Disclosures，TCFD）指出，气候变化带来的技术风险和市场风险两类转型风险会对金融机构产生冲击，如传统化石能源清洁处理成本增加可能导致企业经营绩效和商业模式变化，而高碳资产可能在低碳经济转型过程中面临搁浅问题。因此，通过深入分析气候风险传导路径，金融机构可以更好地理解自身面临的挑战，并制定相应的管理策略，以应对日益加剧的气候变化带来的不确定性②。

关于气候变化风险对金融系统造成的冲击，国内外学者主要通过指数构建、压力测试、VAR模型、DSGE模型等方法展开研究。朱沙等构建指数，运用面板模型探讨了长期气候变化因素与极端气候事件对区域金融稳定性的影响，初步对气候物理风险的传导机制进行了验证，认为代表物理风险的极端气候事件对经济发展和金融稳定有负面影响③。魏雷等运用压力测试方法，通过改进的总生产函数和宏观违约率模型测算了不利情景冲击对中国银行业的整体影响程度④。Monasterolo等运用气候压力测试方法，对中国两家政策性银行的海外能源项目组合进行经济金融冲击分析，得出冲击大多集中在煤炭和石油项目上，且不同地区的负面冲击占贷款总额的比例从4.2%到22%不等的结论⑤。Dietz等使用综合评估模型（IAM），基于气候风险价值测算了气候变化对资产价值的影响，研究结论为全球金融

① 夏益国、张一鸣、刘丽萍：《极端气候与商业银行风险承担：基于中国152家区域性商业银行实证研究》，《保险研究》2023年6期。
② Guo, Y., "Challenges and countermeasures of climate risk to bank's asset-liability management", *Journal of Global Economy, Business and Finance*, 2022, 4 (1).
③ 朱沙、卢晓芸、杨瑾等：《气候变化对经济金融系统性冲击的物理风险研究》，《当代金融研究》2022年第1期。
④ 魏雷、王元海、杨志峰等：《我国银行业气候转型风险压力测试研究》，《金融发展评论》2022年第5期。
⑤ Monasterolo, I., Zheng, J. I., Battiston, S., "Climate transition risk and development finance: A carbon risk assessment of China's overseas energy portfolios", *China & World Economy*, 2018, 26 (6).

资产的预期"气候风险价值"在正常的排放路径上是1.8%[①]。Zhang 等运用基于 LASSO 技术改良的 VAR 模型，从格兰杰因果网络和偏相关网络两个角度，使用银行业和能源公司的股票波动率数据，描述了银行业和能源部门之间的风险依赖性，并认为新能源行业和传统能源行业对银行业的风险冲击有所不同，新能源行业由于项目的不确定性，风险依赖性更加明显[②]。张涛等构建了 DSGE 模型，考虑了碳循环、气候变化因素及多个经济主体，模拟了气候变化对产出、资产价格、企业违约率以及信贷总量等变量的影响[③]。

（二）气候变化风险对企业投融资的冲击

气候变化对金融系统造成的负面影响已得到初步验证，气候变化风险的影响范围广泛，可能表现为资产损失、金融市场不稳定性、信贷违约等。融资动力、融资渠道及融资风险都是金融系统应对气候变化面临的风险和挑战[④]。

关于气候变化风险对企业投融资的冲击，部分学者认为气候风险不仅会对企业绩效与生产经营产生一定影响，还会对企业的融资决策和投资方向产生影响。Dunz 等构建理论模型分析了气候金融相关政策在微观主体和部门之间的传导机制，情景模拟结果显示投资者的气候情绪在这一传导过程中发挥着重要的作用[⑤]。Javadi 和 Masum 研究发现企业的气候风险越大，其面临的银

① Dietz, S., Bowen, A., Dixon, C., Gradwell, P., "Climate value at risk' of global financial assets", *Nature Climate Change*, 2016（6）.
② Zhang, X., Zhang, S., Lu, L., "The banking instability and climate change：Evidence from China", *Energy Economics*, 2022, 106.
③ 张涛、侯宇恒、曲晓溪等:《碳循环、气候变化与金融风险——基于 DSGE 模型》,《中国人口·资源与环境》2023 年第 8 期。
④ 张大永、张跃军、王玉东等:《气候金融的学科内涵、中国实践与热点前沿研究》,《管理科学学报》2023 年第 8 期。
⑤ Dunz, N., Naqvi, A., Monasterolo, I., "Climate sentiments, transition risk, and financial stability in a stock-flow consistent model", *Journal of Financial Stability*, 2021, 54.

行信贷成本越高①。Hosono 等采用日本受地震影响的公司和银行与未受地震影响的公司和银行的对照数据，探究银行放贷能力对企业投资的影响，研究发现气候灾害的冲击会使银行发放贷款更加谨慎，催生惜贷行为，减少贷款的市场供给，进而影响企业投资②。王文蔚和王遥发现低碳技术的进步显著降低了企业的经营风险，促进了企业效益的提升，进而提升了企业的风险承担水平并改善了企业融资，对于社会责任表现较好及规模较大的企业，这种效益提升更为明显③。李金甜和毛新述研究发现，资本市场制度型开放能够发挥稳定市场的作用，但是当企业遭遇极端气候灾害时，境外机构投资者会将气候相关的物理风险和转型风险考虑在内，从而弱化了境外机构投资者稳定市场的作用④。

可见，气候变化风险在一定程度上会对企业投融资造成冲击，如何对气候变化风险造成的冲击程度进行分析至关重要，这有助于提升企业气候风险治理水平，从而促进企业绿色转型和可持续发展。由于气候风险信息披露不足、气候风险对企业的影响具有较高不确定性，以及以未来为导向的气候风险观等原因，企业层面的气候风险度量仍存在较大争议。国外学者将气温升高⑤、第三方提供的物理气候数据⑥、生成气候风险信息披露的哑变量⑦等作为气候风险的代理变量，但这类指标存在不适用于企业层面、没有考虑中国情境或不能综合反映气候风险等问题。Li 等⑧通过对美国上市公司盈余电话

① Javadi, S., Masum, A., "The impact of climate change on the cost of bank loans", *Journal of Corporate Finance*, 2021, 69.

② Hosono, K., Miyakawa, D., Uchino, T., et al., "Natural disasters, damage to banks, and firm investment", *International Economic Review*, 2016, 57 (4).

③ 王文蔚、王遥:《"资产搁浅"还是效益提升?——节能技术进步的气候转型风险效应研究》，《上海金融》2023 年第 6 期。

④ 李金甜、毛新述:《资本市场制度型开放与流动性共性效应——兼论气候风险的影响》，《金融研究》2023 年第 5 期。

⑤ Balvers, R., Du, D., Zhao, X., "Temperature shocks and the cost of equity capital: implications for climate change perceptions", *Journal of Banking& Finance*, 2017, 77.

⑥ Ginglinger, E., Moreau, Q., "Climate risk and capital structure", *Management Science*, 2023, 69 (12).

⑦ Berkman, H., Jona, J., Soderstrom, N., "Firm-specific climate risk and market valuation", *SSRN Working Paper*, 2019, 2775552.

⑧ Li, Q., Shan, H., Tang, Y., Yao, V., "Corporate climate risk: Measurements and responses", *Review of Financial Studies*, 2024, 37 (6).

会议记录进行文本分析构建词典，并计算"气候风险"关键词的词频来度量气候风险。杜剑等采用文本分析法，构建企业气候转型风险信息披露指数，研究了机构投资者持股对企业气候转型风险信息披露的影响①。这是现有对企业层面气候风险的较为综合且细致的研究方法。

二　气候变化风险对企业投融资冲击的模型构建

（一）模型设定

目前，文本分析方法在经济领域的研究中受到广泛重视并得到深度应用②③。就正向词语而言，企业在年报中可能会通过夸大事实的方式加强对正面经营行为的宣传，因此有动机提高"企业数字化转型""企业大数据应用"等相关积极词语的披露频率；与之相反，企业在年报中夸大其所面临风险的动机相对更小。因此，在本报告中采用文本分析法将更加客观真实，也具有更强的稳健性。参考已有的研究方法④，在实际操作过程中选取上市公司为原始样本进行对比评价与分析研究，这样的研究设计具有一定的代表性、合理性和可行性。

1. 基于融资的计量模型

（1）融资存量

考虑到气候变化风险对企业融资的影响具有一定的时间滞后性，本报告基于 2016~2022 年的上市公司样本，通过回归分析的方式进行测算。构建

---

① 杜剑、滕丹妮、杨杨：《机构投资者持股能刺激企业气候转型风险信息披露吗？——基于企业年报文本的实证分析》，《现代财经（天津财经大学学报）》2023 年第 6 期。

② 伊志宏、杨圣之、陈钦源：《分析师能降低股价同步性吗——基于研究报告文本分析的实证研究》，《中国工业经济》2019 年第 1 期。

③ 吴非、胡慧芷、林慧妍等：《企业数字化转型与资本市场表现——来自股票流动性的经验证据》，《管理世界》2021 年第 7 期。

④ 杜剑、徐筱彧、杨杨：《气候风险影响权益资本成本吗？——来自中国上市公司年报文本分析的经验证据》，《金融评论》2023 年第 3 期。

模型（1）如下所示，其中：*finance* 为企业融资存量，以长期借款和短期借款之和表示；*clim_risk* 为企业面临的气候变化风险，以企业所披露的气候变化风险词频表示；X' 为影响企业债务融资的控制变量；μ_i 表示个体固定效应；ρ_t 表示时间固定效应；$\varepsilon_{i,t}$ 为模型的残差项。

$$finance_{i,t} = \beta_0 + \beta_1 \, clim\_risk_{i,t} + \beta_2 \, X' + \mu_i + \rho_t + \varepsilon_{i,t} \qquad (1)$$

该模型的含义为，用企业所披露的气候变化风险词频（*clim_risk*）代表企业面临的气候变化风险，用企业长期借款和短期借款之和（*finance*）代表企业的气候融资需求，在加入个体与时间固定效应后，通过普通最小二乘法得到本报告所关注的核心系数 β_1，系数 β_1 的经济学含义为企业所暴露的气候变化风险每增加1%，企业为应对气候风险所需的融资需求增加 β_1%，因而可以用该系数度量样本整体所面临的气候变化风险。当系数 β_1 为正时，意味着企业为应对气候变化所需的融资增加。

气候变化风险是指极端天气、自然灾害、全球变暖等气候因素和社会向可持续发展转型给经济金融活动带来的不确定性，央行与监管机构绿色金融网络（Central Banks and Supervisors Network for Greening the Financial System，NGFS）将气候变化带来的金融风险分为物理风险和转型风险两类。考虑到中国幅员辽阔的特点，同时中国又是全世界唯一拥有联合国产业分类中全部工业门类的国家，因此中国不同地区和不同产业之间的气候融资风险可能存在较大的差异，特别是在物理风险和转型风险方面，不同地区和产业可能各有侧重，因此本报告针对气候变化的物理风险和转型风险开展进一步的分析。

具体而言，企业年报中所披露的气候变化风险词频（*clim_risk*）由物理风险词频（*physi_risk*）和转型风险词频（*trans_risk*）组成，因此本报告分别将物理风险词频和转型风险词频作为核心解释变量构建回归模型如（2）（3）所示。

在模型（2）中，核心解释变量为物理风险词频（*physi_risk*），考虑到台风、泥石流等自然灾害对企业的冲击在短时间内完成，且具有突发性，因此企业更有可能利用短期借款应对这类意外的风险状况，因此本报告选用短期借款（*short_finance*）作为气候金融物理风险的因变量，回归系数 β_1^{Ph} 的经济学含义为企业面临的物理风险每增加 1%，企业为应对气候风险的融资需求增加 $\beta_1^{Ph}\%$，因而可以用该系数度量样本所面临的气候物理风险。当系数 β_1^{Ph} 为正时，意味着企业为应对物理风险所需的融资增加。

在模型（3）中，核心解释变量为转型风险词频（*trans_risk*），考虑到企业一般通过研发创新、技术更迭等方式应对转型风险，更倾向于使用长期借款，因此本报告选用长期借款（*long_finance*）作为气候金融转型风险的因变量，回归系数 β_1^{Tr} 的经济学含义为企业面临的转型风险每增加 1%，企业为应对气候风险的融资需求增加 $\beta_1^{Tr}\%$，因而可以用该系数度量样本所面临的气候转型风险。当系数 β_1^{Tr} 为正时，意味着企业为应对转型风险所需的融资增加。

此外，与模型（1）的计量分析一致，X' 为影响企业债务融资的控制变量，μ_i 表示个体固定效应，ρ_t 表示时间固定效应，$\gamma_{i,t}$ 和 $\xi_{i,t}$ 分别为模型（2）（3）的残差项。

$$short\_finance_{i,t} = \beta_0^{Ph} + \beta_1^{Ph}physi\_risk_{i,t} + \beta_2^{Ph}X' + \mu_i + \rho_t + \gamma_{i,t} \tag{2}$$

$$long\_finance_{i,t} = \beta_0^{Tr} + \beta_1^{Tr}trans\_risk_{i,t} + \beta_2^{Tr}X' + \mu_i + \rho_t + \xi_{i,t} \tag{3}$$

（2）融资流量

本报告进一步引入融资流量探究企业年度内由气候风险所引致的资金需求。具体而言，构建模型（4）如下所示，其中 *cf_finance* 代表年度内企业的融资需求，采用企业当年融资活动产生的现金流表示。其余变量的含义与前文一致。

$$cf\_finance_{i,t} = \beta_0 + \beta_1^{cf}clim\_risk_{i,t} + \beta_2 X' + \mu_i + \rho_t + \varepsilon_{i,t} \tag{4}$$

2. 基于投资的计量模型

（1）投资存量

当企业面临气候变化风险时，无论是物理风险还是转型风险，企业都有强烈的动机通过投资研发、增加设备、建造相应设施等方式应对气候变化所

带来的威胁。因此，这一部分对由气候变化引起的企业投资行为进行分析，构建模型（5）（6）如下所示。分别选取固定资产（*asset_fix*）、非流动资产（*asset_invest*）作为企业投资存量的代理变量，具体研究中分别采用期末固定资产净额、期末非流动资产合计进行表示。*clim_risk* 表示企业年报中所披露的气候变化风险词频，X' 为影响企业投资存量的控制变量，μ_i 表示个体固定效应，ρ_t 表示时间固定效应，$\varepsilon_{i,t}$ 为模型的残差项。

$$asset\_fix_{i,t} = \beta_0 + \beta_1 clim\_risk_{i,t} + \beta_2 X' + \mu_i + \rho_t + \varepsilon_{i,t} \qquad (5)$$

$$asset\_invest_{i,t} = \beta_0 + \beta_1 clim\_risk_{i,t} + \beta_2 X' + \mu_i + \rho_t + \varepsilon_{i,t} \qquad (6)$$

该模型的含义为，用企业所披露的气候风险词频（*clim_risk*）代表企业面临的气候风险，用投资存量指标代表企业的气候投资需求，在加入个体与时间的双向固定效应后，通过普通最小二乘法得到本报告所关注的核心系数 β_1，系数 β_1 的经济学含义为企业所暴露的气候风险每增加1%，企业为应对气候风险所需的投资规模增加 $\beta_1\%$，当系数 β_1 为正时，意味着企业为应对气候变化所需的投资规模增加。

（2）投资流量

与上文的研究思路一致，在投资存量的基础上，本报告进一步引入投资流量探究企业年度内由气候风险引致的投资需求，构建模型（7）如下所示。选取投资活动产生的现金流（*cf_invest*）作为企业当年投资流量的代理变量，其余变量的含义与前文一致。

$$cf\_invest_{i,t} = \beta_0 + \beta_1^{cf} clim\_risk_{i,t} + \beta_2 X' + \mu_i + \rho_t + \varepsilon_{i,t} \qquad (7)$$

（二）变量选取

1. 因变量

本报告分别采用上市公司长短期借款之和、短期借款、长期借款、融资活动产生的现金流、固定资产、非流动资产和投资活动产生的现金流衡量上市公司的投融资规模，以此作为回归分析的因变量（见图1）。

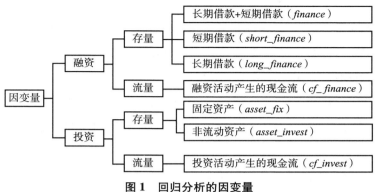

图1 回归分析的因变量

2.自变量

当企业为应对气候变化进行投融资时，无论是应对由气候变化带来的短期的物理风险还是长期的转型风险，都需要在年度报告中对筹集资金的真实用途予以说明，而随着 ESG 评价体系的完善，企业也会披露应对气候转型风险所采取的前瞻性举措或相关的研发项目以博取投资者的青睐。因此，本报告采用上市公司年报中披露的气候风险相关词的频度来衡量不同公司所面临的气候风险的大小，即作为本报告的核心自变量。

气候风险相关词频的构建过程如下。

第一步，构建企业气候风险术语词典。由于气候风险信息披露不足、气候风险对企业的影响具有较高不确定性等原因，企业层面的气候风险度量较为罕见。Li 等[1]通过对美国上市公司盈余电话会议记录进行文本分析构建词典，并计算"气候风险"关键词的词频来度量气候风险，是现有对企业层面气候风险的研究。杜剑等[2]结合已有的英文"气候风险"词集、大量人工研读分析及国家气象科学数据中心披露的数据，以 2007~2020 年中国 A 股上市公司年报为研究对象，通过文本分析和机器学习方

---

[1] Li, Q., Shan, H., Tang, Y., Yao, V., "Corporate climate risk: Measurements and responses", *Review of Financial Studies*, 2024, 37（6）.

[2] 杜剑、徐筱彧、杨杨：《气候风险影响权益资本成本吗？——来自中国上市公司年报文本分析的经验证据》，《金融评论》2023 年第 3 期。

法确定中文"气候风险"词典，从而构建气候风险的指标。上述词集对物理风险的整理较为全面，涵盖了多种极端天气事件，如干旱、热浪、洪水、风暴、长期气候变化导致的平均气温上升等，转型风险如"绿色""低碳"等词语也均有所涉及。但是，上述词集笼统地将气候风险相关词语进行汇总，并没有明确分类，缺少对生态系统所造成冲击以及冲击所带来的人类社会环境变化的描述，且部分词语使用不恰当，如"特殊""升级"等。

本报告系统梳理了联合国政府间气候变化专门委员会（Intergovernmental Panel on Climate Change，IPCC）报告中有关气候风险的关键词，在 Li 等研究的基础上，结合中国的特点，对杜剑等构建的词集进行取长补短，构建了本报告的气候风险指标。本报告将物理风险划分为极端天气风险和生态冲击风险两大类（见表1）。其中，根据 IPCC 发布的综合报告《气候变化 2023》，生态冲击风险从山脉和森林、河流和湿地、农田、城市、海岸、物种等方面进行分类。

表 1　物理风险词典

一级类型	二级类型	词典
物理风险	极端天气	暴雪、暴雨、冰雹、冻害、冻霜、冻雾、冻雨、恶劣天气、风雹、风暴、干旱、高寒、海啸、寒潮、旱涝、旱霜、旱灾、洪涝、洪水、洪灾、极端降水、极端降雨、极端气温、极端天气、极寒、降水异常、降水变率、降雨异常、飓风、雷暴、冷冻、龙卷风、内涝、气温异常、强降水、强降雨、热浪、沙尘暴、霜冻、水灾、台风、天气异常、温度异常、雾霾、雾凇、蓄水、雪灾、汛期反枯、严寒
	生态冲击	生态系统脆弱、生态系统紊乱、生态恶化、山火、山体滑坡、森林火灾、土壤流失、土壤侵蚀、植被退化、沙漠化、河流衰退、地表水资源枯竭、水土流失、水源污染、水安全、粮食安全、农业减产、作物减产、作物歉收、城市积水、热岛效应、冰川消融、海洋变暖、海洋酸化、海平面上升、海浪破坏、海岸侵蚀、栖息地转移、栖息地破坏、食物链受损、害虫入侵、物种入侵、物种灭绝、生物多样性损失、疾病传播、跨物种病毒

　　气候变化转型风险是指公共政策和监管目标、绿色技术研发、消费者偏好变化和商业模式变革所导致的企业利润、偿付能力和估值恶化，并通过投资、生产、价格等渠道引发金融机构贷款或投资损失，威胁整个宏观经济稳定[①]。具体从现有的能源结构来说，在狭义层面，转型可以直接影响煤炭、石油、天然气等化石燃料的需求和价格，致使此类资产发生搁浅风险；在广义层面，除了化石燃料之外，还包括依赖于化石燃料的基础设施和证券等过早减记、贬值或转为负债的资产[②]。因此，本报告将转型风险划分为政策冲击风险、技术革新风险和消费转向风险三方面（见表2）。具体来看，政策冲击风险是指政府环保政策和法规加强，限制企业碳排放，威胁到企业赢利能力，例如对高碳排放企业征收的碳税降低了该企业的赢利能力；技术革新风险是指企业通过提高能效、开发新能源等技术，对原有技术进行改革，短期内成本的上升影响产品价格，从而降低企业利润；消费转向风险是指社会规范和消费者行为进步，消费者购买清洁低碳产品的意愿加强，例如消费者倾向于购买新能源汽车等，促使企业产品发生转向，从而使企业赢利能力降低。

表2　转型风险词典

一级类型	二级类型	词典
转型风险	政策冲击	低碳产业扶持、低碳城市规划、低碳政策、减排、减碳、降碳、绿色金融、能效标准、排放权交易、汽车尾气排放限制、气候行动计划、碳汇保护、"双碳"目标、碳达峰、碳交易、碳排放管制、碳排放监管、碳排放限额、碳排放许可证、碳市场价格、碳税、碳中和、碳中和技术研发支持、碳中和路线图、新能源补贴

---

① 陈国进、陈凌凌、金昊等：《气候转型风险与宏观经济政策调控》，《经济研究》2023年第5期。

② 陈国进、王佳琪、赵向琴：《气候转型风险对企业违约率的影响》，《管理科学》2023年第3期。

一级类型	二级类型	词典
转型风险	技术革新	CCS、CCUS、低碳技术、低碳生产工具、低碳生产设备、风电、风能、高效能源设备、光电、光伏、核电、核能、节能减排技术、节能设备、节能装置、可再生能源、可再生燃料、绿色技术、能效改进、能源消耗监测、能源效率、能源转型、气候友好型生产技术、氢能、清洁能源、生物气体、生物燃料、生物质能源、太阳能、碳捕捉技术、碳封存技术、碳排放监测系统、碳足迹管理、碳足迹评估、天然气、新能源、新能源技术集成
	消费转向	低碳产品偏好、低碳产品需求、低碳出行、低碳观念、低碳建筑、低碳认知、低碳生活、低碳消费、低碳意识、低碳运输、共享理念、环保出行、环保家居、环保家具、环保建筑、环保生活、环保消费、减排观念、减排认知、减排意识、节能观念、节能家电、节能认知、节能意识、可持续消费、绿色出行、绿色家居、绿色建筑、绿色生活、绿色消费、气候友好消费、碳友好产品消费、碳友好产品需求、碳友好消费、循环使用

第二步，本报告通过 Python 爬虫功能归集整理了 2016~2022 年上海证券交易所、深圳证券交易所全部 A 股上市企业的年度报告。具体而言，通过 Python 的 Requests 库模拟 HTTP 请求，获取证监会网站上的 HTML 源代码，通过分析 HTML 结构，定位到包含年度报告链接的关键元素并提取出这些链接，随后利用 Python 的 BeautifulSoup 库对提取到的 HTML 源代码进行解析，进一步提取出年度报告中的关键信息，如公司名称、报告发布时间等。为了避免对目标网站造成过大的访问负担，我们实施了合理的爬虫策略，例如设置间隔时间等。在获取到年度报告的下载链接后，我们使用 Python 的下载库进行文件的批量下载。为了确保数据的完整性和准确性，我们还实施了文件校验机制，比如检查文件的大小、MD5 值等。最后，通过整合所获得的数据，我们建立了一个本地企业年报数据库。

第三步，通过 Python 与机器学习技术对上市公司年报进行文本分析。具体而言，我们通过 Python 中的 NLTK（Natural Language Toolkit）库提取所有文本内容，使用 Jieba 库进行中文分词，基于所构建的气候金融风险词典，结合情感分析模块，通过 Jieba 库扩展的情感词典，评估文本中的情感倾向，帮助理解公司在年度报告中所表达的情绪和态度，基于分词结果，统计出词典中每个关键词在某一公司特定年份年报中的出现次数，并依据物理风险与转型风险的划分分别统计其次数，最终得到气候风险词频、物理风险词频、转型风险词频。

3. 控制变量

参考已有的关于企业投融资的研究，本报告选取国有产权（*soe*）、公司规模（*size*）、赢利能力（*roa*）、成长能力（*growth*）、托宾 q 值（*tq*）、第一大股东（*top*1）、董事会人数（*board*）、公司年限（*age*）、固定资产比例（*tangible*）作为研究的控制变量[①~⑤]，具体的变量说明如表 3 所示。

表3　变量说明

变量类型	变量符号	变量含义	变量说明
因变量	*finance*	银行借款	公司长期借款与短期借款之和的自然对数
	short_finance	短期借款	公司借入的尚未归还的一年期以下借款的自然对数
	long_finance	长期借款	公司借入的期限在一年期及以上的各项借款的自然对数
	cf_finance	融资活动产生的现金流	公司当年取得借款收到的现金的自然对数
	asset_fix	固定资产	公司期末固定资产净额的自然对数
	asset_invest	非流动资产	公司期末非流动资产合计的自然对数
	cf_invest	投资活动产生的现金流	公司当年购建固定资产、无形资产和其他长期资产支付的现金的自然对数

---

① 姚立杰、罗玫、夏冬林：《公司治理与银行借款融资》，《会计研究》2010 年第 8 期。
② 祝继高、韩非池、陆正飞：《产业政策、银行关联与企业债务融资——基于 A 股上市公司的实证研究》，《金融研究》2015 年第 3 期。
③ 李广子、熊德华、刘力：《中小银行发展如何影响中小企业融资？——兼析产生影响的多重中介效应》，《金融研究》2016 年第 12 期。
④ 才国伟、吴华强、徐信忠：《政策不确定性对公司投融资行为的影响研究》，《金融研究》2018 年第 3 期。
⑤ 戴亦一、张鹏东、潘越：《老赖越多，贷款越难？——来自地区诚信水平与上市公司银行借款的证据》，《金融研究》2019 年第 8 期。

续表

变量类型	变量符号	变量含义	变量说明
核心自变量	*clim_risk*	气候风险	年报披露的气候风险总词频的自然对数
	physi_risk	物理风险	年报披露的物理风险词频的自然对数
	trans_risk	转型风险	年报披露的转型风险词频的自然对数
控制变量	*soe*	国有产权	哑变量,国企取 1,否则取 0
	size	公司规模	公司总资产的自然对数
	roa	盈利能力	总资产收益率
	growth	成长能力	营业收入增长率
	tq	托宾 q 值	总市值/总资产
	*top*1	第一大股东	第一大股东持股比例
	board	董事会人数	董事会人数的自然对数
	age	成立年限	公司成立年限的自然对数
	tangible	固定资产比例	企业固定资产/总资产

（三）数据来源

本报告选取 2016~2022 年中国沪深两市所有 A 股上市公司为研究的原始样本，气候风险相关词频的数据来源于上市公司披露的年报，财务数据来源于希施玛数据库（CSMAR）。本报告选取 2016 年作为研究的起点，其原因在于 2015 年召开的巴黎气候大会通过了全球气候变化新协议，2016 年正式实施《巴黎协定》。2016 年，中国率先签署《巴黎协定》并积极推动落实，到 2019 年底，提前超额完成 2020 年气候行动目标。《巴黎协定》明确了温升硬指标，中国在 2020 年提出碳达峰碳中和目标也是为了落实《巴黎协定》的减缓气候变化要求。在行业分类方面，采用证监会行业分类 2012 年版作为上市公司行业分类标准，除制造业（门类 C）保留二级行业大类的分类外，其余行业均合并为一级门类。在地区划分方面，根据上市公司的注册地址划分其所属省份。在原始数据的处理方面，本报告遵循研究惯例进行如下操作：①剔除 ST 类上市状态异常的公司；②剔除金融行业公司；③为了减轻极端值的影响，对连续型变量进行了 1% 的缩尾处理。经过整理，得到研究样本共计 23392 个。

本报告涉及的变量的描述性统计如表 4 所示。从因变量、自变量、控制变量的描述性统计的结果来看，所有变量均处于合理范围。

表 4　描述性统计

变量	观测值	平均值	标准差	最小值	最大值
finance	23392	16.092	8.029	0.000	24.373
short_finance	23392	14.860	8.442	0.000	23.004
long_finance	23392	10.387	9.779	0.000	24.072
cf_finance	23392	16.331	7.962	0.000	24.401
asset_fix	23392	20.123	1.722	15.079	24.449
asset_invest	23392	21.204	1.463	17.842	25.310
cf_invest	23392	18.549	1.800	13.021	22.799
clim_risk	23392	2.443	1.562	0.000	6.422
physi_risk	23392	0.233	0.484	0.000	2.079
trans_risk	23392	2.383	1.595	0.000	6.417
soe	23392	0.297	0.457	0.000	1.000
size	23392	22.220	1.235	19.934	26.112
roa	23392	0.035	0.074	−0.340	0.207
growth	23392	0.169	0.416	−0.610	2.602
tq	23392	2.025	1.340	0.830	8.909
*top*1	23392	0.330	0.145	0.083	0.731
board	23392	2.293	0.216	1.792	2.890
age	23392	3.000	0.291	2.197	3.555
tangible	23392	0.189	0.153	0.001	0.667

三　气候变化风险对企业投融资的冲击指数构建

基于前文所构建的气候变化风险对企业投融资的冲击模型，间接测量出全国平均冲击水平，以此测算出各地区和各行业受到的冲击情况，这近似表示了不同地区、行业的冲击指数。具体而言，通过回归分析得到气候变化风险对企业投融资的全国平均冲击指数，并通过标准化的方法进一步测算不同省份的冲击指数。

首先，通过上述一系列文本数据处理后，我们得到企业气候变化风险词频（clim_risk）、物理风险词频（physi_risk）和转型风险词频（trans_risk），将其作为核心解释变量，分别对本报告构建的模型（1）~（7）进行回归分析。结果如表5和表6所示，所有风险相关的解释变量的系数均显著为正，这表明随着企业面临的气候风险上升，企业投融资需求也增加，其中，基于银行借款、短期借款、长期借款和融资活动产生的现金流的气候风险冲击指数分别为0.480、0.209、0.434和0.492；基于固定资产、非流动资产和投资活动产生的现金流的气候风险冲击指数分别为0.076、0.030和0.115。

表5 气候变化风险对企业融资的冲击

变量	(1)	(2)	(3)	(4)
	finance	short_finance	long_finance	cf_finance
clim_risk	0.480 ***			0.492 ***
	(0.047)			(0.046)
physi_risk		0.209 **		
		(0.104)		
trans_risk			0.434 ***	
			(0.054)	
soe	−0.370 *	−0.905 ***	0.267	−0.636 ***
	(0.191)	(0.214)	(0.235)	(0.191)
size	3.045 ***	3.010 ***	4.284 ***	2.984 ***
	(0.076)	(0.082)	(0.080)	(0.076)
roa	−11.592 ***	−12.189 ***	−10.611 ***	−8.693 ***
	(0.665)	(0.741)	(0.851)	(0.726)
growth	0.650 ***	0.594 ***	0.493 ***	0.645 ***
	(0.099)	(0.115)	(0.111)	(0.104)
tq	−0.263 ***	−0.288 ***	−0.298 ***	−0.279 ***
	(0.057)	(0.060)	(0.056)	(0.056)
top1	−3.261 ***	−4.058 ***	−4.294 ***	−2.747 ***
	(0.554)	(0.645)	(0.649)	(0.571)

续表

变量	（1）	（2）	（3）	（4）
	finance	short_finance	long_finance	cf_finance
board	−0.419*	−0.467***	−0.077	−0.679***
	(0.214)	(0.238)	(0.264)	(0.230)
age	1.319***	1.208***	0.770**	1.031***
	(0.311)	(0.326)	(0.321)	(0.303)
tangible	0.049	−0.092	0.102	−0.027
	(0.203)	(0.218)	(0.266)	(0.210)
常数项	−53.327***	−51.904***	−85.422***	−50.190***
	(1.808)	(1.991)	(1.895)	(1.766)
个体固定效应	是	是	是	是
年份固定效应	是	是	是	是
Adjust R^2	0.849	0.765	0.672	0.283
观测值数量	23392	23392	23392	23392

表6 气候变化风险对企业投资的冲击

变量	（5）	（6）	（7）
	asset_fix	asset_invest	cf_invest
clim_risk	0.076***	0.030***	0.115***
	(0.009)	(0.004)	(0.009)
soe	0.092**	0.016	−0.353***
	(0.037)	(0.018)	(0.042)
size	0.903***	1.071***	1.050***
	(0.017)	(0.009)	(0.016)
roa	−0.769***	−0.472***	1.173***
	(0.073)	(0.048)	(0.124)
growth	−0.005	−0.004	0.041**
	(0.012)	(0.007)	(0.019)
tq	0.025***	0.009**	0.016*
	(0.008)	(0.004)	(0.009)
top1	0.260**	−0.105*	0.573***
	(0.122)	(0.059)	(0.107)

续表

变量	（5）	（6）	（7）
	asset_fix	asset_invest	cf_invest
board	0.035	0.010	0.030
	（0.023）	（0.013）	（0.039）
age	0.341 ***	0.366 ***	−0.686 ***
	（0.061）	（0.033）	（0.054）
tangible	0.034 *	−0.014	0.007
	（0.020）	（0.012）	（0.035）
常数项	−1.327 ***	−3.754 ***	−3.271 ***
	（0.387）	（0.208）	（0.360）
个体固定效应	是	是	是
年份固定效应	是	是	是
Adjust R^2	0.306	0.261	0.390
观测值数量	23392	23392	23392

其次，构建不同省份的气候变化风险冲击指数。基于回归得到的全国平均气候变化冲击指数、物理风险冲击指数及转型风险冲击指数，本报告通过标准化处理构建不同省份的气候变化冲击指数。

$$CFR_{j,t} = \lambda_{j,t} \times \beta_1 ; \lambda_{j,t} = \frac{\sum Clim\_risk_j / n}{CLIM\_RISK_{mean}}$$

$$Ph\_CFR_{j,t} = \lambda_{j,t}^{Ph} \times \beta_1^{Ph} ; \lambda_{j,t}^{Ph} = \frac{\sum Physi\_risk_j / n}{PHYSI\_RISK_{mean}}$$

$$Tr\_CFR_{j,t} = \lambda_{j,t}^{Tr} \times \beta_1^{Tr} ; \lambda_{j,t}^{Tr} = \frac{\sum Trans\_risk_j / n}{TRANS\_RISK_{mean}}$$

其中，$CFR_{j,t}$ 表示 j 省份 t 年的冲击指数，$\lambda_{j,t}$ 为各省份相对全国的冲击系数，该系数通过各省份上市公司气候变化风险词的词频均值相对于全国均值的大小计算得到；$Ph\_CFR_{j,t}$ 表示 j 省份 t 年的物理风险冲击指数，$\lambda_{j,t}^{Ph}$ 为各省份相对全国的物理风险冲击系数，该系数通过各省份上市公司气候物理风险词的词频均值相对于全国均值的大小计算得到；$Tr\_CFR_{j,t}$表示j省份t年的转型风险冲击指数，$\lambda_{j,t}^{Tr}$为各省份相对全国的转型风险冲击系数，该系数通过各省份上市公司气候转型风险词的词频均值相对于全国均值的大小计算得到；$CLIM\_RISK_{mean}$、$PHYSI\_RISK_{mean}$、$TRANS\_RISK_{mean}$分别表示全国气候风险词频均值、全国气候物理风险词频均值、全国气候转型风险词频均值；n代表每个省份的上市公司个数。

再次，采用相同的方法构建不同省份基于流量指标的气候变化风险冲击指数。

$$cf\_CFR_{j,t} = \lambda_{j,t} \times \beta_1^{cf}; \lambda_{j,t} = \frac{\sum Clim\_risk_j / n}{CLIM\_RISK_{mean}}$$

$$ci\_CFR_{j,t} = \lambda_{j,t} \times \beta_1^{ci}; \lambda_{j,t} = \frac{\sum Clim\_risk_j / n}{CLIM\_RISK_{mean}}$$

其中，$cf\_CFR_{j,t}$、$ci\_CFR_{j,t}$分别表示j省份t年基于融资活动现金流、投资活动现金流的气候金融风险指数，$\lambda_{j,t}$为各省份相对全国的风险冲击系数，该系数通过各省份上市公司气候变化风险词的词频均值相对于全国均值的大小计算得到。

最后，构建不同行业气候变化风险冲击指数。基于回归得到的全国平均气候变化风险冲击指数、物理风险冲击指数及转型风险冲击指数，本报告通过标准化处理构建不同行业的气候变化风险冲击指数。具体方法同构建不同省份的冲击指数。

B.3
气候变化风险对企业投融资的
冲击：区域差异

何理　陈洪波　刘希兰*

摘　要： 中国幅员辽阔，不同区域间气候、地理环境、经济发展水平以及应对气候变化的相关政策和基础设施等都存在较大差异，有必要对不同地区的气候变化风险进行细化分析。本报告对 2016~2022 年各省份企业气候变化风险进行分析后发现，随着各地区对气候变化关注度的提升以及气候极端性的增强，自 2016 年以来，各省份面临的气候变化风险冲击指数呈上升趋势。通过分析各省份气候变化风险对企业投融资的冲击发现，基于流量的模型和基于存量的模型都显示，关于气候变化总体风险对企业投融资活动的冲击，影响较大的三个省份分别是新疆维吾尔自治区、宁夏回族自治区、河北省，影响较小的三个省份分别是广西壮族自治区、海南省、西藏自治区。同时研究也发现，关于气候变化转型风险对企业融资活动的冲击，影响较大和影响较小的排名和前面一致，但关于气候变化物理风险对企业融资活动的冲击，影响较大的三个省份分别为青海省、内蒙古自治区、甘肃省，影响较小的三个省份分别为吉林省、上海市、天津市。对各区域气候变化风险的准确评估为各个区域制定应对气候的政策和措施提供了重要参考。

关键词： 区域差异　气候变化风险　企业投融资

---

* 何理，博士，中国社会科学院大学应用经济学院副教授，研究方向为数字经济、气候金融；陈洪波，博士，中国社会科学院大学应用经济学院副院长、教授、博士生导师，研究方向为气候变化经济分析、气候金融、新能源经济学等；刘希兰，中国社会科学院大学应用经济学院博士研究生，研究方向为区域经济学。

一 不同区域气候变化风险概况

（一）不同区域气候变化风险现状

由于中国幅员辽阔，地理环境和气候条件差异明显，各区域的气候变化风险存在较大差异，具体表现如下。一是北方干旱区的生态脆弱性较强，如内蒙古自治区和新疆维吾尔自治区，长期以来一直面临水资源短缺和干旱的威胁，这些地区的气候脆弱，由于降水不足，农业和生态系统饱受影响，气候变化可能导致降水更加不均匀，加剧了这些地区的干旱问题，对农业产量和水资源管理提出了更高要求。二是东北地区的气温受到季节和地理位置的影响，冬季寒冷，夏季相对较短而温暖，气候变化导致冬季气温升高和夏季降水减少，对东北的农业产生潜在的负面影响。此外，东北地区的冰雪资源在冬季对冰雪旅游、冰雪运动等产业有着重要作用，气候变化可对相关产业构成潜在威胁，制约着东北地区的经济发展。三是华北地区如北京、天津、河北、山东等省份是中国经济发展的重要区域，这些省份由于能源消费方式、经济增长模式等原因，产生了严重的雾霾问题，频繁的雾霾和空气污染成为这个区域的突出问题，经济社会面临较大的气候风险压力。四是东南地区如上海、广东和浙江等地是中国经常受到台风袭击的地区之一。台风带来的强风、暴雨和风暴潮给基础设施、农业、城市生活和生态系统造成了严重破坏。而且由于气候变化引起的全球海温上升，东南地区面临海平面上升的威胁。这可能导致沿海地区的海岸侵蚀、盐水入侵、沿海城市淹没等问题。

（二）不同区域相关政策简述

区域气候金融政策由地方政府或相关金融监管机构制定，目的是促使金融机构更好地理解、评估和管理气候变化对其业务和投资组合的影响。近年来，中国金融体系对气候变化风险的关注逐步增强，不断强化区域应对"绿天鹅"风险能力建设，并取得诸多成效。

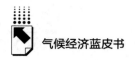
一是强化信息披露要求。区域政府要求金融机构在其财务报告和信息披露中揭示与气候相关的信息。这包括可能对其业务产生重大影响的气候风险、碳排放情况、环保和低碳投资等方面的信息。《深圳市金融机构环境信息披露指引》及《深圳市 2023 年环境信息披露金融机构名单》要求 161 家金融机构在 2023 年 6 月 30 日前强制披露环境信息，标志着中国内地政策也逐渐由自主披露走向强制披露。中国香港已全面实施相关政策，《致持牌法团的通函——基金经理对气候相关风险的管理及披露》和《基金经理操守准则（第 4 版）》明确了对基金管理人的气候信息披露要求，强调基金管理人需在机构层面披露投资决策中评估气候风险的流程、气候情景分析的描述及结果。

二是出台气候投融资试点工作方案。鼓励地方先行先试，引导和撬动更多社会资金进入应对气候变化领域。2021 年 11 月，按照国务院常务会议决定，中国人民银行联合国家发改委、生态环境部创设碳减排支持工具，发放对象为 21 家全国性金融机构，明确支持清洁能源、节能环保、碳减排技术三个重点减碳领域。2021 年 12 月，生态环境部办公厅、国家发改委办公厅等八部门联合印发《关于开展气候投融资试点工作的通知》，配套发布《气候投融资试点工作方案》，正式启动了中国气候投融资地方试点的申报工作，引导市场资金投向气候领域，实现"双碳"目标。2022 年 8 月 4 日，生态环境部、国家发改委、工业和信息化部、住房和城乡建设部、中国人民银行、国务院国资委、国管局、银保监会、证监会几部门联合发布《关于公布气候投融资试点名单的通知》（简称《通知》）。根据各省份推荐情况，综合考虑工作基础、实施意愿和推广示范效果等因素确定了气候投融资试点名单。通知要求各省份生态环境部门按照生态环境部统一部署，指导试点地方根据《通知》要求做好气候投融资试点工作，其他管理部门按照《通知》中涉及的重点任务分工做好指导工作。各部门应加强统筹协调，高质量建设气候投融资试点。各地在试点过程中如涉及金融改革创新事项，应遵循"一事一议"原则，按程序报中国人民银行、银保监会、证监会等金融管理部门审批同意后实施。

三是不断完善碳交易市场。2023 年 8 月，广东省生态环境厅印发了

《广东省碳交易支持碳达峰碳中和实施方案（2023～2030 年）》，这是国内第一个提出碳交易支持"双碳"的政策。该政策提出，基于广东碳排放权交易市场的基础，研究建设粤港澳大湾区碳排放权交易市场，推动港澳投资者参与广东碳市场交易，建立碳排放权跨境交易机制，将大湾区碳排放权交易市场打造成具有国际影响力的碳定价中心。除了控排企业外，鼓励金融机构、碳资产管理公司、投资机构、咨询机构等参与碳交易和投资，培育碳金融中介机构，扩大市场主体，探索建立流动性提供商机制，活跃碳交易、碳投资。同时加强与国际碳市场的联系，积极开展与国际碳金融市场的规则接轨，丰富碳金融产品，促进市场价格发现。稳步推进产品创新，适时推动大湾区碳定价市场的期货、期权等衍生品交易，形成多元化、多层次的产品市场，以提升交易市场的流动性和价格发现功能。

（三）2016～2022年不同区域气候变化风险冲击演变

本节以 2016～2022 年各省份企业气候变化风险词频的均值来衡量各省份受到的气候变化风险冲击，以此探究各省份冲击随时间演变的情况，这样能够在总体层面较好地把握每年不同区域气候变化风险的特点，这一对比有助于更准确地捕捉各地的冲击差异，更好地把握气候变化对金融体系的潜在风险。具体的计算方法如下式所示，其中，$clim\_shock_{i,j}$ 表示第 i 年 j 省份受到的冲击，$clim\_risk_{i,j,n}$ 表示 i 年 j 省第 n 个企业的气候风险词频，N 为样本中 i 年 j 省份上市公司的数量。

$$clim\_shock_{i,j} = \left(\sum_{n=1}^{N} clim\_risk_{i,j,n} \right)/N$$

通过纵向对比各省份受到的冲击随时间变化的情况可以发现，自 2016 年来，各省份气候变化风险总体呈现提升趋势（见表 1）。其可能的原因在于，随着人们对气候变化相关议题关注程度的提升，企业在战略层面提高了对技术革新、消费转向等趋势的关注，积极顺应有关政策的引导、响应政府的号召，通过技术创新、产品转型等方式满足更加绿色、低碳的市场需求。

表 1 2016~2022 年各省份气候变化风险冲击指数

省份	2016 年	2017 年	2018 年	2019 年	2020 年	2021 年	2022 年
安徽省	33.319	37.123	40.411	44.717	38.423	46.971	52.579
北京市	31.214	37.469	39.673	32.832	31.900	42.728	54.038
福建省	32.395	43.431	49.092	46.111	45.341	56.808	58.293
甘肃省	16.130	18.704	18.792	17.444	19.346	39.300	59.906
广东省	44.242	40.222	41.246	46.769	44.509	55.496	60.082
广西壮族自治区	8.136	10.440	12.786	11.656	14.656	27.257	40.200
贵州省	19.313	22.211	26.346	25.852	33.414	52.533	44.806
海南省	6.478	5.960	7.037	10.185	12.036	21.233	47.280
河北省	42.550	33.205	52.413	53.880	69.288	93.439	83.508
河南省	38.400	36.206	39.714	48.362	65.840	82.915	82.674
黑龙江省	20.536	31.960	35.214	16.464	39.567	43.679	43.419
湖北省	25.099	34.310	38.182	43.216	39.681	47.164	59.121
湖南省	22.090	28.608	24.920	24.337	23.867	34.642	46.618
吉林省	47.931	30.966	49.194	20.680	28.912	52.829	55.333
江苏省	47.591	51.020	40.877	43.615	47.106	62.316	71.495
江西省	25.111	25.906	34.892	35.000	75.596	84.964	74.300
辽宁省	29.346	37.000	39.793	38.115	48.645	58.113	62.697
内蒙古自治区	16.778	30.316	29.609	38.474	46.368	55.217	65.350
宁夏回族自治区	46.700	59.571	71.154	72.077	62.929	84.857	87.714
青海省	23.300	26.909	32.400	39.333	31.400	27.286	30.125
山东省	14.262	17.712	16.903	21.994	24.633	33.690	39.498
山西省	39.656	47.704	41.647	51.833	51.286	60.081	72.278
陕西省	47.250	61.457	60.244	50.575	55.720	62.648	71.200
上海市	19.337	22.275	27.226	28.648	25.764	33.743	39.546
四川省	37.534	50.720	45.879	45.398	53.319	61.993	60.551
天津市	7.583	25.256	28.674	31.213	40.073	50.203	70.369
西藏自治区	3.833	3.923	3.563	4.313	6.000	13.938	16.150
新疆维吾尔自治区	61.514	53.513	58.783	58.780	60.543	92.760	117.863
云南省	24.538	29.423	40.000	53.750	49.000	50.889	63.429
浙江省	33.139	27.428	33.039	36.190	34.947	43.394	50.818
重庆市	61.613	58.432	60.537	54.426	58.468	56.528	64.917

二　不同区域气候变化对企业投融资的冲击

通过回归分析，我们测算出了各省份气候变化风险对企业投融资的具体影响系数，以此来衡量各省份气候变化风险对企业投融资的冲击。本节将对各省份企业气候变化风险词频平均值与全国总体词频平均值的比值，及其与全国平均气候变化风险冲击指数的交乘项进行标准化处理，以此来构建各省份气候变化风险对企业投融资的冲击指数。这样的处理方式考虑了各省份气候变化风险特点的差异，有助于更准确地反映各省份气候变化风险对企业投融资的冲击影响。标准化处理的引入可以消除各省份之间的尺度差异，确保衡量的冲击影响更具可比性。通过引入全国平均气候变化风险，我们将各省份气候变化风险与全国整体情况相结合，提供了一个综合的评估指标。这有助于形成对全国范围内区域气候变化风险对企业冲击影响的整体认识，这种模型构建方法为深入研究和量化不同区域的气候变化风险冲击提供了科学的基础。

（一）气候变化风险对企业融资的冲击

1. 基于存量

企业融资存量包括短期贷款和长期贷款，中国区域气候变化风险对企业融资的冲击核算对更全面、客观地识别和评估中国不同省份面临的气候金融潜在风险具有重要意义。一方面，不同地区面临的风险差异可能要求采取不同的政策和措施，以减缓气候变化的影响并提高适应能力；另一方面，气候变化是一个全球性问题，了解中国不同地区的气候金融风险有助于推动信息共享、技术合作以及共同努力降低全球气候变化带来的金融风险的措施。从气候变化风险对企业融资存量的冲击来看，可以分为总体冲击、物理冲击、转型冲击。

总体风险冲击指数衡量气候变化风险对不同地区企业长短期借款的总体冲击，物理风险冲击指数衡量的是气候变化物理风险对企业短期借款的冲击，而转型风险冲击指数衡量的是气候变化转型风险对企业长期借款的冲击。从表2可以看出，不同地区在总体风险冲击指数、物理风险冲击指数以及转型风险冲击指数方面都存在较大差异。气候变化风险对新疆维吾尔自治区企业融资存量的冲击最大，总体风险冲击指数达到0.817，物理风险冲击指数和转型风险冲击指数也较高。而西藏自治区企业融资存量受气候变化风险的冲击最小。通过对不同地区风险数据的对比分析，可以直观了解不同地区企业应对气候变化风险的能力，从而为地区制定行之有效的风险管理措施提供借鉴。

表2　气候变化风险对企业融资存量的冲击指数

序号	省份	总体风险冲击指数	物理风险冲击指数	转型风险冲击指数
1	新疆维吾尔自治区	0.817	0.322	0.740
2	宁夏回族自治区	0.785	0.315	0.711
3	河北省	0.705	0.136	0.642
4	陕西省	0.659	0.238	0.597
5	重庆市	0.655	0.258	0.593
6	河南省	0.648	0.344	0.584
7	江西省	0.636	0.186	0.577
8	江苏省	0.599	0.137	0.545
9	山西省	0.581	0.348	0.523
10	四川省	0.574	0.381	0.516
11	广东省	0.540	0.217	0.489
12	福建省	0.540	0.234	0.488
13	辽宁省	0.511	0.144	0.464
14	云南省	0.505	0.306	0.455
15	全国平均水平	0.480	0.209	0.434
16	安徽省	0.477	0.225	0.431
17	湖北省	0.470	0.272	0.423
18	吉林省	0.464	0.117	0.422
19	内蒙古自治区	0.450	0.475	0.400
20	北京市	0.439	0.252	0.396
21	天津市	0.439	0.108	0.399
22	浙江省	0.425	0.141	0.386

序号	省份	总体风险冲击指数	物理风险冲击指数	转型风险冲击指数
23	贵州省	0.375	0.200	0.338
24	黑龙江省	0.367	0.242	0.330
25	湖南省	0.337	0.250	0.302
26	青海省	0.332	0.536	0.290
27	上海市	0.325	0.115	0.295
28	甘肃省	0.315	0.413	0.278
29	山东省	0.286	0.202	0.257
30	广西壮族自治区	0.211	0.357	0.184
31	海南省	0.174	0.341	0.151
32	西藏自治区	0.087	0.234	0.074

2. 基于流量

融资流量反映的是企业融资过程中的现金流情况。传统的气候变化风险对企业融资的影响可能仅基于存量银行借款进行考察，但基于流量的分析同样重要。在考虑流量的气候变化风险对企业融资影响的分析中，对现金流的考察是其中非常重要的一部分。区域气候变化风险需要充分考察气候变化对企业融资存量和流量的冲击，才能更加全面地反映和评估中国不同省份和地区面临的风险程度。可以说，基于存量和流量视角的区域气候变化风险对企业融资的影响可以视为对传统影响的有益补充，通过提供更加深入的视角，有助于更好地应对气候变化对企业融资的影响。

表3展示了气候变化风险对不同地区企业融资流量的冲击，可以看到，气候变化风险对不同地区企业融资现金流的影响程度不尽相同。融资流量冲击指数的全国平均水平为0.492，部分地区企业融资流量冲击指数远远超过该值，表明气候变化风险对这些地区企业融资流量有着较大的冲击和影响，而部分地区指数较小，表明受气候变化风险的冲击较小。

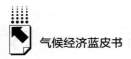

表3　气候变化风险对企业融资流量的冲击指数

序号	省份	融资流量冲击指数
1	新疆维吾尔自治区	0.838
2	宁夏回族自治区	0.805
3	河北省	0.722
4	陕西省	0.675
5	重庆市	0.672
6	河南省	0.664
7	江西省	0.651
8	江苏省	0.614
9	山西省	0.595
10	四川省	0.589
11	广东省	0.553
12	福建省	0.553
13	辽宁省	0.523
14	云南省	0.518
15	全国平均水平	0.492
16	安徽省	0.489
17	湖北省	0.482
18	吉林省	0.475
19	内蒙古自治区	0.462
20	北京市	0.450
21	天津市	0.450
22	浙江省	0.436
23	贵州省	0.385
24	黑龙江省	0.376
25	湖南省	0.345
26	青海省	0.340
27	上海市	0.333
28	甘肃省	0.323
29	山东省	0.293
30	广西壮族自治区	0.217
31	海南省	0.179
32	西藏自治区	0.090

3. 冲击结果分析

融资风险影响涉及在特定地区实现气候相关项目所需的融资风险，包括从金融机构、政府或其他投资者获得资金的难易程度，以及项目的可持续性和融资价值。对不同省份的影响进行对比，并与全国平均水平进行比较，可以更好地了解各地相对风险水平。

第一，气候变化总体风险对企业融资存量的冲击。如图1所示，从总体风险来看，居前三位的省份分别是新疆维吾尔自治区、宁夏回族自治区、河北省，总体风险冲击指数分别为0.817、0.785和0.705，表明这些省份气候变化风险对企业融资整体冲击较大，这与各省份的气候条件、自然灾害频发等因素相关。新疆地处中国西北部，属于干旱半干旱气候区域，同时受到高山和沙漠的影响。在这种气候条件下，气温波动大，降水不稳定，且易受到干旱、沙尘暴等极端天气事件的影响。这些气候极端性会增加企业经营的不确定性，使得银行对企业的贷款风险更加谨慎，导致银行降低放贷额度或者加大贷款利率。此外，新疆处于地震带，地震风险本身已经对基础设施和企业运营构成威胁。气候变化引发的极端天气事件可能加剧自然灾害的频率和强度，从而增加了企业运营的不确定性和风险。宁夏回族自治区位于中国西北地区，受到干旱和沙尘暴等气候极端事件的影响较为明显，这些极端气候会影响企业的生产经营，增加了企业偿债的风险，从而不利于企业获得短期和长期贷款。河北省面临空气污染等问题，政府的环保政策使企业生产成本增加。就企业融资存量而言，在贷款期限内需要投入更多的资金来符合政策要求，使企业在短期和长期贷款偿还上面临更大的挑战。总体风险居后三位的省份分别为广西壮族自治区、海南省、西藏自治区，总体风险冲击指数分别为0.211、0.174及0.087。其中，广西壮族自治区位于中国南部，属于亚热带季风气候，气候温和稳定，极端气候事件较少；海南省处于热带气候区且具有岛屿特殊性，拥有一些自然资源和生态系统的保护措施，尽管存在热带气候相关的风险，但相对较为可控；西藏自治区气候具有特殊性且人口密度较低，气候变化风险相对较低。这些省份的气候变化风险相对较低，不会给企业融资存量带来太大的冲击和影响。

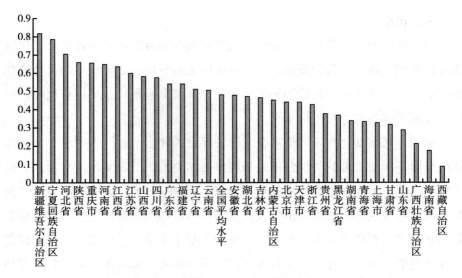

图 1 气候变化总体风险对企业融资存量的冲击：区域差异

第二，气候变化物理风险对企业融资存量的冲击。如图 2 所示，气候变化物理风险居前三位的省份包括青海省、内蒙古自治区、甘肃省，物理风险冲击指数分别为 0.536、0.475 和 0.413。具体来看，青海省拥有丰富的生态资源，包括高山、湖泊、草原等，但这些生态系统相对脆弱，对气候变化的适应能力有限。气候变化可能导致冰川融化、湖泊水位变化、草原退化等问题，进而影响到生态系统的稳定性和生物多样性，增加自然灾害的发生频率，使严重程度加深，这些物理风险给企业融资带来了不利影响。内蒙古有大片的草原和沙漠地区，气候变化可能加剧草原退化和沙漠化的趋势。这会影响畜牧业和生态环境，降低土地资源的可持续利用率，进而影响企业融资活动。甘肃省位于中国西北部，属于干旱和半干旱气候区域。气候变化可能会导致降水不均、蒸发增加等现象，加剧该地区的干旱程度，使得水资源更加匮乏，对农业、畜牧业等依赖水资源的企业融资造成较大的影响。物理风险居后三位的省份包括吉林省、上海市、天津市，物理风险冲击指数分别为 0.117、0.115 和 0.108。具体来说，吉林省位于中国东北地区，地处内陆，地势相对平坦，受到气候变化的影响相对较小。与河北省等位于温带季风气候带的省份相比，吉林省的气候条件更为稳定，极端天气现象较少，如暴雨、大雪、冰雹等天气对固定资产的破坏性影响相对较小，因而对企业融资的影响也相对较小。上海市位于中国东部沿海地区，受到海洋性气候的影响。相比内陆省份，上海市的气候相对温和稳定，冬季较为温暖，夏季较为凉爽，降水分布相对均匀。这种气候条件使得上海市相对较少受到极端天气事件的影响。此外，上海市是中国金融中心，拥有成熟的金融体系和完善的市场机制，因而上海企业的抗风险能力也更强，企业融资受气候变化风险的影响较小。天津市与其他省份相比，自然灾害频率较低。而且天津市在基础设施建设方面较为完善，如防洪工程、排水系统等，在一定程度上降低了气候变化可能带来的物理风险。

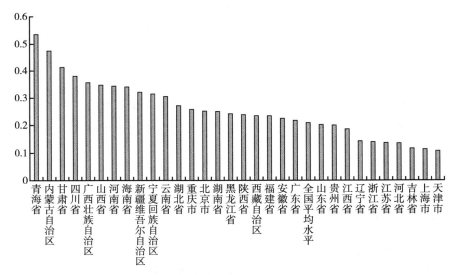

图2　气候变化物理风险对企业融资存量的冲击：区域差异

第三，气候变化转型风险对企业融资存量的冲击。如图3所示，转型风险居前三位的省份包括新疆维吾尔自治区（0.740）、宁夏回族自治区（0.711）、河北省（0.642）。具体来说，新疆维吾尔自治区是中国能源重地，经济以能源型产业为主，如煤炭、石油、天然气等，这些产业都需要稳定的基础设施和运输条件，极端天气事件可能导致生产中断和运输困难，增加运营成本。此外，能源价格也容易受到国际市场价格波动、资源枯竭等因素的影响，使得企业面临的转型风险加大，一些企业在转型过程中面临融资压力。宁夏回族自治区的经济发展也长期依赖于传统的煤炭、石油等资源产业，这种经济结构使得该地区对资源价格波动和国家政策调控更为敏感，一旦资源行业受到不利影响，可能导致转型的困难和风险加大。河北省的产业结构以重工业为主，尤其是钢铁等高污染行业，随着环保压力的增加和清洁能源政策的实施，这些传统产业可能面临产能过剩和环保整治的问题，从而为企业带来较高转型风险。气候变化转型风险居后三位的省份包括广西壮族自治区（0.184）、海南省（0.151）、西藏自治区（0.074）。其中，广西壮族自治区具有相对稳定的政策环境，鼓励经济转型和发展新兴产业，且其产业结构相对多元化，独特的地理位置使其能够与东南亚国家合作，促进跨境贸易发展，因而转型风险较低。旅游业是海南省的支柱产业之一，相对于依赖于传统农业或重工业的地区，旅游业对气候变化的适应性可能更强，从而减少了由气候变化带来的转型风险。相对于高度工业化的省份，西藏自治区的工业化程度相对较低，意味着该地区在产业结构上相对灵活，更容易实施可持续发展战略，减少对高碳产业的依赖，降低气候变化带来的转型风险。

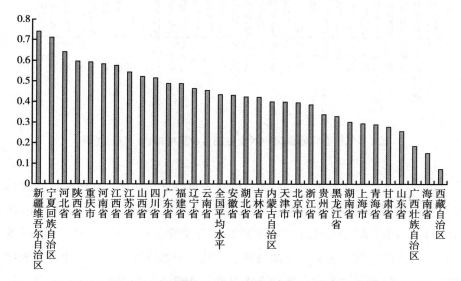

图3　气候变化转型风险对企业融资存量的冲击：区域差异

第四，气候变化风险对企业融资流量的冲击。如图 4 所示，在气候变化风险对企业融资流量的冲击中，风险冲击居前三位的省份为新疆维吾尔自治区、宁夏回族自治区、河北省，融资流量冲击指数分别为 0.838、0.805 和 0.722。具体来说，新疆地处中国西北边疆地区，资源丰富，特别是在能源、矿产等方面具有重要优势。然而，气候变化可能会对资源开采、生产和运输造成影响，导致产能下降或者停产，从而影响企业的经营和融资现金流。新疆易受到风沙、雪灾、地震等自然灾害的影响，且可能受到地缘政治紧张局势等国内外因素影响，气候变化可能加剧内外部资源竞争，对企业的融资动态造成负面影响。宁夏的经济发展较为依赖能源和自然资源，气候变化会给相关企业的生产带来约束，影响其融资能力，宁夏面临的传统产业转型压力，需要企业投入更多的资金和资源，加剧了企业的财务压力，对其融资现金流产生影响。河北的经济结构较为传统，以重工业和传统制造业为主，这些行业通常对气候变化更为敏感，在面临较高气候变化风险的情况下，这些企业可能需要更多资金来应对技术改造和升级以及应对灾害造成的损失，增加了其融资难度和成本。

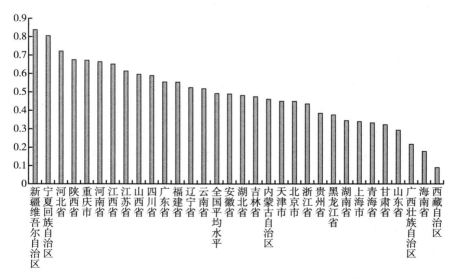

图 4　气候变化风险对企业融资流量的冲击：区域差异

融资流量风险居后三位的省份为广西壮族自治区、海南省、西藏自治区，其融资流量冲击指数分别为0.217、0.179、0.090。具体来看，广西壮族自治区地处中国的西南边陲，毗邻东南亚国家，具有得天独厚的地理位置优势，能够吸引更多的外国投资流入，增加了企业的融资机会，因此气候变化风险对融资流量的冲击较小。海南省自贸区的成立，以及政府制定的有利于融资的相关政策和规划，为海南省提供了相对稳定的发展环境，因此融资的不确定性降低，气候变化风险对企业融资流量的冲击较小。此外，旅游业等产业能够为海南省提供稳定的现金流，海南省在经济结构上的多元化也使得其对单一产业的依赖性较低，因而气候变化风险对企业融资流量的冲击较小。西藏自治区较少遭受自然灾害影响，人口密度较低且拥有丰富的自然资源，这使得西藏自治区一些与资源环境相关的项目在融资方面更具吸引力，企业融资流量不易受到气候变化风险的冲击。

（二）气候变化风险对企业投资的冲击

气候变化风险对企业投资的冲击，反映了一个省份在面对气候变化时所面临的具体投资风险，进而反映了气候不稳定时企业投资项目的可持续性。

1. 基于存量

企业投资存量主要使用固定资产或非流动资产来度量。不同省份气候变化风险对企业固定资产和非流动资产的冲击也有所不同。分别测算气候变化风险对固定资产和非流动资产的冲击指数，能够全面衡量气候变化风险对企业投资存量的影响程度。

由表4可知，不同省份在受到气候变化风险冲击时的影响程度有所不同。在31个省份中，有14个省份的固定资产冲击指数和非流动资产冲击指数高于全国平均水平，表明这些省份在面临气候变化风险时，企业固定资产和非流动资产受到的冲击影响更大，还有17个省份的固定资产冲击指数和非流动资产冲击指数等于或低于全国平均水平，表明这些省份企业投资存量受气候变化风险的冲击相对较小。在所有省份中，新疆维吾尔自治区、宁夏回族自治区和河北省等地，在受到气候变化风险冲击时，无论是企业固定资产还是非流动资产，都受到较大影响，而广西壮族自治区、海南省、西藏自治区等在面临气候变化风险时，受到的风险冲击较小。对这些数据进行横向对比分析，可以帮助我们全面了解不同省份的企业在受到气候变化风险冲击时的表现，从而为不同省份应对气候变化风险提供参考依据。

表 4　气候变化风险对企业投资存量的冲击指数

序号	省份	固定资产冲击指数	非流动资产冲击指数
1	新疆维吾尔自治区	0.129	0.051
2	宁夏回族自治区	0.124	0.049
3	河北省	0.112	0.044
4	陕西省	0.104	0.041
5	重庆市	0.104	0.041
6	河南省	0.103	0.041
7	江西省	0.101	0.040
8	江苏省	0.095	0.037
9	山西省	0.092	0.036
10	四川省	0.091	0.036
11	广东省	0.086	0.034
12	福建省	0.085	0.034
13	辽宁省	0.081	0.032
14	云南省	0.080	0.032
15	全国平均水平	0.076	0.030
16	安徽省	0.076	0.030
17	湖北省	0.074	0.029
18	吉林省	0.073	0.029
19	内蒙古自治区	0.071	0.028
20	北京市	0.070	0.028
21	天津市	0.070	0.027
22	浙江省	0.067	0.027
23	贵州省	0.059	0.024
24	黑龙江省	0.058	0.023
25	湖南省	0.053	0.021
26	青海省	0.053	0.021
27	上海市	0.052	0.020

序号	省份	固定资产冲击指数	非流动资产冲击指数
28	甘肃省	0.050	0.020
29	山东省	0.045	0.018
30	广西壮族自治区	0.034	0.013
31	海南省	0.028	0.011
32	西藏自治区	0.014	0.006

2. 基于流量

投资流量反映的是企业投资活动中的现金流情况。通过测算气候变化风险对不同省份企业投资活动中现金流量变化的冲击和影响，有助于衡量气候变化风险对企业投资现金收入和支出情况的影响程度。

从表5可知，对不同省份而言，在面临气候变化风险时，企业投资流量受到的冲击程度不同。在所有省份中，14个省份的投资流量冲击指数高于全国平均水平，表明这些省份在面临气候变化风险时，企业投资活动现金流受到的冲击相对较大，还有17个省份的投资流量冲击指数比全国平均水平低，表明这些省份企业投资流量受气候变化风险的冲击相对较小。在所有省份中，新疆维吾尔自治区、宁夏回族自治区和河北省等地投资流量受气候变化风险的冲击较大，广西壮族自治区、海南省和西藏自治区等地投资流量受气候变化风险的冲击较小。对不同省份企业现金流受气候变化风险的冲击影响进行测算，能够更全面地衡量气候变化风险对企业整体投资活动的影响。

表5　气候变化风险对企业投资流量的冲击指数

序号	省份	投资流量冲击指数
1	新疆维吾尔自治区	0.196
2	宁夏回族自治区	0.188
3	河北省	0.169
4	陕西省	0.158
5	重庆市	0.157
6	河南省	0.155

序号	省份	投资流量冲击指数
7	江西省	0.152
8	江苏省	0.144
9	山西省	0.139
10	四川省	0.138
11	广东省	0.129
12	福建省	0.129
13	辽宁省	0.122
14	云南省	0.121
15	全国平均水平	0.115
16	安徽省	0.114
17	湖北省	0.113
18	吉林省	0.111
19	内蒙古自治区	0.108
20	北京市	0.105
21	天津市	0.105
22	浙江省	0.102
23	贵州省	0.090
24	黑龙江省	0.088
25	湖南省	0.081
26	青海省	0.080
27	上海市	0.078
28	甘肃省	0.076
29	山东省	0.069
30	广西壮族自治区	0.051
31	海南省	0.042
32	西藏自治区	0.021

3. 冲击结果分析

气候变化风险会给企业投资活动带来一定影响。不同省份由于地理位置、产业结构、政策等方面的差别，受气候变化风险的冲击程度有所不同。研究气候变化风险对不同省份企业投资活动的影响，有助于不同省份采取相

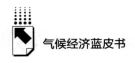

应措施，帮助企业更好地应对气候变化带来的风险和挑战，尽可能降低气候变化带来的负面影响。从气候变化风险对不同省份企业投资存量和流量的冲击来看，呈现如下特点。

一方面，气候变化风险会对不同省份企业的投资存量带来一定的冲击和影响。如图5和图6所示，从存量来看，气候变化风险带来的冲击居前三位的省份分别为新疆维吾尔自治区、宁夏回族自治区、河北省。气候变化风险给上述三地企业固定资产带来的冲击指数分别为0.129、0.124及0.112，给上述三地企业非流动资产带来的冲击指数分别为0.051、0.049及0.044。具体来看，就新疆维吾尔自治区而言，气候变化导致新疆地区极端天气事件（如暴雨、干旱、暴风雪等）的频率和强度增加，这些极端天气事件可能会给企业的固定资产和非流动资产造成损坏或毁坏，尤其是对于基础设施、建筑物和设备等耐久性资产而言。气候变化引致的自然资源和能源供应的不稳定，也会影响企业的固定资产运营。宁夏回族自治区地处内陆干旱地区，水资源本就相对匮乏，而气候变化可能会加剧干旱，导致水资源更为紧张。这可能造成需要大量用水的行业，如农业、制造业等生产困难或停工，从而影响固定资产和非流动资产的正常运转。极端天气事件也可能对企业固定资产和非流动资产造成直接破坏，导致设备损坏等，增加企业固定资产和非流动资产的维护和修复成本。河北省是中国重要的工业基地之一，拥有大量的工厂和生产设施。工业活动产生的排放物会对气候产生影响，可能导致更频繁的极端天气事件，如雨水倾泻、洪水和干旱等，这些都会给企业固定资产和非流动资产造成潜在的风险和损害。此外，河北省的生产结构以重工业为主，如钢铁、煤炭等，这些行业对环境的影响比较大，也更容易受到气候变化的影响。例如，高温天气可能导致冷却系统负荷过重，影响生产设备的正常运行，从而损害企业的固定资产和非流动资产。

从存量来看，气候变化风险带来的冲击居后三位的省份分别为广西壮族自治区、海南省、西藏自治区。气候变化风险给这些省份企业存量固定资产的冲击指数分别为0.034、0.028及0.014，给企业存量非流动资产带来的冲击指数分别为0.013、0.011和0.006，表明这些省份的气候变化风险给企业

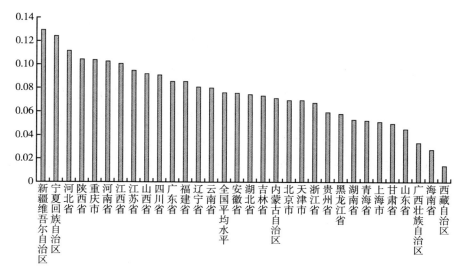

图 5　气候变化风险对企业固定资产的冲击：区域差异

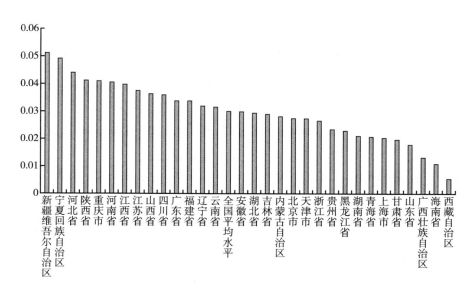

图 6　气候变化风险对企业非流动资产的冲击：区域差异

投资存量带来的冲击较小。具体来看，广西壮族自治区位于中国南部，属于亚热带气候，冬季温暖湿润，夏季炎热多雨。相对于北方地区，广西的气候

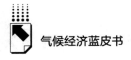

变化影响较为温和,极端天气事件发生的频率和强度相对较低,减少了对企业固定资产和非流动资产的直接冲击。广西拥有丰富的自然资源,包括矿产资源、水资源、森林资源等,这些丰富的资源可以为企业提供更多的选择和应对气候变化的灵活性。例如,水资源丰富可以减轻干旱对企业生产和固定资产及非流动资产运营的影响。海南省地处热带海洋性气候区,气候温和湿润,四季如春,年平均气温较高,降水充沛。相比之下,海南省也不易受到极端天气事件的影响,如暴雨、大雪、寒潮等,这减少了对企业固定资产和非流动资产造成的直接损害。西藏自治区人口密度相对较低,大部分地区是人烟稀少的高原荒漠地带,因此固定资产的密度相对较低。相对于人口密度较高的地区,自然灾害对固定资产的影响会更小一些。

另一方面,气候变化风险也会给不同省份企业的投资流量带来冲击和影响。如图7所示,从投资流量来看,气候变化风险带来的冲击居前三位的省份分别为新疆维吾尔自治区、宁夏回族自治区、河北省,冲击指数分别为0.196、0.188及0.169。具体而言,新疆地处中国的西北边陲,属于干旱气候区域,夏季炎热干旱,冬季严寒。这种极端的气候条件会给企业的投资活动带来不利影响。而新疆又是中国主要的能源生产地之一,能源开采和生产过程受气候影响较大。比如,在冬季极端低温可能会导致设备故障、交通中断等问题,而夏季的高温则可能增加能源消耗和设备运行的成本。新疆的干旱、风沙、雪灾等自然灾害也会对企业的基础设施、生产设备等造成损坏,增加企业的维护成本,甚至导致生产中断,进而影响投资活动的现金流。宁夏地处中国西北部,属于干旱半干旱气候区域,受气候变化的影响较为显著。气候变化可能导致降雨量和水资源减少,进而影响农作物生长和灌溉,从而影响农业产出,农产品价格波动和供应不稳定会影响农业企业的销售收入和现金流。气候变化也可能导致宁夏的工业生产受到影响,如高温天气导致的设备故障率增加等,进而影响企业的产能和现金流。河北省易发生暴雨、洪涝、干旱等,可能导致企业的生产活动受阻或中断,进而影响现金流的生成。例如,生产设备受损、原材料供应中断、产品运输困难等都会导致生产能力下降,从而影响企业的现金流。

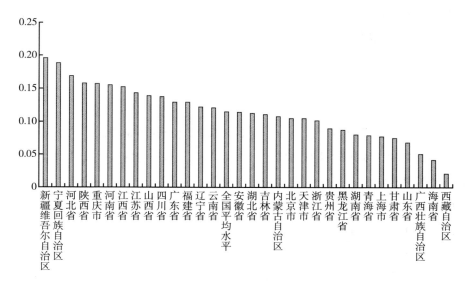

图 7   气候变化风险对企业投资流量的冲击：区域差异

气候变化风险带来的冲击居后三位的省份分别为广西壮族自治区、海南省、西藏自治区，冲击指数分别为 0.051、0.042 及 0.021。具体来看，广西壮族自治区地处南部地区，受自然灾害的影响相对较小。广西壮族自治区的自然灾害风险较低，减少了对企业投资活动现金流的负面影响。广西壮族自治区拥有丰富的自然资源，为企业提供了稳定的生产基础和投资机会，有利于企业投资活动现金流的稳定性。海南省是中国重要的旅游目的地之一，拥有丰富的自然资源和美丽的海滨风光，吸引了大量游客和投资。相比其他行业，旅游业对气候变化的适应能力较强，因此企业在这方面的投资活动现金流受到的影响相对较小。海南省作为中国的自贸区之一，享有一定的政策优势和税收政策支持，吸引了大量企业和资金进入。相对而言，这些企业在投资决策和资金运作上可能更为稳健，能够更好地应对气候变化可能带来的风险。西藏的气候变化影响较为温和，极端天气事件相对较少，降低了企业在该地区投资活动中受到气候变化冲击的风险。并且尽管西藏属于高原地区，但由于其地理位置的特殊性，拥有丰富的冰川、雪水和河流资源。因此，相

对于其他地区，西藏企业在投资活动中更少受到气候变化对水资源的影响，这有助于稳定其现金流。

三　小结

中国的气候风险因地区而异，受到地理环境和气候条件的显著影响，不同地区面临的气候挑战具有多样性。本报告将不同省份的气候变化风险与全国整体情况相结合，基于投资和融资两方面以及存量和流量两个维度，分别分析了中国区域气候变化风险对企业投融资的影响，提供了一个综合的评估指标，从而形成对全国范围内气候变化风险的整体认识。

一方面，考察了气候变化风险对企业融资的冲击。从融资存量来看，分别从总体风险、物理风险和转型风险三个方面进行考察。新疆、宁夏、河北等地面临的气候变化总体风险较大，可能导致银行对企业贷款谨慎，增加贷款利率或减少贷款额度；而广西、海南、西藏等地气候风险相对较低，对企业融资的影响也相对较小。物理风险方面，青海、内蒙古、甘肃等地的物理风险较高，而吉林、上海、天津等地面临相对较低的物理风险。在转型风险方面，新疆、宁夏、河北等区域因经济结构单一或依赖于资源型产业，转型风险较高；而广西、海南、西藏等地由于政策环境稳定或产业结构多元化，转型风险相对较低。从融资流量来看，气候变化对不同地区的融资流量冲击也不尽相同。

另一方面，考察了气候变化风险对企业投资的冲击。从存量来看，气候变化风险对固定资产和非流动资产的影响居前三位的省份是新疆维吾尔自治区、宁夏回族自治区和河北省，其冲击指数较高，表明这些省份的企业投资存量受到的影响较大。在这些省份，气候变化可能导致极端天气事件频率和强度增加，造成固定资产和非流动资产的损坏或毁坏，增加维护和修复成本，以及对生产活动的直接影响，如停工或生产能力下降。相反，广西壮族自治区、海南省和西藏自治区的气候变化风险对企业投资存量的冲击较小，这些省份受自然灾害影响较少，拥有丰富的自然资源或相对温和的气候条件，有利于稳定企业的投资活动。在投资流量方面，气候变化风险对企业现金流的冲击居前三位的省份是新疆维吾尔自治区、宁夏回族自治区和河北省，而对广西壮族自治区、海南省和西藏自治区的冲击较小。

通过以上分析，我们可以更全面地认识气候变化风险，为各地区的企业、投资者和金融机构提供依据，以制定差异化的气候政策和风险管理措施。这有助于应对全球气候变化带来的金融挑战，提高企业的经济韧性，促进可持续发展。

B.4
气候变化风险对企业投融资的
冲击：行业差异

何理　陈洪波　杨慧鹏*

摘　要： 中国各行业高碳资产所占比例、碳排放强度、受气候变化风险影响的程度以及政府制定的扶持政策都存在差异，因此有必要深入分析气候变化风险对企业投融资的冲击在不同行业间的差异。本报告测算了不同行业企业面临的气候变化风险，发现基于存量和流量的模型一致认为，气候变化风险对企业投融资的冲击影响较大的三个行业分别是电力、热力、燃气及水生产和供应业，电气机械及器材制造业，非金属矿物制品业；影响较小的三个行业分别是皮革、毛皮、羽毛及其制品和制鞋业，卫生和社会工作，居民服务、修理和其他服务业。分析不同行业受到的气候变化风险，有利于企业提高对气候变化风险的认识，并制定对应的风险管理策略，促使企业更好地应对气候变化。

关键词： 行业差异　气候变化风险　冲击指数

一　不同行业气候变化风险概况

（一）不同行业气候变化风险现状

各行各业都在不同程度上面临气候变化风险，其中受影响较深的当属电

---

* 何理，博士，中国社会科学院大学应用经济学院副教授，研究方向为数字经济、气候金融；陈洪波，博士，中国社会科学院大学应用经济学院副院长、教授、博士生导师，研究方向为气候变化经济分析、气候金融、新能源经济学等；杨慧鹏，中国社会科学院大学应用经济学院博士研究生，研究方向为产业经济学。

力、热力、燃气及水生产和供应业。一方面，电力行业对自然条件有着高度依赖。水力发电、风力发电和太阳能发电等可再生能源发电方式高度依赖水资源、风力和太阳能资源。气候变化导致的降水变化、风速变化和日照时间变化等会直接影响这些能源的发电量。热力和燃气生产也受到能源供应的影响。例如，天然气供应可能受到气候变化导致的极端天气事件的影响，如管道损坏、供应中断等。同时，气温变化也会影响热力需求，增加或减少对热力供应的压力。另一方面，这些行业的基础设施脆弱性凸显。电力、热力、燃气及水生产和供应业的基础设施通常分布广泛，且暴露在自然环境中。极端天气事件如暴雨、洪水、飓风等容易对这些基础设施造成破坏，导致供应中断。例如，洪水可能淹没变电站、水电站等电力设施，损坏设备，影响电力供应；飓风可能破坏燃气管道和热力管道，导致燃气和热力供应中断。与此同时，能源行业本身也是二氧化碳排放的主要来源，因此面临着适应低碳和清洁能源转型的压力。除了电力、热力、燃气及水生产和供应业外，冶金、采矿等重工业都是受气候风险影响较大的行业。

相较于电力、热力、燃气及水生产和供应业与其他重工业，轻工业、教育行业和文娱业可能受到的气候变化风险的影响较小。与重工业相比，轻工业在生产过程中不太依赖大量的水资源，对气象条件不是高度敏感，而且轻工业产品的制造通常不依赖于极端天气条件下的原材料或供应链，因此在面对气候变化时，供应链的稳定性相对较高。对于教育业而言，虽然气候变化可能导致一些校园管理方面的调整，但教育活动相对灵活，不像一些生产型行业那样容易受到气候波动的直接冲击。

（二）不同行业气候变化风险相关政策简述

一是出台政策督促行业履行 ESG 责任。2022 年 4 月，中国证监会印发《关于加快推进公募基金行业高质量发展的意见》，督促行业履行 ESG 责任，实现经济效益和社会效益相统一。引导行业总结 ESG 投资规律，大力发展绿色金融，积极践行责任投资理念，改善投资活动的环境绩效，服务绿色经济发展。2022 年 6 月，中国银保监会印发《银行业保险业绿色金融指引》，

明确银行保险机构应当完整、准确、全面贯彻新发展理念，从战略高度推进绿色金融，加大对绿色、低碳、循环经济的支持，防范环境、社会和治理风险，提升自身的环境、社会和治理表现，促进经济社会发展全面绿色转型。

二是制定行业标准。从 2019 年起，生态环境部先后修订了《制药工业大气污染物排放标准》《印刷工业大气污染物排放标准》等 10 余项大气污染物排放标准，扩大了行业的覆盖面，增强针对性，进一步明确了控制要求，增加了大气环境监测项目。各级地方政府在制定发展规划时，也都将降低能耗和污染减排内容纳入综合考核评价，并实行负责人问责制。

三是进行气候变化风险压力测试。在中国人民银行的指导下，20 余家银行开展火电、钢铁和水泥行业的气候变化风险压力测试。目前采用的是较为简单的情景，结果显示，各情景下相关企业的还款能力将出现下降，但是由于参试银行在火电、钢铁和水泥行业的贷款占总贷款的比重不高，因此，整体资本充足率在目前情景下均能够满足监管要求。作为中国内地金融体系气候变化风险压力测试的初步探索，该测试也反映了当前气候相关信息披露程度低、数据缺口大等问题。未来，随着气候变化风险压力测试方法日益完善、覆盖行业范围日益扩大，金融机构通过情景分析及压力测试的方法应对气候变化风险将成为必然趋势。

四是推进绿色金融政策。在绿色贷款方面，中国出台了多项鼓励绿色信贷的规划政策，如《关于贯彻信贷政策与加强环境保护工作有关问题的通知》《关于落实环保政策法规防范信贷风险的意见》《绿色信贷指引》等。在绿色债券方面，针对绿色债券标准、募集资金用途等问题，中国绿色债券标准委员会 2022 年 7 月发布的《中国绿色债券原则》，明确了绿色债券定义及四项核心要素，进一步明确募集资金应 100% 用于绿色项目，实现了与国际绿色债券标准接轨。在绿色保险方面，环境责任保险是指由于污染环境，将应该依法承担赔偿责任的被保险人作为保险对象，这样可以帮助企业提供赔偿和修复环境，并且对某些行业采取强制保险，从而将环境成本内化，减少环境风险过大的投资行为。中国的《环境污染强制责任保险管理办法（征求意见）》已经将环境污染责任保险列为强制投保险种。

二　不同行业的冲击指数构建

在中国行业气候变化风险评估计量模型的基础上，通过回归分析，我们测算出不同行业气候变化风险对企业投融资的具体影响系数，以此来衡量各行业气候变化风险对企业投融资的冲击影响。本节将引入不同行业企业气候变化风险词频平均值与全国总体词频平均值的比值，与全国平均气候变化风险冲击指数进行交互，并进行标准化处理，以此构建行业气候变化风险对企业投融资的冲击指数。

具体而言，我们关注不同行业企业在气候变化风险词频上的平均值，将其与全国总体的词频平均值进行比值计算。这样的处理方式考虑了不同行业气候变化风险特点的差异，有助于更准确地反映各行业气候变化风险对企业投融资的冲击影响。标准化处理的引入可以消除不同行业之间的尺度差异，确保衡量的冲击影响更具可比性。通过引入全国平均气候变化风险，我们将不同行业的气候变化风险与全国整体情况相结合，提供一个综合的评估指标。这有助于形成对全国范围内行业气候变化风险对企业冲击影响的整体认识，这种模型构建方法为深入研究和量化不同行业的气候变化风险冲击提供了科学的基础。

（一）气候变化风险对企业融资的冲击

1. 基于存量

气候变化风险对企业融资存量的冲击影响涵盖总体风险、物理风险和转型风险三个维度，这些指标综合考量了不同行业在面临气候变化风险时对企业融资存量的影响因素情况。总体风险冲击指数衡量了气候变化风险对企业长期借款和短期借款总额的冲击影响，反映了行业企业在气候变化条件下所面临的冲击情况。物理风险冲击指数关注物理风险对企业短期借款的冲击影响，以量化不同行业的物理风险冲击程度。转型风险冲击指数衡量气候变化转型风险对长期借款的冲击影响，以量化不同行业的转型风险冲击程度。

综合分析可以观察到，不同行业在总体风险、物理风险和转型风险方面存在显著差异。如表 1 所示,电力、热力、燃气及水生产和供应业的总体风险冲击指数最高,为 2.640,表明气候变化风险对该行业企业长期借款和短期借款的冲击影响最大。其物理风险和转型风险冲击指数分别为 0.800 和 2.396,显示了物理风险和转型风险给该行业带来的冲击影响也最大。电气机械及器材制造业和非金属矿物制品业的总体风险也相对较高。相反,居民服务、修理和其他服务业以 0.011 的总体风险冲击指数排名最低,显示该行业受气候变化风险的冲击影响最小。通过这些数据,我们可以全面了解各行业在气候变化风险方面的表现,为相关行业制定有效的风险管理和适应策略提供基础数据和比较基准。

表 1 中国各行业气候变化风险对企业融资存量的冲击指数

序号	行业名称	总体风险冲击指数	物理风险冲击指数	转型风险冲击指数
1	电力、热力、燃气及水生产和供应业	2.640	0.800	2.396
2	电气机械及器材制造业	1.416	0.134	1.293
3	非金属矿物制品业	0.665	0.200	0.603
4	计算机、通信和其他电子设备制造业	0.664	0.094	0.606
5	仪器仪表制造业	0.647	0.171	0.588
6	通用设备制造业	0.608	0.186	0.552
7	废弃资源综合利用业	0.538	0.204	0.487
8	采矿业	0.533	0.358	0.479
9	汽车制造业	0.515	0.082	0.470
10	专用设备制造业	0.497	0.146	0.451
11	全行业平均水平	0.480	0.209	0.434
12	金属制品业	0.468	0.074	0.426
13	其他制造业	0.458	0.098	0.417
14	建筑业	0.456	0.442	0.406
15	科学研究和技术服务业	0.423	0.235	0.381
16	综合	0.406	0.118	0.369
17	有色金属冶炼及压延加工业	0.399	0.178	0.361
18	水利、环境和公共设施管理业	0.376	0.637	0.328
19	化学原料及化学制品制造业	0.373	0.287	0.334
20	橡胶和塑料制品业	0.368	0.181	0.332

续表

序号	行业名称	总体风险冲击指数	物理风险冲击指数	转型风险冲击指数
21	石油加工、炼焦及核燃料加工业	0.272	0.072	0.247
22	黑色金属冶炼及压延加工业	0.263	0.228	0.235
23	化学纤维制造业	0.261	0.214	0.233
24	铁路、船舶、航空航天和其他运输设备制造业	0.260	0.216	0.232
25	食品制造业	0.255	0.317	0.225
26	租赁和商务服务业	0.236	0.149	0.212
27	交通运输、仓储和邮政业	0.214	0.318	0.187
28	农副食品加工业	0.204	0.635	0.170
29	纺织业	0.177	0.159	0.158
30	木材加工及木、竹、藤、棕、草制品业	0.150	0.439	0.125
31	批发和零售业	0.145	0.167	0.128
32	造纸及纸制品业	0.143	0.184	0.126
33	房地产业	0.122	0.101	0.109
34	信息传输、软件和信息技术服务业	0.093	0.108	0.083
35	农、林、牧、渔业	0.089	0.944	0.056
36	文教、工美、体育和娱乐用品制造业	0.083	0.213	0.070
37	印刷和记录媒介复制业	0.078	0.080	0.069
38	酒、饮料和精制茶制造业	0.065	0.145	0.056
39	纺织服装、服饰业	0.064	0.173	0.054
40	教育	0.055	0.073	0.048
41	医药制造业	0.055	0.117	0.047
42	家具制造业	0.050	0.055	0.044
43	住宿和餐饮业	0.046	0.211	0.036
44	文化、体育和娱乐业	0.041	0.189	0.033
45	皮革、毛皮、羽毛及其制品和制鞋业	0.039	0.013	0.036
46	卫生和社会工作	0.036	0.066	0.031
47	居民服务、修理和其他服务业	0.011	0.000	0.010

2. 基于流量

从流量角度来看，气候变化风险对企业融资的冲击指数测算涵盖了对企业融资活动中产生的现金流的影响情况。融资活动中的现金流量包含多个项目，反映了企业在融资方面的现金收入与支出情况。通过测算气候变化风险对融资活动中现金流量变化的冲击影响，可衡量流量角度下气候变化风险对企业融资的冲击程度。

由表2中融资流量冲击指数可以看出，气候变化风险对不同行业融资活动现金流的冲击影响有所不同。受到冲击影响居前三位的三个行业分别为电力、热力、燃气及水生产和供应业，电气机械及器材制造业，非金属矿物制品业，融资流量冲击指数分别为2.706、1.451、0.681，表明气候变化风险会对这三类行业企业融资活动中现金流产生较大的冲击影响。气候变化风险对皮革、毛皮、羽毛及其制品和制鞋业，卫生和社会工作，居民服务、修理和其他服务业融资流量的冲击影响居后三位，融资流量冲击指数分别为0.040、0.037、0.011，显示该行业受气候变化风险的冲击影响相对较小。通过这些数据，我们可以全面了解气候变化风险对各行业企业融资流量的冲击影响。

表2　中国行业气候变化风险对企业融资流量的冲击指数

序号	行业名称	融资流量冲击指数
1	电力、热力、燃气及水生产和供应业	2.706
2	电气机械及器材制造业	1.451
3	非金属矿物制品业	0.681
4	计算机、通信和其他电子设备制造业	0.681
5	仪器仪表制造业	0.663
6	通用设备制造业	0.623
7	废弃资源综合利用业	0.552
8	采矿业	0.546
9	汽车制造业	0.528
10	专用设备制造业	0.509
11	全行业平均水平	0.492
12	金属制品业	0.480
13	其他制造业	0.470
14	建筑业	0.468

续表

序号	行业名称	融资流量冲击指数
15	科学研究和技术服务业	0.433
16	综合	0.416
17	有色金属冶炼及压延加工业	0.409
18	水利、环境和公共设施管理业	0.386
19	化学原料及化学制品制造业	0.382
20	橡胶和塑料制品业	0.377
21	石油加工、炼焦及核燃料加工业	0.279
22	黑色金属冶炼及压延加工业	0.269
23	化学纤维制造业	0.268
24	铁路、船舶、航空航天和其他运输设备制造业	0.267
25	食品制造业	0.261
26	租赁和商务服务业	0.242
27	交通运输、仓储和邮政业	0.219
28	农副食品加工业	0.209
29	纺织业	0.181
30	木材加工及木、竹、藤、棕、草制品业	0.153
31	批发和零售业	0.149
32	造纸及纸制品业	0.147
33	房地产业	0.125
34	信息传输、软件和信息技术服务业	0.096
35	农、林、牧、渔业	0.091
36	文教、工美、体育和娱乐用品制造业	0.085
37	印刷和记录媒介复制业	0.080
38	酒、饮料和精制茶制造业	0.067
39	纺织服装、服饰业	0.065
40	教育	0.056
41	医药制造业	0.056
42	家具制造业	0.051
43	住宿和餐饮业	0.047
44	文化、体育和娱乐业	0.042
45	皮革、毛皮、羽毛及其制品和制鞋业	0.040
46	卫生和社会工作	0.037
47	居民服务、修理和其他服务业	0.011

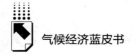

3. 冲击结果分析

气候变化风险对企业融资冲击指数不仅能够为投资者提供更多的决策信息，也有助于企业更好地理解并管理其面临的气候变化风险，对推动社会资本向更为可持续和气候适应性强的方向发展具有重要意义。一方面，企业在融资市场上的融资成本和可融资性可能会受到气候变化风险的影响，充分了解行业气候变化风险有助于企业更好地理解其所在行业面临的融资挑战，从而采取相应的气候适应性战略，提高在融资市场上的可信度，降低融资成本；另一方面，行业气候变化风险可以作为企业进行投融资决策和风险管理的一个重要指标。企业可以基于这一冲击指数来调整融资策略，避免过度暴露于气候变化风险较高的行业，选择更具韧性和适应性的行业，以降低气候变化风险对其财务状况和赢利能力的不利影响。了解行业的气候变化相关风险有助于更好地管理投资组合，降低气候变化相关风险对投资组合价值的不利影响。

第一，气候变化总体风险对企业融资存量的冲击影响。如图1所示，从总体风险冲击指数来看，气候变化总体风险对电力、热力、燃气及水生产和供应业，电气机械及器材制造业，非金属矿物制品业融资活动的冲击影响居前三位，总体风险冲击指数分别为2.640、1.416、0.665，主要原因来源于该行业的内在特征。对电力、热力、燃气及水生产和供应业来说，气候变化可能会导致能源生产和供应链的不稳定，导致企业需要更多的资金来更新设施并采取适当的措施以应对气候变化所带来的成本增加。对电气机械及器材制造业来说，气候变化可能会影响市场需求和技术创新，对传统能源设备的需求减少，意味着企业需要更多的资金来研发和生产适应新市场趋势的产品。对非金属矿物制品业来说，气候变化可能会影响矿产资源的开采和运输，使得企业需要进行融资活动来应对原材料成本的波动，以及调整供应链以适应新的气候条件。气候变化导致极端情况，通常依赖于自然资源的行业需考虑原材料的可持续供应，这加剧了气候变化风险对其融资活动的冲击影响。相对而言，居民服务、修理和其他服务业主要提供的服务与天气等因素的关联性较低，从而降低了气候变化风险对其的冲击影响。

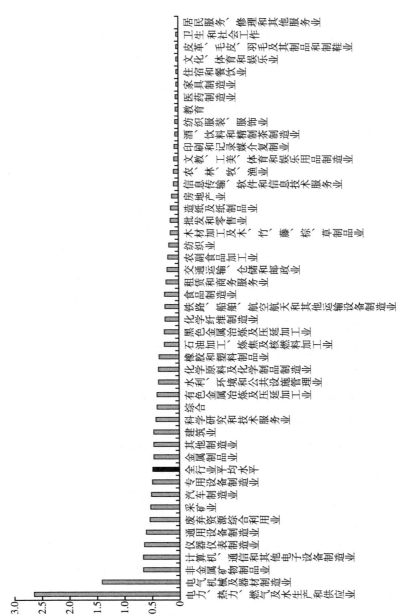

图 1 气候变化总体风险对企业融资存量的冲击指数：行业差异

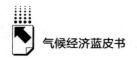

第二，气候变化物理风险对企业融资存量的冲击影响。如图2所示，从物理风险冲击指数来看，农、林、牧、渔业（0.944），电力、热力、燃气及水生产和供应业（0.800），水利、环境和公共设施管理业（0.637）的物理风险冲击指数居前三位。这三个行业涉及关键的基础设施，如水利设施、公共设施等，气候变化可能导致洪水、飓风、干旱等情况发生，加剧物理风险对企业融资存量的冲击影响。对农、林、牧、渔业来说，极端天气和生态变化可能导致农作物减产、渔业资源减少、林木遭受病虫害等问题，从而需要增加融资来应对损失和恢复生产。对电力、热力、燃气及水生产和供应业以及水利、环境和公共设施管理业来说，受气候变化影响，其可能出现供应链中断、设施损坏等问题，需要进行环境治理、生态修复等工作，增加了企业的资金需求。同时，气候变化可能导致市场需求的波动，进而影响企业融资情况。

相反，家具制造业（0.055），皮革、毛皮、羽毛及其制品和制鞋业（0.013），居民服务、修理和其他服务业（0.000）的物理风险冲击指数居后三位。原因在于，首先，这些行业通常依赖于人才、创意和技术，而不像制造业那样依赖于大量的物理资产，相对于那些依赖于基础设施和原材料的行业，这些服务业更能适应气候变化风险的冲击。其次，数字化业务通常不受地理位置的限制，因此能够更容易地实现业务的分散和备份，减少自然灾害对企业经营的影响。最后，这些服务在一定程度上是基本的日常需求，而不太容易受到气候变化风险的冲击影响。

第三，气候变化转型风险对企业融资存量的冲击影响。如图3所示，从转型风险冲击指数来看，电力、热力、燃气及水生产和供应业，电气机械及器材制造业，计算机、通信和其他电子设备制造业受到转型风险的冲击影响居前三位，转型风险冲击指数分别为2.396、1.293、0.606。具体来看，一方面，随着对气候变化和环境问题的关注增加，对行业环保合规性要求更高，企业需要投入更多的资源以符合更严格的环保法规，从而增加运营成本，增加融资需求；另一方面，由气候变化引发的极端天气事件频发，企业可能面临更高的保险费用，保险公司可能会调整保费以反映风险的增加，进而提高企业金融风险。

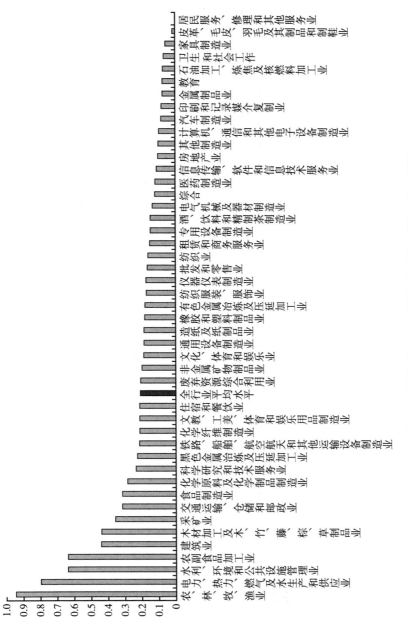

图 2　气候变化物理风险对企业融资存量的冲击指数：行业差异

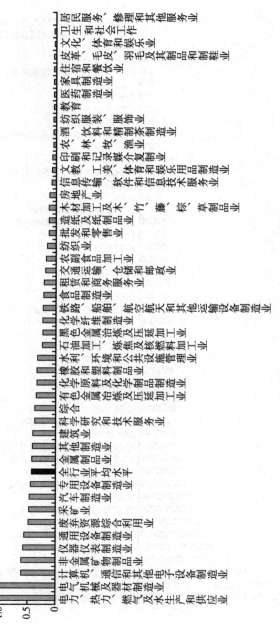

图 3　气候变化转型风险对企业融资存量的冲击指数：行业差异

相对而言，文化、体育和娱乐业，卫生和社会工作，居民服务、修理和其他服务业的转型风险较低，转型风险冲击指数分别为 0.033、0.031 及 0.010。原因在于，首先，这些行业的核心业务更多地依赖于人力、技术和服务提供，而不是受气候变化直接影响的自然资源。其次，这些行业通常拥有多样化的业务，包括提供教育服务、文化娱乐、体育活动、居民服务等方面，多样化的业务结构使得它们能够更好地分散风险，不会过度依赖某一个特定领域，从而降低受气候变化风险的影响。最后，这些行业趋向于数字化和在线服务，如在线教育、数字化娱乐平台等，这使得它们能够更容易地适应不同的气候条件，减少由天气变化引起的实体场所的问题。

第四，气候变化风险对企业融资流量的冲击影响。如图 4 所示，从融资流量的角度来看，电力、热力、燃气及水生产和供应业（2.706），电气机械及器材制造业（1.451），非金属矿物制品业（0.681）的气候变化风险居前三位。原因在于，这三类行业都是资本密集型行业，面对气候变化风险，企业可能需要增加融资以应对设施修复、设备升级等方面的需求。另外，这些行业的投资通常是长期的，而气候变化可能会对投资回报造成影响，可能导致资源价格波动，影响项目的经济效益，从而对企业融资流量产生冲击影响。皮革、毛皮、羽毛及其制品和制鞋业（0.040），卫生和社会工作（0.037），居民服务、修理和其他服务业（0.011）的融资流量冲击指数居后三位。原因在于，这些行业具有较强的服务属性，即使在气候变化下，消费者对这些产品和服务的需求通常也不会受到较大影响，因此气候变化风险对企业融资现金流的影响较小。另外，这些行业通常具有较灵活的经营模式和成本结构，能够相对容易地调整经营策略和成本控制措施，以应对气候变化带来的影响，从而减少对融资的依赖。

综上所述，从融资的角度考察，气候变化风险对电力、热力、燃气及水生产和供应业，电气机械及器材制造业，非金属矿物制品业企业的冲击指数相对较高。这些行业在面临气候变化风险时法规合规压力增大，导致投资者对其持谨慎态度，影响了融资活动的进行。相对于其他行业，皮革、毛皮、羽毛及其制品和制鞋业，卫生和社会工作，居民服务、修理和其他服务业的

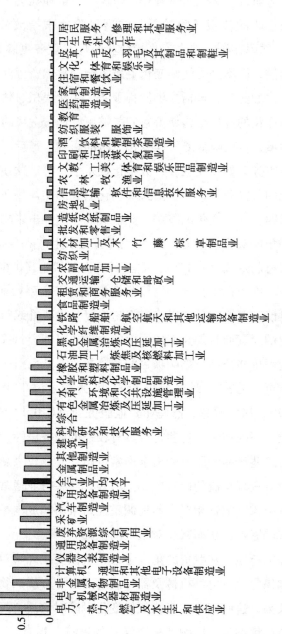

图4 气候变化风险对企业融资流量的冲击指数：行业差异

生产周期通常相对较短，业务灵活性较强，相对于需要长期投资回报的行业，这些行业更容易适应变化的经济和气候环境，降低了融资活动的不确定性。另一方面，这些行业的需求受到季节性和气候波动的影响较小，相对于某些季节性强、天气敏感的行业，这些行业的投融资活动受气候变化的冲击较小。企业在融资市场上的融资成本和可融资性可能会受到气候变化风险的影响。深入了解行业气候变化风险有助于企业更好地理解其所在行业面临的融资挑战，采取相应的气候适应性战略，提高在融资市场上的可信度，降低融资成本。

（二）气候变化风险对企业投资的冲击

1. 基于存量

基于存量角度，气候变化风险对企业投资的冲击指数测算涵盖了对企业固定资产和非流动资产冲击影响的两个维度。固定资产和非流动资产的变动通常意味着企业在扩大生产能力或提升生产效率方面开展了投资活动。为了衡量存量角度下气候变化风险对企业投资的冲击影响，分别测算对固定资产和非流动资产的冲击指数。

由表 3 中固定资产冲击指数和非流动资产冲击指数可以看出，气候变化风险对不同行业的冲击影响有明显差异。电力、热力、燃气及水生产和供应业的固定资产冲击指数和非流动资产冲击指数均处于首位，分别为 0.418 和 0.165，表明气候变化风险对该行业企业的固定资产和非流动资产投资带来的冲击影响最大。另外，电气机械及器材制造业和非金属矿物制品业的行业企业同样面临较高的冲击指数。相反，由于行业特性不同，居民服务、修理和其他服务业受到气候变化风险的冲击影响最小，固定资产和非流动资产冲击指数分别为 0.002 和 0.001，显示该行业相对较低的气候变化风险冲击影响。通过这些数据，我们可以全面了解各行业受到气候变化风险冲击影响的情况，为相关行业制定有效的风险管理和适应策略提供基础数据和比较基准。

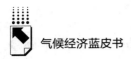

气候经济蓝皮书

表3　中国各行业气候变化风险对企业投资存量的冲击指数

序号	行业名称	固定资产冲击指数	非流动资产冲击指数
1	电力、热力、燃气及水生产和供应业	0.418	0.165
2	电气机械及器材制造业	0.224	0.089
3	非金属矿物制品业	0.105	0.042
4	计算机、通信和其他电子设备制造业	0.105	0.042
5	仪器仪表制造业	0.103	0.040
6	通用设备制造业	0.096	0.038
7	废弃资源综合利用业	0.085	0.034
8	采矿业	0.084	0.033
9	汽车制造业	0.082	0.032
10	专用设备制造业	0.079	0.031
11	全行业平均水平	0.076	0.030
12	金属制品业	0.074	0.029
13	其他制造业	0.073	0.029
14	建筑业	0.072	0.029
15	科学研究和技术服务业	0.067	0.026
16	综合	0.064	0.025
17	有色金属冶炼及压延加工业	0.063	0.025
18	水利、环境和公共设施管理业	0.060	0.024
19	化学原料及化学制品制造业	0.059	0.023
20	橡胶和塑料制品业	0.058	0.023
21	石油加工、炼焦及核燃料加工业	0.043	0.017
22	黑色金属冶炼及压延加工业	0.042	0.016
23	化学纤维制造业	0.041	0.016
24	铁路、船舶、航空航天和其他运输设备制造业	0.041	0.016
25	食品制造业	0.040	0.016
26	租赁和商务服务业	0.037	0.015
27	交通运输、仓储和邮政业	0.034	0.013
28	农副食品加工业	0.032	0.013
29	纺织业	0.028	0.011
30	木材加工及木、竹、藤、棕、草制品业	0.024	0.009
31	批发和零售业	0.023	0.009
32	造纸及纸制品业	0.023	0.009
33	房地产业	0.019	0.008

续表

序号	行业名称	固定资产冲击指数	非流动资产冲击指数
34	信息传输、软件和信息技术服务业	0.015	0.006
35	农、林、牧、渔业	0.014	0.006
36	文教、工美、体育和娱乐用品制造业	0.013	0.005
37	印刷和记录媒介复制业	0.012	0.005
38	酒、饮料和精制茶制造业	0.010	0.004
39	纺织服装、服饰业	0.010	0.004
40	教育	0.009	0.003
41	医药制造业	0.009	0.003
42	家具制造业	0.008	0.003
43	住宿和餐饮业	0.007	0.003
44	文化、体育和娱乐业	0.007	0.003
45	皮革、毛皮、羽毛及其制品和制鞋业	0.006	0.002
46	卫生和社会工作	0.006	0.002
47	居民服务、修理和其他服务业	0.002	0.001

2. 基于流量

基于流量角度，气候变化风险对企业投资的冲击指数测算涵盖了对企业投资活动中产生的现金流的影响情况。投资活动中的现金流量包含多个项目，反映了企业在投资方面的现金收入与支出情况。通过测算气候变化风险对投资活动中现金流量变化的冲击影响，可衡量流量角度下对气候变化风险企业投资的冲击程度。

由表4中投资流量冲击指数可以看出，气候变化风险对不同行业投资活动现金流的冲击影响有所不同。受到冲击影响较大的三个行业分别为电力、热力、燃气及水生产和供应业，电气机械及器材制造业，非金属矿物制品业，投资流量冲击指数分别为0.632、0.339、0.159，表明气候变化风险会对这三类行业企业投资活动中的现金流产生较大的冲击影响。相反，气候变化风险对皮革、毛皮、羽毛及其制品和制鞋业，卫生和社会工作，居民服务、修理和其他服务业投资流量的冲击影响相对较小，冲击指数分别为0.009、0.009、0.003，显示该行业相对较低的气候变化风险冲击影响。通

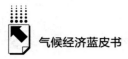

过这些数据，我们可以全面了解气候变化风险对各行业企业投资流量的冲击
影响。

表4 中国各行业气候变化风险对企业投资流量的冲击指数

序号	行业名称	投资流量冲击指数
1	电力、热力、燃气及水生产和供应业	0.632
2	电气机械及器材制造业	0.339
3	非金属矿物制品业	0.159
4	计算机、通信和其他电子设备制造业	0.159
5	仪器仪表制造业	0.155
6	通用设备制造业	0.146
7	废弃资源综合利用业	0.129
8	采矿业	0.128
9	汽车制造业	0.123
10	专用设备制造业	0.119
11	全行业平均水平	0.115
12	金属制品业	0.112
13	其他制造业	0.110
14	建筑业	0.109
15	科学研究和技术服务业	0.101
16	综合	0.097
17	有色金属冶炼及压延加工业	0.096
18	水利、环境和公共设施管理业	0.090
19	化学原料及化学制品制造业	0.089
20	橡胶和塑料制品业	0.088
21	石油加工、炼焦及核燃料加工业	0.065
22	黑色金属冶炼及压延加工业	0.063
23	化学纤维制造业	0.063
24	铁路、船舶、航空航天和其他运输设备制造业	0.062
25	食品制造业	0.061
26	租赁和商务服务业	0.057
27	交通运输、仓储和邮政业	0.051
28	农副食品加工业	0.049
29	纺织业	0.042
30	木材加工及木、竹、藤、棕、草制品业	0.036

序号	行业名称	投资流量冲击指数
31	批发和零售业	0.035
32	造纸及纸制品业	0.034
33	房地产业	0.029
34	信息传输、软件和信息技术服务业	0.022
35	农、林、牧、渔业	0.021
36	文教、工美、体育和娱乐用品制造业	0.020
37	印刷和记录媒介复制业	0.019
38	酒、饮料和精制茶制造业	0.016
39	纺织服装、服饰业	0.015
40	教育	0.013
41	医药制造业	0.013
42	家具制造业	0.012
43	住宿和餐饮业	0.011
44	文化、体育和娱乐业	0.010
45	皮革、毛皮、羽毛及其制品和制鞋业	0.009
46	卫生和社会工作	0.009
47	居民服务、修理和其他服务业	0.003

3. 冲击结果分析

气候变化对企业投资活动的影响具有重要意义，气候变化可能导致极端天气事件频发，如暴雨、洪水、干旱、风暴等，这些事件会对企业的固定资产造成损坏或者影响生产经营。因此，企业需要考虑气候变化对其资产的风险，并采取相应的风险管理措施以调整资产配置。同时，气候变化也会带来一些市场机会，如可再生能源、节能环保技术等领域可能会得到发展，企业可以通过投资这些领域来抓住市场机会，实现可持续发展。研究气候变化风险对企业投资活动的影响既有助于帮助企业更好地应对气候变化带来的挑战，又有利于企业在挑战中抓住机遇实现质变。

第一，气候变化风险对企业投资存量中固定资产的冲击影响。如图5所示，从对企业固定资产的冲击来看，各行业受影响程度差异较大。其中，电力、热力、燃气及水生产和供应业，电气机械及器材制造业，非金属矿物制

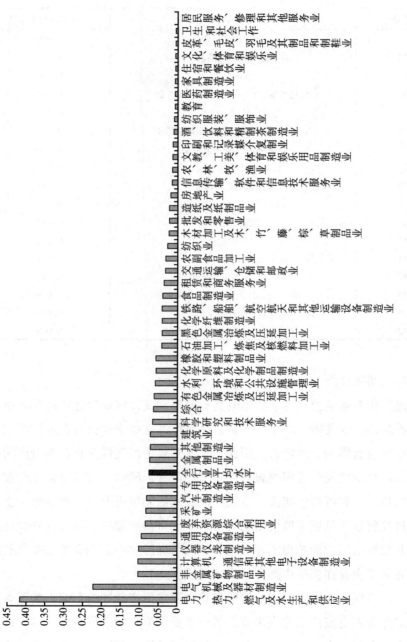

图5 气候变化风险对企业固定资产的冲击：行业差异

品业企业受气候变化风险的冲击影响居前三位，冲击指数分别为 0.418、0.224、0.105。原因在于，首先，这三种类型行业企业的生产经营对设备的要求较高，当气候变化导致极端天气事件频发，进一步导致设备损坏时，需投入资金修复和重建，从而影响企业投资需求，同时企业也需要调整其固定资产配置，以适应气候变化风险。其次，由于气候变化，可能需要新的发电设施、水处理设施或其他基础设施来适应新的气候条件，因此企业可能会增加新的固定资产来满足需求。最后，随着环保意识的增强，企业可能更偏向于投资更加环保的生产设施和技术，以减少对环境的影响，从而导致对固定资产的冲击。

相反，皮革、毛皮、羽毛及其制品和制鞋业，卫生和社会工作，居民服务、修理和其他服务业固定资产受到的冲击影响居后三位，冲击指数分别为 0.006、0.006、0.002。原因在于，皮革、毛皮、羽毛及其制品和制鞋业由于行业特性和市场需求等不同，生产工艺相对稳定，对气候变化的适应性要求较低。生产过程中使用的设备和设施通常不需要频繁更新或调整，因此固定资产受到的影响相对较小。卫生和社会工作以及居民服务、修理和其他服务业是社会基本需求，其服务需求相对稳定，受气候变化风险的冲击影响较小。因此，这些行业企业在面临气候变化风险时，固定资产受到的风险冲击相对较小。

第二，气候变化风险对企业投资存量中非流动资产的冲击影响。如图 6 所示，从对企业非流动资产的冲击来看，各行业受冲击影响的程度差异依然较大。其中，电力、热力、燃气及水生产和供应业，电气机械及器材制造业，非金属矿物制品业受气候变化风险的冲击影响居前三位，冲击指数分别为 0.165、0.089、0.042。原因在于，随着气候变化风险的变化，三种类型行业企业生产经营中设备和原材料投入会发生变化，从而影响企业非流动资产配置变动。对电力、热力、燃气及水生产和供应业来说，其需要加强基础设施的抗灾能力，保障供应的稳定性，故应进行大量非流动资产投入以加强防灾和应对灾害的能力。对电气机械及器材制造业来说，当受气候变化影响后，企业要研发和生产满足耐高温、防雨雪、抗台风等极端气候条件的产品，意

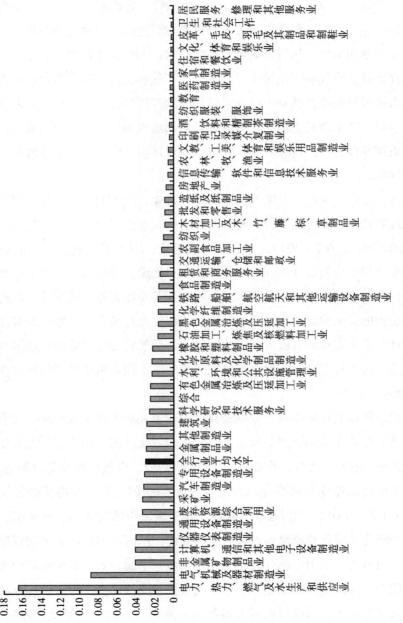

图 6　气候变化风险对企业非流动资产的冲击指数：行业差异

味着要增加投资。对非金属矿物制品业来说，其也需要加大投资来开发和利用替代性原材料，以应对气候变化对原材料供应和价格造成的不确定性。同时气候变化也对企业提出了转型升级的要求，推动增加了非流动性资产投资。

相反，气候变化风险对皮革、毛皮、羽毛及其制品和制鞋业，卫生和社会工作，居民服务、修理和其他服务业非流动资产的冲击影响居后三位，冲击指数分别为 0.002、0.002、0.001。原因在于，皮革、毛皮、羽毛及其制品和制鞋业企业的原材料主要包括皮革、毛皮、羽毛等，这些原材料的供应相对稳定，不容易受到气候变化的影响。卫生和社会工作，居民服务、修理和其他服务业大多数依赖于基础设施，如医疗设施、社会福利机构等，这些设施通常能够承受一定程度的气候变化影响，因此气候变化风险对这些行业非流动资产的冲击影响较小。

第三，气候变化风险对企业投资流量的冲击影响。如图7所示，从对企业投资流量的冲击来看，排名前两位的行业类型与其余行业的冲击指数差异较大。与投资流量冲击指数相同，排名前三位的分别为电力、热力、燃气及水生产和供应业，电气机械及器材制造业，非金属矿物制品业，表明气候变化风险对该三类行业企业投资流量的冲击影响较高，冲击指数分别为0.632、0.339、0.159。原因在于，首先，这三类行业企业受到气候变化的影响后，基础设施维护成本会增加，从而导致由投资活动带来的现金流水平有所提升。其次，为了应对资源供应不足，企业也需要加大投资力度。最后，面对气候变化风险，企业需要提升技术创新和适应能力，这需要增加研发投资，开发新技术、产品和服务，以适应气候变化带来的新挑战，因此这三类行业企业受到的冲击影响较为明显。

相反，气候变化风险对皮革、毛皮、羽毛及其制品和制鞋业，卫生和社会工作，居民服务、修理和其他服务业受到投资流量的冲击影响居后三位，冲击指数分别为0.009、0.009、0.003。原因在于，一方面，这些行业的基础设施相对简单，不像电力、热力、燃气及水生产和供应业等行业那样依赖于大量复杂的基础设施。因此，基础设施受损风险较低，对企业日常经营和

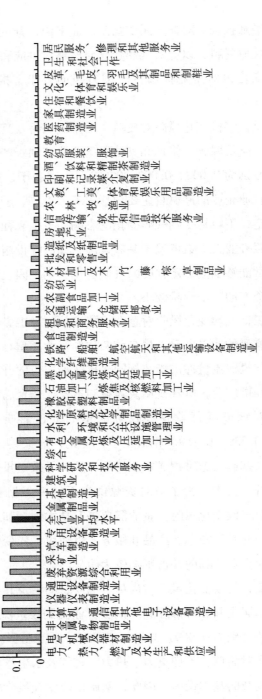

图 7　气候变化风险对企业投资流量的冲击指数：行业差异

研发投入的影响也相对较小；另一方面，这些行业的产品和服务主要用于满足基本生活需求，市场需求相对稳定，不容易受到气候变化的影响。因此，这些行业企业在面临气候变化风险时，投资流量受到的风险冲击影响相对较小。

三　小结

不同行业气候变化风险对企业投融资的冲击指数有助于我们深入了解企业投融资活动在面临气候变化和环境问题时的暴露程度，从而更好地应对气候变化带来的金融风险。企业可以利用行业气候变化风险对企业投融资的冲击指数识别潜在的财务和可持续性风险，从而更好地管理投资组合，以制定更有效的风险管理战略。本报告基于企业投融资中存量和流量两个维度分别构建了中国各行业气候变化对企业投融资的冲击指数，通过了解不同行业的气候变化风险冲击影响，推动可持续发展目标的实现。

气候变化风险对企业融资的冲击影响包括基于存量和流量的冲击指数核算，这些指标综合考量了不同行业在面临气候变化风险时企业融资的冲击情况。基于融资存量的冲击影响涵盖了总体风险、物理风险和转型风险的冲击影响。电力、热力、燃气及水生产和供应业，电气机械及器材制造业，非金属矿物制品业的总体风险冲击指数居前三位，皮革、毛皮、羽毛及其制品和制鞋业，卫生和社会工作，居民服务、修理和其他服务业的冲击指数居后三位。基于融资流量的冲击影响较大的前三个行业同样为电力、热力、燃气及水生产和供应业，电气机械及器材制造业，非金属矿物制品业；相反，气候变化风险对皮革、毛皮、羽毛及其制品和制鞋业，卫生和社会工作，居民服务、修理和其他服务业融资流量的冲击影响居后三位。气候变化可能导致基础设施维护成本上升、资源供应不稳定、能源生产与运输成本上升、合规压力增大等问题，从而对企业融资活动产生冲击影响。相对而言，指数较低的行业通常业务模式不太受到气候变化的直接影响，它们在融资流量方面受到的气候变化风险相对较小。基于企业融资的冲击指数为企业提供了有益的决

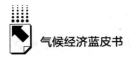
策信息，有助于制定更为有效的风险管理策略，降低气候变化对经营活动的负面影响，对促进行业的可持续发展和增强气候适应性具有重要指导意义。

同样，气候变化风险对企业投资的冲击影响包括基于存量和流量的冲击指数核算，这些指标综合考量了气候变化风险对不同行业企业投资的冲击情况。从基于存量的冲击指数来看，对企业固定资产和非流动资产的冲击影响较大的前三个行业均是电力、热力、燃气及水生产和供应业，电气机械及器材制造业，非金属矿物制品业，冲击影响居后三位的行业均是皮革、毛皮、羽毛及其制品和制鞋业，卫生和社会工作，居民服务、修理和其他服务业。这反映出对自然资源和气候变化依赖程度较高的行业面临的投资冲击较大，而依赖于人力、技术和服务提供的行业受到的冲击影响较小。从基于流量的冲击指数来看，排名前三位与后三位的行业与基于存量测算的行业相同。全面了解和评估各行业的风险状况，有助于促使各行业共同应对气候变化挑战，实现经济、社会和环境的协同可持续发展。

整体而言，考察不同行业受到气候变化风险的冲击影响能够促进企业实施积极的风险管理策略，降低气候变化风险的影响。同时，研究行业气候变化风险对企业投融资的冲击指数有助于提高对气候变化风险的认识，促使企业和投资者更加积极地应对气候变化，推动可持续发展和气候友好的商业实践。

分报告

B.5

中国碳市场与碳金融发展报告（2024）

代福博　刘思悦　袁　帅　等*

摘　要：　在国家明确提出"碳达峰碳中和"目标的背景下，碳市场和碳金融的重要性日益凸显。本报告对于2022～2023年我国碳市场和碳金融发展的最新状况进行了对比和分析。根据分析结果，我国碳市场和碳金融政策体系近两年得到了进一步的完善，市场交易活跃度相较于2021年首个履约期显著提升，控排企业等市场主体的参与意识不断增强。但总体来看，当前我国碳市场交易仍以强制履约为主要牵引，碳金融产品创新力度不足，价格发现能力较弱，市场体量和开放程度还有待提高。建议持续推进相关法律法规建设，强化信息披露和市场监管，引导多样化主体参与碳市场交易，有序推动各试点碳市场、国内国际碳市场进一步衔接，充分发挥碳市场和碳金融在推动市场化减排方面的积极作用。

*　代福博，北京中创碳投科技有限公司碳市场分析师，研究方向为碳定价与碳金融；刘思悦，北京中创碳投科技有限公司碳市场分析师，研究方向为碳市场与绿色金融；袁帅，北京中创碳投科技有限公司碳市场分析师，研究方向为碳定价与碳金融；李泽妤，北京中创碳投科技有限公司碳市场分析师，研究方向为碳市场与绿色金融。

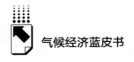
关键词： 碳市场　碳金融　碳交易

　　碳市场是基于市场的减排机制，碳金融是气候金融重要的组成部分，碳市场与碳金融的良好运行，一方面通过碳定价推动企业淘汰落后产能，提高企业能源利用效率，减少温室气体排放；另一方面引导资金投入低碳技术的研发和应用，推动经济社会实现全面低碳转型。随着国家"双碳"战略的进一步落实，碳市场与碳金融的重要性得以进一步显现，尤其是2022年以来，相关政策支持、制度保障、实施方案等逐步落实和完善。本报告将从发展概况、挑战与机遇、展望与建议三个层面对中国的碳市场与碳金融发展情况进行分析和总结。

一　中国碳市场与碳金融发展概况

　　碳交易体系是指以控制温室气体排放为目的，以温室气体排放配额或温室气体减排信用为标的物所进行的市场交易。与传统的实物商品市场不同，碳排放看不见摸不着，是通过法律界定人为建立起来的政策性市场，其设计的初衷是在特定范围内合理分配减排资源，降低温室气体减排成本。

　　碳市场是应对气候变化的重要政策工具之一，其最大的创新之处在于通过"市场化"的方式为温室气体排放定价。碳市场通过发挥市场机制的作用，合理配置资源，在交易过程中形成有效碳价并向各行业传导，激励企业淘汰落后产能、转型升级或加大研发投资。碳市场机制的建立，特别是碳金融的发展，有助于推动社会资本向低碳领域流动，鼓励低碳技术和低碳产品的创新，形成有利于经济增长的新型生产模式和商业模式，为培育和创新发展低碳经济提供动力。

　　碳金融是碳市场发展的更高级阶段。落实"碳达峰碳中和"的资金需求体量巨大，且前期垫资投入成本较高，需要积极推进多层次碳金融产品体系的建设。随着碳市场的建立，依托碳交易现货市场的碳金融市场应运而生。围绕碳排放交易、碳减排项目交易以及各种金融衍生品交易，各大商业银行与碳排放权交易所、纳入重点排放单位等市场参与主体开展了一系列的碳金融创新活动。

（一）全国碳市场发展现状

全国碳市场在 2022 年进入第二履约期。相较于首个履约期，第二履约期碳市场政策发生三大变化：一是配额分配中大部分机组基准线下降 6.5%～18.4% 不等，引入盈亏平衡值；二是燃煤元素碳含量缺省值从 0.03356tC/GJ[①] 调整为 0.03085tC/GJ，下调幅度为 8.1%；三是全国电网排放因子[②]由 0.6101tCO$_2$/MWh 调整为 0.5810tCO$_2$/MWh。总体来看，第二履约期全行业配额盈亏情况由首个履约期的总体宽松转为相对紧平衡或有小幅缺口。部分企业了解自身配额盈缺后开始进行交易，推动全国碳市场交易活跃度明显上升。

此外，两年来碳市场不断强化监管和信息公开，相关制度体系逐步完善。2022 年 12 月 31 日，生态环境部发布《全国碳排放权交易市场第一个履约周期报告》，对首个履约期的建设运行经验进行总结。2022 年 8 月 19 日，国家发改委、国家统计局和生态环境部发布《关于加快建立统一规范的碳排放统计核算体系实施方案》，明确要求完善行业企业碳排放核算机制。2022 年底，生态环境部修订发布核算核查指南，简化和优化碳排放报告核查涉及的公式，从原本的 27 个公式减少至 12 个，缩减核算技术参数链条，提升数据核算、追溯、监管的科学性和可操作性。

进入第二履约期，全国碳市场扩容提上日程，覆盖范围拟从发电行业向钢铁、水泥等行业拓展。2022 年 3 月 15 日，生态环境部发布《关于做好 2022 年企业温室气体排放报告管理相关重点工作的通知》，要求组织除电力外其他行业的企业报送 2021 年度温室气体排放报告，并对其温室气体排放

---

① tC/GJ，即单位热值含碳量，指的是单位发热量的煤中的碳含量。
② 电网排放因子，表示全国电网每生产 1 度上网电量的二氧化碳排放量。

报告进行核查。2023 年 10 月 18 日，生态环境部正式发布《关于做好 2023—2025 年部分重点行业企业温室气体排放报告与核查工作的通知》，要求石化、化工、建材、钢铁、有色、造纸、民航七个重点行业年度温室气体排放量达 2.6 万吨二氧化碳当量的企业开始温室气体排放报告与核查工作。这标志着全国碳市场扩容基础性工作开始启动。到 2025 年，电解铝、水泥、钢铁行业将纳入全国碳市场，预计在"十五五"期间，化工、造纸等高耗能行业陆续进入全国碳市场履约管控范围（见图 1）。

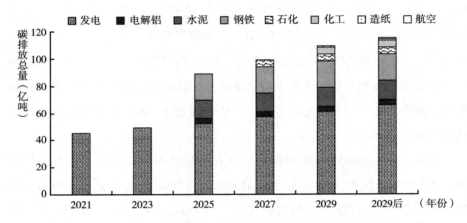

图 1　全国碳市场重点碳排放行业纳入顺序碳排放及碳排放规模变化预估

资料来源：根据相关行业协会披露的能源消耗量或碳排放数据估算，包括直接排放和间接排放数据。

在市场交易方面，2022 年全国碳市场配额累计交易额突破百亿元大关，年内全国碳市场碳配额累计成交量 5088.95 万吨，累计成交额 28.14 亿元，成交均价 55.30 元/吨，同比上涨 29.1%。其中，大宗协议交易年度成交量 4467.05 万吨，年度成交额 24.56 亿元，占比分别为 87.8% 和 87.3%。

2022 年，全国碳市场交易受政策影响显著，交易集中在年初和年末，1~2 月、11~12 月成交量分别占全年总成交量的 18.7% 和 65.9%，其他月份绝大部分天数处于 50 万吨以下。其中，1~2 月交易量较多，主要由于第一个履约周期刚刚结束，未完成履约企业补缴配额。2022 年 11~12 月交易量明显上升，超过 1~10 月的成交量总和。11~12 月，生态环境部发布了《2021、2022 年度全国碳排放权交易配额总量设定与分配实施方案（征求意见稿）》，明显下调各类机组基准值，预计第二履约期缺少配额的企业数量将明显增加，配额供给收紧。部分企业了解自身配额盈缺后开始进行交易，导致年底市场交易活跃度明显上升。具体交易情况如图 2 所示。

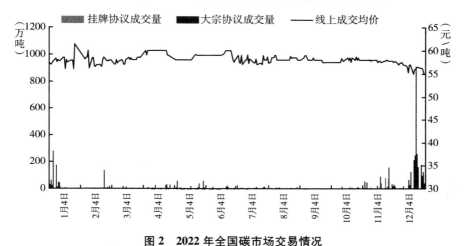

图 2　2022 年全国碳市场交易情况

资料来源：根据公开数据整理。

2022 年全国碳市场碳价仍处于横盘震荡态势，挂牌协议和大宗协议成交价格同比均上涨。挂牌协议交易 2022 年成交价在 50.54~61.6 元/吨之间浮动，成交均价为 57.57 元/吨，同比上涨 22.49%。2022 年 12 月 30 日，线上收盘价为 55.00 元/吨，较上年同期上涨 1.4%，较全国碳市场 2021 年 7 月启动首日开盘价（48 元/吨）上涨 14.6%。大宗协议交易 2022 年成交均价 54.98 元/吨，较 2021 年度成交均价上涨 31.1%。

2023 年为第二履约期履约年，全国碳市场交易规模相较 2022 年大幅提升，交易价格持续上涨。全国碳市场碳排放配额 2023 年成交量约 2.12 亿吨，占全国碳市场开市以来总交易量的约 47.96%；成交额约 144.44 亿元（见图 3），占全国碳市场开市以来总成交额的约 57.96%，超过第一履约期总成交额。经测算，成交均价 68.13 元/吨，相较 2022 年均价提高 23.20%。2023 年

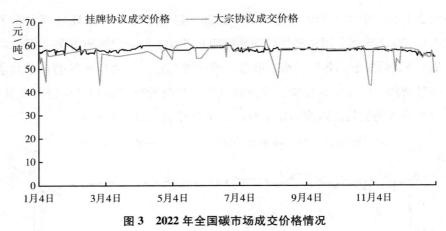

图3 2022年全国碳市场成交价格情况

资料来源：根据公开数据整理。

12月31日线上收盘价79.42元/吨，同比上浮24.42元/吨。2021~2023年全国碳市场交易情况如图4所示。

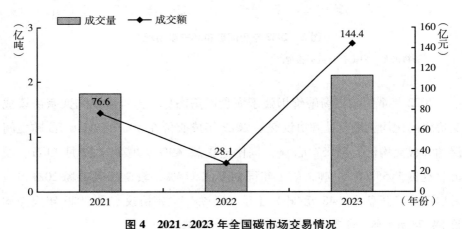

图4 2021~2023年全国碳市场交易情况

资料来源：根据公开数据整理。

在交易集中度方面，2023年全国碳市场配额交易仍然存在明显的"潮汐"现象，临近履约期交易规模迅速攀升，9~10月成交总量占年内成交总量的60.77%。但相比较首个履约期约75%的交易发生在履约前1个月，

2023 年大规模交易启动较早（见图 5）。究其原因，一方面控排企业经历首个履约期后对碳市场控排的长期预期形成，开始采用常态化、分散化的交易策略应对履约任务；另一方面随着碳市场体系的进一步完善，第二履约期配额分配方案较早发布，企业能够及时明确配额盈缺情况，从而更积极、更有准备地参与市场交易。

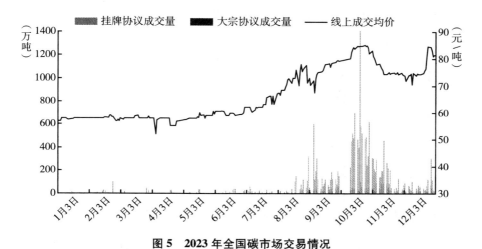

图 5 2023 年全国碳市场交易情况

资料来源：根据公开数据整理。

截至 2023 年 12 月 31 日，全国碳市场碳排放配额（CEA）累计成交约4.42 亿吨，成交额约 249.19 亿元，成交均价 56.38 元/吨。总体来看，全国碳市场的基本框架初步建立，通过市场化减排机制促进企业节能提效和产业低碳转型的作用进一步显现。

（二）区域碳市场发展现状

2022 年以来，各区域碳市场稳步推进市场建设，其中深圳碳市场大刀阔斧地进行改革，包括通过合并 8 个不同年度标签配额产品提高市场运行效率、更新配额分布方案等，推动碳价直线攀升，碳市场交易活跃度也随之提升。

截至 2023 年 12 月 31 日，8 个区域碳市场累计成交量约 10.15 亿吨，累计成交额约 252 亿元。分交易类型看，线上累计成交 2.92 亿吨，成交额

92.6亿元；线下累计成交3.88亿吨，成交额约70.4亿元；累计拍卖0.62亿吨，成交额约24.0亿元；远期累计成交2.73亿吨，成交额约65.01亿元（见图6）。从地域分布来看，湖北碳市场成交量和成交额（包含远期）占比最高，累计成交量为38339万吨，成交额94.4亿元，占比分别为37.77%和37.46%。重庆碳市场累计成交量和成交额最低，成交总量4383万吨，成交额9.3亿元，占比分别为4.32%和3.69%。

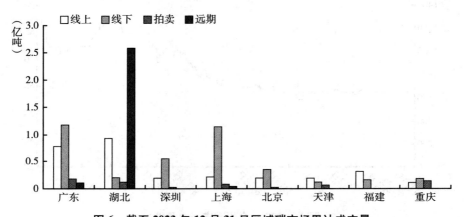

图6　截至2023年12月31日区域碳市场累计成交量

资料来源：根据公开数据整理。

2022年，区域碳市场完成配额交易总量约4940.20万吨，总成交额25.51亿元，其中挂牌协议成交量3030.08万吨，大宗协议成交量1910.12万吨。2023年区域碳市场成交总量约6750.55万吨，总成交额约27.29亿元。

2022年以来，区域碳市场成交活跃，碳价普遍抬升，价格区间在4.73~149.63元/吨不等，整体价格区间上浮，但试点市场间价差较大，其中北京碳市场交易价格平均最高，一度突破140元/吨。深圳因市场改革碳价涨幅巨大，北京、上海、广东、福建、湖北、天津碳市场价格整体稳定上涨，重庆碳市场价格呈现下跌趋势。

2022~2023年区域碳市场成交情况及交易价格如图7和图8所示。

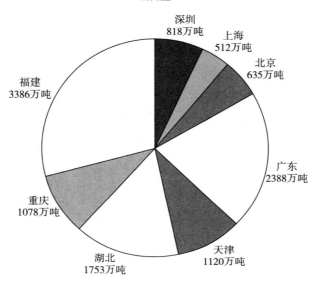

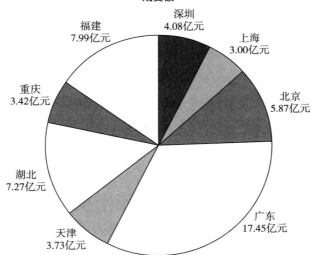

图 7 2022~2023 年区域碳市场成交情况

资料来源：根据公开数据整理。

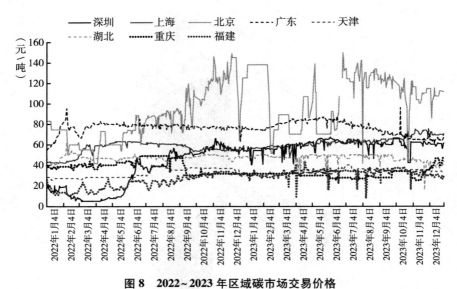

图8　2022~2023年区域碳市场交易价格

资料来源：根据公开数据整理。

（三）自愿减排市场发展现状

伴随着相关政策的出台，CCER重启形势自2022年下半年起逐渐明朗。2022年10月，生态环境部应对气候变化司司长在例行新闻发布会上表示，将组织修订《温室气体自愿减排交易管理暂行办法》，以加快推进全国统一的CCER交易市场建设。2023年3月30日，生态环境部办公厅公布《关于公开征集温室气体自愿减排项目方法学建议的函》，向全社会公开征集温室气体自愿减排项目方法学建议。2023年7月7日，生态环境部联合市场监督管理总局对国家发展改革委于2012年印发的《温室气体自愿减排交易管理暂行办法》进行了修订，编制形成了《温室气体自愿减排交易管理办法（试行）》（征求意见稿），并公开征求意见。2023年10月19日，生态环境部正式发布《温室气体自愿减排交易管理办法（试行）》（以下简称《管理办法》），并于10月24日发布了并网海上风电、并网光热发电、造林碳汇、红树林修复四个新的方法学，标志着CCER正式重启。10月25

日，生态环境部发布《关于全国温室气体自愿减排交易市场有关工作事项安排的通告》，明确国家应对气候变化战略研究和国际合作中心暂为 CCER 注册登记机构，北京绿色交易所暂为 CCER 交易机构。

《管理办法》在保障政策连贯性的基础上，针对登记流程、时间节点、减排量交易、既有减排量处理以及审定监管等进行了制度创新。其中，登记流程更加简化，缩短评估审批周期。时间节点得以明确，申请登记的温室气体自愿减排项目应当于 2012 年 11 月 8 日之后开工建设，申请登记的项目减排量需同时满足产生于 2020 年 9 月 22 日之后，以及在项目申请登记之日前 5 年以内这两个条件。减排量交易更加规范，通过全国统一的交易机构即北京绿色交易所开展 CCER 集中统一交易。在既有减排量处理方面，2017 年 3 月 14 日前获得国家应对气候变化主管部门备案的温室气体自愿减排项目应当按照规定重新申请项目登记，已获得备案的减排量可以按照国家有关规定继续使用。此外，实行项目业主和第三方机构"双承诺"，突出主体责任，强化事中和事后监管。

根据生态环境部发布的《全国碳排放权交易市场第一个履约周期报告》，全国碳市场第一个履约周期累计使用 CCER 约 3273 万吨用于配额清缴抵消，市场剩余 CCER 约 1000 万吨。因此，在 CCER 正式重启并供应减排量之前，市场整体交易活跃度不高，2022~2023 年共成交减排量 2400.58 万吨。其中上海碳市场 CCER 成交量居第 1 位，共成交 1076.28 万吨，占比 44.83%；天津碳市场成交量紧随其后，成交 544.70 万吨，占比 22.69%；四川碳市场成交量 411.48 万吨，居第 3 位，占比 17.14%；重庆碳市场无交易产生，其余试点市场有少量 CCER 成交量（见图 9）。

全国碳市场的启动改变了固有的 CCER 交易市场格局，碳配额与 CCER 价格的联动性增强，第二履约期内 CCER 供不应求的情况直接反映在价格端，价格持续走高，北京、广东等地试点碳市场配额交易价格已达到 80~90 元/吨的水平（见图 10），相对低价的 CCER 受到控排企业青睐。在全国市场即将履约时，CCER 价格一路看涨，持续接近配额价格。

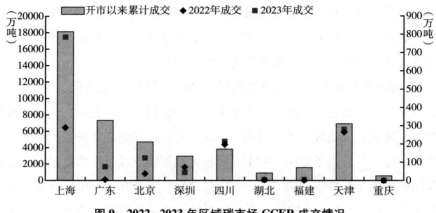

图9 2022~2023年区域碳市场CCER成交情况

资料来源：根据公开数据整理。

图10 CCER成交量和成交价格

注：价格计算仅包含公开价格信息的交易。
资料来源：根据公开数据整理。

（四）碳金融发展现状

2022年4月12日，中国证监会发布了《碳金融产品》（JR/T 0244—2022）行业标准（见图11），在碳金融产品分类的基础上制定了具体的碳金融产品实施要求，为碳金融产品提供规范，有利于促进各类碳金融产品有序发展。

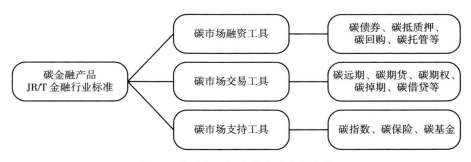

图 11　金融行业标准碳金融产品分类

资料来源：根据公开数据整理。

近两年来，伴随着碳市场的逐步发展与成熟，市场对碳金融产品的需求显著增加。一般来说，碳金融市场的参与方包括碳市场控排企业、自愿减排项目业主、自愿碳中和企业、碳资产管理机构、金融机构、交易所等。其中，碳市场控排企业、自愿减排项目业主、自愿碳中和企业是核心的碳资产持有者和需求方，在碳资产管理机构、金融机构及交易所的支持下设计多样化的碳金融产品，从而应对企业在经营、履约、社会责任等方面的需求。通过碳交易、碳资产配置和风险管理，企业或机构能获得额外的资金支持，推动减排项目的实施、落后生产设备的改造等，同时参与到碳金融产品市场的创新中去，推动市场化机制的发展完善。

为了满足多样化的市场需求，部分交易所就碳金融衍生产品交易进一步完善相关制度及基础设施系统建设。试点交易所方面，除了广州、上海较早发布的《广东省碳排放配额抵押登记操作规程（试行）》《上海碳排放配额质押登记业务规则》《上海环境能源交易所协助办理 CCER 质押业务规则》等外，湖北、重庆等地也陆续通过出台相关业务流程和管理细则，引导市场主体规范化参与碳金融市场交易，提升碳市场活跃度。全国碳市场方面，《碳排放权交易管理暂行条例》目前仅允许现货交易，衍生品暂未纳入全国碳市场的交易范围。2022～2023 年碳金融产品相关制度如表 1 所示。

表 1　2022~2023 年碳金融产品相关制度发布

时间	交易所	相关制度/政策
2022 年 12 月 16 日	重庆碳排放权交易中心	《重庆联合产权交易所集团股份有限公司碳排放配额抵(质)押登记操作规程》
2023 年 5 月 15 日	湖北碳排放权交易中心	《湖北碳排放权交易中心碳排放配额回购交易业务细则(2023 年第一次修订)》
2023 年 9 月 25 日	湖北碳排放权交易中心	《湖北碳排放权质押登记业务规则》
2023 年 11 月 1 日	上海环境能源交易所	《上海碳市场回购交易业务规则》

资料来源：根据公开信息整理。

与此同时，各个试点交易所、金融机构、碳资产管理机构、控排企业等市场主体持续开展碳金融产品创新业务，业务空间逐步打开，交易主体进一步丰富，促进碳市场的良性发展。总体来看，碳质押、碳回购的交易模式基本成熟，市场规则较为明确，而碳掉期、碳期权、碳信托、碳基金等尚未建立通用的规则，主要为个别交易，尚处于零星试点状态。各试点交易所提供的碳金融产品和服务类别如表 2 所示，各类案例如表 3 所示。

表 2　各试点交易所碳金融产品和服务类别

交易所	碳金融产品和服务类别
上海环境能源交易所	碳配额远期、碳配额质押、碳中和、卖出回购、CCER 质押、借碳交易、碳信托、碳基金
湖北碳排放权交易中心	碳远期、碳基金、碳资产质押融资、碳债券、碳资产托管、碳金融结构性存款、碳排放配额回购融资
深圳排放权交易所	碳资产质押融资、境内外碳资产回购式融资、碳债券、碳配额托管、绿色结构性存款、碳基金
北京绿色交易所	碳配额场外掉期交易、碳配额场外期权交易、碳配额回购融资、碳配额质押融资、碳中和
广州碳排放权交易中心	碳远期、配额抵押融资、配额回购融资、配额托管
天津排放权交易所	碳中和
重庆碳排放权交易中心	碳中和
四川联合环境交易所	碳远期、碳排放配额回购、碳资产质押融资、碳债券、碳基金
福建海峡股权交易中心	林业碳汇、碳排放权约定购回、碳排放配额质押

资料来源：根据公开信息整理。

表 3　2022 年至今碳金融产品代表性实践案例

时间	类型	实例
2022 年 1 月中旬	碳质押	蒙阴润现代农业科技有限公司通过 29568 亩国有林场未来 20 年预期产生的碳资产，向莱商银行临沂分行申请贷款，获批 7000 万元，也是山东首笔林业碳汇预期收益权质押贷款
2022 年 1 月 20 日	碳指数	上海证券交易所、上海环境能源交易所、中证指数有限公司共同发布"中证上海环交所碳中和指数"，致力于反映我国碳中和目标的实施情况，有效引导资源向碳减排活动倾斜
2022 年 1 月 24 日	碳基金	IDG 资本联合基金战略投资方香港中华煤气有限公司成立国内首支零碳科技投资基金，基金总规模为 100 亿元，首期募资规模为 50 亿元。这是国内第一支以"技术投资+场景赋能"为主题的零碳科技基金，将重点投资太阳能、风能、动力电池、储能、智能电网、氢能、碳交易及管理等零碳科技相关创新领域
2022 年 3 月 27 日	碳期货	由中国国际金融香港资产管理有限公司管理的中金碳期货 ETF 在香港交易所上市，这是港交所上市的首个此类基金。通过追踪 ICE EUA 碳期货指数，投资于欧洲碳排放配额中的 ICE EUA 期货合约，将香港上市的大宗商品 ETF 涵盖范围扩展至碳信用产品
2022 年 7 月 20 日	碳信托	北清环能与山东信托签订《碳资产 CCER 收益权项目合作协议》，北清环能向山东信托转让拟开发的 600 万吨 CCER 对应的特定资产收益权，总额不超过 2 亿元，山东信托取得 CCER 收益价格为 33.33 元/吨，北清环能承诺信托计划受让特定资产收益权的投资收益率不低于 8%/年
2023 年 11 月中旬	碳保险	中国太保旗下中国太保产险上海分公司与上海环境能源交易所合作，为申能碳科技与中信证券、中金公司的碳资产回购交易提供保险服务，落地《上海碳市场回购交易业务规则》发布后的首单碳资产回购履约保证保险业务
2024 年 4 月 29 日	碳回购	中信证券与华新水泥完成我国碳市场成立以来规模最大的碳资产回购交易。华新水泥将 1 亿元资金投向华新水泥降碳技术改造和生产系统的改造升级。预计到 2030 年，华新水泥单位产品产值的二氧化碳排放量将比 2005 年下降 70%以上，替代燃料能源占一次能源消费比重将达到 25%以上
2024 年 7 月 3 日	碳借贷	中国人民银行深圳市分行指导辖内金融机构基于企业碳账户体系打造的碳信贷产品"降碳贷"发布，并上线深圳企业碳账户，同时首批"降碳贷"试点银企进行了签约。操作层面，银行将深圳地方征信平台提供的企业碳账户评级报告信息纳入贷款全流程，对绿色低碳、碳减排效果显著的企业，在贷款等方面给予差异化优惠

资料来源：根据公开信息整理。

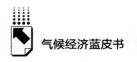

气候经济蓝皮书

二 中国碳市场与碳金融发展面临的挑战与机遇

（一）主要的挑战

1. 碳市场碳金融整体处于初级发展阶段

碳金融是在碳市场发展的基础上以配额和减排量为标的而开展的资金融通活动，因此，碳金融的发展有赖于碳市场自身的发展。

全国碳市场当前处于发展初级阶段，呈现出三个显著的阶段性发展特征，一定程度上增加了碳金融发展的风险。

首先，在顶层设计方面，碳市场减排目标尚未出台、长远规划仍不明晰、分配方案还未确定等阶段性特征为碳金融发展带来一定政策风险。碳金融市场发展的基本目标是通过市场化手段控制碳排放的总体规模。鉴于此，作为控制碳排放总体规模的主要手段，碳市场需要有清晰完备的顶层设计。当前，一方面，国家尚未出台长期行业减排目标，配额总量设定采取"自下而上"的方法选择行业基准先计算每个企业的配额再加总形成国家总量，对未来 3~5 年的总量和强度下降也未提出要求。另一方面，每个履约周期内需更新的配额分配政策、履约清缴和抵消机制发布时效滞后，关键政策在很长时间内处于不确定状态。这就导致碳金融在实施减排目标的过程中缺乏明确的政策指引，一旦触及现行政策的模糊地带，碳金融将陷入进退两难的困境。

其次，在监管体系方面，碳市场监管落实需要时间、权利义务授权不清等阶段性特征为碳金融发展带来一定的法律风险。目前《碳排放权交易管理暂行条例》是全国碳市场运行的法律法规基础，其具体监管效力的发挥及监管措施的稳步落实仍需要时间。此外，市场参与主体的权利义务分配清晰度有待进一步提高。这就造成一旦碳市场和碳金融的参与主体出现法律纠纷，完善的纠纷解决机制或存在缺位。

最后，信息质量方面，碳市场信息不对称、碳排放数据准确性不高、数据核查方式较单一等阶段性特征为碳金融发展带来一定信用风险。当前，我国采取的信息传输方式是由控排企业上报主管部门、第三方核查机构核证。企业上报数据是决定企业最终获得多少配额的重要因素之一。鉴于碳排放数据质量监管措施不够规范，部分企业出于商业和经济利益的考虑，或缺乏足够的合规意识擅自调节、篡改或编造实测数据，或降低自身碳排放量减少履约义务，或增加排放导致配额超发，在造成碳市场秩序紊乱的同时，也使得碳资产难以反映市场真正的供求关系。

2. 碳金融缺少统一的制度和标准

目前，我国尚未出台针对碳金融制度和标准的细则文件，造成碳金融整体的支持体系不够完整。截至目前，尽管已有相关政府部门发布了有关碳金融的支持政策，但无论在国家层面还是地方层面，仍在探索制定综合性和细则性的制度和标准，包括管理制度、监管体系、技术标准、交易细则等，市场参与者在探索碳金融产品创新模式的过程中缺乏实施依据，难以厘清参与市场交易的明确边界。政策落地的时间短、范围小、深度浅导致了碳金融市场风险控制不足、交易方式不尽相同、参与主体难以约束的局面没有完全扭转。因此，现阶段中国碳金融的潜在价值和发展机遇未被充分挖掘，碳金融产品的杠杆作用未充分发挥。

3. 市场化程度不足阻碍碳金融产品服务创新

碳市场和碳金融具有相辅相成和相互影响的关系。一方面，碳市场是碳金融的基础，碳市场的交易标的是碳金融的基础资产，碳金融产品是主流金融产品在碳市场的映射；另一方面，碳金融能为碳市场提供交易、融资、资产管理等金融工具，有助于激发碳市场的定价功能，提升碳市场的交易活跃度。鉴于此，完善的碳市场有助于促进碳金融市场化的发展。

现阶段，碳金融市场化程度不高体现在如下三个方面。

首先，碳市场交易品种以现货交易为主，金融衍生品交易稀少导致碳金融创新受到较大挑战。尽管大型商业银行推出了"绿色信贷"或"低碳基金"等金融类产品，但这些产品的投入资金规模在其总资金规模中占比较小，碳金融衍生产品所获得的投资金额明显不足。

其次，当前企业参与碳市场交易以履约为主，集中临近履约期的 1~2 个月，且由于缺乏稳定的政策预期，企业普遍存在"惜售"心理，市场观望情绪浓厚，线上交易不够活跃。同时，碳市场交易仍以大宗交易为主，碳价不能清晰反映配额价值或减排成本，造成价格信号失真，碳定价功能难以充分发挥，也就不足以为碳金融产品的设计和实施提供准确的参考。

最后，碳市场交易主体单一，碳金融市场难以获得充足的资金投入。全国碳市场目前的交易主体仅包含履约控排企业和八大证券公司，碳交易权限暂未向投资机构、担保机构、会计师事务所、个人投资者等开放，这意味着这些主体暂不能直接进入碳市场进行交易，市场参与主体不够多元，可以引入的技术、资金等要素不够全面。

4. 碳金融相关配套基础有待夯实

碳金融是一个交叉领域，需要专业的配套设施作为坚实的支持基础，包括专业化人才、成熟的金融工具、高效的融资渠道等。现阶段我国碳市场相关学科建设仍处于探索阶段，碳金融行业人才缺口较大，对现有从业人员的培训力度不足，从而制约了碳金融产业的纵向发展。同时，碳金融作为一种新兴金融产品，存在一定的不确定性，但当前缺乏特定的风险评估，因此很多金融机构和企业对于碳金融产品和服务的创新仅停留在探索阶段，在这一领域投入的整体资金规模较为有限。此外，碳金融产品的创新需要资金支持，在政策性补贴、税收减免之外，还需要进一步畅通市场化的融资渠道，为碳金融市场注入源源不断的动力。

（二）潜在的机遇

1. 全球碳市场体系逐步完善

全球碳市场体系逐渐完善，全球碳市场大机遇已经来临。碳排放交易体系的一个关键优势是不同的碳市场可以连接起来，创造更大、更具流动性的碳市场。一旦连接完成，不同碳市场中的碳价会实现对接和趋同，从而共同确定碳配额价格。建立一个运作良好的全球性碳市场，将对碳市场的长远发展发挥重大作用。

目前各国政府正在加快推进全球碳市场的衔接。一方面，《巴黎协定》第6条中的"合作方法"与"减排机制"两个决定，使得一个全新的国际碳减排交易合作机制浮出水面。其中，"合作方法"的核心是国际减排成果（ITMO）买卖和转让，主要解决减排量进行跨国转移相关规则的问题。《巴黎协定》某缔约方可以通过购买在另一缔约方产生的减排量，完成自身在《巴黎协定》下制订的自主减排贡献（NDC）目标。"减排机制"的核心是设计了一个新的减排量生成机制，提出了代替"清洁发展机制"的"可持续发展机制"。将减排量的流通由单向（从发展中国家到发达国家）扩展为多项（所有国家均可互相交易减排量），旨在帮助各国更好地完成其自主贡献目标。这个新机制将取代《京都议定书》下的清洁发展机制（CDM）。"合作方法"与"减排机制"相互补充，互为支撑，成为奠定新国际碳市场的基石。《巴黎协定》第6条的通过为建立一个全新的全球气候框架、推动各国之间通过市场机制的国际合作达成更有雄心的减排创造了可能。另一方面，虽然初衷是为了避免碳泄漏，但欧盟碳边境调节机制（CBAM）在产品碳强度和碳价差（生产国已支付价格和欧盟碳配额）等方面的相关规定也在推动着国际碳交易和碳市场的衔接。

2.国内绿色金融政策的支持

绿色金融和碳金融紧密相关，碳金融是绿色金融的重要组成部分。现阶段，相较于成熟度有待提高的碳金融政策体系，中国的绿色金融政策环境更加稳定成熟，为碳金融的进一步发展提供了政策保障。在绿色金融政策支持方面，我国相继出台《生态文明体制改革总体方案》《关于构建绿色金融体系的指导意见》，地方绿色金融改革创新试验区相关政策、绿色金融业务指引政策以及《绿色债券支持项目目录》《绿色产业指导目录》《关于促进应对气候变化投融资的指导意见》等政策文件。这些文件明确指出，要大力发展各类碳金融体系，包括碳远期、碳掉期、碳期权、碳租赁、碳债券、碳资产证券化和碳基金等碳金融产品和衍生工具，探索研究碳排放权期货交易，从而完善环境权益交易市场，丰富融资工具，发挥碳金融的价格发现功能。

鉴于绿色金融是金融系统贯彻落实国家绿色发展理念的重要举措和实现

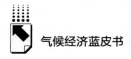

"双碳"战略的重要抓手，在中国人民银行等部门的大力倡导和推动下，金融机构主动开展绿色金融业务，将推动金融资源向碳排放效率高的行业倾斜，从而促进碳金融的发展。

3. 企业合理配置碳排放权资源意识增强

随着碳市场的逐步完善，控排企业参与碳市场交易的经验不断丰富，能够更加有目的、有计划地合理配置碳资产。一方面，对于配额亏损企业，超额的排放将给企业带来更大的履约压力和生产成本，企业可以采取节能减排措施，使用绿色新能源代替传统能源，并且新开发的可再生能源项目可以申请CCER减排量，以及提前、分散采购配额，从而降低履约成本。另一方面，配额盈余的企业除了清缴配额履行社会责任外，还可以合理配置盈余碳资产，将富余的碳配额在市场中进行交易，综合应用碳金融手段，包括碳债券、碳基金、碳信托、碳保险、抵质押融资、碳配额回购和碳远期等来实现碳资产的增值。企业的市场参与意识提升，对于提升碳市场活跃度、提升价格发现能力、推动碳金融产品创新具有积极意义。

4. 技术创新与碳市场发展相互驱动

一方面，技术创新是企业节能减排的核心手段，能够有效推动高排放、高污染行业实现产业能源消费绿色转型，转为低排放、低污染、低能耗的可持续发展模式，帮助企业降低减排成本，发挥碳市场的减排作用。另一方面，可再生能源开发利用技术、储能技术、负碳技术（CCS/CCUS、碳汇等）等关键技术路线的进步能够在碳减排领域创造更多的开发场景，吸引各类投融资进入减排领域，补充气候金融资金的巨大缺口，为碳市场和碳金融融资提供机遇和载体。此外，物联网、5G、人工智能等技术也将为碳排放数据核算、减排项目监测、碳市场交易平台建设等提供重要支撑。

三 中国碳市场与碳金融发展的展望与建议

（一）未来展望

近年来，世界主要国家碳市场及碳定价机制持续发展完善，全球碳市场的覆盖区域和行业范围不断扩大，收益于 2022 年创下历史新高。《全球碳排放权交易：ICAP 2023 年进展报告》显示，随着配额价格的持续提高、拍卖机制的引入、配额拍卖比例的日益增长以及碳市场的不断扩展，2022 年全球碳市场收入高达 630 亿美元。[①] 然而，根据世界银行的统计，全球主要碳排放交易体系覆盖全球温室气体排放量的 17.95%，中国碳市场覆盖下的碳排放量居世界首位，占比为 40%。俄乌冲突发生以来日益复杂的国际形势所引发的能源出口限制、能源运输安全等问题给全球碳市场的发展带来了不确定性；同时，中国碳市场覆盖行业和温室气体范围扩大以及配额有偿分配机制的引进将给中国碳排放交易体系带来全新的挑战，是对碳市场韧性及政府应对能源危机和气候变化协同关系的极大考验。中国碳市场尚处于初步发展阶段，仍需向以欧盟为首的成熟碳市场汲取经验。

在全国碳市场及地方试点市场方面，未来将结合各地方试点的实践，分阶段、有步骤地扩大涵盖范围，将水泥、钢铁、电解铝等高耗能行业尽快纳入全国碳市场；明确其纳入节点、纳入标准、覆盖气体范围、配额分配方法等，助力实现全行业减排的目标；针对不同控排主体的实际情况选取有效的有偿配额分配方式，明确其实施有偿分配的时间、比例，积极构建拍卖规则、拍卖平台，并对拍卖所得收入的用途进行规范指引。[②]

在自愿减排市场方面，随着 2021 年全国碳市场上线交易和近两年机制设计的不断完善，市场对于有履约抵消作用的国家核证自愿减排量（CCER）项目体系启动的期待持续升温。据生态环境部统计，CCER 暂停签发的 6 年来，存量 CCER 仅 5000 余万吨，且在第一个履约周期清缴中已消耗 3273 万吨，仅剩近 2000 万吨无法满足第二个履约周期的清缴需求。2023年 10 月 19 日，生态环境部联合市场监督管理总局发布《温室气体自愿减排交易管理办法（试行）》，标志着 CCER 备案签发正式重启。CCER 的重启将刺激更多企业参与到碳排放权的买卖中来，全国统一的自愿减排交易市场

① ICAP, "Emissions Trading Worldwide: 2023 ICAP Status Report", 2023.
② 中央财经大学绿色金融国际研究院：《2022 年全球碳市场进展与展望》，2023 年 4 月。

建设步伐有望加快。

不同于高度金融化的欧盟碳市场拥有众多市场参与主体和多元的金融产品，我国碳市场标的以现货交易为主，暂未纳入金融产品，目前中国碳金融仅作为服务碳减排的市场工具，未来仍有很大的发展空间。全国碳市场只覆盖了发电行业的控排企业，交易主体仅包括履约企业和八大证券公司。虽然在融资服务主体上，已有部分银行、信托等机构参与基于碳资产的融资实践，但在交易服务主体上，提供碳金融衍生品服务的机构类型较少，同时支持服务主体（第三方机构）的参与机会还需扩展。进一步推动碳市场金融化，需要逐渐允许交易、融资、支持三大碳金融板块主体角色发挥更积极的作用。[1]

此外，碳市场的金融化建立在机制健全的基础上。一方面，碳市场面临着自然、技术、经济和政策等多种不确定性风险，将显著影响投资者的积极性，而期货和期权等碳金融产品可在一定程度上规避投资风险，提升碳市场的活跃性。另一方面，若市场参与主体未能在约定时间内履约，将给投资人带来损失，造成信用危机；受碳配额发放数量的影响，减排企业手中的碳配额过多导致市场碳配额供给大于需求，使得碳交易价格下跌，市场流动性下降。由于碳金融的交易系统规则极其复杂，需要市场中系统的操控者合理运用该系统并保障系统的运行安全，而这只可能建立在机制相对健全的基础上。

《碳排放权交易管理暂行条例》指出，全国碳排放权交易市场的主体包括重点排放单位以及符合国家有关交易规则的其他机构和个人，可以参与碳排放配额交易。未来，碳交易将以一种金融投资方式，让更多的普通公众参与进来，进一步深化价格发现、套期保值和规避风险功能，极大地丰富和完善碳市场体系。

（二）政策建议

1.完善碳市场顶层设计，为碳金融发展提供稳定预期

完善碳市场顶层设计，有助于降低中国碳金融面临的政策、法律和信用

---

① 毕马威：《2023年中国碳金融创新发展白皮书》，2023年11月。

风险，提高碳金融的透明度、可靠性和可持续性。在顶层设计方面，一是建议加快制订明确的碳减排目标和长期路径规划，为碳市场提供稳定可靠的政策基础；二是建议设立透明、完备的配额分配方案，避免配额分配政策的不确定性导致碳交易和碳金融市场的波动；三是建议提前发布和更新重要顶层设计政策文件，确保政策有效性和时效性，引导控排企业和其他市场参与主体紧密配合。在监管体系方面，建立健全纠纷解决机制，保障市场参与各方合理权益，促进市场公平竞争；加强对碳排放数据的核查和审核，确保数据准确性，降低造假风险；构建多元化的数据核查方式，提升核实数据的独立性和可信度，维护市场秩序。

2. 加快统一碳金融制度标准，保障碳金融市场稳定运行

加快设计碳金融制度和标准的综合和细则文件，统一碳金融制度标准，有助于完善碳金融融资体系，激发碳金融产品的潜在价值，并为市场参与者提供更加稳定和可靠的投资环境。一是着手制定综合性的碳金融制度文件，明确相关政策，为碳金融市场发展提供明确方向指引和预期。此外，加强国家和地方的合作，推动各类相关标准的衔接协同，共同探讨并确立统一的碳金融标准和交易规则，促进市场规范化和一体化发展。同时，强化风险评估和监控，建立健全的风险防范体系和透明高效的交易机制，重视参与主体的管理和约束，加强信息披露和监管。

3. 大力提升碳金融市场化程度，鼓励碳金融多元化发展

大力提升碳金融市场化程度，有助于促进碳金融产品和服务走向多样化，激发碳金融市场活力，发挥其价格发现功能，同时为碳金融市场壮大提供更多的潜在机会。一方面，加快推动碳金融产品制度和模式创新，通过政策支持和引导等鼓励更多市场主体参与开发碳金融衍生产品，提高市场参与者的选择和投资机会。同时，搭建更加便捷、透明的线上碳交易平台，强化信息披露，提升碳数据和信息的透明度和公平性，减少信息不对称问题，促进碳价形成机制的完善，引导企业积极参与碳金融市场，激活市场活力和创新动力。扩大碳市场交易主体范围，适当开放碳交易权限，让更多机构和个人投资者参与碳市场交易，为新加入的参与主体提供相关

培训和指导，帮助其熟悉碳市场交易规则和机制，促进市场多元化和资金投入的增加。

4.完善碳金融的各项配套基础设施，提高碳金融建设能力

完善碳金融各项配套设施，有助于解决碳金融领域面临的人才稀缺、资金不足和缺乏支持工具等问题，夯实碳金融产业发展基础。推动碳金融领域的产学研一体化，鼓励政府、企业联合高校合作开设碳金融专业课程，培养具有碳金融专业知识和技能的人才，填补该领域的人才缺口，通过研究经费支持、项目合作等激励措施，吸引更多人员投身碳金融领域，提升行业整体专业水平。探索研究碳金融产品财务和风险评估机制，为投融资主体提供更准确全面的决策依据，增强市场信心。为碳金融产品提供财务支持，制定税收优惠政策，鼓励金融机构和企业更广泛地参与碳金融产品创新和投资，提升碳金融市场的融资能力。

B.6

中国银行业气候金融发展报告（2024）

张　超　张一章　孔　玥等*

摘　要：　银行是发展绿色金融的主力军，是气候投融资的引领者与实践者。截至 2024 年 3 月，我国本外币绿色贷款余额为 33.77 万亿元，同比增长 35.13%，高于各项贷款增速 25.53 个百分点。本报告对我国商业银行在气候投融资、绿色金融等领域的战略实践、产品体系、风险管理、信息披露、统计评价等进行了梳理，对国家层面的政策进行解读，并结合我国实际情况，就下一步推动气候投融资业务发展、实现绿色金融健康持续发展提出健全顶层设计、完善信息披露、明确评估规则等相关政策建议。

关键词：　气候投融资　气候金融　绿色金融　银行业

一　引言

（一）战略规划

近年来，气候变化得到越来越多的关注，由于应对气候变化需要大

---

* 张超，管理学博士，高级经济师，亚太家族办公室学会会长、爱嘉财富管理有限公司创始人，主要研究方向为商业银行管理理论与实践、ESG 投融资和财富管理；张一章，东方证券研究所员工、清华大学全球证券市场研究院研究助理、上海市可持续发展研究会国际标准化委员会专家，主要研究方向为绿色金融、ESG 等；孔玥，金融学博士，中国银河证券研究院研究员；张陆洋，博士生导师，复旦大学经济学院教授、复旦大学风险投资研究中心主任。

量的投资，气候投融资、绿色金融在可持续金融中的地位越来越重要。银行业是应对气候变化的重要力量，近年来我国银行业不断提升气候投融资领域的监管和金融服务水平，积极参与气候变化和环境保护领域的研究和实践。从金融机构在气候投融资相关战略、政策和标准的制定实践来看，商业银行是我国气候金融的主要推动者。其中大型银行（包括开发性银行和政策性银行）按照监管要求制定了绿色信贷管理办法，建立绿色信贷管理委员会，将绿色信贷作为重要工作之一。中型股份制商业银行主要依托与国际机构、国际组织（如世界银行、国际金融公司、法国开发署①等）和政府部门的合作发展绿色金融，打造绿色金融品牌。小型区域性城商行和农商行则主要与外部机构和当地政府紧密合作，寻求绿色金融与普惠金融的协同发展。

表 1 部分银行绿色金融发展战略②

银行类型	银行名称	绿色金融发展战略目标与实践
大型银行	国开行	中国最大绿色信贷投放机构,发行准主权国际绿色债券与专项主题绿色债券
	工商银行	致力于成为国际领先绿色银行,开展环境压力测试,签署 PRB
	建设银行	目标定位低碳环保银行
	农业银行	目标定位绿色金融领军银行
全国性股份制商业银行	兴业银行	中国首家赤道银行,目标"绿色金融集团",签署 PRB
	浦发银行	提出低碳银行、"绿创未来"的理念,形成《绿色金融综合服务方案 2.0 版》
	华夏银行	"绿助成长 美丽华夏",与世界银行合作国际转贷,签署 PRB

---

① 法国开发署在华业务领域主要包括城市可持续发展、提高能源效率、发展清洁能源、农村可持续发展、保护自然资源。

② 根据相关银行的官方网站和年报整理。

续表

银行类型	银行名称	绿色金融发展战略目标与实践
中小区域性商业银行	江苏银行	建立绿色金融体系，中国首家采纳赤道原则的城市商业银行
	北京银行	专注中小企业绿色发展，发行 300 亿元绿色金融债
	上海银行	推出绿色金融行动方案，构建"绿色金融+"服务体系，设立 200 亿元专项资金
	南京银行	发行绿色金融债，开展国际转贷
	重庆农商行	首家采纳赤道原则的农商银行，建立绿色信贷专项考核和内部资金转移定价（FTP）机制
	湖州银行	大陆第三家赤道银行，为地方中小银行采纳赤道原则提供借鉴
	九江银行	建立绿色信贷三年规划，发行绿色金融债
	安吉农商行	建立绿色普惠金融标准化体系，打造绿色普惠机构
	马鞍山农商行	制定绿色商业银行框架与目标
	苏州农商行	制定《绿色金融三年战略规划》，确立绿色金融目标

注：PRB：2019 年 9 月联合国环境署倡议组织《负责任银行原则》，全球 130 家银行正式签署，国内首批 3 家签署，承诺业务战略与联合国 2030 可持续发展目标及《巴黎协定》保持一致。
资料来源：根据公开信息整理。

（二）银行业气候金融的概念界定

气候金融的概念在总报告中已有详细讨论，本报告从资本市场主体分类的角度，进一步将"银行业气候金融"界定为商业银行等金融机构在应对气候变化、促进可持续发展方面所采取的一系列金融活动和策略。这些活动和策略旨在通过资金的配置、风险管理、产品创新、投资策略、政策响应等方式，支持经济向低碳、绿色、循环的模式转型。银行业气候金融是气候金融的一部分，两者为整体与部分的关系。通过上述关于银行业气候金融内涵的描述，可以看到银行业气候金融不仅是气候金融产品的创新和绿色信贷政策创新，更是一种引导产业结构调整，促进产业发展走上良性轨道的全面的、战略性的、长远的业务发展方式。

二 气候投融资

（一）绿色信贷市场现状

近年来，我国绿色信贷快速发展，绿色信贷的总体规模及占总贷款的比重持续增加，我国已经成为全球规模最大的绿色信贷市场。截至2024年3月，本外币绿色贷款余额为33.77万亿元，同比增长35.13%，高于各项贷款增速25.53个百分点，比年初增加3.69万亿元。其中，绿色信贷占总贷款的比重为35.1%，投向具有直接和间接碳减排效益项目的贷款分别为11.21万亿元和11.34万亿元，合计占绿色贷款的66.78%。① 绿色信贷主要投向与清洁能源、节能环保、基础设施绿色产业升级相关的5个细分方向，基础设施绿色产业升级和清洁能源是绿色信贷资金投入的最主要方向，其信贷规模占比超过50%。从行业上看，各行业绿色贷款占比分别为基础设施绿色升级（35.03%），清洁能源（20.97%），电力、热力、燃气及水生产和供应业（18.97%），交通运输、仓储和邮政业（13.51%）和节能环保产业（11.52%）。

表2　26家银行绿色信贷相关情况

单位：亿元，%

名称	2021年末绿色贷款余额	2022年末绿色贷款余额	2023年末绿色贷款余额	2023年末贷款规模	2023年末绿色贷款占比
中国银行	14086	19872	31067	189247	16.42
建设银行	19600	27500	38800	238600	16.26
农业银行	19778	26975	40487	226000	17.91
工商银行	24806.21	39784.60	54000	260900	20.70
交通银行	4767.63	6354.32	8220.42	79600	10.33
中信银行	2054.25	3340.82	4600	53459.43	8.60
招商银行	2638.42	3553.60	4477.65	65100	6.90
浦发银行	3113.50	4271	5020.93	50177.54	10.01

---

① 数据来自中国人民银行网站。

续表

名称	2021 年末绿色贷款余额	2022 年末绿色贷款余额	2023 年末绿色贷款余额	2023 年末贷款规模	2023 年末绿色贷款占比
平安银行	691.35	1097.70	1396	34075.09	4.10
光大银行	1246.02	1993	3137.62	37870	8.29
民生银行	1073.17	1799.12	2642.41	43848.77	6.03
华夏银行	2084	2470.35	2692.73	23095.83	11.66
G 兴业银行	4539.40	6370.72	8090.19	54609.35	14.81
南京银行	987.73	1329.56	1770.13	10990	16.11
宁波银行	158.31	237.10	386	12527.18	3.08
邮储银行	37230	4965.50	6378.78	81500	7.83
G 渝农商行	366.64	487.15	619.82	6767	9.16
青岛银行	190.80	209.24	271.93	3000.80	9.06
紫金银行	95.01	109.10	122.46	1772	6.91
长沙银行	254.03	326.01	429.03	4883.90	8.78
贵阳银行	227.50	282.16	313.41	3240.41	9.67
G 江苏银行	1272	2015	855.57	18000	4.75
浙商银行	1042.44	1459.23	2034.36	17200	11.83
上海银行	302.11	653.70	1033.63	13770.35	7.51
G 湖州银行	131.40	186.67	238.76	785.01	30.41
G 贵州银行	2504.87	464.20	521.94	3319.49	15.72

注：G 标为赤道银行。

资料来源：根据各家银行公布的社会责任报告。

　　绿色信贷业务起初主要由大型银行开展，后逐渐扩大至中小银行，业务集中度不断提升。政策性银行、国有大行占据绿色信贷投放的主导地位，国有大行（工农中建交邮储）绿色信贷余额约占绿色信贷总余额的 50%；全国性股份制银行（11 家，不含恒丰银行）占比 17.6%；开发性金融机构、政策性银行、国有大行、股份制商业银行的绿色信贷余额占比合计超过九成。绿色信贷投向主要有清洁能源和可再生能源项目、废水废气废物处理及污染防治项目、工业节能节水环保项目、城市轨道交通项目、耕地水源修复项目、新能源汽车项目、绿色林业木业开发项目、建筑节能及绿色建筑项目等，其中绿色建筑有望成为绿色信贷未来的热点板块。中国绿色信贷余额变动情况和投向如图 1、图 2 所示。

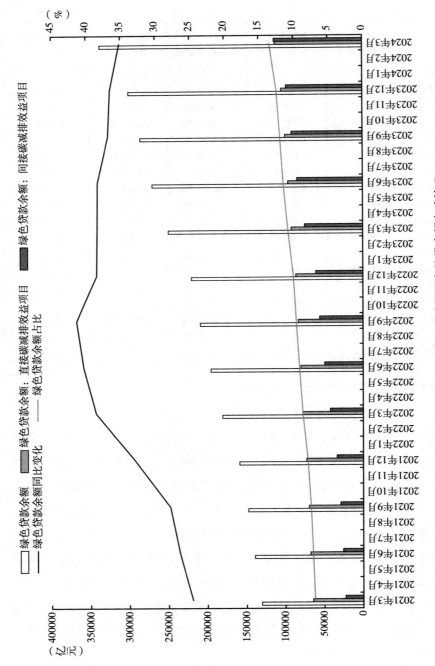

图 1　2021 年 3 月至 2024 年 3 月中国绿色信贷余额变动情况

资料来源：Wind。

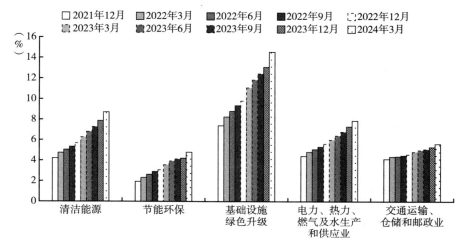

图2　中国银行绿色信贷投向

资料来源：Wind。

（二）主要特色产品

1. 光伏贷类产品

"光伏贷"是指银行向个人或企业发放，主要用于投资建设和经营光伏发电项目、为购买分布式光伏电站成套设备等资金需求提供的贷款，已有120多家银行开发了光伏贷类产品。2017年，上海市首笔小企业分布式光伏"阳光贷"项目融资贷款在兴业银行上海分行落地。

2. 合同能源管理（EPC）项目贷款

合同能源管理是指节能服务公司与用能单位以契约形式约定节能项目的节能目标，节能服务公司为实现节能目标向用能单位提供必要的服务，用能单位以节能效益支付节能服务公司的投入及其合理利润的节能服务机制，实质就是以减少的能源费用来支付节能项目全部成本的节能业务方式。

3. 清洁发展机制（CDM）项目贷款

CDM项目是指《京都议定书》规定的符合联合国相关要求的温室气体减排项目，实质是发达国家与发展中国家之间的"碳合作"，发达地区用

"资金+技术"换取不发达地区或欠发达地区的温室气体的"排放权",从而降低碳排放,达到既定的碳排放标准或者完成碳减排任务。

4. 绿票通

绿票通是指商业银行为绿色企业办理商业汇票(包括银票和商票)贴现,再由银行向中国人民银行申请票据再贴现,中国人民银行给予专项再贴现资金,支持绿色企业融资的再贴现业务。该产品优先倾斜于绿色领域的中小微企业,企业必须是满足中国人民银行绿色债券支持目录行业范围内的企业。兴业银行已经在北京、成都、湖南等多地成功办理了该项业务。

5. 权益融资业务贷款

这类贷款主要是商业银行通过融资担保品的创新来缓解中小企业或项目公司抵押担保物不足的情况,促进绿色产业的发展,市场上已开发出了排污权抵(质)押、碳排放权抵(质)押、节能减排收益权质押等多种权益融资业务。其中碳排放权抵(质)押融资是国内碳金融领域落地相对较多的产品,多以控排企业将碳配额作为抵(质)押物进行抵(质)押以获得贷款,到期再通过还本付息解押的融资方式进行。

6. 融资租赁业务贷款

融资租赁业务在绿色金融领域的开展主要有两个方向:一是在合同能源管理服务模式中,与节能服务商合作,为其购买节能设备提供融资租赁服务;二是在CDM模式中,为CDM项目开发企业购买节能设备提供融资租赁服务。2019年,九江银行发起国内首个绿色融资租赁线上平台——"绿色银赁通",提供线上绿色融资租赁资产综合服务。

7. 个人绿色消费贷款

近年,在绿色信贷领域多家商业银行开始零售业务探索,针对不同类型的个人绿色资金需求推出相应的绿色信贷产品,如为购买节能型、新能源汽车等绿色交通工具提供的绿色汽车消费贷款;为购买绿色标识产品提供的绿色产品消费贷款;鼓励进行绿色消费的绿色低碳信用卡;为支持家庭安装分布式光伏发电设备而提供的绿色光伏贷款等。

8. 低碳信用卡

商业银行通过与碳交易所合作，开发低碳信用卡，提供个人绿色金融消费产品。消费者使用低碳信用卡，用刷卡交易额兑换由商业银行购买的碳减排量，同时，商业银行核定消费者获得的碳减排量，使消费者专享商业银行相关的优惠政策和特色活动。例如，2010年光大银行携手北京环境交易所推出了"绿色零碳信用卡"，该信用卡具有可回收、碳足迹计算器、邀约购碳计划、碳信用档案、环保账单及高额出行意外险六大绿色环保型功能。

三　气候风险管理

气候变化会导致企业的经营活动和监管举措发生改变，从而影响银行业的业务发展，必然会引起市场结构和规模的调整。例如，金融监管部门会制定一系列监管政策，限制企业排放温室气体，企业会因此调整其业务战略向低碳发展转型，银行为保证贷款质量，也会对贷款的行业结构进行调整。为保证投资价值，机构投资者会在投资决策过程中充分考虑气候变化的影响。气候变化会导致企业成本增加，面临的风险也随之增加，进而给银行等为企业提供资金的金融机构带来更大的风险挑战。

（一）环境与气候风险在银行经营中的具体表现

从宏观的角度来看，银行面临的环境与气候风险主要分为物理风险、转型风险和责任风险三类。从银行经营管理的角度来看，银行面临的微观层面的环境与气候风险主要体现为五大风险。

第一，信用风险。气候变化带来的物理风险甚至极端气候事件的发生可能导致企业生产能力下降甚至中断，也会导致企业运营成本和财务压力增加，影响其还款能力和意愿，进而增加银行风险敞口，使违约概率和违约损失率有所上升。另外，随着金融监管部门的政策更加向低碳领域倾斜，更高的排放标准和环保要求会导致耗能更高的企业成本过高，现金流和资产负债缩水，增加信用风险。

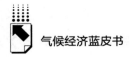

第二，市场风险。随着可再生能源技术的进步和成本的下降，化石能源的市场竞争力将趋弱，大宗商品、公司股票、债券以及衍生品等价格会出现剧烈波动。气候变化带来的转型风险可能导致经济增速放缓，银行持有的一系列金融资产可能面临价值缩水。中央财经大学绿色金融院研究表明，如果未来我国碳排放价格上升 10 倍，高碳行业的股票价格可能下跌 70%～80%。

第三，法律风险。2016 年七部委联合发布《关于构建绿色金融体系的指导意见》，首次提出将明确银行环境法律责任的立法方向，即在企业发生环境事故时，提供贷款的银行等债权人应承担相应的连带法律责任。

第四，操作风险。恶劣天气事件会影响业务连续性，主要包括对银行的分支机构、办公场所、信息网络等基础设施的影响，停电、断网等事件有可能造成客户数据丢失等情况发生。

第五，声誉风险。随着政府和监管当局出台多项低碳环保、减少温室气体排放的监管政策，未能有效实施气候变化行为或未采取有效措施应对气候变化，可能会面临来自监管部门、股东、机构投资者以及社会舆论的压力，影响业务发展。另外，如果银行传统信贷业务中低能耗、低碳业务占比较低，将面临严格的审计、监管检查，给银行带来声誉损失，从而影响其整体价值水平。

表 3 列举了气候和环境风险驱动的部分因素。

表 3　气候和环境风险驱动因素

相关风险	物理气候相关	环境风险	过渡气候相关	环境风险
	极端天气事件、长期天气模式	水资源压力、资源稀缺、生物多样性丧失、污染	政策和法规、技术、市场情绪	政策和法规、技术、市场情绪
信用风险	易受物理风险影响的部门或地区，其违约概率（PD）和违约损失（LGD）可能会受到影响。例如，由于洪水风险增加，房地产投资组合中的抵押品估值就会下降		能源效率标准可能会带来巨大的适应成本和降低企业盈利能力，这可能导致更高的违约风险和抵押品价值下降	
市场风险	严重的物理事件可能会引发市场预期的转变，导致部分市场突然重新定价、波动性加剧以及资产价值损失加大		转型风险驱动因素可能会导致证券和衍生品的突然重新定价。例如，与受资产搁浅影响的行业相关的产品	

续表

相关风险	物理气候相关	环境风险	过渡气候相关	环境风险
操作风险	该银行的运营可能会因极端天气事件对其财产、分行和数据中心造成的物理损坏而中断		消费者对气候变化问题的情绪可能会给银行带来声誉和责任风险，因为环境争议活动融资容易引发丑闻	
其他风险类型	如果客户从其账户中提取资金可能会影响流动性风险		如果没有进行必要的调整或采取多样化措施，转型风险驱动因素可能会影响某些业务线的生存能力，并导致特定业务模式的战略风险。例如，证券的突然重新定价可能会降低银行高质量流动资产的价值，从而影响流动性缓冲	

资料来源：《欧洲参与者视角下的银行气候风险监管和规则》。

（二）国内外银行气候风险管理实践

1. 花旗银行——建立覆盖所有银行业务的环境与社会风险管理政策体系

花旗银行作为最早发起赤道原则的机构，将环境与社会风险管理作为其可持续发展战略的三大支柱之一，尤其重视环境和社会风险管理体系建设。花旗银行建立了覆盖所有银行业务的环境与社会风险管理政策（ESRM）体系，ESRM 政策由花旗政策委员会制定和实施，由独立风险管理部门监督，独立于业务部门。花旗银行将 ESRM 嵌入信贷系统，覆盖了营销、尽职调查、审查审批及贷后管理阶段，已形成了严格的流程约束，且每个业务部门都需要制定与 ESRM 政策相一致的业务程序和标准。

2. 巴克莱银行——建设净零银行，量化气候环境风险

巴克莱银行设立了 2050 年建成净零银行的目标，是量化气候环境风险方面的先行者。该行设立了气候变化财务和运营风险委员会管理气候和环境相关风险，并制定相应的战略。该行致力于开发投资风险评估工具，如蓝影技术（Blue Track），量化环境风险和全面描绘投资组合的温室气体排放量，通过为行业选择合适的基准，并跟踪投资组合在基准下的表现，评估不同类

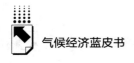

型活动的碳强度和绝对碳排放量，并确保能够监测绝对碳排放量随时间变化总体的减少情况。

3. 荷兰银行——房地产行业碳排放管理

荷兰银行重点加强抵押房产物理风险分析和风险管理，主要通过推动房地产行业的可持续发展来减少碳排放。该行建立了多层次的可持续风险管理框架，考虑到行业间风险的差异性，根据行业特点，为房地产和制造业等领域制定附加准则。该行通过为建筑行业客户提供可持续改造的节能解决方案或给予利息折扣等方式，推动自身参与融资的住宅、商业建筑及自用房地产的89%达到能源标签最高水平，同时根据其可持续发展风险框架，为客户提供监测、报告和减少温室气体排放以应对气候变化的管理服务。

4. 中国工商银行——环境和气候风险研究的先行者

中国工商银行自2015年启动"环境风险对商业银行信用风险影响压力测试"系列研究，现已完成了转型风险中"环保政策、碳减排"、物理风险效应研究，构建了国内企业环境成本内部化对商业银行风险影响的理论框架和基本模型，并指出环境因素至少通过信用风险、声誉风险等加大了商业银行的经营风险。同时，该行还建立了绿色压力测试体系，其中气候风险压力测试覆盖政策、灾害和价格三大领域。该行在业内首先开展环境压力测试，并通过火电、水泥等行业的环境成本压力测试，分析环境因素对商业银行信用风险的传导路径和测算方法。随着气候风险研究的进一步深入，气候风险和碳因素将逐步被纳入其内部评级和评估体系中。

5. 兴业银行——赤道原则本土化最佳实践

兴业银行融合以赤道原则为主的国际风险管理经验，发布了环境与社会风险管理政策，并制定了指导方针、声明与承诺、职责与机构、适用标准、管理措施、管理流程、信息披露等具体政策措施，旨在提升管控银行环境与气候风险的能力。兴业银行已建立了包括"环境与社会风险识别与分类：评估与核实—开展尽职调查：控制与监测—信息披露与绩效评价"在内的整套风险管理流程。在项目贷款中，兴业银行应用赤道原则按照贷前、贷中、贷后进行过程管理。

6. 湖州银行——中小银行环境与气候风险管理示范

湖州银行围绕"金融+绿色+科技+合作+风控"的发展战略，探索研究了适合中小银行的环境社会风险管理体系。该行通过将环境与气候风险嵌入信贷管理全流程，利用大数据和人工智能等技术实现了环境风险的高效管理。湖州银行推出了全国首套城商行绿色信贷评价标准，建立了城商行绿色行业及环境社会风险监测的绿、蓝、黄、红"四色分类"方法。湖州银行率先开发了具有可复制和推广价值的绿色信贷管理系统，根据企业所处行业、经营范围、贷款用途、生产工艺 4 个维度，初步建立了涵盖 9 大类 256 项具体评价指标的绿色贷款评价标准，实现每笔贷款的精准分类。

四　气候信息披露

随着资本市场和投资者的日渐成熟，财务报表所提供的信息已无法满足社会各界了解上市公司经营管理能力、评价上市公司投资价值的需要，环境信息披露机制逐步建立。2017 年，金融稳定委员会（FSB）的财务信息披露工作组（TCFD）发布了关于气候信息相关披露建议，国际商业银行逐步开展气候风险披露实践，汇丰银行、高盛以及贝莱德等金融机构从 2019 年开始采集、计算、评估和披露碳排放信息，并发布 TCFD 报告，欧盟、英国和日本等国家和地区纷纷宣布根据其相关建议进行披露。2021 年，中国人民银行编制了《金融机构环境信息披露操作手册》和《金融机构碳核算技术指南（试行）》，要求金融机构应对经营活动和投融资活动的环境影响及碳排放进行核算。当前，我国多家商业银行通过 ESG 报告或社会责任报告等途径对相关环境信息进行披露，部分商业银行已开始披露绿色信贷及投资相关信息，环境信息披露机制逐步建立。

ESG 主要聚焦上市公司在环境保护、社会责任和内部治理三个方面的活动和行为结果，目的是规范和引导企业在追求经济利益的同时，关注生态环境，积极履行社会责任，实现企业价值与社会价值的统一。ESG 信息披露能够一定程度上促进上市公司更透明的运作、更高效的发展，同时与监管

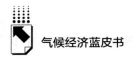

对企业绿色低碳发展的要求一致，成为投资者关注的新方向。

目前我国上市企业 ESG 信息主要为企业自行披露，有两种披露方式：一是单独发布企业社会责任报告，对企业报告年度的环境、责任和治理三个层面的情况进行详细描述；二是仅在年报内对企业社会责任和环境信息进行披露，重点排污单位之外的公司的环境信息披露实行"遵守或解释"原则，一般在重要事项中进行列示，但通常篇幅较短，披露信息有限。

（一）上市银行 ESG 信息披露情况（见表4）

表 4 2023 年上市银行 ESG 信息披露情况

上市银行	第三方审查机构鉴定	是否遵循/对照 GRI 标准	是否遵循/对照联交所标准	是否有 SDRs 对应目标	是否有碳排放相关指标的披露	是否有实质性分析流程	是否识别重要/关键议题
农业银行	1	1	1	1	1	1	1
交通银行	1	1	1	1	1	1	1
工商银行	1	1	1	0	1	1	1
邮储银行	1	1	1	0	1	1	1
建设银行	1	1	1	1	1	1	1
中国银行	1	1	1	1	1	1	1
平安银行	1	1	0	0	1	1	1
浦发银行	1	1	1	0	1	1	1
华夏银行	1	1	0	1	1	1	1
民生银行	0	0	1	0	1	1	1
招商银行	1	1	1	1	1	1	1
兴业银行	1	1	1	1	1	1	1
光大银行	1	1	1	1	1	1	1
中信银行	1	1	1	1	1	1	1
浙商银行	1	1	1	1	1	1	1
宁波银行	0	0	0	0	0	0	0
江阴银行	0	1	0	0	1	1	1
张家港农商行	0	0	0	0	0	0	0
郑州银行	1	1	1	0	1	1	1
青岛银行	1	0	1	0	1	1	1

续表

上市银行	第三方审查机构鉴定	是否遵循/对照 GRI 标准	是否遵循/对照联交所标准	是否有 SDRs 对应目标	是否有碳排放相关指标的披露	是否有实质性分析流程	是否识别重要/关键议题
青岛农商行	0	0	0	0	0	0	0
苏州银行	1	1	0	1	1	1	1
无锡银行	0	0	0	0	0	0	0
江苏银行	0	1	0	0	1	1	1
杭州银行	1	0	0	0	1	0	0
西安银行	0	0	0	0	0	0	0
南京银行	0	0	0	0	0	0	0
重庆农商行	1	1	1	0	1	1	1
常熟银行	0	1	0	0	1	1	1
北京银行	0	1	0	1	1	1	1
厦门银行	0	0	0	0	0	0	0
上海银行	1	1	0	0	1	1	1
瑞丰银行	0	1	0	0	1	0	1
长沙银行	0	1	0	0	1	0	0
齐鲁银行	0	1	0	0	1	1	1
成都银行	0	0	0	0	0	0	0
紫金银行	0	1	1	0	0	1	1
重庆银行	1	0	1	0	1	1	1
贵阳银行	0	0	0	0	1	0	0
苏州农商行	0	0	0	0	0	0	0
上海农商行	1	1	0	1	1	1	1

注：1代表已披露，0代表缺失或未明确表示。其中张家港农商行上市名称为张家港行、青岛农商行为青农商行、重庆农商行为渝农商行、苏州农商行为苏农银行。

资料来源：上市银行已披露的2023年社会责任报告、ESG报告、可持续发展报告。

从披露数量来看，因监管要求，银行业 ESG 信息披露工作相比于其他行业整体上来说要好，上市银行中除了宁波银行、张家港银行、青农商行、无锡银行、西安银行、南京银行、长沙银行、成都银行、紫金银行、苏州农商行以外共有 31 家银行披露了 2023 年度的社会责任报告。

从披露质量来看，国有大行和股份制银行披露质量更高，披露内容更全面，机制更完善。具体来说，70.7% 的商业银行提供联交所《ESG 指引》

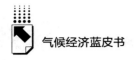
或《GRI 指南》中至少一份披露索引；53.6%的商业银行进行了第三方审查鉴定；70.7%的商业银行进行了关键议题的识别和实质性分析矩阵的披露；75.6%的银行披露了碳排放相关指标的情况。

（二）兴业银行 ESG 信息披露实践

兴业银行是国内银行中 ESG 管理和信息披露方面的先行者，也获得了国际权威评级机构的认可。2019 年、2020 年连续两年获明晟（MSCI）ESG评级 A 级。2021 年 7 月 14 日兴业银行深圳市分行发布了《2020 年环境信息披露报告》，成为首个公开发布环境信息披露报告的全国性银行重点区域分支机构，其中提供了两家新能源类上市企业的案例。总体来说，该行在 ESG信息披露方面主要有三大做法。

其一，建体立制，助力信息披露的高效联动。兴业银行在法律合规部设立社会责任领导小组办公室，会同总行办公室及其他总行部门作为社会责任直接领导机构，与分行和子公司联动，形成完整的信息披露报送机制。该行制定了《社会责任工作管理办法》，确定社会责任报告编制和披露流程，明确社会责任信息报送要求，不断升级社会责任指标体系，健全社会责任工作管理体系。目前，兴业银行已形成涵盖年度《可持续发展报告》《从绿到金》、官网、微信公众号等多维度、多频率的高效披露体系。

其二，综合考量，促进信息披露的高质量发展。兴业银行重视信息披露的质量，参考国内外的披露准则设计了符合自身发展需求的 ESG 披露指标。在强化各项指标数据的可得性、可追踪、可计量的同时不断提高披露范围的确定性和内容的完整性。例如，在环境指标方面，完整披露了该行赤道原则项目类型、行业和数量，在绿色金融类别中重点披露了"两高一剩"贷款具体行业分类、绿色金融所支持项目的环境绩效，在绿色运营类别中披露了总行办公大楼二氧化碳等温室气体的排放情况。

其三，以编促管，实现与利益相关方的良性互动。兴业银行创新管理ESG 关键议题。一方面收集监管部门、客户、投资者、员工以及非政府组织等多元利益相关方对 ESG 关键议题的意见和建议，将识别出的关键议题与 SDGs 进行对照，明晰全行可持续发展战略定位；另一方面将关键议题的分析结果与相关方诉求分解到各部门，制定改进优化措施，进一步提升关键议题与公司内部运营管理和外部影响的匹配度。完善银行的风险管理体系，就是兴业银行在与利益相关方进行深入沟通之后识别出的 ESG 关键议题之一。为了做好这项工作，兴业银行对全行组织体系、部门及岗位职责、业务流程和管理制度进行梳理和完善，明确了环境与社会风险定义并构建全流程环境和社会风险管理，建立环境与社会风险识别与分类：评估与核实—开展尽职调查：控制与监测—信息披露与绩效评价的管理机制，回应利益相关者的关心。

（三）大湾区金融机构环境信息披露实践

作为长三角绿色一体化的对标区域，粤港澳大湾区在绿色金融、环境信息披露等方面持续探索，并取得了一定的成果。2021 年 7 月 14 日大湾区的 13 家试点金融机构（除广州银行、珠海华润银行、东莞银行，另外 10 家均为农商行）在中国人民银行广州分行的指导下统一组织、集中展示了首个金融机构环境信息披露模式。本次披露的三大特点值得关注。

其一，披露内容的统一性。试点机构均依据中国人民银行下发的《金融机构环境信息披露指南》开展环境信息披露工作，涵盖环境治理结构制度、环境机遇分析与管理、经营活动和投融资活动的环境影响，对社会公众和投资者最为关心的金融机构自身经营活动的碳足迹、绿色信贷投放产生的碳减排效应等关键信息进行了披露。

其二，突出披露内容的延伸性。试点机构在完成披露框架基本内容后，还从不同角度对披露内容进行了延伸，体现了"规定动作+自选动作"的组合披露特点。例如，南海农商行开创性地对火电、化工等七个行业开展环境压力测试，是目前国内开展环境压力测试覆盖行业最多的中小金融机构。该行对七大行业和贷款余额在 5000 万元以上的客户的碳排放量进行了核算，清晰识别并展示了信贷资产层面主要的"碳排放源"，为下一步推动信贷资产结构调整和信贷资产层面实现"碳中和"提供了数据支

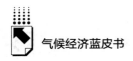

撑，并且披露了自身发行的绿色金融债券所募集资金投资支持项目的碳减排效应。

其四，突出披露工作的牵引性。各参与机构以此次环境信息披露工作为牵引，自上而下理顺、优化绿色金融内部管理体制机制及流程，重点对全行的绿色金融战略规划、环境风险管理制度、绿色金融系统建设、绿色金融制度建设等各环节、全过程进行梳理和补充完善，为自身绿色金融的长远发展夯实了制度基础，提供了组织架构保障。

五 统计评价

目前，绿色金融的统计口径主要有银保监会和人民银行两个口径，评价体系包括人民银行、银行业协会以及 ESG 三个体系。在绿色金融的统计口径方面，银保监会主要关注银行保险机构的绿色信贷和绿色保险业务，人民银行主要关注绿色信贷、绿色债券、绿色基金等各类绿色金融产品，通常用于宏观审慎管理，评估绿色金融对经济转型的支持作用。在绿色金融评价体系方面，人民银行侧重评估金融机构的绿色金融业务表现，银行业协会更侧重行业标准和最佳实践，ESG 侧重评估金融产品和项目的环境效益、社会责任和治理结构。

（一）绿色金融统计口径

表 5 提供银保监会和人民银行关于绿色信贷统计口径的对照信息。

表 5 银保监会与人民银行关于绿色信贷统计口径对照

报表名称	绿色融资统计制度	绿色贷款专项统计制度（修订版）
报送口径	银保监会	人民银行
依据文件	《中国银保监会办公厅关于绿色融资统计制度有关工作的通知》（银保监办便函〔2020〕739 号）	《中国人民银行关于修订绿色贷款专项统计制度的通知》（银发〔2019〕326 号）

续表

报表名称	绿色融资统计制度	绿色贷款专项统计制度（修订版）
统计内容	环境、安全等重大风险企业信贷情况统计表 客户数、贷款余额、比年初增减额、贷款五级分类 节能环保项目及服务贷款情况统计表 行业划分（12大类27小类） 贷款余额、比年初增减额、贷款五级分类、7种节能减排量 绿色融资统计表 行业划分（9大类） 表内贷款（绿色信贷余额、贷款五级分类、11种节能减排量）、表内投资、表外融资（绿色银行承兑汇票、绿色信用证） 合计维度（总计、气候融资合计、环境权益融资合计）	环境、安全等重大风险企业贷款统计表 按企业类别划分 按承贷主体所属行业划分 按贷款质量划分 绿色贷款统计 按贷款用途划分（6大类） 按贷款承贷主体及用途划分 按贷款承贷主体所属行业划分 按贷款质量划分 按用途划分的有关行业贷款

资料来源：根据公开信息整理。

（二）绿色金融评价体系

1. 人民银行评价体系

2018年7月，人民银行制定了《银行业存款类金融机构绿色信贷业绩评价方案（试行）》，2020年7月，为进一步加强对绿色金融业务的激励约束，人民银行起草了《关于印发〈银行业存款类金融机构绿色金融业绩评价方案〉的通知（征求意见稿）》，明确人民银行及其分支机构依据相关政策规定对银行业存款类金融机构绿色金融业务开展情况进行综合评价，并依据评价结果对银行业存款类金融机构实行激励约束的制度安排。2021年6月，为进一步提升金融支持绿色低碳发展的能力，人民银行发布《银行业金融机构绿色金融评价方案》，根据绿色金融标准和统计制度的完善对纳入评价范围的绿色金融业务进行动态调整，纳入评价的绿色金融业务包括境内绿色贷款和境内绿色债券，绿色金融评

气候经济蓝皮书

价结果纳入央行金融机构评级等人民银行政策和审慎管理工具。表6是
2018年、2020年和2021年《评价方案》的对照分析。

表6 人民银行2018年、2020年和2021年《评价方案》统计修订口径对照

评价方案	2018年版	2020年版	2021年版	
评价范围	绿色贷款	绿色金融业务包括绿色贷款和绿色债券	绿色金融业务包括但不限于绿色贷款、绿色证券、绿色股权投资、绿色租赁、绿色信托、绿色理财	
评估指标及方法	定量指标（五项，权重80%）	定量指标（四项，权重80%）	定量指标（五项，权重80%）	
	绿色贷款余额占比（20%）	绿色金融业务余额占比（25%）	绿色金融业务总额占比（25%）	纵向基准：最近三期该银行业金融机构绿色金融业务总额占比的算术平均值	横向基准：当期全部参评银行业金融机构绿色金融业务总额占比的算术平均值
	绿色贷款余额份额占比（20%）	绿色金融业务余额份额占比（25%）	绿色金融业务总额份额占比（25%）	纵向基准：最近三期该银行业金融机构绿色金融业务总额份额占比的算术平均值	横向基准：当期全部参评银行业金融机构绿色金融业务总额份额占比的算术平均值
	绿色贷款增量占比（20%）	绿色金融业务余额同比增速（25%）	绿色金融业务总额同比增速（25%）	纵向基准：最近三期该银行业金融机构绿色金融业务总额同比增速的算术平均值	横向基准：当期全部参评银行业金融机构绿色金融业务总额同比增速的算术平均值
	绿色贷款余额同比增速（20%）	绿色金融业务风险余额占比（25%）	绿色金融业务风险总额占比（25%）	纵向基准：最近三期该银行业金融机构绿色金融业务风险总额占比的算术平均值	横向基准：当期全部参评银行业金融机构绿色金融业务风险总额占比的算术平均值

158

续表

评价方案	2018 年版	2020 年版	2021 年版
评估指标及方法	绿色贷款不良率（20%）	定性指标（三项，权重 20%）	定性指标（三项，权重 20%）
	定性指标（三项，权重 20%）	执行国家及地方绿色金融政策情况（30%）	执行国家及地方绿色金融政策情况（30%）
	执行国家绿色发展政策情况（40）	机构自身绿色金融发展战略实施情况（40%）	机构自身绿色金融发展战略的实施情况（40%）
	《绿色贷款专项统计制度》执行情况（30%）	金融支持绿色产业发展情况（30%）	金融支持绿色产业发展情况（30%）
	《绿色信贷业务自评价》工作执行情况（30%）		
数据口径	定量指标数据按照《中国人民银行关于建立绿色贷款专项统计制度的通知》（银发〔2018〕10 号）有关规定采集，统计口径为本外币贷款。银行业存款类金融机构境内本外币贷款余额使用社会融资规模中对实体经济的本外币贷款口径数据	定量指标中的绿色贷款余额采用中国人民银行调查统计部门提供的统计数据；绿色债券持有量采用登记托管机构（包括中央国债登记结算公司、中央证券登记结算公司和上海清算所）提供的统计数据	定量指标中的境内绿色贷款余额采用中国人民银行调查统计部门提供的统计数据。境内绿色债券持有量采用登记托管机构（包括中央国债登记结算有限责任公司、中央证券登记结算公司和银行间市场清算所股份有限公司）提供的登记数据，纳入境内绿色债券持有量统计的产品包括绿色金融债、绿色企业债、绿色公司债、绿色债券融资工具、绿色资产证券化、经绿色债券评估认证机构认证为绿色的地方政府专项债券等产品

续表

评价方案	2018 年版	2020 年版	2021 年版
数据口径	定性得分由人民银行综合考虑银行业存款类金融机构日常经营情况并参考定性指标体系确定	定性得分由人民银行结合银行业存款类金融机构日常管理、风险控制等情况并参考定性指标体系确定	定性得分由人民银行结合银行业金融机构日常管理、风险控制等情况并根据定性指标体系确定

资料来源：根据公开信息整理。

2. 银行业协会评价体系

2018 年 3 月，中国银行业协会发布了《中国银行业绿色银行评价实施方案（试行）》（以下简称《实施方案》）。

根据此《实施方案》，对绿色信贷 KPI 指标设置了不同权重，权重的高低直接说明了监管机构认为当前和未来一段时间内金融机构在绿色信贷方面需要做好哪些重点工作，必将引导银行在绿色信贷具体工作中将这些指标涉及的领域确定为未来的发展重点。

根据实施中的评价方案规定，定性指标 100 分，定量指标作为加分项，最多加 5 分。其中一级指标的权重分别为：组织管理（30%）、政策制度及能力建设（25%）、流程管理（25%）、内控管理与信息披露（15%）、监督检查（5%）。一级指标下有 19 个二级指标，二级指标权重最大的分别为：董事会职责（12 分，12%）、高级管理层职责（10 分，10%）、归口管理（8 分，8%）、制定政策（8 分，8%），此 4 项二级指标占 19 个二级指标的权重为 38%，其他二级指标权重依次设置为 5%、3%、2%、1%。权重的不同充分说明了监管机构希望引导银行在发展绿色信贷中充分重视董事会职责、高级管理层职责，以及将绿色信贷进行归口管理，并制定相应绿色信贷政策，这四个方面必将成为银行绿色信贷发展的重点。

3. 绩效标准化

全球分析咨询机构 CPI 对中国 21 家主要银行整体绿色业绩进行了评估。定量评估基于银保监会使用的衡量指标，侧重于绿色信贷；而定性评估则基于人民银行采用的衡量指标，关注组织和战略方面的承诺。定量分 10 分，定性分 12 分，合计 22 分。21 家主要银行涵盖了不同类型的机构，每种机构均在推动绿色金融方面扮演重要角色，包括政策性银行、五大国有商业银行、其他从事绿色金融业务的机构以及非国家级别的其他金融机构。具体评分如图 3 所示。

首先，中国工商银行作为全球规模最大的银行，绿色绩效评分在中国排名第二，中国建设银行、中国银行、中国农业银行三家银行绿色绩效评分也位列前五。其次，值得一提的是兴业银行、招商银行、浦发银行，绿色信贷比例较高，正在发展成为专业的绿色金融机构。最后，中国的政策性银行在推动绿色金融发展、促进经济转型、开发绿色前沿技术和应对气候变化方面具有巨大的潜力，例如，国家开发银行利用其低成本资金来源为市场提供了大规模的低息绿色信贷，并成为中国绿色信贷市场最大的投放机构。

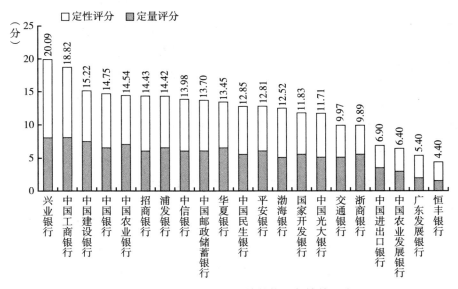

图 3 中国 21 家主要银行的整体绿色绩效评分

资料来源：《中国绿色银行业——新兴趋势》。

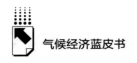

六 政策建议

气候变化会从多个维度给银行经营管理带来风险,同时给银行创新发展带来机遇。推动气候投融资,实现绿色金融高质量发展,需要政府、监管部门、评估机构、企业和广大消费者之间的配合与推动,需要金融、财政、环保等政策和相关法律法规的配套支持。

(一)健全顶层设计,完善气候金融法律体系

首先,完善气候金融相关监管政策。可以参考韩国、日本、德国等国家的经验,将气候金融从政策、指引层面上升到法律、法规层面,形成应对气候变化的政策框架体系。其次,强化政策协同。明确各主管部门的权责,完善部门协调机制,将气候变化因素纳入宏观和行业部门产业政策制定中,形成政策合力,自上而下地完成不同政策、法规间的协调、统合工作。再次,优化银行气候金融标准体系。推动金融系统逐步开展碳核算,建立健全金融机构碳核算方法和数据库,并制定统一的金融机构和金融业务碳核算标准。同时,制定统一的银行气候金融标准体系,加快研究制定转型金融标准。最后,完善环境保护的法律法规和实施细则,鼓励各省份因地制宜制定气候金融、绿色金融发展的地方法规。完善气候金融立法是一个长期的过程。建议制定详细的立法推进方案,引导相关部门不断完善配套机制,逐步推动相关约束机制的落地实行。

(二)完善信息披露机制,实现气候信息充分共享

首先,加强政策设计和引导。进一步明确企业、政府等其他信息披露主体的责任,建立统一和完善的商业银行绿色信贷信息披露标准,对相关定义形成共识。其次,规范气候信息披露内容。明确各级政府、环境监督机构以及环保评估机构信息披露的具体频率、内容、标准,并制定相应的信息采集、发布规范。将各责任主体披露的信息纳入统一的气候信息数据库,建立

共享机制，提高企业违法成本，加强对企业环境违法行为的社会监督和制约，为金融机构的贷款和投资决策提供依据。再次，分步分类探索建立覆盖不同类型金融机构的环境信息披露制度，完善上市公司可持续发展信息披露指引，健全碳排放信息披露框架。最后，鼓励引入第三方评估机构。提高银行环境信息披露的公信力，建议引入专业的第三方环境信息评估机构，为银行环境信息披露提供专业的服务。

（三）明确评估规则，落实气候风险识别监测

首先，实施审慎监管与风险防范。逐步将气候变化相关风险纳入宏观审慎政策框架，研究完善风险监管指标和评估办法，增强金融机构应对风险能力，加强对气候金融的行为监管和功能监管。其次，构建系统分析框架。银行需建立一个全面、系统的气候风险评估框架，完善气候风险系统化的评估标准和方法体系，将气候风险纳入其全面风险管理体系，确保在气候风险度量、气候政策跟踪分析、气候风险定价、投融资结构调整等方面持续发力。再次，利用数字化手段。银行应将数字化手段嵌入气候风险管理全场景，利用大数据、物联网等技术收集客户气候风险相关数据，并构建系统化的评估标准和方法体系，将资源成本、污染治理成本、生态和社会环境影响等要素定量化、货币化，最终实现对企业环境风险的识别、监测。最后，鼓励银行借助第三方绿色评估机构的力量评估相应风险。根据监管规定，商业银行核心风控不得外包。但考虑到气候投融资、绿色金融的专业性，建议后续放开对此项工作的外包管理限制。在制度中明确评估机构的资质及业务开展要求，使环境风险的识别、监测更为专业，效率更高。

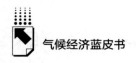
参考文献

王信：《审慎管理气候变化相关金融风险》，《中国金融》2021 年第 4 期。

王遥、王文蔚：《环境灾害冲击对银行违约率的影响效应研究：理论与实证分析》，《金融研究》2021 年第 12 期。

中国人民银行研究局课题组：《气候相关金融风险——基于央行职能的分析》，《中国人民银行工作论文》2020 年第 3 期。

方琦、钱立华、鲁政委：《货币政策、审慎监管与气候变化：文献综述》，《金融发展》2020 年第 1 期。

黑田东彦：《完善金融体系以应对气候变化的相关风险——基于中央银行视角》，《当代金融家》2021 年第 5 期。

王馨、王营：《绿色信贷政策增进绿色创新研究》，《管理世界》2021 年第 6 期。

中国人民银行研究局课题组：《气候相关金融风险——基于央行职能的分析》，《中国人民银行工作论文》2020 年。

Brown, J. R., Gustafson, M. T., Ivanov, I. T., "Weathering Cash Flow Shocks", *The Journal of Finance*, 2021, 76 (4).

Dafermos, Y., Nikolaidi, M., Galanis, G. "Climate Change, Financial Stability and Monetary Policy", *Ecological Economics*, 2018, (152).

Dietz, S., Bowen, A. Dixon, C. Gradwell, P., "Climate Value at Risk of Global Financial Assets", *Nature Climate Change*, 2016, 6 (7).

Hong, H. F., Li, W. Xu, J. "Climate Risks and Market Efficiency", *Journal of Econometrics*, 2019, 208 (1).

B.7
中国保险业气候金融发展报告（2024）

傅若兰　寇日明　张一章*

摘　要：　保险是助力减缓和适应气候变化的重要市场化风险管理手段。本报告全面梳理回顾中国保险业参与气候金融政策制定与相关的业务实践。在政策指引和支持下，为满足日益增长的应对气候变化风险保障需求，我国保险业不断推进气候保险产品创新，应用最新科技手段为气候保险发展赋能，保险资金积极参与气候投融资，市场实践在探索中日益丰富，服务路径不断拓宽。与此同时，我国保险业也需要直面气候风险不断累积、风险特征发生变化、政策体系与行业基础设施有待完善、投保意识相对薄弱等问题和挑战。建议进一步完善气候保险相关法律体系，建立气候保险跨行业、跨部门协同合作机制，发挥再保险功能作用，提升保险机构气候变化风险管理专业能力，推进保险业为我国气候金融发展与全球气候风险治理贡献力量。

关键词：　气候保险　气候金融　巨灾保险

保险兼具损失补偿风险、分散风险、防灾防损和资金融通功能，其参与气候行动主要通过气候保险来实现。气候保险是保险业在减缓和适应气候变化等方面提供风险保障和资金支持等经济行为的统称，是气候投融资的重要

---

* 傅若兰，中国再保战略发展部/中再研究院高级副经理，研究方向为绿色金融、保险市场；寇日明，理学博士，中美绿色基金合伙人，研究方向为绿色技术及绿色技术产业化；张一章，东方证券研究所员工，兼清华大学全球证券市场研究院研究助理，复旦大学中国风险投资研究中心研究员，研究方向为绿色金融、风险投资、市值管理、ESG等。

组成部分，在适应和减缓气候变化中起到重要作用。① 气候保险不仅在转移和分散气候灾害风险、加强气候风险管理、助力气候友好型产业发展、气候科技研发推广等方面发挥重要作用，还通过气候风险的承保和监督以及相关投资提高公众对气候金融风险以及气候友好型理念的认知，是助力气候投融资发挥更大作用，实现零碳转轨、推进绿色可持续发展的重要气候金融工具。

一 中国保险业气候金融概况

（一）保险业气候金融的重要作用

保险业在气候投融资领域的积极参与有助于分散气候金融风险，推动可持续发展。通过提供风险管理工具、提供经济支持和推动创新，保险业不仅在降低气候相关行业的不确定性方面发挥了作用，也为建设更有抗灾韧性、可持续的未来奠定了基础。

第一，保险部门的气候保险产品和机制设计，有助于丰富气候金融服务体系。保险业气候金融与其他行业气候金融形成有益互补，弥补证券、信贷产品的不足，为减缓和适应气候新产品的研发、经济零碳转型提供风险保障。保险资金投资形式多样，既可以直接投资，也可以间接投资，气候保险可以凭借其风险管理属性，为气候友好型主体提供融资担保、增信等服务，与其他气候金融行业形成合力，提升气候友好型产业的融资能力。

第二，保险业气候投融资有助于分散气候金融风险，为具有高气候风险的产品和项目提供保障。对受气候灾害危害的对象进行理赔是应对气候变化风险的金融保护机制，有助于鼓励企业和个人更积极地参与气候适应和韧性建设，扩大气候投融资的规模，促进更多的资金流入可再生能源、适应和减缓气候变化的项目，推动清洁能源发展和可持续建设。气候灾害理赔有助于

---

① 许光清、陈晓玉、刘海博等：《气候保险的概念、理论及在中国的发展建议》，《气候变化研究进展》2020年第3期。

减轻灾后恢复给政府财政造成的负担，提高社会整体的抗灾能力。保险业的气候保险产品能够在这些不可预测的情况下提供经济保障，减轻受灾方的财务负担。这种保险支持不仅为投资者提供了信心，也为受灾方提供了更强大的抗风险能力，从而使气候投融资更具吸引力。

第三，保险业参与气候风险治理，还有助于推动气候风险管理的创新。在极端天气增多、极端天气破坏性增强的背景下，以简单历史信息预测出来的气候灾害数据，不能更全面地预估气候风险未来将产生的损害，迫切需要创新气候风险管理工具。为了更好地适应气候变化带来的挑战，保险公司和融资机构不断研发新的保险产品和金融工具，以更全面、精确地量化和管理气候风险。气候相关保险金融工具的创新，有助于建立更加可持续和灵活的金融体系，为气候投融资提供更为健康和可靠的基础。

（二）中国保险业气候金融发展政策环境

近年来，我国气候保险相关的政策举措陆续出台，政策层次和发布频率不断提升，为我国保险业开展气候金融实践营造了良好的政策环境，具体详见表1。

表1　中国保险业气候金融相关政策动态

时间	政策
2016 年 8 月	中国人民银行与保监会等七部门联合印发《关于构建绿色金融体系的指导意见》，将发展绿色保险作为独立章节，并指出"建立完善与气候变化相关的巨灾保险制度"
2020 年 1 月	银保监会印发《关于推动银行业和保险业高质量发展的指导意见》（银保监发〔2019〕52 号），提出"探索碳金融、气候债券、蓝色债券、环境污染责任保险、气候保险等创新型绿色金融产品"
2020 年 10 月	生态环境部等部门印发《关于促进应对气候变化投融资的指导意见》，指出"鼓励银行业金融机构和保险公司设立特色支行（部门），或将气候投融资作为绿色支行（部门）的重要内容"
2021 年 1 月	中国人民银行年度工作会议将"落实碳达峰碳中和重大决策部署，完善绿色金融政策框架和激励机制"列入 2021 年度重点工作，特别提及要"增强金融体系管理气候变化相关风险的能力"

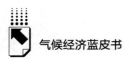

时间	政策
2021 年 1 月	银保监会年度工作会议将"积极发展绿色信贷、绿色保险、绿色信托,为构建新发展格局提供有力支持"列入 2021 年度重点工作
2021 年 2 月	《国务院关于加快建立健全绿色低碳循环发展经济体系的指导意见》(国发〔2021〕4 号)印发,在大力发展绿色金融方面明确提出"发展绿色保险,发挥保险费率调节机制作用"
2021 年 6 月	中国保险行业协会发布《保险业聚焦碳达峰碳中和目标助推绿色发展蓝皮书》,全面介绍了保险业在推动巨灾应对能力提升、服务能源结构调整、护航绿色交通发展、赋能建筑行业绿色转型、支持绿色低碳技术推广、助力生态碳汇能力提升等领域的实践
2021 年 12 月	生态环境部等部门联合发布《关于开展气候投融资试点工作的通知》与《气候投融资试点工作方案》,但未提及保险相关内容
2022 年 5 月	银保监会发布《中国保险业标准化"十四五"规划》,指出要加快完善绿色保险相关标准建设,支持保险业探索开发环境气候领域等创新性绿色保险产品
2022 年 5 月	国务院印发《气象高质量发展纲要(2022—2035 年)》,指出"积极发展金融、保险和农产品期货气象服务"
2022 年 6 月	银保监会印发《银行业保险业绿色金融指引》,要求"积极开展环境保护、气候变化、绿色产业和技术等领域的保险保障业务以及服务创新"
2022 年 12 月	银保监会办公厅印发《关于印发绿色保险业务统计制度的通知》,在统计分类中首次提出"气候变化风险类保险"
2023 年 9 月	中国保险行业协会发布《绿色保险分类指引(2023 年版)》
2024 年 3 月	国家金融监督管理总局、财政部印发《关于扩大城乡居民住宅巨灾保险保障范围进一步完善巨灾保险制度的通知》,将气象类灾害纳入城乡居民住宅巨灾保险保障范围
2024 年 4 月	国家金融监督管理总局印发《关于推动绿色保险高质量发展的指导意见》,从负债端提出 9 项重点工作任务,包括提升社会应对气候变化能力

资料来源:作者整理。

    2016 年,人民银行等七部门联合发布《关于构建绿色金融体系的指导意见》,我国成为全球首个由政府部门制定系统性绿色金融政策框架的国家，该政策在"发展绿色保险"专章中明确指出"建立完善与气候变化相关的巨灾保险制度""鼓励保险机构充分发挥防灾减灾功能"。2020年，银保监会印发《关于推动银行业和保险业高质量发展的指导意见》，提出探索碳金融、气候债券、蓝色债券、环境污染责任保险、气候保险等创新型绿色金融产品，这是监管政策首次出现"气候保险"这一表述，但没有给出具体定义。

2022年，银保监会印发《银行业保险业绿色金融指引》，第十三条指出："保险机构应当根据有关法律法规，结合自身经营范围积极开展环境保护、气候变化、绿色产业和技术等领域的保险保障业务以及服务创新。"同年，银保监会办公厅印发《关于印发绿色保险业务统计制度的通知》，统计制度将绿色保险划分为三大类——环境、社会和治理（ESG）风险保险业务、绿色产业保险业务、绿色生活保险业务，其中，ESG风险保险业务项下包括巨灾保险、碳保险，并将这两类保险统称为"气候变化风险类保险"。

2023年9月，中国保险行业协会发布《绿色保险分类指引（2023年版）》，是首个全面覆盖绿色保险产品、保险资金绿色投资、保险公司绿色运营的行业自律规范，在绿色保险产品方面，指引梳理形成10类服务领域、16类保险产品类别、69种细分保险产品类别，并列举了150余款保险产品，其中第一类服务领域为"助力应对极端天气气候事件"，对应保险类别为"气象灾害类保险"，包括四个细分保险类别——气象灾害巨灾保险、公共基础设施灾毁保险、农业气象指数保险、其他气象灾害保险，此类产品属于典型的气候变化适应类保险产品；除此之外，助力绿色产业发展、助力低碳转型经济活动、助力支持环境改善、助力生物多样性保护、助力绿色金融市场建设、助力绿色低碳安全社会治理、助力绿色低碳交流与合作、助力绿色低碳生活方式均属于气候变化应对类保险产品（见表2）。这一细化分类的提出，有助于指导和引领保险行业在气候金融领域推进保险产品创新。

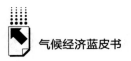

表2　绿色保险产品分类表（2023年版）

一级目录	二级目录	三级目录
领域（场景）	保险类别	细分保险类别
1. 助力应对极端天气气候事件	1.1 气象灾害类保险	1.1.1 气象灾害巨灾保险
		1.1.2 公共基础设施灾毁保险
		1.1.3 农业气象指数保险
		1.1.4 其他气象灾害保险
2. 助力绿色产业发展	2.1 清洁能源类保险	2.1.1 太阳能保险
		2.1.2 风能保险
		2.1.3 水电保险
		2.1.4 核能保险
		2.1.5 储能保险
		2.1.6 氢能保险
		2.1.7 电网保险
		2.1.8 其他清洁能源保险
	2.2 产业优化升级类保险	2.2.1 绿色制造体系保险
		2.2.2 循环经济保险
		2.2.3 其他产业优化升级保险
	2.3 绿色交通类保险	2.3.1 新能源汽车产业保险
		2.3.2 轨道交通保险
		2.3.3 新能源船舶、航空器保险
		2.3.4 绿色高效交通运输体系保险
		2.3.5 绿色交通基础设施保险
		2.3.6 其他绿色交通保险
	2.4 绿色建筑类保险	2.4.1 绿色建筑保险
		2.4.2 其他绿色建筑保险
	2.5 绿色低碳科技类保险	2.5.1 绿色环保装备保险
		2.5.2 绿色低碳材料保险
		2.5.3 绿色低碳科技保险
		2.5.4 其他绿色低碳科技保险
3. 助力低碳转型经济活动	3.1 低碳转型类保险	3.1.1 化石能源低碳转型保险
		3.1.2 工业领域低碳转型保险
		3.1.3 建筑领域低碳转型保险
		3.1.4 其他低碳转型保险

续表

一级目录	二级目录	三级目录
4. 助力支持环境改善	4.1 环境减污类保险	4.1.1 环境污染责任保险
		4.1.2 船舶污染责任保险
		4.1.3 石油污染保险
		4.1.4 危险品责任保险
		4.1.5 环保基础设施保险
		4.1.6 其他环境减污保险
5. 助力生物多样性保护	5.1 生态环境类保险	5.1.1 生态种植业保险
		5.1.2 生态林业保险
		5.1.3 绿色畜牧业保险
		5.1.4 绿色渔业保险
		5.1.5 生态功能区保险
		5.1.6 野生动物保险
		5.1.7 生态修复保险
		5.1.8 园林绿化保险
		5.1.9 其他生态环境保险
6. 助力绿色金融市场建设	6.1 绿色融资类保险	6.1.1 绿色贷款保险
		6.1.2 其他绿色融资保险
	6.2 碳市场类保险	6.2.1 碳交易保险
		6.2.2 碳汇保险
		6.2.3 其他碳市场保险
7. 助力绿色低碳安全社会治理	7.1 绿色低碳社会治理类保险	7.1.1 绿色低碳治理安全生产责任保险
		7.1.2 绿色低碳治理公共安全责任保险
		7.1.3 绿色低碳治理重要基础设施保险
		7.1.4 绿色服务保险
		7.1.5 其他绿色低碳社会治理保险
8. 助力绿色低碳交流与合作	8.1 绿色低碳贸易类保险	8.1.1 绿色外贸保险
		8.1.2 绿色"一带一路"保险
		8.1.3 绿色内贸保险
		8.1.4 其他绿色低碳贸易保险
	8.2 绿色低碳活动类保险	8.2.1 绿色低碳会展保险
		8.2.2 绿色低碳赛事保险
		8.2.3 其他绿色低碳活动保险

续表

一级目录	二级目录	三级目录
9. 助力绿色低碳生活方式	9.1 绿色生活类保险	9.1.1 新能源汽车保险
		9.1.2 非机动车保险
		9.1.3 住宅全装修质量保险
		9.1.4 其他绿色生活保险
10. 其他		10.1 企业可持续发展保险
		10.2 其他绿色保险

资料来源：中国保险行业协会《绿色保险分类指引（2023 年版）》。

（三）中国保险业气候金融发展现状

在政策指引和支持下，为满足日益增长的应对气候变化风险保障需求，同时学习借鉴国际先进经验，我国气候保险的市场实践在探索中日益丰富，服务路径不断拓宽。

1. 气候保险产品日益丰富

根据保险行业协会统计数据测算，2018～2020 年我国保险业在适应与减缓气候变化领域累计提供约 23.8 万亿元保险保障[①]，有力发挥了气候风险管理功能。2020 年部分气候保险产品如表 3 所示。

表 3 2020 年部分气候保险产品数据（不完全统计）

单位：万亿元，%

服务领域		保险保额	同比增速	涉及险种
适应气候变化	推动巨灾应对能力提升	0.3625	3.3	民生保障型、指数型、城乡居民住宅地震保险等
减缓气候变化	服务能源结构调整	1.96	8.5	财产险/机损险、工程险、效能保险等
	护航绿色交通发展	6.34	63.8	新能源机动车保险、充电桩财产及责任保险、轨道交通保险等

---

① 该数据为 2018～2020 年绿色保险保额（45 万亿元）扣除环境污染治理类（14.3 万亿元）与其他绿色保险类（6.9 万亿元）保额后计算得出。

续表

服务领域		保险保额	同比增速	涉及险种
减缓气候变化	赋能建筑行业绿色转型	0.1017	55.2	绿色建筑性能责任保险、工程险、建筑质量潜在缺陷保险等
	支持绿色低碳技术推广	0.1665	−41.5	首台套/新材料综合保险、知识产权保险等
	助力生态碳汇能力提升	1.35	3.8	森林综合险、碳汇保险等

资料来源：中国保险行业协会《保险业聚焦碳达峰碳中和目标助推绿色发展蓝皮书》。

（1）适应气候变化

气候变化导致极端天气灾害的发生频率和损失强度不断提升，为提高经济社会气候变化与自然灾害应对韧性、助力政府职能转型，我国保险业探索开发了巨灾保险、天气指数保险等一系列为适应气候变化提供风险保障的产品。根据中国保险业协会统计，2022年我国保险业涉及重大自然灾害的赔付约635.52亿元，投入防灾减灾资金约2.34亿元，发送预警信息约7574.74万人次，预计减少灾害损失约22.77亿元；在灾害救援方面，捐赠保险的保额约4736.64亿元。[1]

一是巨灾保险。自2008年起，我国开始以地震巨灾保险作为突破口探索建立巨灾保险制度。[2] 政策性巨灾保险由政府投保或牵头开展，主要包括中国城乡居民住宅地震巨灾保险、政府财政风险巨灾指数保险和各地政府补贴的自然灾害民生综合保险等。2014年以来，各地政府相继展开政策性综合巨灾保险探索，广东、湖南、河南、浙江、山东等省以及深圳、宁波等城市建立了符合区域特色的巨灾保险制度，在台风、洪水、暴雨等重大灾害事故的损失分担中发挥了重要作用，如宁波、深圳、厦门等地的民生保障性巨灾保险，广东、黑龙江等省的指数型巨灾保险，在机制上主要以政府出资、

---

[1] 《中国保险行业协会组织行业开展2023年全国防灾减灾日有关工作》，中国保险行业协会，http://www.iachina.cn/art/2023/5/12/art_22_106804.html，2023年5月12日。

[2] 马菲菲：《中国适应气候变化保险制度研究》，清华大学硕士学位论文，2015。

保险公司联合承保的方式运行，提高了当地居民和社会抵抗巨灾风险和损失的能力。2021 年 7 月郑州暴雨灾害中，保险业赔付超过 124 亿元，占直接经济损失比例超过 11%，远高于保险业在 2008 年汶川地震中发挥的经济补偿作用。在灾害民生类保险方面，根据应急管理部数据，全国 31 个省份均开办了灾害民生类保险，覆盖 217 个地市的 1100 个区县，保障人数约 5.7 亿。[①] 商业性巨灾保险的投保人和被保险人通常是企事业法人单位，主要为企事业法人单位面临的巨灾风险提供保障。另外，一些财产险产品通常也包含部分巨灾保障责任，如企业财产保险、机动车保险、工程保险等，保险责任通常包括暴风、龙卷风、洪水、破坏性地震、地面突然塌陷、崖崩、突发性滑坡、雪灾、雹灾、冰凌、泥石流等自然灾害风险。[②]

二是天气指数保险。天气指数保险农业气象指数保险是指把一个或几个气候条件（如气温、降水、风速等）对保险标的的损害程度指数化，每个指数都有对应的保险标的损益，保险合同以这种指数为基础，当指数达到一定水平并对保险标的造成影响时，被保险人就会获得相应标准的经济补偿，目前我国市场实践中主要有农业气象指数保险、新能源天气指数保险等。例如，2023 年 8 月，国寿财险推出水产养殖温度指数保险产品，该产品与"中央气象台－大商所温度指数"中的广州站日平均温度指数挂钩，一旦某日该指数超过赔款触发值，参加保险的当地南美白对虾和四大家鱼养殖户即可获得赔款，且温度越高、赔款越多。[③] 这类保险产品与气象数据挂钩，大大降低了传统保险产品的交易成本、监督成本、实地勘察成本，合同透明、理赔快捷，同时能够较好地避免逆向选择和道德风险，发挥良好的适应气候变化作用。

---

① 魏思佳、韩迪、王一鸣：《覆盖 31 个省 保障 5.7 亿人——自然灾害民生保险崭露头角》，《中国应急管理杂志》2023 年第 8 期。
② 《台风"杜苏芮"理赔背后：我国巨灾风险管理体系持续健全》，《21 世纪经济报道》，https：//baijiahao. baidu. com/s？id＝1773662887873679851&wfr＝spider&for＝pc，2023 年 8 月 8 日。
③ 《手握挂钩"大商所温度指数"的保险产品 水产养殖户不慌不忙》，央广网，https：//baijiahao. baidu. com/s？id＝1776423168054729401&wfr＝spider&for＝pc，2023 年 9 月 8 日。

三是巨灾模型、巨灾债券等巨灾风险管理工具。我国保险和再保险公司通过科技赋能、产品创新、制度创新、服务创新等手段不断提升巨灾风险管理水平，在推动地方灾害风险减量管理、拓宽巨灾风险多元化分散渠道、推进政府治理体系和治理能力现代化中发挥了重要作用。[1] 例如，中国再保2015年在百慕大发行我国首只巨灾债券，2021年在中国香港发行大湾区首只巨灾债券，并成立我国保险业首家专注巨灾风险管理的保险科技公司——中再巨灾风险管理公司，自主研发我国第一个拥有自主知识产权、可商用的地震巨灾模型、台风巨灾模型、洪涝巨灾模型，并基于该技术提供风险减量管理综合解决方案，让巨灾风险"看得清、算得明、管得好"，有力地提升了我国防灾减灾能力。平安产险自主搭建了"鹰眼系统DRS2.0"及大灾应急服务平台，内含台风、暴雨等8种灾害风险地图及15种灾害预警，灾害预警平均准确率超70%，分辨率在1km×1km以内，提前时间超48小时。依托"鹰眼系统DRS2.0"和大灾管理平台，平安产险可在灾前通过AI电话、短信等载体为客户提供精准预警及防灾指引，协助客户积极防范。截至2022年底，"鹰眼系统DRS2.0"向223万客户发送防灾预警提示及防灾信息超过441万条，累计为客户减少损失超2亿元。[2] 2021年10月，中再巨灾风险管理公司联合海南省应急管理厅、人保财险海南省分公司建立了"风险治理与应急管理创新实验室"，探索巨灾风险管理的"海南解法"，研究商业保险参与应急管理工作的新途径，助力国家治理体系和治理能力现代化建设。

四是农业保险。农业保险有多种分类，其中大部分与气候变化和自然灾害相关，如农业气象指数保险、农业生态保险、森林保险等。农业保险是适应气候变化、降低气象灾害给农业生产者带来的损失的主要工具。在气候灾害不断增多的背景下，我国农业保险是适应气候资金的重要组成部分，是保障农民收益的"稳定器"，具有惠农、支农、强农、富农的作用。自2007

---

[1] 项志杰：《防灾减灾中的金融保险工具应用》，《当代县域经济》2021第5期。

[2] 中国平安：《中国平安2022可持续发展报告》，2023，http：//www.pingan.com/app_upload/images/info/upload/6924d463-2bc6-49f8-b7b6-6adced50b324.pdf。

年我国提出"积极发展农业保险",并对其实施补贴,农业保险保费收入迅速增长,保障规模急剧扩大。农业保险保费的增长可分为三个阶段,第一阶段是2007~2008年,由于良好的政策支持,农业保险保费实现了跨越式增长;第二阶段是2009~2016年,也是改革攻坚阶段,农业保险保费增长趋势放缓,相关保险政策也在逐步探索,保费收入波动较大;第三阶段是2017年至今,表现出平稳增长趋势,保费收入持续增长,保障范围持续扩大,2020年跃居成为全球农业保险保费收入规模最大的国家(见图1)。根据统计,2023年农业保险保费收入1430亿元(见图2),相比上年增加17%,农业保险保费收入规模持续保持全球第一。

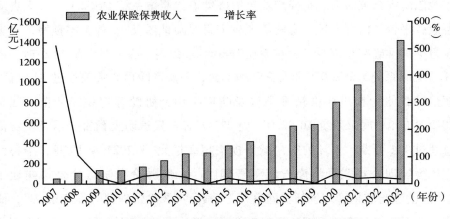

图1 2007~2023年中国农业保险保费收入和增长率

资料来源:国泰安数据库、国家金融监督管理总局网站。

（2）减缓气候变化

一是碳保险。近两年来,随着我国"双碳"目标的正式提出,碳汇保险领域产品创新活跃,国内主要保险公司都开展了碳汇相关保险产品的探索。多家财产保险公司先后开发了政策性林木碳汇保险、商业性林业碳汇保险、森林碳汇保险、茶园农业碳汇保险、湿地碳汇保险、海洋碳汇保险等创新型产品,在传统保险提供经济价值保障的基础上,引入生态价值保障,为自然灾害、有害生物灾害致使森林、草原、湿地、海草床等出现流失、损

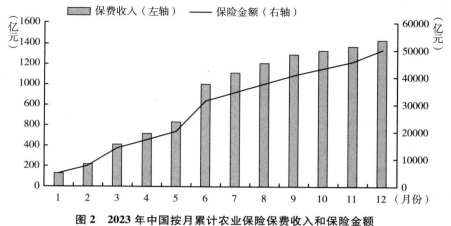

图2　2023年中国按月累计农业保险保费收入和保险金额

资料来源：国家金融监督管理总局网站。

毁、死亡情况等造成的碳汇产量损失提供价值补偿。配合碳市场发展，我国保险业借鉴国际经验，发展碳交易保险，控制碳交易过程中的融资风险、信用风险、交付风险、价格风险等，如碳资产质押融资贷款保证保险，以碳排放权质押贷款合同为底层合同，为碳资产所有权人的贷款提供增信支持。此外，我国保险行业2022年以来积极开展电力等行业碳保险研发探索，创新性地开发了自愿减排项目监测期间减排量损失保险产品（简称"碳抵消保险"）和"CCS或CCUS项目碳资产损失保险"①（简称"碳捕集保险"），为自然灾害或意外事故导致的碳减排量损失、碳资产损失提供保险保障，化解企业应用CCS或CCUS技术所面临的风险，助力企业控制碳市场履约成本，助力企业实现降碳减排目标。

二是清洁能源保险。近年来，我国保险业立足打造满足多样化保障需求的保险产品体系，全力助推绿色能源转型，为"构建以新能源为主体的新型电力系统"提供风险保障。在建设期，为新能源工程提供建筑/安装工程险、建工团意险/雇主责任险等，保障其安全建设；在运营期，为清洁能源

---

① CCS为Carbon Capture and Storage的缩写，指碳捕获与封存技术，CCUS为Carbon Capture，Utilization and Storage的缩写，指碳捕获、利用与封存技术。

项目提供财产险、机器设备损失险、营业中断险、安全生产责任险、发电量保证保险、产品质量及功率补偿责任保险等，保障其正常稳定运行。产品创新方面，2022年中再产险联合平安财险，落地新疆哈密烟墩第二风电场风速波动指数保险，在帮助风力发电企业平滑年度企业经营结果的同时，也在一定程度上为这类企业提供融资增信。中国大地保险首创屋顶分布式光伏电站发电量损失补偿保险，能够保障太阳照度不足、光伏系统能量转化异常、运维状况异常等风险造成的损失。这一领域保险科技的应用进展也非常迅速，人保财险2022年自主开发海上风电风险管理科技平台——深海蓝盾，提供风场项目可视化管理、业务统计分析、灾因分析、区域累计自留风险分析、地震风险分析、台风预警等服务，有效协助客户做好风险减量管理，全年覆盖113个已承保风电项目，提供台风预警服务23次。[①]

三是绿色交通保险。气候保险为交通绿色转型提供的风险保障主要体现在新能源汽车保险和轨道交通建设工程保险两方面。在新能源车险方面，为进一步提高对新能源汽车保障的针对性、有效性和规范性，2021年中国保险行业协会正式发布《新能源汽车商业保险专属条款（试行）》，中国精算师协会正式发布《新能源汽车商业保险基准纯风险保费表（试行）》，2023年中国保险行业协会发布《新能源汽车保险事故动力蓄电池查勘检测评估指南》标准。目前保险行业已基本形成了车险、电池保险、充电桩保险三位一体的全面保障。我国新能源车险占比持续提升，2023年新能源汽车保有量达2041万辆，按车均保费4003元测算，2023年新能源车险保险规模将超800亿元。[②] 2022年，中再产险发布了再保险行业首个新能源汽车定价风控模型——"再·途"新能源汽车定价模型，覆盖车辆电池热失控引发风险、车辆损失引发风险的定价和风控以及危险驾驶行为引发第三方责任的定价和风控。在轨道交通建设工程保险方面，保险行业推出了地铁工程建筑工程一切险等产品，且保险公司在提供承保支持的同时，通过"保险+服

---

① 中国人民保险集团股份有限公司：《2022年企业社会责任报告》，2023。

② 《我国新能源汽车保有量超过2000万辆》，新华网，http：//www.xinhuanet.com/fortune/20240111/6be7756c757548d6bdec9373c0d9b37e/c.html，2024年1月11日。

务"的形式，提供保前和保中全流程风控增值服务，支持我国绿色交通发展。

四是绿色建筑保险。建筑领域节能减排对于实现碳中和目标、减缓气候变化至关重要。我国保险行业积极响应政策要求，创新发展绿色建筑性能责任险产品，全流程参与企业绿色建筑性能施工管理，保障绿色建筑从绿色设计真正走向绿色运行，并负责发放绿色星标评级风险后的经济补偿，一方面为绿色建筑的性能提供风险保障，另一方面由保险公司聘请风险管理机构，监控和规范绿色建筑的整个建设过程，助力绿色建筑达到其预定的星级目标。2019 年 3 月，人保财险在北京签发全国首张绿色建筑性能保险保单。此外，我国保险业创新开发产品支持既有建筑节能改造，2021 年，人保财险在青岛落地全国首单既有建筑节能改造保险"减碳保"，如节能改造效果达不到预定目标，相关损失及后续改造成本由保险公司承担。

五是绿色低碳技术保险。我国保险业为绿色低碳技术攻关提供研发风险保障与托底支持，支持"碳达峰碳中和"关键技术的研究，为相关企业的新技术落地提供全面风险保障，落实国家首台（套）重大技术装备保险、重点新材料首批次应用保险试点工作，支持国产绿色技术装备、新材料研发、推广、应用，助力绿色科技迭代发展。2021 年，人保财险承保绿色低碳技术首台（套）装备保险项目 18 个，为 47 台（套）重大技术装备提供风险保障 80.09 亿元；承保绿色技术新材料保险项目 31 个，提供风险保障 14.42 亿元。近年来，我国保险业还推出"科研保"、知识产权保险，为低碳供应链企业提供科研费用损失保险保障，为绿色低碳技术和产品的确权、维权、用权提供保险保障。

2. 保险资金参与气候投融资

保险资金是我国金融资金的重要组成部分，具有长期性、稳定性的优势，与气候投融资的需求高度契合，应该成为也正在成为气候投融资的重要参与力量。现阶段保险行业尚无参与气候投融资的相关统计，但绿色投资大多涉及气候领域，与气候投融资高度重合，根据保险业协会统计，保险资金运用于绿色发展的投资余额从 2018 年的 3954 亿元增加至 2020 年的 5615 亿

元，年均增长 19.17%（见图 3）。根据国家金融监管总局公布的数据，截至 2023 年上半年，保险资金投向绿色发展相关产业余额 1.67 万亿元，同比增长 36%。①

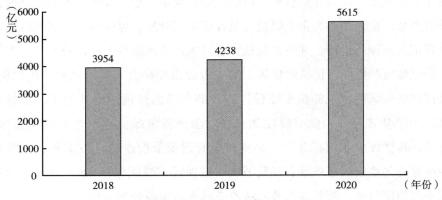

图 3　2018～2020 年绿色保险投资余额

资料来源：中国保险业协会。

二　中国保险业气候金融的挑战与机遇

（一）面临的主要挑战

一是保险行业面临的严重灾难损失风险迅速提高。气候变化风险在碳中和实现前将不断累积。气候变化导致极端天气频率与强度大幅提高，对灾害应急管理提出了更高的要求。气候变化改变大气的热力和动力条件，高温热浪、强降水、洪涝、野火等事件频率和强度都在不断加强，如以往主要影响我国东南沿海的台风，近年来影响地区进一步扩大到中部，甚至华北、东北地区。伴随着城市化进程的加快，经济社会发展与自然灾害的相互耦合影响

---

① 《2023 服贸会丨金融监管总局周亮：上半年绿色保险半年保费收入 1159 亿元》，《北京商报》，https://c.m.163.com/news/a/IDN6U7V30519DFFO.html? referFrom = baidu，2023 年 9 月 3 日。

更加突出，居住密度上升，经济损失进一步扩大（见图4），同时随着保险的普及以及保险深度和密度的加深，保险损失也将呈现扩大趋势，这对保险机构的承保能力、巨灾风险管理能力、经营稳定性都提出了更高的要求。

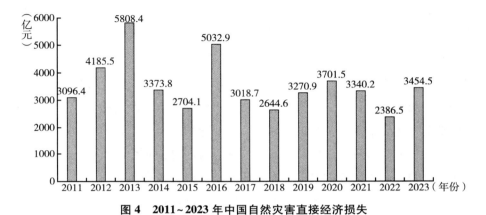

图4 2011~2023年中国自然灾害直接经济损失

资料来源：中华人民共和国应急管理部。

二是转型过程中保险标的的风险特征发生变化，对保险机构风险管理能力提出更高的要求。为实现"双碳"目标，我国产业结构将发生巨变，传统高碳产业面临转型升级，绿色产业蓬勃发展，在负债端会导致保险机构承保标的的风险敞口发生变化。如原本车险的承保标的以传统燃油车为主，未来将转向以纯电动车、氢能源汽车等新能源汽车为主，而这两类汽车的风险特征截然不同，新能源汽车出险的历史数据缺乏、现阶段赔付率较高，要求保险机构具备更强的风险管理能力与更丰富、更前沿的风险知识。相同的故事也同样发生在能源险等其他转型风险密集的领域。在资产端，转型风险可能导致大量资产搁浅，据国际能源署预测，到2050年，高碳行业的资产搁浅规模将达10万亿美元，到2100年可能高达28万亿美元。对保险业来说，转型风险造成资产价值下降，会对保险公司投资收益产生负面影响，需要提前加以应对和管理。

三是法律法规仍不完善，相关行业标准亟待建立。目前，我国尚未出台气候保险相关法律法规或行业政策，保险机构发展气候保险缺乏相关行业标准与政策指导。在一些特定领域，如巨灾保险领域，我国尚未建立完备的全国巨灾保险法律制度，法制化建设步伐仍需加快。由于相关法律法规缺位，多层次巨灾风险管理及巨灾保险体系的制度框架、组织形式、运营模式、产品设计、分担机制等都没有明确，保险尚未在法制层面纳入国家灾害救助和应急管理体系，很大程度上影响了巨灾保险的普及与发展。

四是数据、风险管理模型等行业相关基础设施有待完善。气候变化风险对财产保险、人身保险产品费率厘定都会产生重大影响，但以往相关费率厘定均基于历史经验数据，多数保险机构未将近年来愈发严重的气候变化影响与极端天气情况纳入定价模型。随着气候变化加剧，气候相关风险的覆盖范围将更广、影响将更大，气候类自然灾害风险的可预测性也大幅下降，气候变化及其带来的连锁反应对巨灾模型中的相关性参数带来影响，超出现有模型和假设范围的灾难损失不断增加，对行业准确评估相关风险的能力带来挑战。此外，大量新兴风险缺乏历史承保数据，但目前跨行业数据共享机制尚未建立，也影响了保险机构的风险管理能力与承保意愿。

五是我国气候保险投保意识相对薄弱，市场主体参与积极性不高。气候变化和巨灾风险以往主要由政府和财政承担，且总体而言出险频率较低，企业和城乡居民等市场主体对于此类风险的感知仍然较弱，对政府救灾依赖度强，缺乏购买商业保险作为风险管理手段的意识和认知，投保需求不强。而政府部门以往更为重视灾害工程建设等实物性应对手段，对于保险等市场化风险管理与风险分散手段的重视程度相对较弱。

（二）潜在的发展机遇

一是气候变化物理风险带来的防灾减灾需求上升。气候变化引发的极端天气发生频率与强度上升，对保险行业而言既是挑战，也是机遇。政府方面，国家治理体系现代化更加重视运用包括保险在内的市场化风险管理手段，助力提升公共安全治理水平、完善社会治理体系。企业和居民方面，气候变化导致的城市洪涝、高温热浪等极端天气让大众对气候变化风险的感知度进一步增强，对相关保险产品更为关注。

二是我国经济社会绿色低碳转型进程加快，气候保险场景日益丰富。根据中国工程院数据，2022年我国绿色产业总产值达到20万亿元，绿色产业占GDP的比重达到16.5%，已成为经济发展的重要组成部分，将带来大量新的保险需求。在清洁能源领域，根据国家能源局《新型电力系统发展蓝皮书》，非化石能源消费占比将从2022年的17.5%上升到2030年的25%，并于2060年达到80%以上，将为光伏、风电、水电、储能保险带来发展机遇。此外，绿色建筑占当年城镇新建建筑比例将从2020年的77%提升至2025年的100%，引发大量绿色建筑保险需求。高标准农田面积将从2021年的9.06亿亩提升至2025年的10.75亿亩，高标准农田建设保险方兴未艾。在绿色出行方面，2020~2022年我国新能源汽车年销量增长4倍，带动新能源汽车保险快速增长，碳市场等环境权益交易市场的加速建设也为碳保险带来发展机遇。

三是各类支持鼓励政策、相关制度陆续出台。正如前文所论述的，气候投融资相关政策以及绿色保险相关政策的陆续出台，为气候保险的发展创造了良好的政策环境，有助于引导保险机构投入资源，为减缓和适应气候变化贡献价值，推进产品与服务创新。

四是科技发展为气候风险减量管理服务创新赋能。风险减量管理服务是保险机构利用科技手段为客户提供防灾减损服务，通过为客户提供事前预警、事中风险咨询与防灾建议等服务，降低事故发生概率或损失金额。人工智能、大数据、云计算等技术应用使建立较为精确的巨灾模型成为可能，从而保险机构可以为具体标的提供灾害预警服务。物联网技术帮助保险公司掌握保险标的的实时状态，如针对具有火灾风险的电化学储能项目，可以通过物联网技术和安装传感器实时掌握电池健康状态、温度、是否出现烟雾等，一旦出现事故预兆可以提前预警，及时灭火。高分辨率遥感技术、无人机勘探和雷达使用、地面观测和传感器等技术手段可以帮助保险机构采集更加精细的气象数据，支持气象预警预报和防灾减损服务。上述科技手段拓展了气候保险的服务手段和可保边界，使更多的气候保险产品创新成为可能。

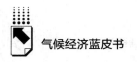

三　中国保险业气候金融展望与建议

（一）未来发展趋势

一是气候保险产品多维供给日益丰富。目前涌现的一些气候保险产品，虽有一定的发展规模，但产品种类仍较为有限，部分产品比较通用，支持绿色发展的专属特性仍不突出。随着市场对低碳转型发展相关风险需求的不断增加，保险公司在研发相关专属风险保障产品方面的投入逐渐提升，将构建更为完善的气候保险产品创新体系，催生更多为低碳转型提供专属保障的绿色产品，在科学有效分散风险的基础上实现高质量的产品创新及迭代优化。例如在巨灾保险领域，巨灾指数保险、巨灾救助费用补偿保险等产品的普及率将不断提升。在清洁能源领域，除能源电力传统保障外，新能源产品质量与功率保证需求，及营业中断引起的利润损失、发电量损失等风险保障需求将不断增加，激发相关产品供给创新。在绿色科技领域，保险业在继续做好节能减排项目保障的同时，将加大力度为更多绿色材料、减碳技术提供风险保障，推进新材料首批次应用保险、碳捕集保险、研发费用损失保险、专利保险等产品开发。在绿色交通领域，保险业在继续推动新能源汽车专属保险产品落地推广的基础上，将投入更多资源拓展开发车电分离模式下的动力电池保险、电池延保保险等相关非车险产品。

二是数字科技应用深化，助力风险减量管理。当前气候变化风险不断累积，风险总量持续增加，风险结构日趋复杂，对保险公司提供的风险管理专业服务提出了更高的要求。伴随着人工智能、物联网、云计算等数字科技的应用深化，风险减量管理服务将成为气候保险产品的标准配置，这就要求保险业，特别是财险业，从传统风险等量管理模式转变为主动介入的风险全流程管理，提供有针对性的专业化风险减量服务。保险行业不仅通过保险产品条款提供风险保障，还将通过整合风险管理资源，提供风险减量管理服务，加快技术创新和商业模式创新步伐，从简单提供事后经济补偿向提供一揽子综合风险保障方案转型。

三是保险费率调节机制将在引导气候友好行为方面起到更重要的作用。在市场机制作用下，绿色保险可依据被保人碳排放量、污染排放量、绿色出行里程等环境行为指标，形成更具差异化的保险费率，既能降低实施环境友好行为的被保人的参保成本，也能实现风险价格与成本更好的平衡，使整个经济社会加速向绿色低碳方向转型。目前，市场上已建立环责险差异化费率机制，保险公司聘请独立第三方环境风险评估专家，现场勘查环境风险隐患，基于企业环境、风险管理水平、行业危险等级、生产规模等确定风险等级，并将其与环责险保险费率、信用等级、财政补贴额度、贷款利率挂钩联动，引导企业主动增强绿色生产经营的风险意识、责任意识，主动开展环境污染防治工作。未来，随着市场条件的逐渐成熟，行业将适时探索在新能源汽车和具备条件的传统汽车产业中开发机动车里程保险（UBI）等创新产品，引导消费者绿色出行。

（二）发展建议

一是完善气候保险相关法律体系，加强政策鼓励与引导。建议完善巨灾保险等领域的立法，制定实施细则或管理办法，并鼓励在气候投融资试点地区先行先试，为相关法律细则制定积累经验，在健全相关法律体系的同时，引导全社会进一步认识气候保险在应对气候变化战略中的重要作用。建议出台气候保险相关政策，研究制定气候保险产品和服务标准指引，细化气候变化风险管理措施，支持和鼓励各类保险机构开发气候保险产品，积极参与气候投融资。

二是建立气候保险跨行业、跨部门协同合作机制。为解决气候保险数据积累少、风险把控难的问题，建议强化财政部门、绿色产业部门、气象部门、保险机构的协同合作，建立气象数据、绿色产业数据和金融保险数据的数据治理与数据共享机制。建议保险机构深化与绿色产业产融结合，与政府部门、客户、专业服务机构等相关方合作，构建跨行业生态圈，如合作建设气候保险创新实验室，全面开展数据共享与研究合作，提升风险评估与风险防控能力。同时，保险行业可以向政府、企业及全社会输出和共享保险业风险知识、风险管理经验、历史理赔数据，助力提升各行业应对气候变化的风险管理能力。此外，建议深化气候投融资与气候保险之间的协同，发挥保险的增信支持作用，运用气候保险独特功能，分散和降低气候投融资项目风险，引导更多资金进入气候投融资领域。

三是保险机构进一步提升气候变化风险管理专业能力。建议保险机构加速推进人工智能、物联网、云计算等前沿科技的应用，以数字科技赋能气候保险产品和服务模式创新，投入资源研发风险管理专业工具，使气候保险真正实现平台化、数字化发展，提供气候保险数智化服务，不断提高产品开发、业务开展、数据统计、减量管理等方面的专业化、精细化、集约化水平。

四是促进我国保险业在全球气候风险治理中发挥更重要的作用。我国自参与国际气候变化谈判以来，身份角色由积极参与者向积极引领者转变，对《巴黎协定》签署及 COP26 的成功召开均做出重大贡献。目前，参与气候变化全球风险治理的国际合作机制仍以欧美保险机构为主导，未来，发展中国家保险机构将越来越多地参与到相关机制建设中。一方面，我国保险业可以充分借鉴国际市场经验，引入国际市场成熟的气候保险产品与巨灾债券等风险分散和管理机制，密切关注行业最新研究成果与动态，借鉴国际先进经验。另一方面，我国保险业可以更加积极地参与气候保险国际机制建设，为气候脆弱经济体提供更多的承保能力与专业支持，为人类命运共同体建设贡献力量。

五是进一步发挥再保险在气候保险发展中的独特功能。从国际市场经验来看，在气候保险发展的过程中，再保险业为直接保险公司开展相关业务提供了重要支持。我国保险行业发展气候保险同样应积极发挥再保险的独特功能作用。首先，建议充分发挥再保险的数据、技术优势，持续研发巨灾模型、风险地图、风险定价模型等工具，推进前沿风险研究和产品创新。其次，针对气候风险集聚、直保公司承保能力不强和意愿较弱的问题，发挥再保险的风险分散作用，由再保险为行业提供强有力的承保能力支撑，建议设立由再保险人牵头的保险共同体，汇聚行业合力应对气候变化风险。

B.8
中国证券业气候金融发展报告（2024）

宋雪枫　陈　刚　迟永胜　等*

摘　要：　本报告探讨了中国证券业气候投融资的发展现状与前景。随着全球对应对气候变化的重视程度日益加深，利用证券市场进行气候投融资已成为推动气候金融发展的关键途径之一。中国证券业气候投融资起步相较于西方国家稍晚，但发展势头强劲，得益于政府对减缓和适应气候变化的支持力度持续加大、社会和市场对气候金融的持续关注。当前中国证券业气候投融资发展方面还面临着法规政策、技术和信息建设、市场参与主体认知等方面的挑战，同时伴随着国际合作空间的拓展、技术创新的推动以及绿色发展的大趋势等带来的较多机遇。未来通过进一步完善相关法规政策、引导技术和信息技术的发展以及提升市场参与者的认知深度和广度等举措，中国证券业的气候金融发展将更趋有序，将为建设具有中国特色的证券业气候投融资市场奠定基础，也将为中国在国际减缓和应对气候变化领域扮演重要角色产生积极影响。

关键词：　气候变化　气候金融　气候债券　证券市场　碳金融

---

* 执笔人：宋雪枫，管理学博士，正高级经济师，上海机场（集团）有限公司副总裁、上海机场（集团）有限公司财务总监；陈刚，管理科学与工程博士，东方证券首席研究总监、总裁助理兼研究所所长，研究方向为 ESG 投资等；迟永胜，高级工程师，清华大学全球证券市场研究院院长助理，北京交通大学兼职教授，中国绿色金融50人论坛专家委员会委员，研究方向为证券市场、投融资与并购、ESG 与气候金融、人工智能与数字化创新；薛俊，工商管理学博士，东方证券研究所策略首席分析师、ESG 分析师；黄为华，清华大学经济管理学院机关第一党支部书记，清华经管学院碳足迹项目负责人，研究方向为基础设施建设与低碳发展、绿色金融；段怡芊，东方证券研究所 ESG 分析师，研究方向为主要国家 ESG 制度、国内外 ESG 披露框架、金融机构 ESG 投资方法等；张一章，东方证券研究所员工，清华大学全球证券市场研究院研究助理，上海市可持续发展研究会国际标准化委员会专家，研究方向为绿色金融、ESG 等。

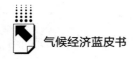

随着全球气候变化的日益加速，减缓和适应气候变化已经成为全球各个国家共同的责任。在此背景下，气候金融应运而生，成为减缓和适应气候变化的重要投融资活动。气候金融适用于减缓气候变化、提高能源效率、发展清洁能源等多个方面的项目投融资，这些投融资活动不仅有助于企业降低碳排放、优化能源结构，还可以推动实现全社会和经济的可持续发展。

证券行业是金融行业的重要组成部分，涉及证券的发行、交易和投资等。由于证券市场通常是指能够代表所有权或债权的股票、债券、期权、期货等多种经济权益凭证的金融工具及交易，气候金融以证券市场为载体进行投融资活动已成为全球以及我国气候相关项目投融资的重要手段之一，正发挥着不可替代的作用。本报告将重点分析和解读中国证券业气候投融资发展状况、主要问题及提出相关发展建议，以证券市场作为重要手段之一推动我国应对气候变化策略目标的实现。

一 中国证券业气候投融资的现状

（一）中国证券业气候投融资的重要性

中国证券业气候投融资主要涉及与气候变化相关的证券投资、融资及相关咨询和服务等领域，通过证券市场对气候金融的支持，促使政策、人才、资金、技术、资源等各种要素流向应对气候变化相关企业或项目。证券业气候投融资不仅有助于减缓和适应气候变化，带来稳定的投资回报，推动低碳经济的发展，还可以通过资源配置功能，引导社会资金进入气候投融资领域，推动企业和社会实现可持续发展。

证券业气候投融资是减缓和适应气候变化的重要金融手段。证券业气候投融资不仅涉及气候投资、融资活动，还包括促进解决气候问题和绿色经济发展的各种证券相关工具和衍生业务。证券业气候投融资能通过证券投资、融资、咨询和服务等方式，为气候变化相关、气候友好相关产业提供金融支持和服务，有利于提高能源效率、发展清洁能源、践行绿色低碳发展方式，加快减缓和适应气候变化。证券业气候投融资是气候金融的重要组成部分，本报告主要介绍与应对气候变化相关的投资、融资、咨询和服务等业务。其中，证券业气候投融资业务一般分为三类，即股权类、固定收益类、其他类，股权类以股票、指数、共同基金和 ETFs（Exchange-Traded Funds，交易所交易基金）等股权作为投资标的，固定收益类以气候友好型债券为主，其他类包括气候友好型相关的基础设施基金、房地产基金等；此外，还包括为气候金融开展的咨询和服务业务，即证券业为气候变化相关、气候友好相关公司或项目等提供服务。

在中国，证券业气候投融资虽然起步较晚，但发展迅速，这得益于我国政府对气候金融的重视程度不断提升，以及社会各界对气候变化问题的关注度不断提高。证券业气候投融资作为气候金融的重要组成部分，对于我国应对气候变化挑战、推动低碳经济发展以及实现经济可持续发展目标具有重要的战略意义。这种战略意义的重要性主要体现在以下几个方面。

一是有助于推动以市场化力量减缓和适应气候变化。证券业气候投融资的发展，可以促进市场化力量在应对气候变化方面作用的发挥。传统的市场化力量主要以寻求最大化利润为原则进行投资，较少考虑社会环境和影响气候变化的后果。通过发行气候友好型债券、气候友好型基金等金融产品，鼓励低碳企业、环保企业、清洁能源企业上市等方式，可以引导市场化主体和个人自发关注和投入，获得相关收益，以此推动市场化力量自主参与其中，同时自觉抑制污染性或环境不友好型项目或企业发展，引导摒弃消耗性高、污染性强、产能过剩的相关行业，关注和进入气候友好型、资源节约型领域。同时，证券业气候投融资也可以促进碳市场的发展，通过碳交易等手段，促进温室气体排放量的减少和补偿。这些市场化手段可以有效降低政策压力，更好地推动市场化力量参与减缓和适应气候变化。

二是有助于提高公众认同感和激发社会各主体的共同责任。证券业气候投融资的发展，可以提高公众对气候变化问题的认识和关注，激发社会各主体共同承担应对气候变化的责任。同时，证券业气候投融资也可以促进企业之间的合作与交流，推动产业链向绿色化、低碳化等气候友好型方向发展，

推动应对气候变化认识的深入，增强企业、公众保护环境和应对气候变化的社会责任感，有效提高公众认同感和激发社会各主体的共同责任。

三是有助于资本、人才等资源流向应对气候变化的企业或项目。减缓和适应气候变化需要更多的资本和人才投入，证券市场可以为企业或项目提供资金支持，推动其开展绿色、低碳等气候友好型科技创新。同时，证券业气候投融资地位的提升和行业薪资水平的提升，也有助于相关人才参与气候友好型产业，创造更多在应对气候变化领域的产品和服务，也有利于促进环保、新能源、节能等领域的技术进步，加快培育新的经济增长点，提升经济增长潜力，有效促进资本、人才等流向应对气候变化的企业或项目。

四是有助于促进我国气候变化相关法律法规和政策的完善。随着证券业气候投融资的不断发展和市场的持续关注，应对气候变化的相关企业和项目会面临一些阻力和利益考量，相关的监管和法律制度需要加速完善，通过建立适当的约束和激励机制加强社会主体的机制保障，推动我国气候友好相关经济发展和实现经济可持续发展目标。

五是有助于树立我国的负责任大国和勇于担当的形象。中国在应对气候变化方面已经采取了一系列措施，尤其是在证券业气候投融资方面，持续鼓励上市公司披露气候相关信息，鼓励相关企业上市及相关项目融资等。

（二）中国证券业气候投融资的发展历程

20世纪70年代，联合国开始发现和重视气候变化问题，为积极参与全球治理、减缓和适应气候变化，1990年，我国在国务院环境保护委员会下专门成立了"国家气候变化协调小组"，负责气候变化统一协调工作，制定与应对气候变化有关的政策和措施，至此我国有了专门的组织负责气候变化相关事宜，开启了减缓和适应气候变化的征程。此后，我国证券业气候投融资逐步发展，本报告综合政策、经济、市场等因素，认为证券业气候投融资发展总体上可以分为三个阶段，即起步阶段、成长阶段、创新阶段。

1. 第一阶段：起步阶段（2007~2015年）

中国证券业气候投融资发展的第一阶段为2007~2015年，即起步阶段。

2007年6月，国家成立了应对气候变化及节能减排工作领导小组，有效促进了气候金融的发展，并鼓励绿色信贷，以绿色信贷为主的间接融资成为主流。该阶段主要有两个基本特征。

一是政策引导，股票上市和股权融资向节能环保企业倾斜。在此阶段，国家在证券业气候投融资的股票上市、股权融资相关领域相继出台了各类文件，以支持气候友好型企业或项目的投融资和发展。如《国务院关于印发节能减排综合性工作方案的通知》（国发〔2007〕15号）、《上市公司信息披露管理办法》（中国证券监督管理委员会令〔2007〕第40号）、《关于进一步规范重污染行业生产经营公司申请上市或再融资环境保护核查工作的通知》（环办〔2007〕105号），以及《关于重污染行业生产经营公司IPO申请申报文件的通知》（中国证券监督管理委员会发行监管函〔2008〕6号）等规定，进一步强化上市公司环保核查的要求，引导上市公司积极履行保护环境的社会责任，促进上市公司持续改进环境表现，争做资源节约型和环境友好型的表率。2009年，国家发改委曾表示，节能环保产业是战略性新兴产业和新的经济增长点，国家发改委支持符合条件的节能环保企业发行企业债券，鼓励有条件的节能环保企业上市融资。

国家相继出台的政策鼓励和支持了气候友好型企业上市，严格限制了高耗能、高污染企业上市融资。据统计，助力气候友好型企业上市方面，2007~2015年，共计47家证券公司作为保荐机构助力157家气候友好型企业上市（见图1），上市首发募集资金规模达1666.54亿元（见图2），保障了市场、资金向气候友好型企业倾斜，为证券业气候投融资应对气候变化奠定了基础。

二是积极筹备，中国气候友好型债券发展处于积极探索的萌芽时期。2007年，世界银行和欧洲投资银行首次提出"绿色债券"的概念，同年欧洲投资银行发行了全球首个气候意识债券，并将债券募集资金用于清洁能源和可再生能源项目，标志着气候友好型企业与债券的可投资市场与价值有效关联，为后来的绿色债券市场发展奠定了基础。

同年，国内开始进一步关注利用气候友好型债券减缓和适应气候变化，

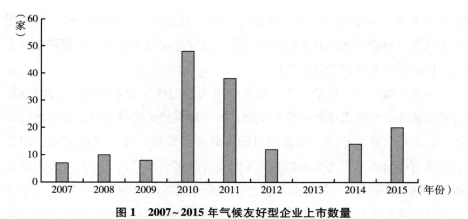

图1　2007~2015年气候友好型企业上市数量

资料来源：Wind、清华大学全球证券市场研究院。

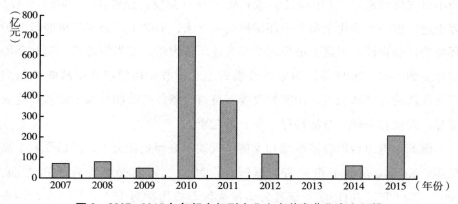

图2　2007~2015年气候友好型企业上市首发募集资金规模

资料来源：Wind、清华大学全球证券市场研究院。

在此期间，一些有前瞻意识的上市公司、证券公司及金融机构开始筹备和尝试开展气候友好型债券相关业务，但仍处于积极筹备阶段。直至2014年，中国的绿色债券市场取得了标志性进展，国内首只碳债券由中广核风电发行，拉开了中国绿色债券市场发展的序幕，发行期限为5年，发行金额10亿元。随后，金风科技成功发行了3亿美元、期限3年的境外绿色债券，被业界定义为我国首只真正意义的绿色债券，为市场树立了标杆。

　　回顾这一阶段，中国气候金融还处于以信贷为主的间接融资阶段，证券业气候投融资发展还处于起步状态，股票上市和股权融资取得了一定进展，首只气候友好型债券标志性发行，业务规模和范围还相对较小，碳市场、碳金融也在筹备初期，这一阶段中国经济处于高速发展期，对低碳经济和气候金融的关注度逐步提升，同时市场对低碳经济和气候金融的认识和理解相对有限，此阶段相关工作的扎实推进为证券业气候投融资的发展奠定了坚实的基础。

2. 第二阶段：成长阶段（2016～2020年）

中国证券业气候投融资发展的第二阶段是2016～2020年，为成长阶段。自2016年开始，进入以债券融资、股权融资等为主的直接融资阶段，相关扶持政策和配套制度陆续出台，气候友好型债券、气候友好型企业股票上市发展迅速，相关领域业务规模逐步扩大，助力中国证券业气候投融资快速发展，取得了一定的成绩，为我国减缓和适应气候变化贡献了更大的力量。中国证券业气候投融资在成长阶段主要表现出三个特征。

一是制度护航，推动气候友好型企业上市及融资高速发展。2016年8月，证监会会同中国人民银行、财政部、国家发改委、环境保护部、银监会、保监会印发《关于构建绿色金融体系的指导意见》，进一步通过推动证券市场支持绿色投资，并逐步推动建立、完善上市公司强制性环境信息披露制度，积极支持符合条件的绿色企业上市融资和再融资。在相关政策和制度的推动和保障下，证券行业积极推动气候友好型企业上市和融资，有效保障了减缓和适应气候变化相关项目和企业的资金投入。

2016～2020年，38家证券公司作为保荐机构为92家气候友好型企业完成境内首发上市提供服务（见图3），首发总募集资金规模1061.07亿元（见图4），气候友好型上市公司数量占同期上市公司总数量的6.56%，发行规模占同期上市公司首发募集资金规模的8.49%。

二是市场发力，社会关注度不断提升，气候友好型债券爆发式增长。这一阶段，在相关政策制度陆续出台的有力保障下，气候友好型债券市场受关注度提升迅速，极大地促进了气候友好型债券规模爆发式增长。2015年，国家发改委出台了《绿色债券发行指引》，进一步规范了绿色债券的发行、

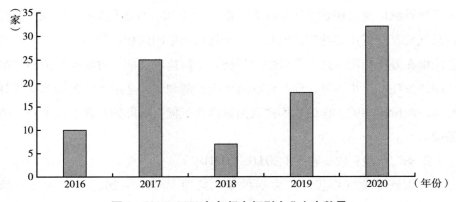

图3　2016~2020年气候友好型企业上市数量

资料来源：Wind、清华大学全球证券市场研究院。

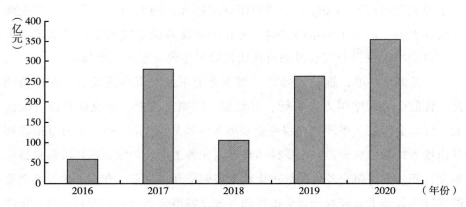

图4　2016~2020年气候友好型企业上市首发募集资金规模

资料来源：Wind、清华大学全球证券市场研究院。

审核、募资等环节，明确通过绿色债券重点扶持绿色产业项目发展。2016年8月印发的《关于构建绿色金融体系的指导意见》进一步强调推动证券市场支持绿色投资，并在完善绿色债券相关规章制度、统一绿色债券界定标准、降低绿色债券融资成本等方面进行了规范。自2015年始，中国人民银行、国家发改委、证监会等相关管理部门陆续制定和修订绿色债券管理办法，先后发布《绿色债券支持项目目录（2015年版）》《绿色产业指导目录（2019年版）》《绿色债券支持项目目录（2021年版）》三个年份版本，不断优化绿色债券发行和管理模式，构建统一的绿色债券标准体系，推动国际化绿色债券的协同发展。

受此影响，2016~2020 年，中国气候友好型债券发行规模大幅增长，根据 Wind 数据，共发行 1359 只气候友好型债券，发行规模 15921.21 亿元，91 家证券公司作为主承销商参与了 996 只气候友好型债券的发行，涉及发行规模 11962.88 亿元，占市场总体气候友好型债券发行规模的 75.14%。图 5 和图 6 是 2016~2020 年气候友好型债券发行规模和发行数量统计。图 7 和图 8 是 2016~2020 年证券公司作为主承销商的发行规模和发行数量统计。值得关注的是，至 2019 年，气候友好型债券发行规模累计突破 1 万亿元，标志着中国气候友好型债券发行进入新阶段。

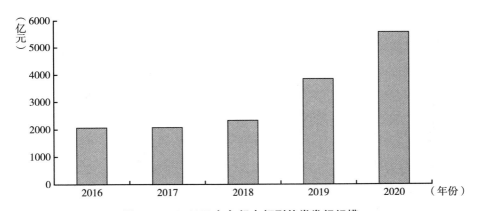

图 5　2016~2020 年气候友好型债券发行规模

资料来源：Wind、清华大学全球证券市场研究院。

三是协同发展，初步构建中国特色证券业应对气候变化模式。随着全球更加重视应对气候变化，绿色发展成为大趋势，减缓和适应气候变化、低碳经济发展更受重视，各主管部门和领域协同发展、共同发力，初步构建了中国特色证券业应对气候变化模式，主要表现在以下几个方面。

（1）证券业气候领域协同管理，保障了相关领域协同发展。自 2007 年开始，中国人民银行、财政部、国家发改委、生态环境部、银监会、保监会、证监会等主管部门进一步加强联合和协同，在证券业气候投融资领域进

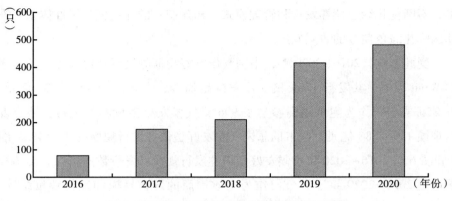

图6 2016~2020年气候友好型债券发行数量

资料来源：Wind、清华大学全球证券市场研究院。

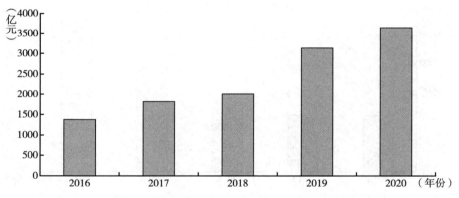

图7 2016~2020年气候友好型债券发行规模（证券公司作为主承销商）

资料来源：Wind、清华大学全球证券市场研究院。

一步规范了绿色债券、绿色企业等投融资的定义。2020年10月，证监会会同生态环境部、国家发改委、中国人民银行、银保监会发布了《关于促进应对气候变化投融资的指导意见》，首次对气候投融资定义、范围进行界定，明确了气候投融资是绿色金融的重要组成部分，是为实现国家自主贡献目标和低碳发展目标，引导和促进更多资金投向应对气候变化领域，范围包括减缓和适应两个方面。这些协同政策和制度的出台，使气候金融市场力量进一步集中，有力地提升和保障了气候友好型债券、气候友好型企业等证券

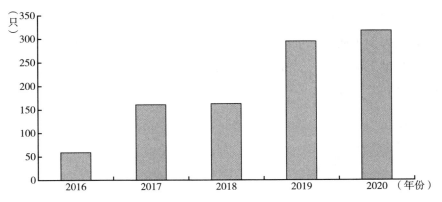

图8　2016~2020年气候友好型债券发行数量（证券公司作为主承销商）

资料来源：Wind、清华大学全球证券市场研究院。

业气候投融资的市场资金需求。

（2）多元化创新，初步构建中国特色证券业气候投融资模式。在此阶段，在相关制度的保障下，中国证券业气候投融资业务规模和范围不断扩大，越来越多的证券公司和社会主体涌入这一领域，开展与气候变化、低碳经济相关的投融资业务，初步形成了投融资类、咨询和服务类的证券业气候投融资双引擎发展模式，投融资类涵盖了股权类、固定收益类、其他类，同时在碳市场、碳金融领域不断探索，构建了多元化创新的局面，初步构建了中国特色的证券业气候投融资模式，对于我国减缓和适应气候变化起到了重要作用。

3. 第三阶段：创新阶段（2021年至今）

2021年中国证券业气候投融资进入新的发展阶段，即全面构建中国特色证券业气候投融资的创新阶段。随着技术的不断进步、市场需求的不断变化，2021年7月，全国碳市场交易平台正式启动，中国证券业也开始探索更具创新性的气候金融业务模式和产品，以技术创新和多元化的方式协同发展，适应经济发展趋势以及市场和客户需求的变化。

一是证券业气候投融资保持稳定态势。一方面，证券业气候友好型企业上市及融资继续推进，且更加注重质量，上市数量和首发募集资金规模有所下降（见图9、图10）。2021~2023年，24家证券公司作为保荐机构服务45家气候友好型企业完成境内首发上市，首发总募集资金规模869.53亿元，气候友好型上市公司数量占同期上市公司总数量的3.68%，发行规模占同期上市公司首发募集资金规模的5.96%。

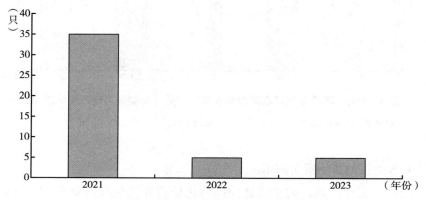

图9　2021~2023年气候友好型企业上市数量

资料来源：Wind、清华大学全球证券市场研究院。

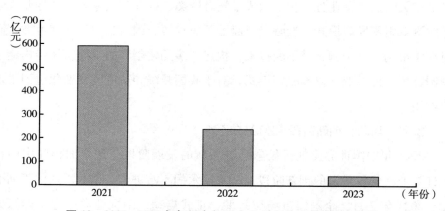

图10　2021~2023年气候友好型企业上市首发募集资金规模

资料来源：Wind、清华大学全球证券市场研究院。

另一方面，气候友好型债券市场保持稳定增长。根据Wind数据，2021~2023年共发行2377只气候友好型债券，发行规模30986.45亿元，94

家证券公司作为主承销商参与 1630 只气候友好型债券的发行，涉及发行规模共计 23115.41 亿元（见图 11、图 12），占市场总体气候友好型债券发行规模的 74.60%。值得关注的是，2022 年、2023 年发行规模连续突破 1 万亿元，标志着中国气候友好型债券发行进入年度万亿元规模的新阶段。

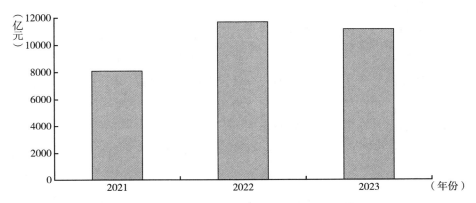

图 11　2021~2023 年气候友好型债券发行规模

资料来源：Wind、清华大学全球证券市场研究院。

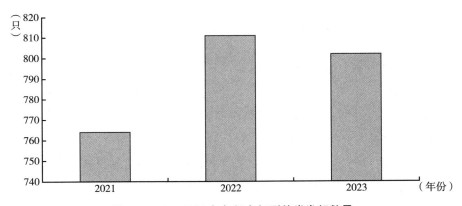

图 12　2021~2023 年气候友好型债券发行数量

资料来源：Wind、清华大学全球证券市场研究院。

二是以技术创新为手段推动证券业气候投融资创新。随着大数据、人工智能、区块链、云计算、物联网等信息技术的不断发展和逐渐成熟，证券业

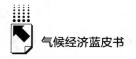

开始尝试将新一代信息技术逐步应用于气候金融领域，如应用区块链、物联网等技术助力气候风险评估、测量、监测，应用区块链技术具有去中心化、透明化和安全性高等特点助力解决气候金融领域存在的信任问题和信息不对称问题。

三是以协同创新推动证券业气候投融资创新。通过推动股权类、固定收益类、其他类以及咨询和服务类业务的协同创新，证券业正在以更大的投入促进气候友好型债券、气候友好型企业或项目的发展，同时结合气候友好型信贷、气候友好型基金、碳市场与金融等多种创新方式，积极推动国内外气候金融发展，开发基于创新的多元化投资工具和风险管理工具等业务模式，促进中国证券业气候投融资的发展。

综上所述，经过起步阶段、成长阶段和创新阶段三个阶段，中国证券业气候投融资取得了一定的成绩，随着全球应对气候变化和绿色发展的大趋势不断加强，在我国提出"3060碳达峰碳中和"愿景的背景下，政府对气候金融的支持力度不断加大，社会和市场不断关注减缓和适应气候变化，中国证券业气候投融资将迎来更加广阔的发展空间和机遇。

（三）中国证券业气候投融资的发展现状

自证券业开展气候金融业务以来，经历起步阶段、成长阶段和创新阶段，相关政策、市场和产品在发展的过程中不断丰富和创新，构成了以气候投融资、气候友好型企业或项目咨询服务为主的多种发展模式，其中气候友好型债券、气候友好型企业上市或项目融资蓬勃发展，下文将从这两方面进行重点统计和分析，梳理当前中国证券业气候投融资的市场规模和业务情况。

1. 气候友好型债券的市场规模和业务情况

气候相关债券的概念最早起源于欧洲，2007年和2008年欧洲投资银行和世界银行先后发行了全球首只气候意识债券和全球首只贴标绿色债券，标志着国际气候相关债券市场的正式起步。目前国际上不同机构组织对气候相关债券的定义各有侧重，有的国家将气候相关债券的概念等同于绿色债券，有的国家将气候相关债券归于绿色债券范围之内。虽然各国在概念和定义上有所分歧，但从募集资金用途和投资方向上看，绿色债券募集资金主要还是用于环境保护和减缓气候变化，投向上也主要是气候和环保相关。国际资本市场协会（ICMA）将绿色气候债券定义为募集资金专门用于符合规定条件的现有或新建绿色项目的债券工具，项目包括但不限于可再生能源、节能、垃圾处理、节约用地、生态保护、绿色交通、节水和净水七大类。世界银行将绿色气候债券定义为向固定收益类投资者募集资金，专项用于减缓气候变化或帮助受此影响的人适应变化的项目。气候债券倡议组织（CBI）将气候相关债券视作绿色债券，并定义为用于减缓气候变化或者适应气候变化项目的融资工具，可投资的气候主题包括能源、交通运输、建筑、水资源、废弃物处理、土地利用和农业、信息与通信技术（ICT）。[①]

我国绿色气候债券发展的政策框架在 2015 年前后基本形成，2016 年一般被定义为我国绿色债券发展元年。气候友好型债券，一般定义为绿色债券的一种，与绿色债券有较多重叠部分，通常是指为了减缓和适应气候变化而发行的债券。在 2020 年中国人民银行、国家发展改革委和证监会《关于印发〈绿色债券支持项目目录（2020 年版）〉的通知（征求意见稿）》发布之前，监管部门对具备发行绿色债券的绿色、气候、环境等项目的界定标准还缺乏共识。2021 年 4 月《绿色债券支持项目目录（2021 年版）》（以下简称《目录》）的正式出台以及 2022 年 7 月《中国绿色债券原则》（以下简称《原则》）的发布，标志着国内绿色债券定义和界定标准的统一，对推动绿色气候债券市场规范发展以及对接国际绿色气候债券市场具有重要意义。根据《目录》和《原则》对绿色债券的最新定义，绿色债券是指"将募集资金专门用于支持符合规定条件的绿色产业、绿色项目或绿色经济活动，依照法定程序发行并按约定还本付息的有价证券，包括但不限于绿色金融债券、绿色企业债券、绿色公司债券、绿色债务融资工具和绿色资产支持证券"。随着中国气候友好型债券市场的不断发展，其呈现四大特点，即市

---

① Climate Bonds，"Investment Opportunities for a Low-Carbon World"，https：//www.climatebonds.net/files/uploads/2012/05/Will-O-Climate-Bonds-Chap16-1.pdf.

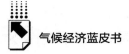

场发行数量多、规模大，发行市场增长态势趋缓，债券期限呈短长两极化趋势，债券类型、发行人行业发行规模占比逐步多元化，具体如下。

一是市场发行数量多、规模大。根据 Wind 数据，2016~2023 年，中国气候友好型债券发行数量累计达 3736 只，发行规模累计达 4.69 万亿元。累计有 113 家证券公司作为气候友好型债券主承销商，作为气候友好型债券主承销商的证券公司数量从 2016 年的 26 家发展到 2023 年的 72 家。根据 CBI 的统计，2022 年中国成为全球最大的绿色债券发行市场。

二是发行市场增长态势趋缓。根据 Wind 数据，我国气候友好型债券发行规模从 2016 年的 2066.31 亿元增长到 2023 年的 11180.49 亿元（见图 13），发行数量从 2016 年的 79 只增长到 2023 年的 802 只（见图 14），发展较为迅速。从发行规模增长趋势看，2019~2022 年保持 44% 以上的增幅；从发行数量增长趋势看，2017 年后发行数量增长率呈放缓趋势，2023 年债券发行数量与 2022 年基本持平，增长率略为负。发行规模上，2023 年也与2022 年基本持平。图 15、图 16 和图 17 统计了 2016~2023 年证券公司作为主承销商的气候友好型债券发行规模、发行数量以及证券公司数量。图 18和图 19 则统计了 2016~2023 年气候友好型债券发行规模和发行数量增长率。发行数量和发行规模增长趋势显著放缓，一定程度上表明我国气候友好型债券市场进入阶段性稳定发展阶段，已逐步趋于常态化。

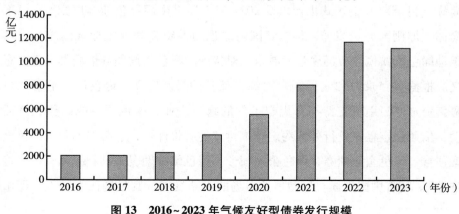

图 13　2016~2023 年气候友好型债券发行规模

资料来源：Wind、清华大学全球证券市场研究院。

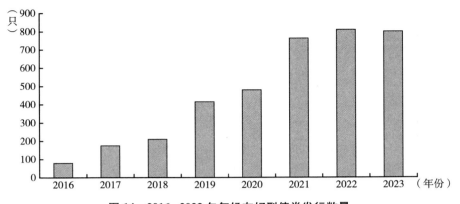

图14　2016~2023年气候友好型债券发行数量

资料来源：Wind、清华大学全球证券市场研究院。

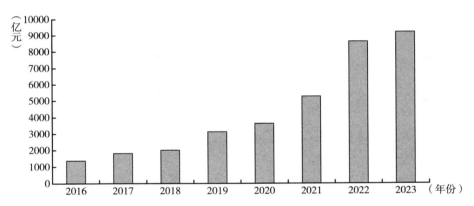

图15　2016~2023年气候友好型债券发行规模（证券公司作为主承销商）

资料来源：Wind、清华大学全球证券市场研究院。

　　三是债券期限呈短长两极化趋势。根据Wind数据，我国气候友好型债券自2016年以来逐步呈短长两极化趋势，即1~3年、10年以上期限债券增长幅度较大，在各个期限债券中的占比逐年提升。一方面，以发行数量衡量，2016年以来1~3年期数量占比显著增长，2023年发行数量在各期限债券中占比最高，发行数量从2016年的21只增长到2023年的347只，占比从2016年的26.58%增长到2023年的43%；3~5年期占比逐步下降，发行数量从2016年的33只增长到2023年的100只，占比从2016年的41.77%

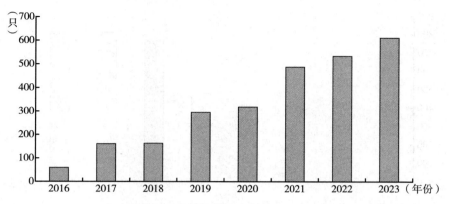

图16　2016~2023年气候友好型债券发行数量（证券公司作为主承销商）

资料来源：Wind、清华大学全球证券市场研究院。

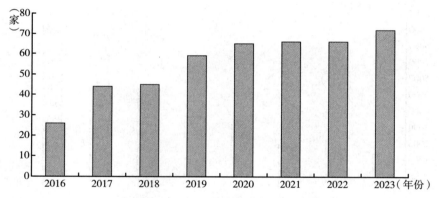

图17　2016~2023年作为主承销商参与气候友好型债券的证券公司数量

资料来源：Wind、清华大学全球证券市场研究院。

下降为2023年的13%（见图20、图21）。另一方面，以发行规模衡量，2016年以来1~3年期规模占比增幅较大，2023年发行规模在各期限债券中占比最高，1~3年期债券发行规模从2016年的898.25亿元增长到2023年的6022.33亿元，占比从2016年的43.47%增长到2023年的53.86%（见图22、图23）。此外，从发行规模和发行数量来看，10年期以上的发行规模和发行数量增长也较快，发行数量和发行规模在各期限债券中的占比从2016年的3.80%和1.12%分别增长到2023年的16%和27.27%。

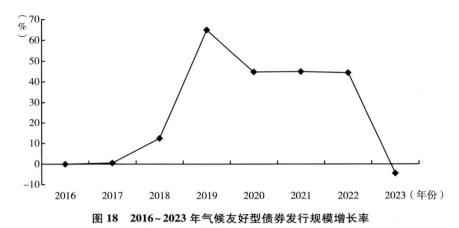

图18 2016~2023年气候友好型债券发行规模增长率

资料来源：Wind、清华大学全球证券市场研究院。

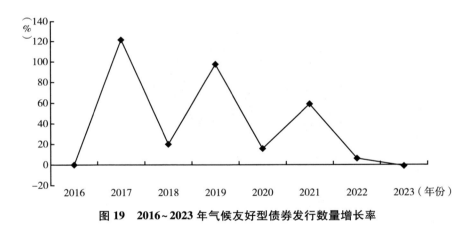

图19 2016~2023年气候友好型债券发行数量增长率

资料来源：Wind、清华大学全球证券市场研究院。

上述数据统计显示，短期（1年内、1~3年）气候友好型债券数量显著增长，表明短期气候友好型项目占比略大，长期（10年以上）气候友好型债券数量有一定增长，发行规模增长更快，体现了气候友好型项目投入周期长的显著特点。

四是债券类型、发行人行业发行规模占比逐步多元化。根据Wind数据，发行规模按债券类型分析，2016年以来随着气候友好型债券发行规模

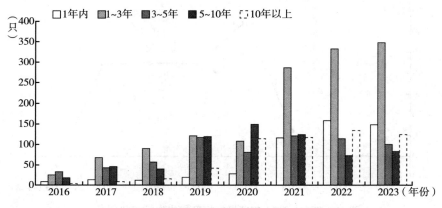

图20　2016~2023年气候友好型债券发行数量（按债券期限统计）

资料来源：Wind、清华大学全球证券市场研究院。

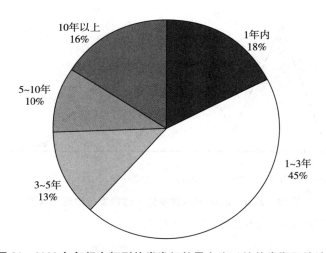

图21　2023年气候友好型债券发行数量占比（按债券期限统计）

资料来源：Wind、清华大学全球证券市场研究院。

的逐步扩大，债券类型占比出现显著变化。其中，金融债从2016年占比超过75%下降为2023年占比约36%；地方政府债自2021年以来占比稳定在24%左右；资产证券化（ABS）从2016年占比3%左右上升为2023年占比超过21%（见图24）。相关统计数据表明，2023年气候友好型债券发行规

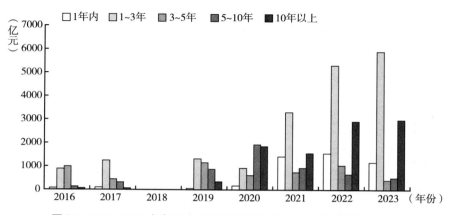

图 22　2016~2023 年气候友好型债券发行规模（按债券期限统计）

资料来源：Wind、清华大学全球证券市场研究院。

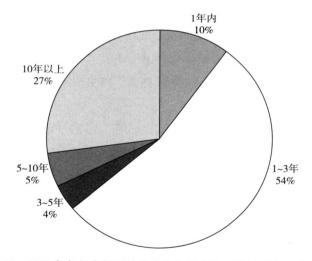

图 23　2023 年气候友好型债券发行规模占比（按债券期限统计）

资料来源：Wind、清华大学全球证券市场研究院。

模占比前三的类型为金融债、地方政府债、资产证券化，金融债发行规模近年占比虽有下降，但仍为发行规模占比最大类型，地方政府债发行规模占比相对稳定，资产证券化发行规模占比稳步上升，逐步成为气候友好型债券的主要类型之一。

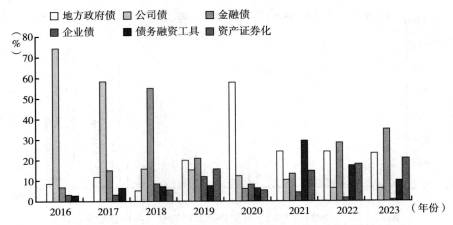

图 24 **2016~2023 年气候友好型债券发行规模占比（按债券类型统计）**

资料来源：Wind、清华大学全球证券市场研究院。

根据 Wind 数据，2023 年气候友好型债券发行规模占比最大的三个发行人行业为金融、公用事业、工业（见图 25）。其中金融占比最大（约为 63%），公用事业和工业占比分别约为 15%、13%。

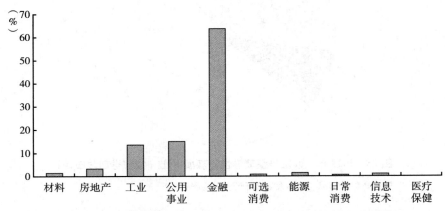

图 25 **2023 年气候友好型债券发行规模占比（按发行人行业统计）**

资料来源：Wind、清华大学全球证券市场研究院。

综合来看，气候友好型债券自 2016 年以后蓬勃发展，发行规模跻身世界前列，相关业务不断推进，各类创新产品逐步应用，基础资产种类产品不断丰富，市场逐渐趋于成熟，推动了气候金融的发展，促进了减缓和适应气候变化。

2.气候友好型企业上市情况

自 2007 年以来，相关部门协同推动气候友好型企业上市或企业再融资，截至 2023 年 12 月 31 日，共计 63 家证券公司作为保荐机构服务 294 家气候友好型企业上市，上市首发融资资金规模达 3597 亿元。自 2007 年以来，经过十余年的发展，在服务气候友好型企业上市融资方面，上市企业数量、首发募集资金规模均呈阶段性增长态势（见图 26、图 27），平均首发募集资金规模呈缓慢增长态势（见图 28）。

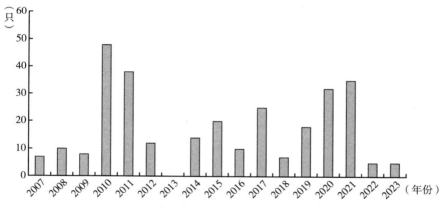

图 26　2007~2023 年气候友好型企业上市数量

资料来源：Wind、清华大学全球证券市场研究院。

综合来看，随着相关部门政策的陆续出台，对应的支持气候友好型企业上市或再融资发展迅速，中国证券业在气候友好型企业上市融资或再融资领域取得了显著的成绩，这些成绩不仅为投资者提供了多元化的投资机会，也为推动中国气候金融发展、减缓和适应气候变化提供了强有力的金融支持。

综观证券业气候投融资的市场规模和业务情况，我国已进入发展的第三阶段，即创新阶段，随着经济社会的发展和技术的创新，证券相关公司积极发挥投资银行作用、资本中介作用、金融机构作用，取得了值

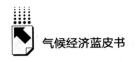
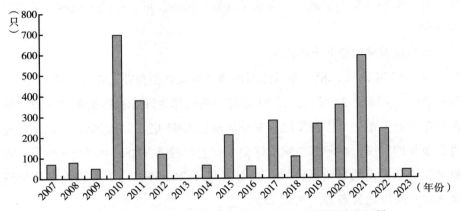

图27 2007~2023年气候友好型企业上市首发募集资金规模

资料来源：Wind、清华大学全球证券市场研究院。

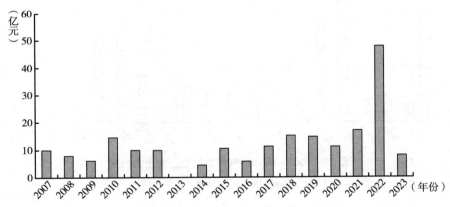

图28 2007~2023年气候友好型企业上市首发募集资金平均规模

资料来源：Wind、清华大学全球证券市场研究院。

得肯定的成绩，相信未来无论是气候友好型债券市场，还是气候友好型企业上市等领域都将迎来进一步发展，同时碳市场碳金融、气候友好型基金、气候友好型保险等多元化气候金融产品的发行将带来更多的协同创新产品和模式，助力中国证券业气候投融资市场的发展壮大，推动经济的可持续发展。

二　中国证券业气候投融资面临的挑战与机遇

中国证券业气候投融资经过 2007 年以来的发展，已日趋成熟，取得了较大的成绩，有力促进了减缓和适应气候变化阶段目标的实现，但证券业气候投融资在快速发展的同时也存在一定的挑战和机遇，这些挑战和机遇需要证券业以及相关主体的持续关注，多措并举，推动中国证券业气候投融资更好地发展，更好地为可持续发展服务。

（一）面临的主要挑战

中国证券业正处在气候金融业务创新阶段，主要面临政策法规尚待完善、技术与信息不对称、市场参与者认知差异较大等挑战。

1. 法规政策尚待完善

一是证券业相关气候投融资法规政策还不够完善。2020 年 10 月，证监会会同国家发改委、生态环境部、中国人民银行、银保监会出台了《关于促进应对气候变化投融资的指导意见》，这是我国在气候变化投融资领域首次也是截至目前最高规格的指导意见，气候投资融资的定义以及支持的范围首次被统一定义，鼓励证券公司及金融机构积极开展促进气候投融资的业务，但文件并未明确证券业气候投融资的定义，尚缺乏具体指南，如何开展、如何支持、如何激励等措施尚未细化，同时也未针对金融、财税、法律、市场等出台统一的制度准则。

二是证券支持气候投融资项目还缺乏统一定义的边界。证券业气候投融资涉及证监会、中国人民银行、国家发改委、生态环境部等多个主管部门，尚未形成统一的针对气候友好型拟上市企业、气候友好型上市企业项目的统一认定分类标准。虽然《绿色债券支持项目目录（2015 年版）》《绿色产业指导目录（2019 年版）》《绿色债券支持项目目录（2021 年版）》等年份版本陆续发布，但气候投融资相关项目覆盖范围还不够明确，部分项目无法纳入相关目录，无法得到融资便利等相关保障。同时，针对上市公司应对

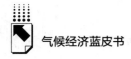
气候变化信息披露还缺乏统一的标准和要求。

三是促进证券公司积极参与气候投融资的激励措施还不够完善。证券公司在证券业支持气候投融资领域扮演着重要的角色，证券公司具有投资银行、资本中介和金融机构等多种身份，既可以投入资金和人力积极助力气候友好型企业上市融资，又可以投资有潜力的气候友好型企业。因此，在鼓励和激励证券公司开展气候投融资业务方面，还需要更健全、更完善的相关领域激励措施，以政策引导、市场驱动等方式促进证券公司争先投入气候投融资领域，从而推动更多领域气候友好型企业上市或上市再融资，助力全社会减缓和适应气候变化。

2. 技术与信息不对称

一是证券业气候投融资信息不对称导致市场驱动力不足。受制于证券相关气候投融资信息传播的局限性，气候投融资项目容易存在信息不对称的"麦克米伦缺口"，即在现行的证券业气候投融资相关政策和制度下，气候友好型企业或项目存在融资难的问题，即便证券公司等投资银行和金融机构为了获利存在庞大的投资需求、气候友好型企业为了气候项目建设存在迫切的资金用于建设的需求，受限于当前的投融资机制，仍然较难获得所需资金，供需方存在较大的缺口。当前，证券业气候投融资相关市场运行政策和机制不够健全，相关监管体系和标准定义不够完善，项目风险管理经验较为缺乏，使证券业气候投融资的供需缺口难以弥补。如何减少证券业气候投融资过程中信息的不对称性、缓解投融资难成为发展中的重要问题之一。

二是市场参与者技术信息不对称影响证券气候投融资决策。证券业气候投融资项目涉及的环节较多，不同环节、不同的市场参与者可能存在广义或狭义的技术差异性或不对称性。狭义技术方面，随着近年来区块链、大数据、人工智能、云计算等技术的不断变革和突破式发展，不同市场参与者理解和应用技术的差异也逐渐加大，将导致参与证券气候投融资项目的可接受度不尽相同；广义技术方面，市场参与者对证券气候投融资项目的技术评估、决策方法、风险评估、项目跟踪等的掌握和应用的不同，影响其准确评估标的的真实价值和潜在风险，进而影响了决策。无论是就广义技术还是狭义技术而言，参与者技术不对称都会带来决策水平的不均衡。

3.市场参与者认知差异较大

尽管越来越多的证券公司、金融机构等市场参与者开始关注证券业气候投融资业务，但市场参与者对气候金融的认知程度仍然存在较大的差异，主要体现在以下几个方面。

一是市场参与者对气候金融的认知和重视程度还需要提升。由于气候金融还处于发展的早期，市场参与者接触气候金融的时间较短，对气候金融的定义、范围、业务模式、风险收益特征等了解还不够深入，这使得市场参与者在参与气候金融业务时还持有犹豫和相对保守的心态。

二是气候投融资非短期效益的特点影响了市场参与者的参与度。由于通常来说气候投融资相关业务是中长期业务，客观上需要一定时间建设和发展，更需要长期投入和持续关注，一些市场参与者可能基于对长期不确定性及风险的厌恶，认为短期利益优于长期效益，这也会影响市场参与者对气候金融相关业务的投入热情和积极性。

三是部分证券公司和机构对气候金融的重视程度不够。当前，受外部环境影响，一些证券公司和机构存在现有业务开展压力较大、业务繁多、人力或资金不足等情况。气候投融资项目通常具有前期投入时间长、资金量大、回收周期相对较长、回报率偏低的情况，部分证券公司和机构为降低风险，倾向于优先选择自身熟悉的领域或项目，便于投后管理可控或提高气候友好型企业上市概率，因此对气候投融资相关企业或项目主动性不强和存在有意无意的忽视。

（二）潜在的发展机遇

中国证券业气候投融资领域面临政策法规尚待完善、技术与信息不对称、市场参与者认知差异较大等挑战，同时也存在巨大的发展机会。这些机会体现在国际合作空间的拓展、技术创新的革命性推动和绿色发展的大趋势等方面。通过利用这些机会，中国证券业可以更好地应对气候变化和低碳经

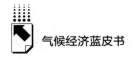

济发展的挑战。

1. 国际合作空间的拓展

随着全球对气候变化问题的关注度不断提高，国际社会对气候金融的重视程度也在日益提高，越来越多的国家和地区开始制定和实施应对气候变化的政策和措施，以证券业等多种方式推动气候友好型经济的发展。中国证券业气候投融资虽起步略晚，但发展速度较快，潜力较大，创新能力不断增强，具有较强的国际合作空间拓展机遇，具体体现在以下几个方面。

一是较大的与国际市场交叉合作创新的机遇。西方发达国家更早认识、关注、开展减缓和适应气候变化的行动，在证券业气候投融资领域具有丰富的经验和相对成熟的技术。与国际同行业机构的合作交流，一方面可以使中国的券业借鉴国际先进经验和产品模式，助力自身的业务水平发展和创新能力提升；另一方面中国证券业可以与国际同行业机构共同探索、共同创新气候金融产品和服务，发挥各自的优势，形成交叉合作创新机制。

二是参与制定证券气候金融国际标准的机遇。世界各国在减缓和适应气候变化方面仍处于摸索阶段，中国证券业气候投融资虽起步略晚，但发展速度较快、市场规模增长迅速，制定证券支持气候金融法规政策、市场机制，也有一定的金融产品经验。

一方面，中国证券业气候投融资领域可以抓住机遇，借鉴国际先进经验完善国内相关策略、标准。另一方面，减缓和适应气候变化是世界各国需要共同面对的议题，可以在推动各国建立统一气候投融资策略、标准方面发力，中国可以积极推介中国标准，积极参与相关国际政策、国际标准的制定，为中国证券业气候投融资进入国际市场奠定良好的基础。

三是迫切参与"一带一路"气候金融发展的机遇。2023年10月，时值我国"一带一路"倡议提出十周年，第三届"一带一路"国际合作高峰论坛在北京成功举办，共计151个国家、41个国际组织的代表踊跃参会，彰显了中国日益增长的国际影响力和国际合作能力。"一带一路"贸易规模的不断扩大，以及合作开发项目的建设，为相关领域减缓和适应气候变化、开展生态环境保护带来了发展机遇，需要结合已有的宝贵经验，参与"一带一路"共建国家的气候投融资业务，鼓励中国证券业参与相关离岸市场，进一步丰富气候金融产品，支持国际金融机构到国内发行气候金融产品，并推动人民币作为跨境结算货币，不断树立中国的大国形象，体现大国责任。

2. 技术创新的推动

随着科技的不断发展，尤其是区块链、大数据、人工智能、云计算、物联网等新一代信息技术的不断涌现，证券业气候投融资也面临双重动力发展机遇。

一是技术创新为证券业气候投融资领域带来高绩效机遇。近年来，随着信息技术的爆发式发展，区块链、人工智能、大数据、云计算、物联网、5G等技术不断更新迭代，为证券业支持气候投融资带来效率提升机遇，证券公司应用新技术服务于气候友好型企业上市的筛选、辅导、风险管理等，对融资、发行等环节进行优化和完善，从而提高效率。新技术的不断出现，为证券业气候投融资带来了降低成本、提升效率和业绩等机遇。

二是技术衍生的思维或模式有助于降低信息不对称。技术不仅可以提升证券业支持气候投融资领域的工作绩效，而且可以促进金融产品创新、降低信息不对称。利用区块链技术可以提高气候投融资项目建设过程中的信息透明度和可信度，激发市场主体参与的积极性；应用人工智能技术可以获取更多维度的信息，进而分析气候金融中企业标的或项目标的的可操作性、潜在风险等，提高投资或合作决策的准确度；应用大数据技术可以收集、处理和分析大量的气候数据和信息，为证券公司开展气候金融业务提供更精准的数据支撑。综上所述，技术衍生的思维或模式，一定程度上可降低供需双方之间的信息不对称，识别更多机会，开发更加复杂可用的气候金融产品和服务，满足市场参与者的多元需求。

3. 绿色发展的大趋势

随着全球减缓和适应气候变化意识的不断增强，以绿色发展、低碳发展为主的经济发展模式逐渐受到越来越多国家的认可，应对气候变化和实现绿色发展已逐步成为全球各国、各社会组织的共同目标和追求。

一是国际社会积极应对气候变化，创造全球绿色发展机遇。近年来，全球平均气温呈明显上升态势。2023 年 3 月，IPCC（联合国政府间气候变化专门委员会），发布了第六次气候评估报告《气候变化 2023》（AR6 Synthesis Report：Climate Change 2023），报告显示，2011~2020 年，全球范围内的地表温度比 1850~1900 年平均升高了 1.1℃，并预期 2021~2040 年地表温度可能再升高 1.5℃，而引起这一气候变化的根源是人类活动产生的温室气体。

现实的数据驱动着国际社会不断关注全球气候变化，世界各国纷纷倡导携手应对气候变化，2023 年是"一带一路"倡议提出 10 周年，10 年来，我国已与 39 个发展中国家达成共识，先后签署气候变化合作文件 46 份，绿色发展正在"一带一路"共建国家及国际社会达成广泛共识，为全球的绿色发展创造了机遇。

二是我国相继出台各项法规政策，促进绿色金融蓬勃发展。随着经济社会的发展，中国在全球的地位和影响力不断提升，推动全球范围内的绿色发展是中国作为一个负责任大国的担当，也是中国实现长期可持续发展的内在需要。自 2007 年着力发展绿色金融以来，央行、财政部、国家发改委、生态环境部、银监会、保监会、证监会等相关主管部门进一步加强联合和协同，相继出台了各项法规政策，鼓励和支持绿色金融发展，同时鼓励证券业开展气候投融资业务。相关文件的相继出台，进一步增强了市场信心，促进了绿色金融的蓬勃发展。

三是市场主体逐步形成认知，绿色金融业务预期需求增强。21 世纪以来，世界各国和机构对全球变暖和应对气候变化的关注度日益提升，我国促进绿色金融的相关政策也陆续出台，全社会、相关媒体对气候变化的报道日益增多。自绿色金融在我国启动以来，绿色债券、绿色投融资等业务规模逐年增长，市场参与主体也逐渐意识到绿色金融的重要性和价值，对于期限适合、行业适合、预期收益适合的绿色金融产品，市场参与主体越来越关注，并因此而受益。市场参与主体对绿色金融关注度、接受度的提升，进一步促进了其认知度的提升，市场需求日益增长，为证券业气候投融资发展带来更多机遇。

综上所述，中国证券业气候投融资面临巨大的发展机遇，包括国际合作空间的扩大、技术创新的推动以及绿色发展逐渐成为主流趋势等，有助于促进证券业气候投融资可持续发展，增强市场竞争力。中国证券业应当抓住这些机遇，积极应对挑战，并不断创新和发展气候金融产品和服务，以适应市场需求的变化和国家战略要求，为推动中国低碳经济的发展和国家经济的可持续发展做出更大的贡献。

三　中国证券业气候投融资发展前景与政策建议

在全球气候变化问题日益严峻的大背景下，低碳经济、绿色发展已成为全球各国的共同目标和追求。作为金融业的重要组成部分，中国证券业在支持气候金融相关业务的发展方面备受关注。

（一）未来发展趋势预测

1. 证券业气候投融资的增长潜力

随着中国政府对低碳经济和绿色发展等减缓和适应气候变化问题的重视程度不断提高，以及国内外市场对低碳和绿色产品服务的需求不断提升，中国证券业气候投融资的增长潜力也在加大。增长潜力主要表现在三个方面，具体如下。

一是全球减缓和适应气候变化仍处于攻坚阶段，绿色发展迫切需要证券市场助力。近年来，全球平均气温呈明显上升态势且可能加速，2023 年 3 月，IPCC 曾预测 2021~2040 年全球地表温度可能再增加 1.5℃。《生物科学》杂志 2023 年发表了《2023 年气候状况报告：踏入未知领域》报告，预警当前威胁地球生命的 35 项重要指标，超过 57% 的指标已经恶化。2024 年 1 月 12 日，世界气象组织发布公报，正式确认 2023 年为有记录以来最热的一年，数据显示，2023 年全球平均气温比 1850~1900 年水平高 1.45℃，接近 2040 年的目标 1.5℃。

随着地表温度的持续提升、相关监测指标的恶化，全球或局部区域极端

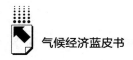
气候事件强度进一步加大，可能性进一步提升，全球应对气候变化难度仍然较大，且处于非常关键的阶段。为进一步应对气候变化，各国将采取更多的措施，发展绿色经济便是题中应有之义，当下绿色经济领域的资金需求和缺口进一步加大，迫切需要证券市场的支持，因此可以发行数量更多、规模更大的气候友好型融资项目，助力气候金融发展。

二是落实"一带一路"倡议、"人类命运共同体"理念需要，为证券业气候投融资开拓国际化市场创造空间。2023 年是我国"一带一路"倡议提出 10 周年，也是"人类命运共同体"理念提出 11 年，自上述倡议和理念提出以来，人类社会是一个相互依存的共同体逐渐成为共识，"一带一路"倡议践行国家也日益增多。随着世界各国相互依存度的逐步提高、合作范围的不断扩展，中国在全球的地位和影响力也不断提升，积极采取措施减缓和适应气候变化，输出中国应对气候变化的证券市场创新经验和标准，助力国际社会更好地利用证券市场践行绿色发展理念，成为中国践行承诺和作为负责任大国的担当。这不仅会丰富国内证券市场的气候投融资实践，还将激发全球化和面向国际化市场的需求，进一步扩大我国证券业促进气候金融市场的发展空间，带来更大的发展潜力。

三是证券气候金融还处于蓬勃发展期，未来 5 年市场前景可期。中国证券气候金融虽比西方发达国家起步晚，但证券相关气候友好型债券、气候投融资等经过近年的快速发展取得了一定成绩，并成为全球最大气候友好型债券市场。据测算，未来 3~5 年我国气候友好型债券累计发行规模有望突破 10 万亿元，相关融合创新业务将进一步增多，业务能力也将进一步提升。

综上所述，中国证券业气候投融资的增长潜力巨大，未来有望成为金融市场的重要组成部分，成为我国减缓和适应气候变化的引擎。

2. 预期的市场变化和影响因素

中国证券业气候投融资的发展不仅受到政策、市场需求和技术创新等因素的影响，还受到可预期的全球气候变化、政治经济环境变化和技术变革的影响。

一是预期的全球或局地气候骤变、自然灾害异常性因素影响。根据 2023 年 IPCC 的研究报告和《生物科学》杂志相关论文预测，当前全球气候正处于地表平均温度逐步提升的周期之中，随着地表温度的持续提升，相关气候异常指标正在逐步恶化，在可预期的未来，如果人类未能尽快采取更有效的措施减缓和适应气候变化，全球范围内或局部区域极端气候事件、自然灾害的强度将增加，可能性也将进一步提升。相关极端气候事件或自然灾害，可能促使全球各国和组织进一步重视气候问题，对中国证券业气候投融资市场变化的影响尚较难判断。

二是全球政治、军事、经济环境可预期和不可预期因素影响。当前全球政治、经济正处于复杂环境下的动态发展阶段，俄乌冲突仍在继续，巴以局部冲突不断。一方面，军事冲突中武器的高频次使用对冲突地区居住环境、自然环境造成较大破坏，一定程度上会加剧全球气候问题；另一方面，受冲突影响国家原本共同参与的减缓和适应气候变化联盟或行动会受到不同程度影响，也会延缓全球完成减缓和适应气候变化任务的进程。此外，当前部分国家经济的不景气也将影响其对减缓和适应气候变化的证券市场的重视力度。

三是新一代信息技术的变革式、划时代创新因素影响。新一代基础信息技术正在不断变革，物联网、大数据、人工智能、云计算、区块链等技术将进一步改变中国证券业气候投融资市场的竞争格局。因此，新一代信息技术的变革式、划时代创新发展，将直接影响我国证券业气候投融资内部市场和国际市场的竞争格局。

综上所述，当前受全球气候变化、政治经济环境变化和技术变革等多重因素的影响和制约，中国证券业气候投融资将构建新的竞争格局。

（二）政策建议与实施路径

中国证券业气候投融资经过高速发展，已经取得一定成绩，为我国减缓和适应气候变化不断贡献力量，但也不可避免地遇到一些挑战，伴随着更多的发展机遇，未来可以完善相关法规政策、加强技术和信息建设、提升市场

参与者的认知和能力等，为中国证券业气候投融资发展助力，为积极应对气候变化，推动低碳经济和绿色金融发展贡献力量。

1. 完善相关法规政策

自 2007 年以来，证券业气候投融资法规政策在逐步完善，随着经济社会的变化，市场需求的增长，相关法规政策仍需跟进。

一是明确证券业气候投融资相关定义和范围边界。随着应对气候变化政策的出台，一些新的概念和领域陆续出现，绿色金融、气候金融、碳金融等业务需要更清晰的定义和范围界定，尤其是证券气候金融业务，需要形成统一的针对气候友好型拟上市企业、气候友好型项目等的认定分类标准。应建立统一的区分气候投融资、非气候投融资的标准体系，同时将目标为减缓和适应气候变化的气候投融资项目纳入专项支持目录，并与气候贴标相关联。标准和范围的界定是证券业气候投融资发展的里程碑，将有助于引导证券公司、金融机构丰富知识体系，关注和识别气候投融资项目，创造更多投融资便利条件；更有助于统计相关信息和数据，便于跟踪和调控发展情况，有助于对应监管政策的制定，统一管理和风险管控标准体系；同时有助于建立可量化、分类标准、匹配国际标准的体系，为国际化发展奠定标准基础。在统一标准的基础上，应出台证券业气候投融资相关政策，完善证券业气候投融资体系的发展策略、标准流程、风险管控、效益评价、过程监管等机制，保障相关业务的可持续发展。

二是建立证券业气候投融资监管协同主体和责任机制。证券业气候投融资涉及证监会、中国人民银行、国家发改委、生态环境部、国家金融监管总局等多个主管部门，由于涉及主管部门多，需要统筹考虑和协同，需要通过制度建设进一步明确相关协同监管主体和责任，在统一的机制下各司其职。同时，可通过相关制度，逐步建立社会化监督力量，形成各市场参与主体或公众对证券公司、金融机构、上市企业或项目表现的公允评价和社会评判。

三是构建更为有效的奖惩制度和市场化发展体系。减缓和适应气候变化是公共责任，需要通过一定的政策引导全社会关注，推动市场主体积极参与。在气候相关信息披露方面，应进一步加强披露规则的制定和发布，进一步提升相关企业、项目气候信息披露的标准、透明度和量化度，充分发挥信息披露对资本投向气候友好型企业或项目的引导作用，倒逼企业主动参与到减缓和适应气候变化中；在资金正向引导方面，应建立有效的激励机制，采取资金补贴、税收优惠、荣誉授予等多种方式，提高气候投融资产品的市场竞争力，以此激励市场参与主体积极开展证券气候金融业务；在市场化驱动方面，通过必要的政策引导与正向激励措施等，提高市场主体参与的意愿，完善市场机制，创造良好的外部环境，吸引更多的社会资本和市场主体主动参与证券气候投融资活动。

2. 加强技术和信息建设

当前正处于信息技术爆发式发展时期，随着大数据、区块链、人工智能、云计算、物联网等技术的突破式发展，信息技术对证券业气候投融资产生越来越大的影响，信息和数据处理等相关技术已成为中国证券业气候投融资发展的重要支撑，将成为影响国际化市场竞争格局的重要因素。建议进一步加强技术和信息建设，从如下方面重点发展和突破。

一是制定相关政策引导和鼓励证券气候金融加强技术建设。技术的变革和信息系统的迭代应用对于行业的发展具有积极的作用。应出台相关鼓励和积极引导技术应用和信息系统建设的相关文件，通过相关政策，结合授予荣誉和评分等方式，鼓励证券公司、金融机构等积极应用相关技术，鼓励在证券气候金融业务过程中实现应用创新。

二是倡导技术资金、技术型人才流向证券业气候投融资领域。加强证券业气候投融资领域技术和信息建设，既离不开技术资金的投入，更离不开技术型人才的输入。一方面，应设立证券业气候投融资技术研发和创新专项资金，结合资金补贴或税收优惠等方式，引导证券公司、金融机构加大技术和信息建设投入，推动新一代信息技术在证券业气候投融资的率先研发和创新应用；另一方面，应推动建立证券公司、金融机构与知名高校、研究机构的技术人才联合培养机制，举办证券业气候投融资技术应用赛事、相关发展论坛或活动，推动更多高校人才、社会技术人才加入证券业气候投融资研发和

技术应用领域，为技术和信息的建设奠定人才基础。

三是注重风险管控，建立和完善信息技术应用的负面清单。证券业气候投融资领域技术的应用，可以提高技术和信息应用水平，既可能给证券公司、金融机构开展相关气候金融业务带来正向影响，也可能给市场参与主体带来负面影响或风险。在加强技术和信息建设的过程中，应提前防控风险，建立适应证券业气候投融资的负面清单，使证券公司、金融机构、气候友好型企业或项目明确不可开展的相关技术应用，减少推进新技术应用可能产生的风险。

3. 提升市场参与者的认知水平和能力

市场参与者是证券业气候投融资发展的主体力量，其参与的程度决定了气候友好型债券、气候友好型企业或项目等业务的发展趋势和市场规模，是证券业气候投融资发展的资金源泉和动力，需要拓展相关产品和市场的深度和广度，并采取措施进一步提升市场参与者的认知水平和能力。

一是加强宣传和加大投资者教育力度，拓宽证券气候金融认知广度。证券业气候投融资市场的重要参与者是投资者，决定了相关金融产品或项目的资金规模和资金成本。一方面，媒体应加强合作，进一步扩大传播范围，建议协调相关媒体积极传播减缓和适应气候变化情况，传播绿色金融理念，在更大范围、以更多方式报道气候友好型债券、气候友好型企业或项目等的资讯，引导潜在投资者关注和了解证券业气候投融资的产品和特点以及参与方式，吸引更多的投资者关注投资气候投融资项目的价值；另一方面，推动证券公司、金融机构与知名高校、科研机构合作，联合开展相关研究课题、论坛活动，研究证券支持气候金融的方式方法和产品类别，总结模式和经验，并联合开设证券业气候投融资市场相关体系课程或培训项目，逐步将项目研究、风险识别、过程监控等证券气候金融课程体系纳入公众应对气候变化综合能力提升计划中，提升投资者在气候金融领域的投资能力。

二是进一步推动证券公司和金融机构专业人才培养，扩展专业能力。证券公司、金融机构是证券业气候投融资市场参与的重要主体，负责设计和创新气候投融资项目，并主导发行。证券气候金融产品的公众普及率、可信度的提升，需要证券公司和金融机构进一步设计和简化金融产品，需要更多专业的证券业气候投融资人才。一方面，应鼓励高校结合证券公司和金融机构现有实践经验，开设证券业气候投融资体系课程，有针对性地培养专业化人才，为证券公司、金融机构输送力量；另一方面，应鼓励证券公司、金融机构积极与知名高校、培训机构合作，鼓励公司间、机构间相互学习，与国际化机构形成交流机制或合作论坛机制，促进证券公司、金融机构现有人才进一步提升专业能力，形成既满足我国证券业气候投融资人才需要，又能与国际接轨的证券业气候投融资人才生态。

综上所述，中国证券业气候投融资的发展具有独特性，虽启动时间略晚于西方发达国家，但总体发展态势良好，法规政策不断完善，技术和信息的应用不断加强，市场参与者的认知能力不断提升。当下面临法规政策不够完善、技术和信息建设不对称、市场参与主体认知能力还需要加强等一系列挑战。同时，中国证券业气候投融资面临国际合作空间扩展、技术迭代、绿色发展渐成趋势等机遇，未来通过完善相关法规政策、引导技术和信息技术赋能、提升市场参与者的认知深度和广度等方式，中国证券业气候投融资的发展将更加有序，逐步建成具有中国特色的证券业气候投融资市场，为参与国际化绿色发展，为我国"一带一路"倡议、"人类命运共同体"理念的落地做出重要贡献。

参考文献

安国俊、陈泽南、梅德文：《"双碳"目标下气候投融资最优路径探讨》，《南方金融》2022年第2期。

李扬、王芳主编《中国债券市场（2022）》，社会科学文献出版社，2023。

鲁政委、钱立华、方琦：《碳中和与绿色金融创新》，中信出版社，2022。

中国投资证券基金业协会：《中国证券投资基金业年报（2022）》，中国财政经济出版社，2022。

中国证券业协会：《中国证券业发展报告（2022）》，中国财政经济出版社，2022。

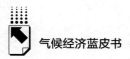
Fischer, I. , Beswick, C. , Newell, S. , "Rho AI – Leveraging Artificial Intelligence to Address Climate Change: Financing, Implementation and Ethics", *Journal of Information Technology Teaching Cases*, 2021, 11 (2) .

Thomas, A. , Boissinot, J. , Mateo, C. , et al. , "Climate – Related Scenarios for Financial Stability Assessment: An Application to France", *Banque de France*, 2020.

B.9
中国绿色气候基金发展报告（2024）

王增业　寇日明　黄艳琼 等*

摘　要：　绿色气候基金是气候投融资的重要工具，是应对气候变化、促进经济社会绿色可持续发展的重要支持力量。绿色气候基金一方面包括政府主导型绿色气候基金，主要支持节能减排、碳汇等项目；另一方面包括资本市场中的绿色主题基金。2010~2022 年，绿色主题基金相关企业注册量和基金规模均呈上升趋势。在全球市场中，气候科技股权投资基金是绿色气候基金的重要组成部分，全球超过 4000 家投资机构参与了气候科技的交易。对中国而言，气候科技基金的投资领域较广，且呈现地域分布集中趋势。基于相关分析，本报告从健全监管体系、政策支持、法规体系、规范标准等方面提出对应的政策建议。

关键词：　绿色气候基金　气候变化　气候治理

气候变化是全球可持续发展的重要议题，为气候行动提供金融支撑的气

---

* 王增业，经济学博士，正高级经济师，中国石油集团资本股份有限公司首席经济学家；寇日明，理学博士，中美绿色基金合伙人，研究方向为绿色技术及绿色技术产业化；黄艳琼，北京大学 FICC 校友俱乐部秘书长、北京吉丰私募基金管理有限公司董事长；张会成，博士，中国城市经济学会副秘书长、清华大学全球证券市场研究院学术委员会委员；冯菁，北京吉丰私募基金管理有限公司副总经理、投资负责人。项目组成员：谭艳君，管理学博士，华润元大基金管理有限公司基金经理助理，研究方向为宏观经济和利率市场；薛华，中油气候创业投资有限责任公司高级工程师、执行总监，研究方向为气候股权投资基金；刘豫皓，华润元大基金管理有限公司督察长，武汉大学硕士研究生导师，研究方向为风险管理；张倩茹，北京大学光华管理学院金融学硕士研究生，研究方向为金融科技、绿色金融。

候金融受到国内外的高度关注。绿色气候基金是气候金融体系的重要组成部分，在减缓和适应气候变化的过程中发挥着重要作用。一方面，绿色气候基金有利于促进应对气候变化相关技术的研发和应用。目前，气候科技型产业存在起步晚、产业技术创新难度高、初期投资需求大、投资回报周期长等限制。绿色气候基金可通过设立气候科技创新发展基金，引导风险投资进入气候科技领域等方式，支持气候科技型企业发展，促进气候相关技术创新和应用，加速中国应对气候变化。另一方面，绿色气候基金助力产业低碳转型发展。绿色气候基金可通过市场化的方式，高效引导资金流向有助于应对气候变化的产业，促进低碳或零碳新兴产业发展。例如，引导资金流向风电、光伏等可再生能源产业，助力产业发展，降低经济发展对化石能源的需求等。在"双碳"目标下，绿色气候基金是撬动更多社会资本参与气候治理的重要工具，是促进气候友好型技术创新、经济低碳转型、实现人与自然和谐共生的中国式现代化的重要金融力量。

一　中国绿色气候基金的发展现状

国际的绿色气候基金（Green Climate Fund，GCF）是全球规模最大的专门气候融资机制，已成为国际公共气候融资的主要工具。而我国的绿色气候基金主要存在于绿色基金之中。国内绿色基金的重要功能之一是，为气候友好型企业或项目提供投融资支持，助力企业实现低碳转型，促进经济实现绿色低碳发展。绿色气候基金主要以与气候相关的绿色基金的方式呈现，绿色基金中也有专门为应对气候变化而建立的基金，如气候科技股权投资基金等。我国绿色气候基金可分为两类：一类是资本市场投资于绿色股票、绿色债券等与应对气候变化和绿色发展相关的基金产品；另一类是政府主导，致力于投资应对气候变化和绿色发展领域的基金，如"国家绿色发展基金""中国清洁发展机制基金""中国绿色碳汇基金"等。下文主要对国际国内绿色气候基金的发展情况进行概述。

（一）国际绿色气候基金发展概况

根据达沃斯论坛 2021 年《全球风险报告》，"气候行动失败"已被列为未来十年最有影响、最有可能发生的第二大威胁。[1] 金融必须在气候风险爆发前发挥切实有效的作用，推进与应对气候变化相对应的投融资行动。2018~2022 年，欧盟和美国相继出台《为可持续增长融资的行动计划》、欧盟气候基准、《欧盟分类法》、《可持续金融信息披露条例》等多个法律文件支持气候主题投资，不断规范市场行为与监管体系。

国际上所称的绿色气候基金成立于 UNFCCC 第 16 次缔约方大会（COP16），由缔约的 194 个国家指定的资金运营实体作为"公约"财务机制的一部分，旨在推动实现公约下应对全球气候变化的最终目标，以实现国际社会应对气候变化的愿景和使命，帮助发展中国家实现向低排放、气候适应性发展道路转变。GCF 是迄今为止规模最大的国际气候变化基金，承诺金额达 206 亿美元，实际拨款金额为 170 亿美元。GCF 作为 UNFCCC 的财务机制之一，已批准为 129 个发展中国家的 216 个项目提供 120 亿美元的资金支持。

在资金分配上，GCF 将 50%的资金用于减缓气候变化，50%的资金用于适应气候变化。其中，减缓侧重于实际的减排效益，包括能源、交通、森林和土地利用以及建筑、城市和工业设施减排；适应侧重于增加应对气候变化的弹性，主要关注健康、食品和水体安全、居民和社区生计改善、生态系统和生态系统服务，以及基础设施和环境建设。作为专门服务于 UNFCCC 的资金机制运行实体，GCF 设立了平衡的管理结构，决策层董事会由 12 个发展中国家和 12 个发达国家成员组成。

GCF 第 33 次董事会批准了 200 个项目，绿色气候基金资金总额为 108 亿美元，调动了 294 亿美元的联合融资。这些已批准的项目和方案预计将减

---

① World Economic Forum, "The Global Risks Report 2021", 19 January, 2021, https://www.weforum.org/publications/the-global-risks-report-2021/.

少总计 21 亿吨二氧化碳当量的温室气体排放，并使 2.08 亿人直接受益，4.29 亿人间接受益。[①] 2021 年 8 月 1 日至 2022 年 7 月 31 日，GCF 新批准的气候基金达 30 亿美元，其绿色气候基金投资组合达 100 亿美元，共同筹资额达 370 亿美元。[②] 2021 年 8 月 1 日至 2022 年 7 月 31 日，为全球 23 个项目提供 20.6 亿美元资金。

（二）中国绿色气候基金的发展现状

中国虽然没有专门的基金叫绿色气候基金，但国内很多绿色基金也用于降低碳排放、促进新能源的广泛应用，以减缓和适应气候变化。绿色基金主要是指响应国家绿色发展战略需要，如推动节能减排、加速环境治理优化、发展绿色低碳经济等目的而设立的专项投资基金。从发行主体和形式看，我国绿色基金多为由政府主导或参与的绿色产业基金；从投资原则看，我国绿色基金大多综合考虑节能减排和污染防控等多重绿色目标；从投资领域看，绿色基金的资金主要投向节能环保、清洁生产、清洁能源、生态环境、基础设施绿色升级和绿色服务六大领域；从投资标的看，我国绿色基金可以分为绿色股权投资基金、绿色创业投资基金和绿色证券投资基金。

作为我国绿色金融体系不可或缺的重要环节，绿色投资基金可以有效促进气候金融的发展。一方面，绿色投资基金为应对气候变化引入了广泛的资金来源渠道：企业和机构投资者通过市场融资建立基金；个人、财团、非政府组织以捐赠、赞助和国际援助等方式建立专项绿色投资基金。另一方面，绿色投资基金的投资对象具有多样化的特点，其不仅考虑金融市场环境绩效好的企业，还对非金融市场生态效益好的企业或地区进行直接或间接投资，从而实现经济、环境、社会的协调发展。美国和西欧国家的绿色投资基金的发行主体以非政府

---

① Green Climate Fund，"Eleventh report of the Green Climate Fund to the Conference of the Parties to the United Nations Framework Convention on Climate Change"，August 2022，https：//unfccc. int/sites/default/files/resource/GCF_ Eleventh%20report%20of%20the%20GCF%20to%20the%20COP%20of%20the%20UNFCCC. pdf.

② Green Climate Fund，"Annual Results Report"，March 2022，Thttps：//www. greenclimate. fund/annual-results-report-2021.

组织和机构投资者为主，日本则以企业为主，我国对绿色企业或产业进行投资的基金主要为股权投资基金。绿色基金中与绿色气候基金联系较为紧密的是气候科技股权投资基金，它同时也是绿色气候基金的重要组成部分，主要投资于能减缓和适应气候变化的科技创新、产品推广等领域，如零碳排放技术推广等。

1. 资本市场中的绿色气候基金

中国绿色气候基金主要分为两类：一类是政府主导型；另一类是资本市场形成的与应对气候变化相关的绿色基金。资本市场中的基金是撬动更多社会资本参与气候治理的重要渠道，是低碳企业投融资的重要金融支持。在资本市场基金产品方面，市场关注的绿色主题基金大致有以下几类概念基金：ESG 投资基金、纯 ESG 主题基金[①]、ESG 策略基金、环境保护主题基金、碳中和主题基金等。

中国绿色气候基金的市场规模在波动中上升，其中绿色基金相关企业注册数量呈上升趋势。据统计，截至 2021 年底，我国布局绿色投资方向的基金公司已有 52 家，是 2010 年底的 8 倍多，其中 2015～2016 年增长最为迅速，2018 年开始出现波动，2021 年重回巅峰（见图 1）。

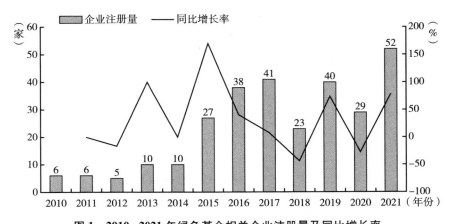

图 1 2010～2021 年绿色基金相关企业注册量及同比增长率

资料来源：智研咨询。

---

① ESG 的相关基金在后续部分会详细介绍。

关于绿色主题基金的数量和规模，中国证券投资基金业协会的数据显示，截至2022年底，国内与绿色投资主题相关的公私募基金数量接近1300只，管理规模合计超8600亿元，与2020年底相比，两年复合年增长率约为22%。其中，公募基金数量为270多只，管理规模超3800亿元；私募基金数量为1100多只，管理规模超4800亿元。从结构上看，公募基金方面，新能源主题基金、低碳主题基金和光伏主题基金数量占比排名前三，分别为46%、16%和11%，合计占比达73%（见图2）；私募基金方面，从细分类型数量占比来看，私募股权基金约占73%，创业投资基金约占22%，两者合计约占95%。从细分主题方向数量占比来看，排名前三的为新能源主题、绿色主题、环保主题，占比分别为35%、16%和13%，合计占比达64%（见图3）。

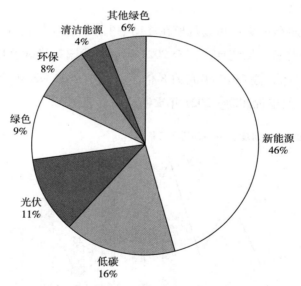

图2　截至2022年底中国绿色主题相关公募基金分布占比

资料来源：根据天天基金网数据整理。

2.政府主导型绿色气候基金

政府主导型绿色气候基金的主要目标是支持"双碳"、应对气候变化，积极引导资本投向促进碳排放降低、清洁能源使用、污染防治和生态保护等

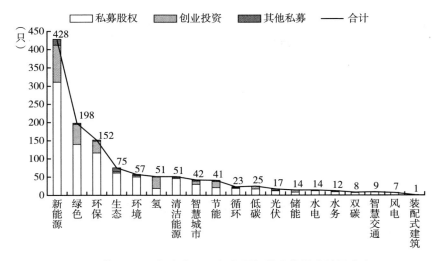

图3 截至2022年底中国绿色主题相关私募基金数量分布

资料来源：根据中国投资证券基金业协会数据整理。

领域，促进经济社会实现绿色低碳发展，主要包括"国家绿色发展基金""中国清洁发展机制基金""中国绿色碳汇基金"等。就国家绿色发展基金而言，2018年6月中共、中央国务院印发《关于全面加强生态环境保护坚决打好污染防治攻坚战的意见》，提出"设立国家绿色发展基金"。2020年7月，由财政部、生态环境部和上海市共同设立的国家绿色发展基金股份有限公司在上海市揭牌运营。作为国家级政府投资基金，国家绿色发展基金主要投资于环境保护和污染防治、生态修复和国土空间绿化、能源资源节约利用、绿色交通、清洁能源等绿色发展领域。该基金首期募资规模885亿元，其中中央财政出资100亿元，其余出资包括长江经济带沿线11个省市、部分金融机构和相关行业企业（示例项目见图4）。2023年初，山东发展集团利用联合国绿色气候基金（GCF）资金，联合威海市、区两级政府平台共同发起设立的山东绿色发展基金威海平行基金完成工商注册，总规模10亿元，首期规模5亿元，标志着我国申请的首笔GCF基金的首个项目正式落地。此外，各地也纷纷设立地方绿色政府引导基金，运用财政资金杠杆放大、引导和推动区域实现绿色低碳发展。

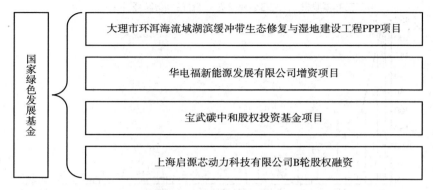

图4 国家绿色发展基金投融资项目示例

资料来源：根据国家绿色发展基金官网信息整理。

中国清洁发展机制基金。2006年8月，国务院批准建立中国清洁发展机制基金及其管理中心。2007年11月，中国清洁发展机制基金正式启动运行。2010年9月14日，经国务院批准，财政部等7部门联合颁布《中国清洁发展机制基金管理办法》，基金业务由此全面展开。2022年6月28日，为使基金更高效的运行，修订《中国清洁发展机制基金管理办法》。中国清洁发展机制基金是我国也是发展中国家首次建立的国家层面专门应对气候变化的基金，是应对气候变化国际合作的重要成果。该基金是以市场化模式运作，其宗旨是应对气候变化、抑制环境污染、实行生态保护，支持"碳达峰碳中和"目标的实现，以支持新兴产业减排、市场减排、技术减排等，推动气候变化事业市场化、产业化和规模化发展。基金来源主要有三方面：一是通过国际清洁发展机制项目转让温室气体减排量所获得的收入；二是基金运营带来的收益；三是个人、组织和国内外机构为此基金的无偿捐赠。在基金使用方面，中国清洁发展机制基金坚持可持续发展原则，保本微利，采取赠款、有偿使用的方式。目前为止，中国清洁发展机制基金支持了多个项目，其中2021年的项目包括江苏普金再生资源股份有限公司年处置10万吨皂脚液综合利用项目；江苏沿海通威富云新能源有限公司灌云洋桥200MWp（Mega Watt Peak，即峰值输出功率）渔光一体光伏发电全额平价上网示范项目；金光能源（南通）有限公司如东产业园热电联产项目等（见图5）。每一个项目的推行都将帮助企业降低碳排放并减少相关污染物排放。

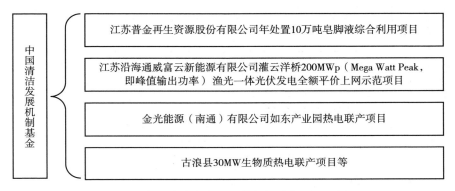

图5 中国清洁发展机制基金投融资项目示例

资料来源：根据中国清洁发展机制基金官网信息整理。

中国绿色碳汇基金。2010年7月19日经国务院批准，中国绿色碳汇基金会在民政部注册成立，是我国首家以增汇减排、应对气候变化为目标的公募基金会。中国绿色碳汇基金的宗旨是应对气候变化，增加碳汇，推动绿色可持续发展。截至目前，该基金累计筹集近10亿元公益基金，主要用于支持碳汇相关活动，推动林业碳汇项目方法学开发和标准体系建设，开展林业碳汇项目建设及开发示范，召开国内外关于气候变化以及"碳达峰碳中和"的相关会议等。为更好地支持碳汇项目，该基金会名下设置了多个子基金，如老牛生态恢复与保护专项基金、陵水碳汇专项基金、澄迈碳汇专项基金、临安碳汇专项基金、低碳旅游专项基金、碳中和促进基金、气候生态价值实现专项基金、林业草原生态帮扶专项基金等。2022年中国绿色碳汇基金支持了多个项目，如蚂蚁森林项目、甘肃省白银市会宁县生态保护修复和生态扶贫项目、中国四川森林可持续经营示范项目、碳中和项目——顺丰公益基金会、肯德基"自然自在"碳中和林项目、全球林产品绿色供应链森林行动等（见图6）。

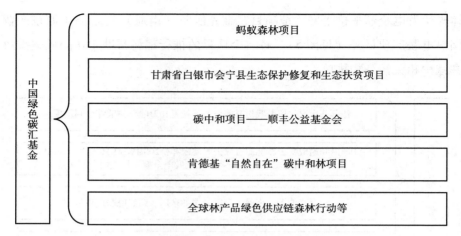

图6 中国绿色碳汇基金投融资项目示例

资料来源：根据中国绿色碳汇基金官网信息整理。

二 气候科技股权投资基金的发展现状

气候科技股权投资基金是绿色气候基金中十分重要的组成部分。气候科技股权投资基金有助于为与气候相关的科技创新提供资金支持，促进气候科技相关的研发创新，是未来更好应对气候变化、促进经济零碳转轨的重要方向。自2020年9月我国明确提出"双碳"目标以来，与气候科技相关的一级市场投资比重显著增加。根据《中国碳中和领域创投趋势（2022）》[①] 的梳理和统计，2019年至2022年上半年，气候科技领域共有1574起投资事件，1112家企业获得投资，1893家投资机构参与其中，总投资金额超过3500亿元。2021~2022年，共有约50家投资机构在气候科技领域中累计投资超过10亿元或发起10起投资事件。

从2021年投向气候科技领域的投资金额占比分析，一级市场投向气候科技领域的金额占比为13.57%，而绿色信贷占信贷余额的8.25%，绿色债

---

① 北京绿色金融与可持续发展研究院等：《中国碳中和领域创投趋势（2022）》，2022年12月18日，https：//www.ifs.net.cn/news/1184。

券占债券余额的 0.87%（见表 1）。虽然一级市场股权投资金额在国内相对于信贷、债券等总体规模小，但在绿色资产比例上体现出更加积极参与碳中和的意愿，已经成为金融支持碳中和的先行军。

表1　2021年各类金融产品中绿色资产情况

单位：万亿元，%

类别	总量	绿色债券	绿色债券占比
信贷余额	192.7	15.90	8.25
债券余额	133.5	1.16	0.87
股权基金年投资额	1.4	0.19	13.57

资料来源：根据《中国碳中和领域创投趋势（2022）》资料整理。

（一）国际气候科技基金发展现状

从全球视角看，根据伦敦发展促进署（London & Partners）和 Dealroom 发布的数据，2018~2022 年，全球风险资本对气候科技企业的投资增加了 83%，5 年间共筹集 1711 亿美元，体现了气候科技企业未来巨大的增长空间。按照 CTVC 的统计，截至 2022 年，全球超过 4000 家投资机构参与了至少一项气候科技的交易，其中约一半投资人的投资交易量数大于 1 项。主要机构投资者如表 2 所示。

表2　主要机构投资者

投资类型	内容
风险投资:投资早期公司	Pre-seed/seed 投资者:Wireframe、Volo Earth、Pale Blue Dot
	风险投资者:G2 Venture Partners、Energy Impact Partners、Activate
PE/Growth:收购控制股份的公司和/或投资成长阶段的公司	成长投资者:Beyond Net Zero、TPG Rise Climate、Generation
	PE 投资者:Ara Partners、NGP、Ember Infrastructure
机构投资者:为客户管理机构投资	资产管理:Blackrock、Fidelity、T. Rowe Price
	养老基金/主权财富:淡马锡、加拿大养老金计划投资局、Nysno
	对冲基金:Coatue、Tiger、D1 Capital Partners

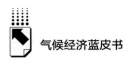

投资类型	内容
基础设施投资:投资长期基础设施资产	混合基础设施:Generate、Spring Lane、Greenbacker Capital
	传统基础设施:Brookfield、麦格理、I-Squared
企业:与公司相关的风险投资部门或基金	雪佛龙技术风险投资、Nextera、Equinor 等

资料来源:笔者整理。

全球气候科技初创企业分布于多个行业。根据麦肯锡的统计,从私募股权在气候科技领域的投资来看,可再生能源行业投资占比最大,从 2019 年的 400 亿美元增加到 2022 年的 1000 亿美元,约占已投资本的 50%;交通运输业位居第二,随着电动汽车行业的快速发展,该类投资从 2019 年的 60 亿美元跃升至 2022 年的 300 亿美元。此外,氢能源和碳管理 2022 年占比仅为 3%左右,但增长势头迅猛,自 2019 年以来投资流入增长率分别为 460%(从不到 10 亿美元增加到 50 亿美元)和 1400%(从不到 5 亿美元增加到 70 亿美元)。

在众多气候科技领域基金中,突破能源风险基金(Breakthrough Energy Ventures,BEV)是有重要影响力的基金之一。BEV 于 2015 年由比尔·盖茨创立,召集了几十人作为共同投资人,包括阿里巴巴创始人马云、软银创始人孙正义、印度大亨穆克什·安巴尼、亚马逊创始人杰夫·贝索斯、彭博新闻社创始人迈克尔·布隆伯格、维珍集团创始人理查德·布兰森、共同基金巨头富达集团首席执行官阿比盖尔·约翰逊等。BEV 成立至今已经 8 年,筹集资金超过 20 亿美元(约 140 亿元,其中 BEV 第一期 10 亿美元、BEV 第二期 12.5 亿美元、BEV 欧洲 1 亿欧元),支持了 90 多家初创公司。BEV 设立的初衷,是投资于有可能为全世界带来廉价而可靠的清洁能源的科学突破,终极目标是将新的零碳排放技术推向市场。涉及领域包括二氧化碳捕集、能源物联网、生物合成、储能公司、可持续燃料、动力电池等诸多领域。BEV 与 OGCI 气候投资基金、波士顿咨询等机构共同成立了 Project Frame 组织,努力制定温室气体减排评估框架和开发定量化工具,以评估气候投资对未来全球温室气体排放的潜在影响。

（二）国内气候科技投资基金现状

在我国，产业资本及企业风险投资机构（CVC）、大型私募股权基金（PE）以及风险投资机构（VC）在气候科技领域的投资均较为活跃，采取了较为不同的投资策略，反映出不同机构的优势和特点。

产业资本及企业风险投资机构（CVC）的投资一般围绕企业核心业务开展，气候科技领域较为活跃的是新能源汽车、光伏、风电、动力电池等，相应领域的大型企业也成立了产业投资基金来增强竞争优势，布局潜在技术创新方向。典型投资机构有国电投资本、华能资本、三峡建信、中石化资本、昆仑资本、OGCI昆仑气候投资等央企投资机构，隐山资本、上汽投资、北汽产投、蔚来资本等交通物流产业投资机构，以及TCL创投、红杉远景、金风投资等制造及能源产业投资机构。资金管理规模较大、更关注财务投资表现的大型私募股权基金，积极投资气候科技中技术更加成熟、处于产能扩张阶段的企业，如光伏产业的晶硅路线、动力电池领域的锂电池、风电行业未上市企业等。典型私募股权基金有深创投、IDG、红杉中国、春华资本、中美绿色基金、建信投资、弘毅投资等。

气候科技领域的中早期投资机构相对较少，较为活跃的有险峰长青、中科创星、允泰资本、青域资本、祥峰投资等，红杉中国和高瓴创投等大型投资机构也设立了相关早期基金。气候科技企业的成长周期较长，往往与硬科技挂钩，要求投资机构对技术有良好的判断能力，基金也需要相应地有更长的存续期。

1. 国内气候科技基金投资领域

参考《中国碳中和领域创投趋势（2022）》相关研究，气候科技细分领域可分为八个方面，分别是能源与电力、交通与运输、建筑、工业、农业、信息化、新材料、负碳技术等。[①] 2021年，能源与电力行业的投资事件

---

① 北京绿色金融与可持续发展研究院等：《中国碳中和领域创投趋势（2022）》，2022年12月。https：//www.ifs.net.cn/news/1184。

比例最高，达到46%，其次是交通与运输行业，占25%。新材料行业投资比例为12%，工业为5%，信息化行业为4%，农业行业为3%，建筑行业为2%，而负碳技术则仅占1%。

能源和电力行业以及交通与运输行业投资占比很高，这是因为光伏、风电等新能源发电项目的商业模式已经非常成熟，并得到了二级市场的验证，行业规模不断扩大，发展非常速度，因此整个产业链的投资机会比较容易被投资机构观察到。同样，随着特斯拉、比亚迪、蔚来、小鹏和理想等电动汽车公司商业实践的成功以及二级市场的验证，交通领域的电动汽车产业链也变得更加清晰，从而给投资机构提供了更多的机会。此外，储能和氢能领域也开始受到热捧，投资机构把它们视为类似于新能源发电和电动汽车发展早期阶段的机会，更愿意在这些领域投资。

国内大量投资投向能源、交通行业，也使得这些领域的投资竞争加剧，一级市场项目估值攀升。工业、建筑、农业等行业减排潜力也很大，但是商业模式仍然不够清晰而且比较分散，因而得到的投资较少。

2. 国内气候科技基金投资特点

一级市场更加积极地参与气候科技股权投资。在气候变化日益严峻的背景下，国内风险投资以及私募股权投资资金对气候科技领域的投资表现出积极性。根据《中国碳中和领域创投趋势（2022）》数据，从2021年的投融资数据来看，一级市场中投向气候科技领域的占比为13.57%，在绿色信贷领域，绿色信贷占信贷余额的比例为8.25%，在绿色债券领域，绿色债券占总债券余额的0.87%。对比发现，气候科技领域的投资占比高于绿色信贷以及绿色债券在各自领域的占比，整体来看，一级市场对于气候科技投资表现出更大的兴趣，积极性也更高。

气候科技领域被投企业地域分布比较集中。2019~2021年获得投资的气候科技企业，江苏省、上海市、北京市、广东省以及浙江省明显多于其他地区，形成了气候科技创投发展的第一梯队，第二梯队则包括山东省、安徽省、湖北省和四川省。气候科技领域的投资与科技创新、实体产业发展密切相关，江苏省、广东省及浙江省的实体制造产业基础良好，为气候科技企业的培育提供了良好的土壤，而北京市和上海市则发挥了金融投资机构和科研院所众多的优势。

从不同阶段的投资事件数量看，2019～2021 年有 18% 的投资事件是种子期投资，其中包括种子轮和天使轮投资；47% 的投资事件是初创期投资，包括 pre-A 轮至 A+轮投资；24% 的投资事件是成长期投资，包括 pre-B 至 C+轮投资；而 11% 的投资事件是成熟扩张期投资，包括 D 轮至 pre-IPO 轮投资。从不同阶段的投资金额看，2019～2021 年，种子期投资金额累计 35 亿元，占比 2%；初创期投资金额累计 398 亿元，占比 27%；成长期投资金额累计 373 亿元，占比 25%；成熟期投资金额累计 689 亿元，占比 46%。

三　问题、展望与政策建议

（一）绿色气候基金发展存在的问题

随着绿色发展上升为国家战略，近年我国绿色气候基金发展迅猛，但由于时间短，绿色气候基金的质量总体有待提高。绿色气候基金在法律法规、政策支持力度、行业标准和规范、风险管理和信息披露、指标建设、投资组合构建等方面还存在一些问题，绿色气候基金的高质量发展还有很长的路要走。目前绿色气候基金发展存在的问题如下。

1. 绿色气候基金相关法律法规体系和行业标准存在空白

绿色气候基金缺乏国家层面的法律法规，不同部门及地方监管政策存在差异，缺乏系统性与整体性，同时责任追究和惩罚机制也不完善，难以实现协调有效监管。

2021 年，中国人民银行、国家发展改革委和证监会联合印发《绿色债券支持项目目录（2021 年版）》，实现了境内市场绿色债券认定标准的统一。2022 年，绿色债券标准委员会发布《中国绿色债券原则》，进一步统一了不同绿色债券品种应遵循的原则，特别是明确了募资投向必须 100% 用于绿色项目，保证绿色的"纯度"，实现与国际接轨。在绿色信贷领域，中国人民银行和原银保监会都曾制定统计制度，随着各部门对标准的修订与完善，绿色信贷统计标准整体上实现了趋同。2019 年，国家发展改革委等部门联合印发《绿色产业指导目录（2019 年版）》。此后中国人民银行和原银保监会先后修订统计制度，2019 年 12 月，中国人民银行修订《绿色贷款专项统计制度》；2020 年 7 月，银保监会印发《绿色融资专项统计制度》。目前国家发改委已发布《绿色产业指导目录（2019 年版）》，中国投资证券基金业协会发布了《绿色投资指引（试行）》等文件。

上述各部门颁发的规章在绿色融资的适用范围、项目分类、精细程度方面仍存在差异。绿色项目分类层次不统一，相关标准仍不一致。虽然有关绿色融资出台了以上政策，我们也看到绿色气候基金相关的标准尚未建立，绿色气候基金在法律法规和监管规章上尚没有明确的定义，绿色气候基金投向仍然没有明确的范围。绿色气候基金在实践上也存在不同的名称和说法，既不利于后续绿色气候基金法律和监管体系的建立，也不利于对货真价实的绿色气候基金给予适当的支持和出台配套的优惠政策，同时增加了对绿色气候基金投向、信息披露等方面的监管难度。缺乏有效监管，则很难保证绿色气候基金在实际运作过程中不会"挂羊头卖狗肉"，即一方面享受绿色气候基金的政策红利，另一方面资金运作却可能投向于非绿色领域，违背了绿色气候基金设立的目标和初衷。

2. 财政、金融和产业政策支持力度不足

无论是从国外经验来看，还是从现实的必要性来看，应对气候变化都是一个社会性问题，必须也必然要求系统性的规划和自上而下全员式的参与。从气候投融资的角度来讲，应当形成政府有效引导、大型企业自主担责、产业企业规范尽责、社会资本积极参与的合力。

国家对于绿色气候基金仍主要从政策上进行鼓励与倡导，尚未形成具体、可实施的扶持政策、激励措施。地方层面上，只有少数省份制定了支持绿色基金发展的相关配套措施，且主要是东部发达省份。由于绿色投资领域具有一定的公益性与外部性，在投资周期、投资回报、投资风险方面与社会资本的属性不完全匹配，因此，除了要倡导社会责任投资，发挥政府性基金的引导作用之外，还需要在人才、税收等方面提供支持与鼓励。在政策制定过程中，也需要把握好度与原则，既要避免力度不足导致激励效果差，也要避免标准不科学或把关不严，导致政策被滥用，形成政策套利或政策寻租。

3. 社会资本参与积极性不高

一方面，部分绿色产业投资周期长、回报率偏低。另一方面，部分绿色产业尚处于行业生命周期的早期或发展期，赢利能力不足、风险偏高。从投资者视角来看，投资者对绿色气候基金的业绩潜力和能否取得超额收益仍抱有怀疑态度，只重视短中期的业绩，只评估经济效益、缺乏科学的绿色气候基金绩效评估制度，忽视绿色气候基金投资运作产生的社会效益、环境效益。种种问题的产生导致社会资本投资绿色产业的积极性不高。虽然中央和地方政府也成立了有关绿色产业的政府引导基金，但是由于政府主导基金运作管理、项目选择和投资决策等的特点，政府引导的绿色气候基金的市场化程度较低，直接影响了基金的运作效率，降低了社会资本参与的积极性，不利于绿色气候基金发展。

社会资本参与不足是绿色投资的天然缺陷，社会资本的逐利性与绿色项目的低收益特点是错位的，无法完全通过市场化方式进行适配和有效配置资源，阻碍了绿色气候基金的发展。当然，社会资本参与度不足既有绿色产业自身特点的原因，也有企业社会责任意识、基金管理运作等方面的原因。而要解决这一问题，一方面需要大型企业主动参与，承担和履行社会责任；另一方面也需要政府政策的强有力引导，才能建立有效的社会动员机制。因此，要鼓励和推动社会资本增加绿色气候基金的投入，提供支持。

4. 信息披露不规范

我国监管层尚未制定企业气候风险相关信息的综合性报告的强制披露规定，上市公司 ESG 披露的数量和质量（量化指标不足）都有待进一步提高，部分企业蹭绿色投资的热点但口惠而实不至，"漂绿"现象严重。所谓"漂绿"指的是通过绿色气候基金渠道获取的资金并未使用于符合绿色金融标准的项目，仅为"漂绿"而无法达到预期的"绿色"效果。从根本上看，还是由于缺乏信息披露的统一标准，相关部门未能明确界定信息披露监管责

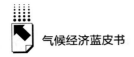

任，绿色投融资相关的信息披露不充分也缺乏惩戒措施。绿色投融资信息披露不足以及绿色气候基金的投资模式和管理模式不透明、不公开，导致信息披露的可信度与有效性降低，投资者缺少绿色投资项目的相关信息，难以正确评估，这在一定程度上降低了投资人投资绿色气候基金的积极性。

（二）未来发展趋势展望

随着绿色产业的迅速发展，中国政府推出大量与绿色金融相关的政策，并引导金融市场在气候投融资方面实现理念升级，促进产品创新。应对气候变化本身将带来大量的资金需求，而低碳资产具备越来越高的投资价值和增长潜力。气候投融资从政策协调、金融产品创新、地方试点等角度为其与绿色金融的协同发展奠定了基础。2021年是全球碳中和元年，"碳中和"目标成为大多数国家的政策共识。"碳中和"是一条"万亿级的黄金赛道"。据估算，2030年前中国碳减排每年需投入2.2万亿元，2030~2060年，每年则需投入3.9万亿元。根据国家气候战略中心的预测，要实现"双碳"目标，到2060年我国新增气候领域投资需求规模将达约139万亿元，长期资金缺口年均在1.6万亿元以上，这样巨大的资金需求，政府资金只能覆盖很小一部分，迫切需要国内绿色金融体系快速发展以解决资金缺口问题。

从目前的状况来看，以银行信贷间接融资为主导的金融体系与政府引领的经济模式使得我国逐步形成以绿色信贷基本政策为主要发力点，以绿色债券、绿色基金为辅助的气候投融资体系。但由于绿色项目的投入期限长、投资回报率低，债权资金会出现期限风险错配、收益要求无法匹配短期考核目标的问题，相对而言，绿色气候基金的资金来源更为广泛，有助于解决信贷、债券与绿色产业发展的期限、风险和收益错配问题，对于改善绿色金融结构失衡具有重要作用，有望成为立体化绿色金融拼图的重要组成部分和基础性力量。

下一步，随着绿色投融资政策的推进，中国企业越来越意识到应对气候变化、推进绿色发展和实现低碳减排的重要性，逐渐重视政策环境变化给产业和行业造成的冲击，政府公共投资与私人资本加上债券、股权、基金等在内的多重混合气候融资模式也将越来越有创新前景和发展吸引力。从我国资本市场融资去媒介化、大力发展直接融资的长期趋势来看，未来绿色气候债券和绿色气候基金等形式的绿色金融产品将会越来越多，创新的品种也会更加丰富。同时，鉴于绿色基金相对绿色债券在融资条件、资金来源渠道、投资期限等方面的独特优势，可以预料未来的绿色气候基金发展空间必将会更加广阔，在气候金融投资中将扮演越来越重要的角色并成为推动绿色项目持续发展的重要融资渠道，在促进我国产业升级转型中发挥的作用也将越来越明显。

（三）政策建议

1. 建立健全行业法律法规和监管体系

建议加快制定绿色气候基金标准和投资规范指引，在国家发改委《绿色产业指导目录（2023年版）（征求意见稿）》、中国投资证券基金业协会《绿色投资指引（试行）》等政策的基础上，参考《绿色信贷指引》《绿色债券支持项目目录（2021年版）》等文件，进一步建立健全绿色气候基金法律法规和监管体系，明确绿色气候基金的资金投向、运作模式、发展目标、监管机制等，建立和出台绿色产业基金操作指引等规范性文件。

具体来说，可以通过立法确定约束性指标，根据股权投资、证券投资等不同类型绿色气候基金的特点，出台具有实操性的引导标准，明确各责任主体的法律责任，规范各参与主体的行为，推动绿色气候基金高质量发展。制定绿色气候基金产品行业分类标准，明确发行产品的投向和绿色项目资金占比，符合相关监管要求的才可以贴绿色标签，享受有关财税优惠和配套政策。有序引导市场发展，便于投资人识别选择。尽快建立绿色气候基金支持绿色低碳转型和发展的政策框架，加强绿色金融与绿色财政等的协调，完善绿色气候基金投资绩效评价体系和筛选指标体系，并建立相应的投资激励机制。

此外，中介机构在绿色产业基金设立与管理运作过程中发挥着重要作用，是相关制度规范贯彻执行的重要载体，因此亟须制定绿色气候基金运作

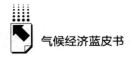

的中介机构业务规范与监管机制。

2.加大绿色气候基金政策支持力度

借鉴经验，加大与绿色气候基金相关的财政政策、金融政策和产业政策的支持力度。对绿色科技以及碳中和的研究发现，制定促进绿色技术需求扩大的政策，比直接提供投资支持更加重要。我国亟须加快建立与绿色气候基金发展相适应的配套体系，包括完善相关制度，建立绿色气候基金标准与投资管理规范，规范基金出资人、管理人、中介机构的行为；构建绿色气候基金、绿色投资数据库，加强信息披露，强化绿色气候基金的监督机制；建立基金评价标准与机制，充分发挥扶持政策的作用，做到有选择、高效率地支持。

虽然我国陆续出台了针对绿色信贷、绿色债券的贴息和补贴政策，但针对绿色气候基金缺乏配套扶持政策。首先，制定和完善社会资本参与绿色气候基金的财政、税收优惠政策。如荷兰制订了"绿色气候基金计划"，对绿色气候基金投资者仅征收1.2%的资本收益税和1.3%的所得税。韩国政府针对投资绿色产业超过60%的产业基金给予分红收入免税等优惠政策。政府出台绿色产业转型升级政策，以及促进绿色科技需求增长的财政政策、金融政策和产业政策，可以引导有转型需求的企业积极采用绿色低碳创新技术，吸引越来越多的投资者关注和参与绿色气候基金，促进绿色产业的快速可持续发展。其次，针对绿色气候基金管理机构出台财税补贴激励政策，政府可以通过税收优惠和财政补贴来定向支持绿色气候基金的管理公司或管理合伙人来拓展绿色气候基金业务，开展气候投融资业务。最后，政府可以与金融机构建立损失分担机制。比如说政府引导型绿色产业基金和市场化绿色气候基金对绿色产业企业或项目进行共同投资，共同承担投资风险，从而降低市场化绿色气候基金管理公司的风险，激励更多的专业基金投资机构开展气候投融资业务。

3.完善绿色气候基金信息披露法律法规体系

构建绿色气候基金、绿色投资相关数据库，加强绿色产业基金的信息披露，建立信息披露标准、要求与指引，解决信息不对称问题，防止基金与项目的人为"漂绿"，挤占政策与市场资源，通过规范化的信息披露落实对绿色产业基金的监管，防范低效、无效的基金投资与管理。

目前上市公司 ESG 报告中包含多个底层指标，全面反映了企业在生产经营中对 ESG 理念的落实情况，倒逼相关企业主动披露自身 ESG 信息，在此基础上进一步完善我国企业的 ESG 信息的强制披露工作。建立和优化气候信息披露、监测、报告和核证体系，是气候投融资发展的重要保障。气候投融资强调融资项目应在应对气候变化中有所贡献，只有确保融资项目能够真正减少碳排放或者提升人类和生态系统适应气候变化的能力，并且披露明确、可测量、可核查的碳排放相关信息，才符合气候投融资的要求。信息披露从"不披露就解释"向"强制披露"转变，在披露数量上升的同时，还亟须以推动规范化、流程化以及专业方法学研究提升信息披露的质量，实现披露信息的真实可用。我国内地上市企业在依照证监会发布的相关要求编制年报和半年报时，可以同时参考港交所发布的《ESG 指引》中的信息披露框架和指标体系，在年报和半年报的"公司治理"和"环境和社会责任"章节中增加更多自愿披露内容，加入更多量化信息，以此提升报告质量。

同样，绿色气候基金的信息披露要求也可以参考国内外 ESG 信息披露报告准则，包括气候相关财务信息披露工作组（TCFD）框架、可持续发展会计准则委员会（SASB）准则等，建立健全针对绿色气候基金相关的 ESG 信息披露体系，提升绿色气候基金信息披露质量，减少"漂绿"基金行为的出现。

4. 创新和丰富绿色气候基金金融产品

我国绿色证券指数化投资已经取得了一定的发展，但与成熟资本市场相比，国内绿色气候指数产品数量少、投资规模小、投资者数量有限。

建议参考公募基础设施 REITs，设立公开募集绿色气候基金。公募基础设施 REITs 基金的主要优势和吸引力就是其享受的税收优惠，税收优势的关键在于避免双重征税。目前发行的公募基础设施 REITs 基金投资项目大量持有的是绿色基础资产，涵盖能源、污水处理、产业园区、仓储物流等类型，园区和仓储项目中就有获得认证的绿色建筑。从当前 REITs 支持的十大重点

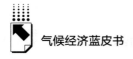

行业来看，多数适用现行的绿色项目标准，这表明 REITs 产品具备发行贴标绿色产品的条件。参考公募基础设施 REITs 基金，对公募绿色气候基金（此处提到的公募基金，非公募证券投资基金，类似于公募基础设施 REITs 基金，投资基础设施相关物权和股权等资产，而非上市公司股票）进行探索，有助于促进我国基础设施的绿色低碳发展，也有利于更好地应对气候变化，为气候资金拓宽融资渠道。

5. 完善绿色气候基金募投管退环节规范标准

为了真正发挥绿色气候基金在投资方面的巨大作用，顺应"双碳"潮流，需要在国家及行业层面配套全方位的政策，如借鉴国际经验，制定公募基金和私募股权基金的责任投资管理制度和绿色投资指引，丰富气候金融风险信息评价指标体系，改善投资决策机制，提升绿色投研体系，明确绿色气候基金的监管要求或行业自律约定，规范绿色气候基金内部全投资流程的投资管理体系。具体来说，首先，建立相应的法规及行业自律规范，在投资标的的筛选、资金使用、信息披露等各方面进行把控，尤其是建立相应的统计报送及信息披露制度，便于对投资情况进行宏观的统计及监测。此外，基于绿色气候投资初期性、长期性的特点，在基金募集备案方面及退出阶段，相应政策应给予一定便利，一定程度上减轻投资者的投资及退出顾虑；其次，丰富对绿色气候基金的鼓励性及支持性政策，吸引社会资本真正参与到绿色气候基金投资中，更好地引导绿色气候基金的发展，助力"双碳"目标的完成。最后，制定与绿色产业基金相关的募投管退便利化政策，给予绿色气候基金在基金管理人设立注册、基金产品设立备案和投资等的政策便利，建立快速便捷的审核备案通道；健全绿色产业基金退出渠道，充分发挥多层次资本市场体系在绿色资产证券化发展过程中的作用，建立顺畅的绿色产业投资退出通道。

B.10
中国 ESG 发展报告（2024）

宋雪枫　陈刚　薛俊等*

摘　要： 在全球变暖持续、极端气候灾害频发的背景下，应对气候变化、在经济活动中考虑环境、社会和治理（ESG）因素日益重要。ESG 研究可以为投资者提供全面的信息，降低投资风险；促进企业承担社会责任，主动降低温室气体排放；有利于政府制定支持及监管政策，对减缓和适应气候变化都有重要意义。目前，全球 ESG 投资规模逐年攀升，认同 ESG 理念的国际机构数量持续增加，全球 ESG 信息披露标准不断细化且统一趋势加强。中国内地 ESG 监管政策建设起步虽晚，但在不断推进，呈现港股市场先行、A股市场逐渐起步的趋势。近年来，ESG 基金和债券产品也增长迅速。虽然，中国 ESG 发展目前面临缺乏一致的标准和指标、数据质量和可靠性不足、监管和执法的有效性不足、投资者教育和意识有待提升，以及缺少企业文化和治理改革等方面的挑战，但是，中国的 ESG 发展也充满机遇，应充分把握政府的支持和政策引导、市场需求和投资者关注、企业竞争力和品牌形象、创新和技术发展，以及国际合作和倡议参与等机遇。ESG 的持续发展，

* 执笔人：宋雪枫，博士，正高级经济师，上海机场（集团）有限公司副总裁、上海机场（集团）有限公司财务总监；陈刚，博士，东方证券首席研究总监、总裁助理兼研究所所长，研究方向为 ESG 投资等；薛俊，博士，东方证券研究所策略首席分析师、ESG 分析师，研究方向为 ESG 基础理论、绿色金融；迟永胜，高级工程师，清华大学全球证券市场研究院院长助理，北京交通大学兼职教授，研究方向为证券市场、ESG 与气候金融、数字化；段怡芊，东方证券研究所 ESG 分析师，研究方向为主要国家 ESG 制度、国内外 ESG 披露框架、金融机构 ESG 投资方法等；张一章，东方证券研究所员工，清华大学全球证券市场研究院研究助理（兼职），上海市可持续发展研究会国际标准化委员会专家，研究方向为绿色金融、ESG 等；刘海威，博士，上海港口机械质量检验检测中心主任，交通部行业研发中心船舶与港口节能减排、污染防治技术及装备（ESG）分中心负责人，中国城市经济学会绿色金融与创新发展部专委会副秘书长，研究方向为港口物流装备全智能化设计、检测、运维全生命周期数字化，港航绿色低碳经济。

可助力降低碳排放、促进经济结构转型升级，助力实现"双碳"目标，更好地应对气候变化。

关键词： ESG ESG 信息披露 ESG 评级 气候金融

在当今全球面临气候变化等重大挑战的背景下，环境、社会和治理（ESG）因素日益成为投资决策中不可或缺的考量因素。ESG 的兴起标志着投资者对企业非财务绩效的关注从道德伦理层面向投资策略层面的转变，其核心理念在于将企业置于相互联系、相互依赖的社会网络之中，将个体活动映射到整个社会网络，将公共利益引入公司价值体系。ESG 追求的不仅是短期经济利益，更重要的是可持续发展和社会责任。通过综合考虑环境、社会和公司治理因素，有助于降低投资风险，促使企业社会责任的承担以及政府监管和政策制定，促进可持续发展的实现。特别是在面对气候变化带来的挑战时，ESG 投资发挥着不可或缺的作用。

通过关注环境、社会和公司治理等 ESG 因素，投资者更好地识别和评估气候变化带来的投资风险（如法规变更、声誉损害和诉讼风险），以此做出更明智的投资决策。同时企业可以有效降低气候相关风险、提高运营效率、增强品牌价值，从而获得更优越的气候金融投资回报。此外，ESG 也是可持续发展的重要推动力量，它不仅为企业提供了应对气候变化挑战的有效工具，也给投资者带来了决策参考。通过支持具有良好 ESG 表现的企业，投资者可以促进社会公正和气候变化治理的良好实践，为可持续发展做出积极贡献。

一 ESG 与气候金融

ESG 是英文 Environment（环境）、Social（社会）和 Governance（治理）的缩写，是关于环境、社会和公司治理协调发展的价值观，也是基于这三个因素对企业非财务绩效进行评估、对公司长期发展进行评价的标准。它将目标公司置于相互联系、相互依赖的社会网络之中，将个体活动映射到整个社会网络，将公共利益引入公司价值体系，更加注重公司发展过程中的价值观和行为，以及由此带来的公司与社会价值的共同提升。它强调在追求长期投资回报的同时，考虑企业的可持续性和社会责任。ESG 投资是一种将环境、社会和治理因素纳入投资决策过程的投资理念和方法，它追求长期投资回报，并将企业的可持续性作为投资决策的关键因素，认为只有在环境、社会和治理方面表现良好的企业才能在长期内取得持续的成功。

20 世纪 90 年代，社会责任投资逐渐从道德伦理层面转向投资策略层面。投资者开始综合考虑公司的 ESG 绩效表现，衡量 ESG 投资策略对投资风险和收益的影响。可持续发展指数陆续发布，其中包括 1990 年摩根士丹利国际资本发布的多米尼 400 社会指数（现在更名为 MSCI KLD 400 社会指数），这是第一个通过资本化加权方法跟踪可持续投资的指数。1992 年，联合国环境规划署金融行动机构在里约热内卢的地球峰会上成立金融倡议，希望金融机构将环境、社会和治理因素纳入决策过程，促进可持续发展。1997 年，全球报告倡议组织（GRI）成立，发布了全球最广泛采用的可持续发展报告准则之一。进入 2000 年，ESG 投资概念逐渐形成。2004 年，联合国全球契约组织发布了报告《谁在乎输赢》，该报告讨论了如何在投融资活动中融入 ESG 因素并为公司运营中如何融入 ESG 因素给出了指引。2006 年，在金融倡议的支持下，联合国负责任投资原则组织（PRI）成立。随着全球极端气候事件数量不断攀升，气候相关风险越发得到国际社会的普遍关注。气候变化导致的经济发展、地缘政治等多方面的风险，与企业发展息息相关，成为企业经营管理的核心议题之一。ESG 作为评估企业可持续经营内生能力的综合指标，在应对气候变化带来的金融风险中起到不可或缺的作用。

ESG 在气候金融领域的重要性体现在以下几个方面。第一，长期价值创造。ESG 因素的综合考虑有助于提高企业的长期价值创造能力。通过关注环境（包括气候变化）、社会和公司治理，企业可以有效降低气候相关风险、提高运营效率、增强品牌价值，同时获得更优越的气候金融投资回报。

第二，风险管理。ESG 投资可以帮助投资者更好地识别和管理气候变化带来的投资风险。考虑到环境、社会和公司治理因素，投资者能够全面评估企业面临的潜在风险，如法规变更、声誉损害和诉讼风险，从而做出更明智的投资决策。第三，可持续发展。ESG 投资是可持续发展的重要推动力量。通过支持具有良好 ESG 表现的企业，投资者可以促进社会公正和气候变化治理的良好实践，为未来的可持续发展做出贡献。第四，利益相关者关系。ESG 投资有助于改善企业与利益相关者的关系。通过关注社会和环境问题，积极参与气候金融风险的管理，有助于增强企业与员工、客户、供应商和社区等利益相关者之间的信任和合作关系。总之，ESG 的内涵和重要性在于综合考虑环境、社会和公司治理因素对企业在气候变化背景下的表现和长期发展的影响，为投资者提供更好的气候风险管理和长期回报，促进经济社会可持续发展。

二　ESG 发展概况

（一）ESG 在全球范围的发展趋势

ESG 投资具有长期风险调整下改善投资回报率的效果，不仅被用于排雷和风控，还与长期投资密切相关，减少环境、社会和公司治理等问题对于资本市场的负面影响是追求长期投资回报不可或缺的；全球多数的投资机构特别是主要国家养老金的投资策略逐步向 ESG 投资倾斜。

ESG 投资规模逐年攀升。根据全球可持续投资联盟（Global Sustainable Investment Alliance，GSIA）统计，2022 年初（市场数据统计至 2021 年 12 月 31 日，仅日本市场数据统计至 2022 年 3 月 31 日，下同），全球多数主要市场（加拿大、日本、大洋洲、欧洲）的 ESG 投资规模呈现增长趋势，从 2020 年的 18.2 万亿美元增长到 2021 年的 21.9 万亿美元，同比增长了 20.3%；四个市场的 ESG 投资规模占全球资产管理规模的 37.9%。由于美国地区的统计口径大幅收紧，2022 年全球五大主要市场合计 ESG 投资规模为30.3万亿美元，相较2020年的35.3万亿美元，下滑了14.2%，2022年全球五大主要市场ESG投资规模占全球资产管理规模的24.4%（见图1）。

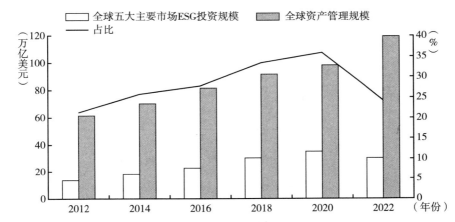

图1　2012~2022年全球五大主要市场ESG投资规模与全球资产管理规模

资料来源：GSIA。

从区域ESG投资规模来看，绝大多数地区的ESG投资规模持续增长，2022年欧洲ESG投资规模达14.05万亿美元，占比达46%，是全球主要市场中ESG投资规模最大的地区。美国市场退居第二，2022年ESG投资规模达8.4万亿美元，占比达28%。日本ESG投资规模增长迅速，于2018年超越大洋洲和加拿大，2022年规模约为4.3万亿美元，占比达14%（见图2）。

从区域ESG投资规模占区域总投资规模来看，欧洲ESG投资规模占区域总投资规模的比重逐年下降，2022年下降至38%。由于统计口径收紧，2022年美国ESG投资规模占区域总投资规模的比重大幅下滑至13%。加拿大ESG投资规模占区域总投资规模也有所下滑，从2020年的62%下滑至2022年的47%。日本ESG投资规模占区域总投资规模的比重逐年上升，2022年日本占比上升至34%。大洋洲ESG投资规模占区域总投资规模的比重有所增长，2022年为43%（见图3）。2012~2022年，相关市场数据表现的下滑主要与这些地区定义发生重大变化、标准收紧有关。

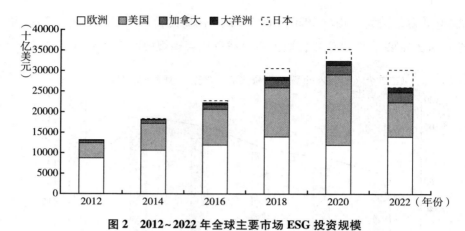

图 2　2012~2022 年全球主要市场 ESG 投资规模

资料来源：GSIA。

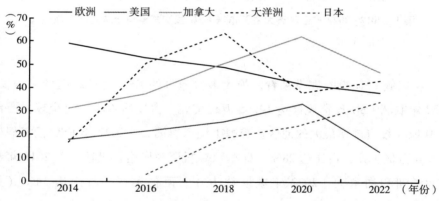

图 3　2014~2022 年全球主要市场 ESG 投资规模占该市场总投资规模的比重

资料来源：GSIA。

从投资策略角度来看，历史上，负面筛选一直是投资者最常用的 ESG
投资策略，其次分别是 ESG 整合法、企业参与和股东行动、规范筛选。但
这一投资策略选择趋势在近些年发生变化。2020 年，ESG 整合法超越负面
筛选策略成为投资者最常采用的投资策略，ESG 整合法策略下的投资规模
达 25.2 万亿美元，占比为 43%。2022 年，由于统计口径变化和部分地区数
据的不可得等原因，2022 年度各投资策略下的总资产管理规模下降，但从

趋势上看，2021~2022 年，企业参与和股东行动策略超越 ESG 整合法成为第一，规模达 8.05 万亿美元，占比为 39%（见图 4）。投资者越来越注重参与，以影响他们所持标的公司。

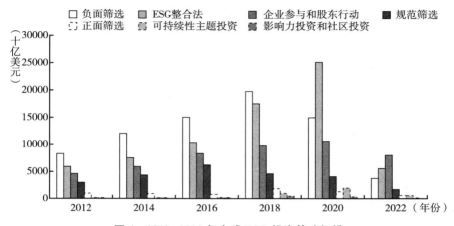

图 4　2012~2022 年全球 ESG 投资策略规模

资料来源：GSIA。

认同 ESG 理念的国际机构持续增多，截至 2023 年 12 月，UNPRI 签署机构达 5370 家。UNPRI 全球管理资产规模不断扩大，已经从 2006 年成立时的 6.5 万亿美元，发展到 2021 年初的 121.3 万亿美元。截至 2021 年 10 月气候相关财务信息披露工作组（Task Force on Climate-related Financial Disclosures，TCFD）在全球范围内获得超 2600 个组织的支持，包括超 1000 家金融机构支持，资产管理规模达 194 万亿美元。

随着全球 ESG 投资规模的扩大，对 ESG 信息披露的需求也在不断增长，全球 ESG 相关披露标准不断细化。但是 ESG 信息披露没有像国际财务报告准则（IFRS）这样的国际统一标准，大量披露标准分散在民间组织中，ESG 需要披露的领域、具体披露事项因披露标准而异。比如，GRI 披露标准的对象不仅是投资者还有公司内外相关方，而 SASB（已与 IIRC 合并）的主要对象为投资者；TCFD 以气候为主，而 GRI 涉及面更广。2022 年国际财务报告准则基金会宣布成立国际可持续发展标准委员会（ISSB），并正式宣布推

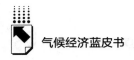

动 ISSB 制定 ESG 信息国际披露标准。2023 年 6 月,首套 ESG 国际披露标准已经公布,国际披露标准的统一趋势在加强,逐渐形成欧盟 ESG 披露标准和 ISSB 标准两大披露体系。此外,从国家监管层面来看,境外针对 ESG 信息披露的主要监管趋势呈现从"半强制性+自愿"规则走向"强制性/不遵守就解释",境外立法对 ESG 信息披露要求走强。

(二)中国 ESG 发展的历史回顾

相较于海外欧美发达国家,中国内地 ESG 监管政策建设起步较晚,监管责任也主要落脚在社会责任和环境方面,但中国整体 ESG 监管政策在不断推进、制度体系在不断完善。从政策发展时间线来看,港股市场先行,A 股市场逐渐起步。

1. 初期阶段(2000~2010年)

在这一阶段,中国的 ESG 概念和实践还相对薄弱。在 21 世纪初期,随着中国经济的快速发展和全球对环境和社会责任的关注增加,一些先行者开始关注 ESG 问题。2006 年,深交所出台《深圳证券交易所上市公司社会责任指引》,要求上市公司积极履行社会责任,定期评估社会责任履行情况,自愿披露企业社会责任报告。2008 年,上交所发布《上海证券交易所上市公司环境信息披露指引》,要求上市公司加强社会责任工作,并对上市公司环境信息披露提出了具体的要求。

2. 政策引导阶段(2011~2015年)

在这一阶段,中国政府开始意识到 ESG 的重要性,并通过政策引导来推动 ESG 发展。中国政府还鼓励企业履行社会责任,推动环保和可持续发展。2014 年,全国人大常委会通过《中华人民共和国环境保护法》,以法律形式对公司披露污染数据、政府环境监管机构公开信息做出明确规定。2012 年,港交所发布《环境、社会及管治报告指引》允许上市公司自愿披露 ESG 信息。2015 年,港交所修订《环境、社会及管治报告指引》,将一般披露责任由"建议披露"提升至"不遵守就解释"。

3. ESG 信息披露和数据评级发展阶段（2016~2018年）

在这一阶段，中国的 ESG 数据和评级市场开始崛起。越来越多的数据提供商和评级机构进入市场，为投资者提供 ESG 数据和评级服务。中国的投资者和企业也开始关注 ESG 数据和评级的使用，以更好地了解企业的 ESG 表现和风险。2017 年，联合国 PRI 原则正式进入中国，中国证券投资基金业协会积极推广、倡导 ESG 投资理念。2018 年，中国证监会修订《上市公司治理准则》，确立中国 ESG 信息披露基本框架；中国证券投资基金业协会发布《中国上市公司 ESG 评价体系研究报告》。

4. 国家政策支持和 ESG 标准化阶段（2019年至今）

近年来，中国的 ESG 投资迅速发展，并成为中国资本市场的重要一环。中国政府加大了对 ESG 发展的支持力度，还鼓励金融机构推动绿色金融和可持续发展，推出了一系列支持 ESG 投资和绿色金融发展的政策和措施。此外，中国的企业和金融机构也积极加入国际倡议，如 PRI，承诺推动可持续发展和 ESG 投资。

2019 年，中国证监会设立科创板并强制上市公司披露 ESG 信息。2020年，中国证监会发布了《上市公司信息披露管理办法（修订稿）（征求意见稿）》，进一步要求上市公司披露 ESG 信息。同年，中共中央办公厅、国务院办公厅发布《关于构建现代环境治理体系的指导意见》；上交所出台《上海证券交易所科创板上市公司自律监管规则适用指引第 2 号——自愿信息披露》，深交所修订《上市公司信息披露工作考核办法》。2021 年，港交所再次修订指引，要求《环境、社会及管治报告》必须提前至与年报同步刊发；中国证监会修订发布《上市公司信息披露管理办法》；生态环境部出台《企业环境信息依法披露管理办法》。2022 年，国资委成立社会责任局，并发布《提高央企控股上市公司质量工作方案》，明确了央企控股上市公司 ESG 信息披露的要求；中国证监会发布《上市公司投资者关系管理工作指引》，要求上市公司在与投资者沟通的内容中增加上市公司 ESG 信息，还发布《关于加快推进公募基金行业高质量发展的意见》，积极引导公募基金发展绿色金融。

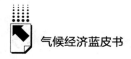

2023 年以来，中国多次发布文件旨在加强上市公司的 ESG 信息披露，推动独立董事制度的发展，并促进可持续发展披露指引的制定。2023 年 2 月，深交所发布了《深圳证券交易所上市公司自律监管指引第 3 号——行业信息披露》和《深圳证券交易所上市公司自律监管指引第 4 号——创业板行业信息披露（2023 年修订）》。这些指引明确了对上市公司 ESG 信息披露的要求，并强化了这方面的监管力度。这些指引的发布有助于提高上市公司的 ESG 透明度和责任意识。2023 年 3 月，国资委研究中心表示正在研究推动央企控股上市公司到 2023 年全部实现 ESG 信息披露。这一举措意味着中国政府对 ESG 信息披露的重视，并将推动国有企业在 ESG 方面发挥示范作用。2023 年 8 月，中国证监会发布了《上市公司独立董事管理办法》，旨在推动形成更科学的独立董事制度体系，提升公司治理水平。独立董事制度与 ESG 的"治理"维度相契合，包括完整的企业内部治理结构、多样化的董事会、透明的信息披露、合理的管理层薪酬、有效的内部控制和良好的商业道德等要素。2023 年 8 月，国资委办公厅向中央企业和地方国资下发了《央企控股上市公司 ESG 专项报告编制研究》课题成果，其中包括《央企控股上市公司 ESG 专项报告参考指标体系》和《央企控股上市公司 ESG 专项报告参考模板》。这些成果的发布旨在加快建立统一的 ESG 信息披露标准，助力构建中国特色的 ESG 体系。2024 年 4 月，在中国证监会的指导下，上海证券交易所、深圳证券交易所和北京证券交易所正式发布《上市公司可持续发展报告指引》。这一举措将有助于推动中国上市公司在可持续发展方面的信息披露，并提升市场参与者对 ESG 因素的关注和重视。

从上述中国 ESG 政策建设来看，中国政府的 ESG 政策和法规对 ESG 投资和企业信息披露产生了积极影响。政府的要求和指导推动了企业加强 ESG 信息披露，提高了投资者对企业 ESG 表现的了解。同时，政府的支持政策和参与国际倡议促进了 ESG 投资的发展和标准化。这些举措有助于推动中国的 ESG 发展，促进可持续发展和绿色金融的实现。

（三）中国企业的 ESG 实践（以沪深300披露为主）

近年来，A 股上市公司发布 ESG 报告的数量逐年增加，根据 Wind 统计，2023 年以来共有 1839 家公司披露了 2022 年度 ESG 报告，披露率为 36.29%（见图 5）。而其中，像沪深 300 指数的成分股公司绝大多数都披露了 2022 年度 ESG 报告。

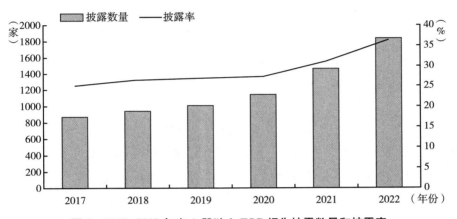

图 5　2017~2022 年度 A 股独立 ESG 报告披露数量和披露率

资料来源：Wind。

我们统计了 2022 年 12 月 12 日成分股调整完成之后，作为沪深 300 指数的成分股上市公司的 2022 年度 ESG 报告发布情况。具体而言，沪深 300 指数的成分股上市公司整体 ESG 报告发布比例高，截至 2023 年 5 月 22 日，沪深 300 指数中已有 275 家上市公司发布 2022 年度 ESG 报告，发布报告的公司数量比例达 92%（见图 6），较上年有进一步提升。

金融、原材料和房地产行业报告发布率高于沪深 300 指数整体水平。分行业角度来看，我们根据中证一级行业分类，对沪深 300 指数的成分股公司进行了分类，共涉及 11 大行业，所有行业均发布了 ESG 报告。其中，工业、金融、信息技术行业发布 ESG 报告的公司数量领先，分别有 66 家、46 家和 40 家公司。从发布 ESG 报告的公司在行业中的占比来看，金融、原材

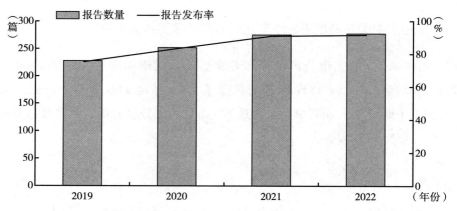

图 6　2019~2022 年度沪深 300 指数的成分股公司 ESG 报告发布情况

资料来源：商道融绿、Wind、上交所、中国工经联，由东方证券研究所统计。

料和房地产三个行业中发布 ESG 报告的公司数量占比分别达 93%（46 家）、100%（28 家）、100%（6 家），均高于沪深 300 指数整体报告发布水平。还有以下行业报告发布率突破 90%：信息技术业公司报告发布率达 91%（40家），可选消费行业公司报告发布率达 91%（19 家），能源行业公司报告发布率达 90%（7 家）（见图 7）。

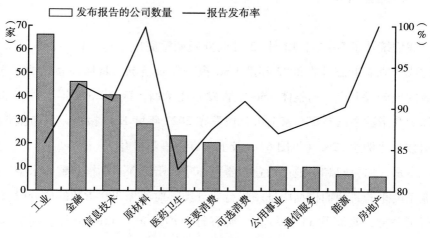

图 7　2022 年度各行业 ESG 报告发布率

资料来源：商道融绿，由东方证券研究所统计。

环境 E 因素方面，关注议题：应对气候变化、水资源管理、能源使用、污染物管理。应对气候变化上，94%的沪深 300 指数公司披露了减碳目标、措施；碳排放数据的披露率也较高，达 76%；披露管理层、董事会在应对气候变化中的责任与角色的公司为 42%；参考 TCFD 建议进行气候相关信息披露的公司达 28%，较 2021 年的披露率（17%）有明显提升。水资源管理上，84%的公司披露了节水目标、政策、措施，69%的公司披露了用水量、节水量、用水强度。能源使用上，绝大多数公司披露了节能目标、政策、措施，有 74%的公司披露了用能量、节能量、能耗强度等能源使用数据；有 33%的公司披露了可再生能源使用量或占比。污染物管理上，绝大多数公司披露了废气、废水、废弃物排放管理政策、措施，有 74%的公司披露了废气、废水、废弃物等排放量、密度。

社会 S 因素方面，关注议题：员工、供应链、数字转型、客户、产品和社区。员工议题上，有 85%的公司披露了保护员工基本权益的政策，女性员工占比的披露率达 75%，对员工人均培训时长予以披露的公司达 85%，有 85%的公司披露了员工职业健康安全保护政策。供应链方面，有 84%的公司披露了负责任采购的信息。数字转型上，有 69%的公司披露了数字转型信息。绝大多数沪深 300 指数公司披露了客户关系管理政策。产品议题上，有 91%的公司披露了产品质量管理政策、培训等。社区议题上，有 94%的公司披露了对外捐赠金额，有 81%的公司披露了乡村振兴方面的投入。

公司治理 G 因素方面，关注议题：董事会治理、反腐败反贿赂、信息披露程度和透明度、公司与股东的沟通、董事会与 ESG 机制。董事会治理方面，有 74%的公司披露了董事会中的女性董事数量。反腐败反贿赂上，有 86%的公司披露了反腐败与反贿赂的政策，有 76%的公司披露了举报政策、流程、保护举报者等。信息披露程度和透明度方面，有 44%的公司披露了年度信息披露数量，有 48%的公司披露了在交易所的信息披露考核中的等级。公司与股东的沟通方面，沪深 300 指数所有公司都披露了年度股东大会召开次数。有 66%的公司披露了由董事会负责公司的 ESG 战略，有 28%的公司披露了内部 ESG 架构，包括董事会下设 ESG 委员会、社会责任

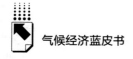

委员会、ESG 工作小组等。

此外，2022 年度有 76%的公司识别并披露了实质性议题，并且有过半数的公司在 ESG 报告中对联合国可持续发展目标（SDGs）做出回应。

（四）中国 ESG 投资的市场规模和业务发展现状

ESG 中，环境 E 因素关注企业经营活动对环境造成的影响，与中国目前贯彻绿色发展理念、实现碳达峰碳中和目标相一致。同时，实现碳中和目标需要庞大的低碳节能等技术的研发投入资金、需要全产业链的绿色升级。通过 ESG 投资支持绿色实体经济，有助于实现碳中和愿景。

从 ESG 基金产品来看，截至 2023 年 12 月 28 日，国内公募 ESG 基金共828 只（统计口径不包含未成立和已到期），累计规模达到 5272.94 亿元。分主题来看，国内 ESG 基金仍以泛 ESG 主题基金为主，尤其是环境保护主题基金占多。纯 ESG 主题基金 130 只，总规模 535.17 亿元；ESG 策略基金205 只，总规模 1159.35 亿元。泛 ESG 主题基金中，环境保护主题基金 373只，总规模 2446.36 亿元；社会责任主题基金 95 只，总规模 878.72 亿元；公司治理主题基金 25 只，总规模 253.34 亿元（见图 8）。

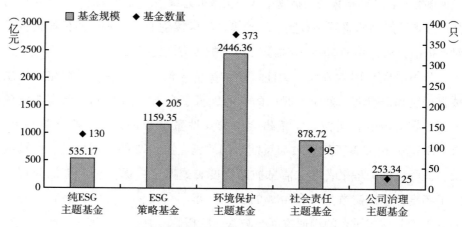

图 8 公募 ESG 基金累计规模和数量

资料来源：Wind。

从 ESG 债券产品来看，根据 Wind 统计，截至 2023 年底，我国已发行 ESG 债券达 3862 只，排除未披露发行总额的债券，存量规模达 5.9 万亿元，较上一年末增长 27.40%。其中绿色债券余额规模占比最大，存量规模约 3.4 万亿元，占比达 57.80%。社会债券余额规模位居第二，存量规模近 2.4 万亿元，占比达 39.89%。可持续发展债券及可持续发展挂钩债券自 2021 年起逐渐发展，目前余额规模小，分别为 101.90 亿元、1272 亿元（见图 9）。

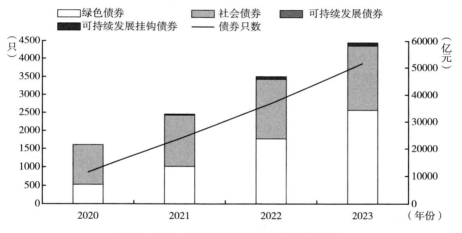

图 9　2020~2023 年度 ESG 债券存续情况

资料来源：Wind。

三　中国 ESG 发展的挑战与机遇

（一）中国 ESG 发展面临的挑战

中国的 ESG 发展面临着一些挑战，包括缺乏一致的标准和指标、数据质量和可靠性不足、监管和执法的有效性不足、投资者教育和意识有待提升，以及缺少企业文化和治理改革等方面。克服这些挑战需要政府、企业、投资者和其他利益相关方的共同努力。通过建立统一的 ESG 标准和指标体

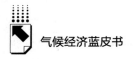

系、提高与增强数据质量和透明度、加强监管和执法、提升投资者教育和意识，以及推动企业文化和治理改革，有望完善中国的 ESG 发展环境。

缺乏一致的标准和指标。目前，全球范围内缺乏统一的 ESG 标准和指标，不同的机构使用的 ESG 评级方法和指标体系不同，导致企业在不同评级中的结果存在差异，给投资者带来了不确定性，也使得 ESG 投资的比较和跟踪变得困难。这也是中国 ESG 发展过程中面临的一个重要挑战。

数据质量和可靠性不足。ESG 投资需要充分的数据支持，包括环境数据、社会指标和治理信息。然而，当前中国 ESG 数据的质量和可靠性仍然面临一系列挑战。一些企业由于某些原因而不愿意披露相关信息，导致披露的信息缺乏透明度和准确性。同时，数据提供商和评级机构在 ESG 数据的收集和处理中也面临困难，可能存在数据缺失、不一致或不准确等问题。

监管和执法的有效性不足。在中国，尽管政府已经出台了一系列 ESG 政策和法规，但监管和执法的有效性仍存在一些挑战。一方面，监管部门需要确保政策的有效实施，包括对企业 ESG 信息披露的监管和审查。另一方面，执法机构需要加强对违规行为的处罚和制裁，以确保企业遵守 ESG 相关的法规和要求。加强监管和执法的有效性是推动中国 ESG 发展的关键。

投资者教育和意识有待提升。ESG 投资需要投资者具备一定的专业知识和意识，但目前在中国，许多投资者对 ESG 的理解和认知存在一定的局限性，对 ESG 投资提出了重要挑战。需要加强对投资者的培训和教育，提高他们对 ESG 因素的认识和理解，以便能够更加深入地参与 ESG 投资，并对企业的 ESG 表现进行更为全面的评估和监督。

缺少企业文化和治理改革。ESG 的有效实施需要企业进行文化和治理方面的深刻改革。一些企业可能存在对 ESG 的认知不足、对 ESG 的重要性缺乏认识，或在治理结构和流程方面存在不足。因此，推动企业的文化和治理改革是一项重要的挑战。企业需要加强对 ESG 的培训和意识提升，建立健全 ESG 管理体系，将 ESG 纳入企业的战略和运营决策中。

（二）中国 ESG 发展的机遇

同时，中国的 ESG 发展面临着许多机遇。政府的支持和政策引导、市场需求和投资者关注、企业竞争力和品牌形象、创新和技术发展，以及国际合作和倡议参与，都为中国的 ESG 发展提供了重要的机遇。

政府的高度重视与支持。中国政府高度重视可持续发展和绿色金融，并出台了一系列政策以支持和引导 ESG 发展，为 ESG 投资提供了良好的环境和机遇。政府鼓励企业加强 ESG 信息披露，推动绿色金融发展，加大对可持续发展项目的支持和补贴力度。政府的政策支持为 ESG 发展提供了重要的推动力和有利条件。

市场的庞大需求和投资者的广泛关注。随着社会对可持续发展的关注度不断提高，越来越多的投资者开始关注 ESG 因素。在中国，越来越多的投资者开始认识到 ESG 对企业长期价值的影响，并将 ESG 作为投资决策的考量因素之一。投资者对 ESG 的关注和需求为 ESG 投资提供了巨大的市场机遇，促使更多的资金流向具备良好 ESG 表现的企业和项目。

良好的企业竞争力和品牌形象。实施 ESG 战略和提升 ESG 表现可以增强企业的竞争力和品牌形象。具备良好的 ESG 表现的企业更有可能受到投资者、消费者和合作伙伴的青睐，从而获得更多的机会和资源。通过加强环境保护、社会责任和良好治理，企业可以提高自身的可持续发展能力，增强市场竞争力，并在市场上树立良好的品牌形象。

创新和技术发展迅速。ESG 发展促进了创新和技术发展。实施 ESG 战略需要企业采取创新的方法和技术来解决环境和社会问题，提高资源利用效率和环境友好性。在中国，政府和企业正在加大对绿色技术和清洁能源的研发和应用，推动可持续发展和绿色转型。这为创新企业和技术发展提供了机遇，并推动了相关产业的发展。

国际合作推动深度发展。中国积极参与国际合作和倡议，推动 ESG 发展。中国已加入 PRI，并参与了一系列的国际 ESG 倡议和合作。这为中国企业和金融机构提供了更多的国际对接机会，促进了 ESG 的标准化和国际交

流。国际合作和倡议参与为中国 ESG 发展带来了机遇，推动了中国 ESG 与国际接轨。

综上所述，中国充分抓住这些机遇，推动 ESG 发展，将有助于促进可持续发展和绿色金融的实现，为中国的经济和社会带来更加可持续和健康的发展。

四 中国 ESG 的发展趋势与建议

（一）未来发展趋势

一是 ESG 标准化和数字科技深度融合。随着 ESG 投资逐渐成为全球金融市场的重要组成部分，对于 ESG 数据的标准化和可比性需求日益凸显。未来 ESG 标准化进程将会加快，以确保 ESG 评估的准确性和可靠性。与此同时，数字技术的广泛应用将进一步推动 ESG 的发展。大数据分析、人工智能和区块链等数字技术，将被广泛应用于 ESG 数据的收集、分析和应用过程中，以提高 ESG 数据的质量和效率。

一方面，全球金融机构共同努力制定更为一致和普遍的 ESG 评估框架，使企业的 ESG 评估更加透明且具有可比性。另一方面，数字技术的迅猛发展将极大地改变 ESG 数据的收集和分析方式。先进的数据科学、人工智能和机器学习技术将为 ESG 数据提供更精准的解读和评估，提升 ESG 数据的安全性和透明度，实现对企业 ESG 表现的实时监测。这些技术的应用将使 ESG 数据的质量和可靠性得到进一步提升，不仅有助于投资者更全面地了解企业的 ESG 风险，也使金融机构能够更准确地评估 ESG 因素对投资组合的影响。

二是 ESG 和金融业务拓宽与披露透明度提升。ESG 已经成为影响金融业务的重要因素之一。未来随着投资者对 ESG 因素重要性的认识不断提高，金融机构将进一步拓宽 ESG 相关业务的范围，创造更多符合环境、社会和治理原则的金融产品和金融工具，以满足不同投资者的需求。这些金融产品和金融工具将更好地与投资者的 ESG 价值观相契合，吸引更多资金流向气候和环境友好型项目，推动社会各界共同实现可持续发展目标。

同时，企业的 ESG 信息披露将更主动、更真实，透明度将成为企业竞争的重要因素。随着 ESG 信息披露的标准化和规范化，企业将更加重视对 ESG 信息的披露，并采取更加主动的态度。通过更具可比性和一致性的 ESG 报告，投资者将能够更准确地评估企业的可持续性和社会责任，从而做出更明智的投资决策。同时，透明的 ESG 披露也将有助于增强企业的信任度和声誉，提升其在投资者和利益相关者中的形象。

三是 ESG 将在气候金融中发挥更为重要的作用。随着气候变化对全球经济和金融市场的影响日益凸显，气候因素已成为投资决策和企业战略规划中不可忽视的风险和机遇。企业和投资者将更加注重 ESG 在解决气候变化问题中的实践与应用，将其纳入金融产品设计和风险管理的考量之中，这将加速 ESG 实践在全球金融市场中的融合，推动全球经济迈向气候友好的未来。在这一趋势下，ESG 将成为应对气候挑战的关键工具之一，可以帮助企业评估和管理气候相关风险，并发掘气候友好型项目的投资机会，影响投资者决策和企业经营战略，引导资金更多地流向符合气候友好标准的项目，推动全球金融体系更加积极地应对气候挑战。在这一过程中，ESG 将促使资金得到有效配置，成为引领全球气候可持续经济发展的重要推动力，为建设更加绿色、可持续的未来奠定坚实基础。

（二）发展建议

一是建立全面统一的 ESG 标准体系。统一的 ESG 标准体系将提高数据的准确性、可比性和透明度，促进 ESG 在金融市场中的发展与应用。首先，建立全面统一的 ESG 标准体系需要政府引导和相关机构的共同努力，政府要发挥好引导作用，促进金融机构、科研院校、企业之间的交流合作，形成广泛的共识，共同制定 ESG 评估的统一标准和方法论，确保 ESG 标准体系的全面性和权威性。其次，要充分借鉴先进国际经验，充分考虑全球化的特点和不同国家、地区的实际情况，与国际标准接轨，提高我国 ESG 标准的

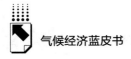

国际认可度和竞争力。再次，在建立 ESG 标准体系的过程中要注重科学性和实用性。ESG 标准体系的建立应该基于科学数据和客观事实，充分考虑 ESG 因素的重要性和相互关联性，确保评估的全面性和客观性。最后，ESG 标准体系也应该具有一定的灵活性和适用性，能够适应不同行业、不同地区和不同发展阶段企业的需求，使评估结果更具实际意义和可操作性。

二是加强监管与法律体系建设。加强 ESG 监管与法律体系建设是确保 ESG 实践有效推进和企业履行社会责任的关键。首先，政府应完善 ESG 监管的法律法规建设，明确企业在环境、社会和治理方面的责任和义务，建立 ESG 信息披露的义务和标准，制定奖惩措施以规范 ESG 评估机构的行为，为 ESG 实践提供明确的法律依据。其次，要建立健全监管机制和执法体系，强化执法机构的职责，加大对违规行为的处罚力度。同时加强对 ESG 评估机构的监管，确保评估结果的客观性和可信度。可以通过公开透明的监管报告和数据公示，增强监管的公信力和透明度，防范信息误导和滥用，促进社会各界对 ESG 监管工作的监督和参与，推动企业更加自觉地履行 ESG 责任。

三是进一步发挥 ESG 在气候金融中的重要作用。首先，要重视 ESG 在气候金融中引导投资的重要作用，引导投资者将资金投向符合 ESG 标准的项目，特别是那些注重环保、低碳和可再生能源的企业和项目，加大对清洁能源、环保科技和绿色产业的投资力度，推动可持续目标的实现。金融机构应进一步加强对气候金融的认识和理解，加强气候因素在金融产品设计中的融合，提高气候因素在 ESG 评估中的重要性，使投资项目更加符合环境友好、社会责任和良好治理的要求。其次，可以采取激励措施，根据企业的 ESG 表现制定差异化利率，对气候友好型项目和企业加以奖励，为企业提供应对气候变化的经济动力，促进气候金融的蓬勃发展。

借鉴篇

B.11
发达国家（地区）推进气候金融发展的
路径与经验

牛岚甲*

摘 要： 气候金融作为降低气候风险的重要工具，有效推动了全球加速气候行动。在全球进行零碳转型的时代背景下，发达国家气候金融的典型实践，为其他国家提供了有益启示，助力应对气候变化的全球行动。本报告分析了英国、挪威和荷兰在各自气候金融发展过程中的典型特点，并总结其路径与经验。作为气候先行者的英国，使用多样化的金融工具，将金融体系与气候和环保目标有机结合，推进气候治理；属于资源型国家的挪威，运用金融工具着重促进能源转型，促使经济低碳发展；作为以金融服务引领国家低碳转型的荷兰，积极推动社会资本参与气候治理，并关注对气候风险的监测和评估。本报告梳理了关于气候金融措施较为先进国家运用金融工具管理气候变化风险的经验，以及在政策制定和实施过程中值得学习和借鉴的优点与问题，为中国气候金融的发展提供有益参考。

---

* 牛岚甲，中国社会科学院大学博士研究生，研究方向为气候金融、能源金融。

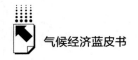
关键词： 气候金融政策 绿色 GDP 碳排放交易体系 气候风险压力测试

当前全球共同面临气候变化风险，形成人类命运共同体，各国应对气候危机交流合作越发紧密，国内外气候金融发展如火如荼。一些发达国家率先推进了气候金融发展，这些国家由于资源禀赋、生态环境、科技水平、政治制度等方面的不同，面临的问题不同，解决方案也不尽相同，其实践历程为我国气候金融发展提供了宝贵的经验和教训、值得借鉴参考。本章选取了英国、挪威和荷兰三个有代表性的国家，它们应对气候风险的发展道路各不相同，但都可圈可点。英国是气候金融的先行者，在绿色金融政策、监管框架、信息披露、碳交易市场等绿色发展实践方面起步较早，经验较为成熟。挪威作为资源型国家，重点聚焦于能源转型，利用气候金融促进科技创新，借助挪威主权财富基金推动低碳转型。荷兰是以金融和服务业为主的国家，由于其地势低洼，面临的气候风险更加突出，更加重视防范气候风险，荷兰的金融业重点投资于清洁技术、支持企业绿色转型。这些国家的气候金融发展经验，为推进我国气候金融实践，完善气候金融体系，更有效地应对气候变化提供了借鉴。

一 气候金融的先行者——英国

英国致力于推动社会资本与政府力量的有效结合、增强信息平台的透明度和开放性，并开展广泛的国际合作。它是欧美首个立法承诺 2050 年实现净零排放的国家。英国在绿色信贷、绿色证券、绿色基金、绿色保险、碳交易市场以及政府促进中小企业投资低碳技术等方面具有先进经验。绿色金融将金融体系和环保目标有机结合，金融工具促进投资者将资本流向绿色项目而非污染项目，以降低气候风险。同时，金融市场根据不同企业面临的不同程度的气候风险及其风险承受能力的差异来分担和转移风险，以降低整体气候风险。

（一）英国气候金融政策的发展

英国的气候金融和可持续发展政策起步较早。1992 年英国签署了《联合国气候变化框架公约》（UNFCCC）。1994 年，英国率先响应里约全球环境峰会提出的可持续发展要求，制定了《可持续发展：英国战略》（*Sustainable Evelopment：The UK Strategy*）。1997 年英国签署了《京都议定书》。2001 年英国开始征收气候变化税并推出相关减税措施，成为全球首个征收气候税的国家。2002 年，英国建立全球首个排放交易体系（UK Emission Trading Scheme），使绿色金融登上低碳发展的舞台。2008 年英国颁布《气候变化法案》（*Climate Change Act*），成为全球首个为节能减排立法的欧美国家。

2009 年英国颁布《贷款担保计划》（*Loan Guarantee Schemes*），完善了中小企业融资的补贴和担保机制，鼓励中小企业投资绿色产业，政府可依据该企业对环境影响的评估结果，为低碳企业提供 80% 贷款额度的担保。2012 年英国政府全资设立绿色投资银行，通过提供担保、股权投资等方式为绿色项目融资并带动社会投资。2016 年英国签署《巴黎协定》（*The Paris Agreement*）并致力于推动落实《2030 年可持续发展议程》。2017 年英国政府将绿色投资银行出售给社会资本，英国绿色金融开始由"政府引导+公私合作"向"市场主导"转型。2019 年，英国立法承诺到 2050 年实现净零排放，并发布了强调绿色金融、绿色融资的《绿色金融战略》（*Green Finance Strategy*）。2020 年，英国政府发布《绿色工业革命十点计划》（*The Ten Point Plan for a Green Industrial Revolution*）、《国家基础设施战略》（*National Infrastructure Strategy*）和《能源白皮书：赋能净零排放未来》（*The Energy White Paper：Powering Our Net Zero Future*）等实现净零排放的能源发展指南。

2021 年，在英国举行的第 26 届联合国气候变化大会（COP26）上，近200 个国家达成了《格拉斯哥气候公约》（*Glasgow Climate Pact*），该公约同意加快各国应对气候变化的步伐，包括减少排放、帮助已经受到气候变化影响的人、实现各国气候目标和金融合作等。2022年COP27通过了《沙姆沙伊赫实施计划》（*Sharm el-Sheikh Implementation Plan*），并发布了关于净零转型计划的《转型计划工作组披露框架》（*Transition Plan Taskforce Disclosure Framework*）和《转型计划工作组实施指南》（*Transition Plan Taskforce Implementation Guidance*），英国等30多个国家签署了《公正转型宣言》（*Just Transition Declaration*）。同年，英国财政部启动转型计划工作组（Transition Plan Taskforce，TPT），重点研究金融机构如何将公正转型计划纳入其业务发展中。

（二）英国气候金融实践探索

英国承诺从2021财年至2026财年在英国国际气候金融（UK International Climate Finance）项目上投入116亿英镑，其已经在2016~2021财年对该项目投资超过58亿英镑。英国国际气候金融致力于加强全球和平、安全和治理，增强恢复能力和危机应对能力，促进全球繁荣，解决极端贫困问题，帮助世界上最脆弱的群体。《2023年英国国际气候金融报告》指出，"今天的气候金融有助于降低明天的治理成本，今天每投入1英镑用于减小气候相关风险，就可以避免3~50英镑的灾害影响；同样，今天每减少1千克二氧化碳排放，就能抵消5~25倍未来应对气候变化的成本"[①]。

1.绿色证券

英国绿色投资银行通过提供担保、股权投资和承担直接风险，帮助项目安全落地并降低投资者风险，为企业解决绿色项目的融资缺口。同时，英国绿色投资银行与知名研究机构和大学合作，为投资者提供技术援助，以便在考虑气候变化影响的情况下更好地做出投资和商业决策。作为先驱者，英国绿色投资银行投资于新业态、技术和商业模式，以吸引更多投资者，从而有

---

① Department for Energy Security and Net Zero, "Together for People and Planet: UK International Climate Finance Strategy", 2023 - 03 - 30, https://www.gov.uk/government/publications/uk - international-climate-finance-strategy.

效推动环境正外部性。① 2021 年，英国财政部和英国债务管理办公室（DMO）发布了英国政府的绿色金融框架，该框架描述了英国政府计划如何通过发行绿色金边债券（Green Gilt）和零售绿色储蓄债券（Retail Green Savings Bonds）进行融资。该框架规定了如何识别、选择、验证和报告绿色项目，以及如何为符合条件的项目提供资金。

伦敦证券交易所为不同资产类别的可持续金融提供专业服务，涵盖固定收益和股票，包括投资基金和交易型开放式指数基金（Exchange Traded Funds, ETF）。② 2009 年，世界银行在伦敦证券交易所发行了首只绿色债券。2015 年，伦敦证券交易所设立了绿色债券区，即可持续债券市场（Sustainable Bond Market, SBM），为投资者提供了更大、更透明的绿色证券交易信息平台。伦敦证券交易所的可持续债券市场影响广泛，很多国家和地区、地方政府和公司都参与其中。可持续债券市场发行了来自英国、印度和加拿大等国家的首批认证绿色债券，以及来自亚太地区和美洲国家的首批主权绿色债券。③ 可持续债券市场为不同类型的债券提供了专门的细分市场，如绿色、社会、可持续、发行人级别的分类和过渡债券。

可持续债券市场为发行人提供指导和支持，为客户提供包括全球发达市场和新兴市场数千家公司在内的可持续投资数据模型、评级、分析和指数，④ 包括富时罗素（FTSE Russell）的富时社会责任指数（FTSE4 Good Index）、新兴市场富时社会责任指数（FTSE4 Good Emerging Index）、富时绿色收入指数（FTSE Green Revenue Index）、富时世界气候国债指数（FTSE Climate WGBI Index）、富时罗素 ESG 指数（FTSE ESG Index）等，并通过欧

① 谢璨阳、董文娟、王灿：《从千亿向万亿：全球气候治理中的资金问题》，《气候变化研究进展》2023 年第 5 期。
② Bright, G., Connors, E., Grice, J., "Measuring Natural Capital: Towards Accounts for the UK and A Basis for Improved Decision-making", *Oxford Review of Economic Policy*, 2019, 35 (1).
③ Baldock, R., "An Assessment of the Business Impact of the UK's Enterprise Capital Funds", *Environment and Planning C: Government Policy*, 2016, 34 (8).
④ 陈兰等：《绿色气候基金在全球气候治理体系中的作用和展望》，《气候变化研究进展》2019 年第 3 期。

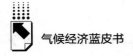

洲领先的公共部门债务电子交易平台MTS进行交易。2021年,英国政府为个人投资者发行全球首只个人绿色债券,使个人能够支持绿色项目。

然而,随着绿色债券在英国的不断扩张和普及,欺诈风险逐渐增加,一些通过绿色债券筹集的资金没有被投入绿色项目中。为此,英国政府成立了绿色技术咨询小组(Green Technical Advisory Group,GTAG),以促进《绿色分类法》(*Green Taxonomy*)的制定和实施,为绿色标准提供了明确的定义。[①]

2. 碳交易市场

碳市场的设立是基于国家对碳排放量的强制性要求,因此,政府在碳市场监管中的作用应更为突出。健全的立法与科学的检测是碳市场有效运行的基石,英国碳市场的发展可分为三个阶段:历史性创建、融入欧盟和独立运营。英国于2002年建立了第一个全球排放交易系统(UK ETS),于2005年加入欧盟碳市场,脱欧后于2021年建立了独立运营的碳市场。与欧盟碳市场相比,英国碳市场的排放上限更严格,配额比英国在欧盟碳市场的配额低5%。英国碳市场设定了一个价格下限,即碳交易下限保护系统,最低价格不得低于每吨22英镑,并在2030年前逐年提高至70英镑。价格下限制度可以防止碳价格过低导致交易活动不足,而如果价格上涨过快,政府可以通过增加许可证供应量进一步释放碳排放配额,以确保碳市场平稳运行。然而,独立于欧盟的英国碳市场规模小,流动性差,面临着巨大的价格波动风险。2022年,欧盟的碳市场交易规模位居全球首位,交易额达7514.59亿欧元,占全球总量的87%,而英国碳市场交易额仅为466.26亿欧元,占全球总量的5%。[②] 价格过高会使企业负担过重,拉高经济成本,价格过低则会削弱企业对低碳投资的动力。

英国政府建立了专门的碳市场监管机构,在不同领域有明确的权力和责

---

① 庞心睿:《金融如何支持公正转型:国际经验借鉴与政策建议》,中央财经大学绿色金融国际研究院官网,2023年8月8日,https://iigf.cufe.edu.cn/info/1012/7375.htm。

② ICAP,"Emissions Trading Worldwide:2024 ICAP Status Report",2024,https://icapcarbonaction.com/en/publications/emissions-trading-worldwide-2024-icap-status-report。

任分工。能源及气候变化部（Department of Energy and Climate Change, DECC）负责监督和管理碳排放交易系统，而金融行为管理局（Financial Conduct Authority，FCA）负责监管碳排放的金融衍生品，如碳期权和期货。英国碳市场监管体系涵盖碳排放监管和碳交易监管，具体包括碳排放数据监管系统和碳信用交易监管系统。在预防和惩治碳交易犯罪方面，英国制定了经济处罚、行为处罚和名誉处罚等惩罚机制。[①]

3. 政府促进中小企业投资低碳技术

企业投资低碳技术是减少碳排放的关键方法。英国创新投资基金（UK Innovation Investment Fund，UKIIF）通过公私合作的融资方式降低风险水平，帮助企业增加低碳投资回报。英国创新投资基金由英国商业银行监管，由私人以基金中的基金形式运营。英国创新投资基金在欧洲设有多个总部，能够在全球范围内进行风险投资。英国创新投资基金的基金寿命为12~15年，为低碳技术突破和后续融资争取了更多时间。英国创新投资基金提供资金的速度和规模促使中小型企业加快低碳技术的研发、扩大生产规模和进行商业化运作。[②] 这凸显了英国创新投资基金对企业风险投资的及时性，体现了该投资与企业资金需求的高度契合，在中小型企业投资低碳技术的早期阶段，如果没有政府计划的支持，它们的生存与发展就无法被保障。[③]

英国为风险投资者投资低碳技术提供税收减免、政府补贴和股权基金，以解决贷款难、资金缺口大、研发周期长的问题。[④] 从产品概念到早期交易的跨度可以达到两年，这些政策可以有效缓解中小企业在低碳技术投资早期面临的困境。然而，英国的低碳技术投资在所有风险投资中占比很小，而低

① HM Treasury, "UK Government Green Financing Framework", 2021 - 07 - 30, https://www.gov.uk/government/publications/uk-government-green-financing.
② Owen, R., Lehner, O., Lyon, F., Brennan, G., "Early Stage Investing in Green SMEs: The Case of the UK", *ACRN Journal of Finance and Risk Perspectives*, 2019 (8).
③ Dechezleprêtre, A., et al., "Fighting Climate Change: International Attitudes toward Climate Policies", NBER Working Paper, 2022.
④ 龚伽萝:《英国政府引导绿色投资的模式和启示——基于市场失灵的视角》,《区域与全球发展》2022 年第 5 期。

碳技术投资中只有相对较小的比例应用于低碳技术早期投资，自2009年以来，直接涉及低碳技术早期投资的不到6亿英镑，其中大部分来自英国创新投资基金。英国风险投资协会（BVCA）声称，从2014年至2016年该协会成员低碳技术投资占所有风险投资的10%。[①]

4. 绿色金融监管框架

英国在绿色金融监管方面积累了一些经验。英国较早开始在环境领域立法，制定了较为全面的法律规范。1972年英国出台了《有毒废物处置法》（*Deposit of Poisonous Waste Act*），严格规范了有毒废物处理标准；1990年颁布了《环境保护法》（*Environmental Protection Act*），规定企业获得绿色信贷的前提条件是通过环境责任评估；2001年出台了《污染管理法》（*Waste Management Act*），严格规范和细化了企业生产过程中的环境准则；2008年颁布了《气候变化法》（*Climate Change Act*），英国成为世界上第一个从法律上明确规定减排的国家。

同时，英国较早建立了一个开放的绿色金融信息平台。2009年，英国成立了气候债券倡议组织（Climate Bonds Initiative，CBI），一个利用债券市场应对气候变化的国际非营利组织。气候债券倡议组织跟踪展示绿色债券发展情况，建立绿色债券标准和认证资质，维护绿色债券市场秩序，为政府和企业低碳经济发展提供战略建议。

5. 英国气候变化信息披露政策

2006年，英国的贸易和工业部（DTI）发布了《公司法》（*Companies Act*），要求企业在其战略报告和非财务信息报表中包含温室气体排放信息。2008年，英国通过了《气候变化法》，提出碳目标并创建具有法律约束力的"碳预算"体系，宣布成立气候变化委员会。2012年，英国发布了《气候变化协议（合格设施）条例》［*The Climate Change Agreements（Eligible Facilities）Regulations*］，规定了商品、电力和热电厂的可计算能源的计算方

[①] OECD, "Climate Finance Provided and Mobilised by Developed Countries in 2016-2020: Insights from Disaggregated Analysis", Climate Finance and the USD 100 Billion Goal, OECD Publishing, Paris, 2022.

法。2013 年，英国发布了《环境报告指南》（*Environmental Reporting Guidance*），要求企业披露其经营活动中产生的范围 1 和范围 2 的 GHG 气体的排放量，并规定了 GHG 排放量的计算方法。2013 年，英国环境署发布了《气候变化协议操作手册》（*Climate Change Agreements Operations Manual*），规定了企业碳信息报告的内容、格式和时间，以及碳排放量的计算。2018 年，英国财务报告委员会发布《2018 年战略报告指导意见》（*2018 Guidance on the Strategic Report*），要求企业必须披露环境信息，企业战略报告中必须包括财务和非财务关键绩效指标及环境信息。

2019 年，英国审慎监管局发布《加强银行和保险公司管理气候变化金融风险的方法》，指出公司董事会应了解和评估气候变化带来哪些影响公司的金融风险，如何在公司整体业务战略和风险偏好范围内应对和监控这些风险。英国政府于 2019 年发布《简化能源和碳报告（SECR）框架》［*Streamlined Energy and Carbon Reporting（SECR）Framework*］，对上市和非上市公司的温室气体披露范围提出了要求并鼓励公司使用 TCFD 报告框架，要求公司披露其基础资产的碳排放计量，并解释范围 1、范围 2 和范围 3 的碳排放影响。① 2020 年，英国财政部发布了《2020 年绿皮书》（*The Green Book 2020*），对温室气体排放量的计算做了详细介绍。2021 年，英国财务报告委员会要求公司在财务报表中披露其持有的金融工具因气候变化而产生的信贷风险、市场风险和流动性风险，并披露公司如何减小这些风险。

以汇丰银行披露为例，2017~2023 年，汇丰银行每年在年报中披露其气候相关财务披露工作小组（Task Force on Climate-related Financial Disclosures，TCFD）报告，该报告为企业提供披露气候相关数据的指南。汇丰银行披露的 TCFD 报告逐年全面，并在 2020 年首次出具单独 TCFD 报告，2017~2023 年汇丰银行 TCFD 报告情况如表 1 所示。汇丰银行在 TCFD 报告中指出，与

---

① Chi-Chuan, L., et al., "The Contribution of Climate Finance toward Environmental Sustainability: New Global Evidence", *Energy Economics*, 2022 (111).

气候变化相关的主要风险和影响包括零售信贷风险、批发信贷风险、恢复力风险、声誉风险和监管合规风险等。气候变化的物理风险和转型风险将对银行自身及客户产生长期和短期的财务与非财务影响,[1] 财务影响可能来自长期风险加权资产的增加、交易损失的增加和资金成本的增加等,非财务影响可能来自极端天气或气候长期变化对银行和客户的影响,因而汇丰银行在TCFD 报告中列举了可能导致企业财务损失或影响企业战略的相关风险(见表2)。

表 1 2017~2023 年汇丰银行 TCFD 报告情况

指标	2017 年	2018 年	2019 年	2020 年	2021 年	2022 年	2023 年
企业治理	披露	披露	披露	披露	披露	披露	披露
经营战略	缺乏情景分析	披露	披露	披露	披露	披露	披露
风险管理	披露	披露	披露	披露	披露	披露	披露
指标和目标	未披露	未披露	披露	披露	披露	披露	披露

资料来源:汇丰银行。

表 2 汇丰银行在 TCFD 中列举的导致企业财务损失或影响企业战略的相关风险

主要风险类型	气候风险影响	潜在影响事件举例
零售信贷风险、批发信贷风险、恢复力风险	极端天气事件或天气模式的长期变化会影响汇丰银行的资产、运营或客户的资产	(1)洪水损坏客户房屋造成使客户无法偿还抵押贷款;(2)飓风破坏客户仓库导致生产中断,使其无法偿还贷款;(3)汇丰银行数据中心被淹,无法为客户提供服务
零售信贷风险、声誉风险	汇丰银行或客户的商业模式未能与低碳经济保持一致	(1)未能遵守新法规会导致业务损失,客户无法偿还贷款;(2)汇丰银行的行为会导致外部对组织的负面看法

---

[1] Greenwood, N. , Warren, P. , "The Role of Climate Finance beyond Renewables: Behavioural Insights", *Journal of International Development*, 2022, 34 (8).

续表

主要风险类型	气候风险影响	潜在影响事件举例
声誉风险、监管合规风险	汇丰银行未能在全球所有企业中有效地设计和销售与气候相关的产品，也未能应对监管变化	汇丰银行未能对客户需求或监管变化做出响应，导致利益相关者产生不良反应

资料来源：王腾腾《银行业气候变化信息披露研究》，硕士学位论文，中央财经大学，2022。

（三）英国气候金融的社会效益和经济效益

自 1990 年以来，英国已经减少了 43% 的排放量，成为 G7 国家中减排速度最快的，而其经济增长超过 60%，有效兼顾了节能减排和经济增长。自 2011 年起，英国国际气候金融项目帮助了 9500 万人应对气候变化的影响，为 5800 万人提供了清洁能源，减少或避免了 6800 万吨温室气体排放。[①] 在 COP27 上，英国承诺利用金融投资和技术援助，为发展中国家提供更多、更好、更快的气候金融服务，从而加速全球向净零增长的转变。

1.增加就业机会

英国大力发展海上风电、潮汐能、生物质能发电、氢能等清洁能源技术，以及碳捕集、利用与封存（Carbon Capture, Utilization and Storage, CCUS）技术，清洁能源技术发展有助于增加新的就业机会。到 2030 年，英国海上风电项目可支持 6 万个工作岗位，氢能项目可支持 8000 个工作岗位。英国商业、能源和工业战略部（Department for Business, Energy & Industrial Strategy）实施了绿色家园补助券计划，为房主提供在家中安装绿色供暖系统（替代化石燃料）的选择，以提高能源效率。[②] 该计划在 6 个月内提供了多达 8.25 万个工作岗位，以及使多达 60 万户家庭每家能够节省 600 英镑的

① ICAP, "Emissions Trading Worldwide: 2023 ICAP Status Report", 2023, https://icapcarbonaction.com/en/publications/emissions-trading-worldwide-2023-icap-status-report.
② National Audit Office, "Green Homes Grant Voucher Scheme", 2021-09-08, https://www.nao.org.uk/report/green-homes-grant/.

能源费用。英国在海外同样投资了大量的清洁能源项目，例如位于印度拉贾斯坦邦的 2245 兆瓦的 Bhadla 太阳能公园，是世界上最大的太阳能发电厂，印度计划到 2022 年安装 100 吉瓦太阳能，减少对化石燃料的依赖，该项目招聘了超过 2.5 万人。[①]

2. 引导社会资本参与

从英国的实践经验来看，绿色金融的快速发展离不开社会资本的参与。英国是自下而上模式，前期是以非政府组织为主导力量，英国政府是在绿色金融发展到一定阶段才参与其中的。无论政府参与的阶段和程度如何，社会资本都是绿色金融发展的重要力量，政府的有效引导和社会资本的积极参与相结合，才能促进绿色金融形成健康的发展格局。[②] 吸引社会资本的参与一方面需要有降低融资成本、提高项目回报的激励机制，确保投资者获得合理回报，另一方面需要加强对企业社会责任的激励，鼓励企业积极参与绿色投资。

3. 促进低碳技术发展

加大对中小企业绿色融资的激励力度可以促进绿色技术创新。英国的实践表明，培养和发展清洁技术领域的中小企业，不仅可以促进绿色技术创新，解决自然保护、能源供应和生态农业等发展重点，还能创造大量就业机会，将传统制造业减少带来的失业劳动力转移到清洁技术领域，实现就业、环境和经济发展的多重效益。由于绿色投资通常面临期限错配、信息不对称、缺乏产品和分析工具等问题，绿色中小企业普遍存在融资难的问题。[③]政府可进一步加大对中小企业绿色融资的政策激励力度，例如英国创新投资基金，可通过设立绿色金融专项基金，促进公私合作融资，提高早期风险投

---

① Priya Sanjay, "The Largest Photovoltaic Plant in the World in India, Bhadla Solar Park, Has 2, 245 MW, 10 Million Solar Panels and Occupies an Area of 5 Thousand Hectares", 2024-04-15, https：//www. world-energy. org/article/41570. html.

② Hong, H., Wang, N., and Yang, J., "Mitigating Disaster Risks in the Age of Climate Change", *Econometrica*, 2023, 91（5）.

③ 巴曙松、彭魏倬加：《英国绿色金融实践：演变历程与比较研究》，《行政管理改革》2022年第 4 期。

资水平。

4. 保护脆弱性群体

英国积极帮助发展中国家和人口改进应对气候风险管理方法，降低灾害造成的危害和应对成本，帮助发展中国家在建设大规模基础设施时具备低碳性和气候适应能力。英国鼓励更多社会资本参与低碳技术和项目以降低低碳转型成本，帮助发展中国家以减少排放和提高生产力的方式使用资源。2011年4月至2023年3月英国国际气候金融项目取得的成果如表3所示。

表3　2011年4月至2023年3月英国国际气候金融项目取得的成果

关键绩效指标编号	关键绩效指标	实现的总数
关键绩效指标1	为更好地适应气候变化影响而得到支持的人数	101589000人
关键绩效指标2	获得清洁能源的人数	69747000人
关键绩效指标3	获得清洁能源的社会机构数量	271个
关键绩效指标4	生存环境得到改善的人数	32254000人
关键绩效指标5	减少或避免温室气体排放吨数	86791000吨二氧化碳（tCO2e）
关键绩效指标6	清洁能源装机容量	3601兆瓦（兆瓦）
关键绩效指标7	避免损失的生态系统	413000公顷
关键绩效指标8	产生或保护的生态系统的价值	5302000英镑
关键绩效指标9	为应对气候变化调动的公共财政数量	6984840000英镑
关键绩效指标10	为应对气候变化调动的私人资本数量	6884443000英镑
关键绩效指标11	通过ICF干预可能导致低碳转型的程度	61.82%的指标得分为4分或5分（可能性大或非常大）
关键绩效指标12	可持续发展的土地面积	2700000公顷
技术援助关键绩效指标1	ICF技术援助支持的国家数量	125个
技术援助关键绩效指标2	ICF技术援助帮助的人数	414000人
技术援助关键绩效指标3	ICF技术援助支持的组织数量	1450个
技术援助关键绩效指标4	ICF技术援助提供的气候政策数量	98个
技术援助关键绩效指标5	ICF技术援助减少或避免温室气体排放数量	35001000吨二氧化碳（tCO2e）

资料来源：UK Government，"UK International Climate Finance results 2023"，2023-10-06，https：//www.gov.uk/government/publications/uk-international-climate-finance-results-2023/uk-international-climate-finance-results-2023。

二 资源型国家的低碳转型——挪威

挪威是资源型国家、能源出口大国，其石油、天然气、水资源等能源资源极其丰富，是世界最大的原油出口国之一和世界第三大天然气出口国，2022年挪威成为欧洲最大天然气供应国。挪威从20世纪末就一直专注于可持续发展，大力开发水电、风能和生物质能等可再生资源，依靠技术创新推动能源高效利用，避免过度依赖化石能源。2022年以来，挪威约98%的发电量基于可再生能源，水力发电约占总发电量的89%。① 挪威计划到2030年实现碳中和（减少95%碳排放），并且不断提升碳排放量管理预算。挪威强调能源开采和环境保护的协调发展，以及资源、环境和经济、社会的可持续发展。挪威主张政府对国家资源的统一管理，能源产业多由政府进行调控，企业和个人也积极配合国家政策。

（一）挪威的气候金融发展

自20世纪80年代以来，气候变化和温室气体排放一直是挪威政策议程上的重要问题。挪威的气候政策以《气候变化框架公约》、《京都议定书》和《巴黎协定》的目标为基础。挪威于1991年起征收碳税，2000年起强制要求企业披露社会环境成本报告，并通过实施环境影响评价、环境发展监测、环境立法和污染控制等措施减少企业污染、发展绿色经济。挪威于2005年制定了国家排放交易计划，并于2008年加入欧盟排放交易体系。挪威超额完成了《京都议定书》规定的2008~2012年减排量。挪威特别制定了北极海洋空间规划以保护北极生态系统。2016年，挪威批准了《巴黎协定》，并承诺到2030年比1990年至少减排55%。1990~2020年，挪威每增加百万挪威克朗GDP所需的二氧化碳排放吨数逐年下降（见图1），标志着挪威的低碳转型颇有成效。

---

① IEA，"Norway 2022"，2022，https：//www.iea.org/reports/norway-2022.

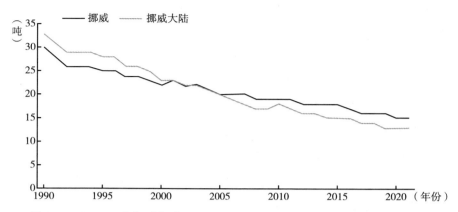

图1 1990~2020年挪威每增加百万挪威克朗GDP所需的二氧化碳排放吨数

资料来源：Norwegian Ministry of Climate and Environment，"Norway's Eighth National Communication"，2023，p. 21，https：//www. regjeringen. no/en/dokumenter/norways – eighth – national–communication/id2971116/。

2017年，挪威通过了《气候变化法案》（*Climate Change Act*），确定了挪威2030年和2050年的减排目标，并引入挪威气候目标五年审查制度和年度报告机制。与《巴黎协定》相同，该法案要求政府应每年向议会提交关于实现法律规定的气候目标的现状和进展的最新信息，预期温室气体排放的影响、拟定预算、预测排放量和碳捕获量，以及挪威如何准备和适应气候变化。污染者付费原则是挪威气候变化政策框架的基石。挪威的碳定价范围逐年扩大，2022年，挪威近85%的温室气体排放量被排放交易计划或温室气体排放税覆盖，其碳定价水平也是世界上最高的，2022年超过80%的排放定价达到或超过约80美元。2016年，奥斯陆成为全球首个拥有气候预算的城市，像管理资金一样管理碳排放，到2020年底，奥斯陆碳排放量已比1990年减少了36%。[①]

挪威政府全面控制和管理自然资源，将资源收入转化为投资收入，支持

---

① Norwegian Ministry of Climate and Environment，"Norway's Eighth National Communication"，2023，p. 26，https：//www. regjeringen. no/en/dokumenter/norways – eighth – national – communication/id2971116/.

技术创新，提升能源利用效率，并将能源资源与其他产业联系起来。1988年起，挪威政府要求能源企业加大对清洁技术的研发和使用，可持续发展理念也逐渐被挪威能源企业接受。挪威制定了多部法律规范能源活动，如《石油法》涉及石油生产许可证，《石油税法》规定了石油公司应如何缴税，《水资源保护和管理规划》规范了水资源开发的合理性，等等。挪威的环境税主要包括能源税、碳排放税等。挪威于1991年首次对海上油气产业及运输和供暖产业征收二氧化碳税。挪威还制定了其他的环境税，如燃油税、汽车购置税、电力消费税等。挪威通过对车辆征收汽车购置税，及对汽油、柴油和液化石油气征收二氧化碳税和道路使用税，同时对电动汽车免税，促进了电动汽车和其他低排放车辆的发展。2021年，仅纯电动汽车的销量就占全部汽车销量的65%。通过税收政策，挪威政府促使企业使用节能设备，同时鼓励公民使用更清洁的能源。

挪威公共财政针对气候变化的投资分为三类：适应气候变化、减缓气候变化，以及适应并减缓气候变化。2020年，6700万美元（6.26亿挪威克朗）用于适应气候变化（占投资总额的14%），3.73亿美元（35.13亿挪威克朗）用于减缓气候变化（占投资总额的76%），5000万美元（4.68亿挪威克朗）用于适应并减缓气候变化（占投资总额的10%）。2019年和2020年挪威公共财政投资气候金融情况如表4所示。

表4　2019年和2020年挪威公共财政投资气候金融情况

投资类型	2019年		2020年	
	百万挪威克朗	百万美元	百万挪威克朗	百万美元
适应气候变化	464	53	626	67
减缓气候变化	4205	478	3513	373
适应并减缓气候变化	453	51	468	50
财政投资总额	5122	582	4607	489
其他机构投资	1337	152	2039	217
总投资	6459	734	6646	706

资料来源：Statistics Norway，"Establishments and Enterprises"，2022-03-15，https：//www.ssb.no/en/virksomheter-foretak-og-regnskap/virksomheter-og-foretak。

挪威通过对石油和天然气资源进行金融管理从而造福整个国家。挪威政府石油基金（Government Petroleum Fund）于1990年成立，是世界上最大的主权财富基金，由挪威央行管理，2006年重组为政府养老基金（Government Pension Fund Global，GPFG）。该基金的来源是挪威石油活动产生的利润，主要来自石油公司的税收、石油勘探许可证的收入以及一部分国有企业的利息。1991年挪威颁布的《政府石油基金法》对该基金的管理方案做出了规定，由挪威央行在非石油领域的国际金融市场进行投资，挪威政府期望在油气资源枯竭的未来，石油基金仍然可以用于维持公民的福利支出，实现可持续发展。

（二）挪威政府领导应对气候变化的措施

1. 挪威主权财富基金

挪威主权财富基金主要由政府养老基金（"石油基金"，约占90%）和挪威国民养老基金（Government Pension Fund Norway，GPFN，约占10%）组成。20世纪70年代以来，挪威通过开发石油和天然气获得大量税收，实现经济盈余，但石油收入往往会受到国际油价波动的影响，特别是石油危机的影响。因此挪威于1990年6月成立政府石油基金，以实现石油的资本化，这是世界上最大的主权财富基金。挪威政府规定，石油基金应该全部用于投资海外资产，通过投资将不稳定的石油收入转化为稳定增长的金融资本，以避免未来油价贬值导致的国民经济增长停滞甚至衰退，以及维持高福利社会所需的巨额养老金支出。[1]

1997年挪威财政部颁布了《石油基金监管条例》，详细规定了政府对石油基金的投资指导方针与运营方案，即财政部作为国家唯一授权方，是石油基金的所有者和管理者，代表国家维护基金的正常运作，制定相关风险和收益指标，并有义务向国会提交该基金的年度投资报告。挪威财政部与挪威央

---

[1] Ministry of Finance, "Climate Risk and the Government Pension Fund Global", 2021-08-20, https://www.regjeringen.no/en/dokumenter/climate-risk-and-the-government-pension-fund-global/id2868181/? ch=1.

行签订协议，委托挪威央行对石油基金进行日常管理，挪威央行负责该基金的资产配置，并定期报告投资收益、风险和管理情况。从 1998 年初到 2020 年底，该基金的年回报率为 6.3%，年净回报率为 4.4%，2021 年，550 万挪威人每人获得近 3.4 万美元的投资回报。2022 年挪威主权财富基金的规模相当于每个挪威人拥有 20.7 万美元，是其 GDP 的 3 倍多。挪威政府每年将不超过基金总额的 4% 用于财政支出，即投入国家基础建设和福利体系中，为挪威国民福利提供了重要资金，促进经济社会良好发展。

2. 能源许可证制度

挪威通过设立许可证制度限制能源的过度开采和提高能源利用效率。挪威政府对其境内的能源资源拥有绝对所有权，以石油和天然气为例，政府通过许可证制度防止过度开采油气资源、保证资源可持续利用、减小环境负外部性影响、规范油气资源管理。许可证是指能源公司获得经官方认证的油气开采活动的"营业执照"，持证者拥有在规定区域内进行专有油气勘探和生产的权利，许可证可以在企业之间转让。电力开发商必须根据《能源法》的规定申请许可证，才能开始建造风电场和高压输电线。许可证意味着持证者与挪威政府签订了契约，以法律形式明确了持证者享有的权利和应遵守的规定。

3. 绿色 GDP 核算

挪威在统计每年的 GDP 数据之上，还进行绿色 GDP 核算，将环境因素纳入经济核算体系，对环境资源的数量及质量进行年度清算，并从 GDP 数据中扣除由经济活动产生的环境成本。绿色 GDP 核算体系包括自然资源账户，即自然资源的剩余储量，资源被视为经济资产，并根据其存在形态划分为物质资源和环境资源，物质资源主要指石油、天然气等化石能源，以及太阳能、风能、水能、生物质能等可再生能源；环境资源主要包括空气、水、土壤等。政府每年统计资源损耗情况和现有储量，计算空气污染、水污染、固体废物污染等环境污染指标，并适当调整环境税，对不可再生资源重新定价。挪威的绿色 GDP 核算体系并没有涵盖所有资源，而是侧重于资源和环境指标的实物核算和定量分析。

4. 碳排放交易

挪威政府于 2005 年颁布实施了《温室气体排放交易法》，明确了政府下达的温室气体排放配额可以在企业之间进行交易，保障了碳排放市场的灵活性，通过"多退少补"的方式实现了碳排放控制。该法律规定，能源生产、矿产冶炼、钢铁锻造、水泥生产、造纸等温室气体排放需求较大的企业，由政府统一分配或购买排放配额，其生产排放应接受政府监管。

5. 推动产学研合作

挪威政府鼓励企业和研究机构和高等院校进行项目合作，优势互补，以市场需求为基础、商业应用为目的展开研究。政府对三方都给予财政支持，在政府支持的能源研发项目中，能源企业与研究机构因其研发成本较大，各获得 38% 的政府投资，高等院校则获得 24%。这种机制有利于企业减轻研发资金压力，并获得专业的理论支持，也有利于研究成果的推广应用，同时激发高校和研究机构的创新潜能，形成正反馈，推动能源技术进步。

挪威政府不断加强能源技术研究支出，从 2004 年至 2024 年每年提供 10 亿挪威克朗的研究创新基金，通过挪威研究理事会的 PETROMAKS 项目支持能源产业的长期性和基础性研究，促进能源勘探和开采等技术的发展。当前，挪威在化石能源和可再生能源领域均处于全球领先水平，包括钻井技术、碳捕获和存储技术、海上漂浮风电系统等。

挪威在建筑节能技术和专业设备上处于领先水平。挪威政府颁布了一系列建筑管理条例，并专门成立了国家建筑科学技术和管理局，对建筑业进行合理的规划和管理，包括对建筑能源使用有关的要求。挪威制定了待建建筑的能耗标准，如将燃料供暖转换为电力或地热供暖，应用新的能源标签系统，以及利用各种节能技术改变建筑结构，从而减少对供暖或制冷的需求，促进建筑节能。

挪威建立了多个政府附属机构和非政府组织来支持能源创新。例如挪威创新署，它支持创新型能源企业发挥其竞争优势，为其提供研发项目资金和大额贷款以鼓励创新，它还负责在国外推广和应用挪威企业的创新成果。又如挪威研发委员会，它是国家支持和资助的研究机构，政府每年约投入 100

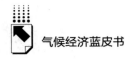

亿挪威克朗以支持其能源技术的研究和创新。此外，挪威能源商会为非政府组织，负责支持和协助挪威能源行业走向国际化，通过向国际能源公司和外国政府提供石油、天然气，或能源领域的信息、技术和解决方案，推动挪威能源产业走向海外市场，提升国际竞争力。

6. 培养企业和公众的环境意识

挪威政府出台了一系列法规指导企业进行合理的生产活动，并且要求能源企业在其年度报告中纳入环保计划和成果。在融资方面，企业的环保行为关系到银行对其信用等级的判断，评分不佳的企业会在银行系统中留下记录，并被公开信息，其他银行在做出贷款决策时可以参考这一指标，这一方法可以提升企业的环保意识。挪威政府为各级地方政府提供专项资金，用于招聘环境顾问，并为当地企业和公众提供咨询服务。在挪威政府长时间的宣传教育和政策引导下，低碳节能、环境保护、生命健康、社会责任等理念已经深入挪威企业文化中，海德鲁作为挪威最大的工业集团曾对环境问题发出倡议：企业应该对自然环境和人类社会抱有强烈的责任感，应该秉承着坚持关注环境保护和子孙后代生存环境的原则进行决策。[1]

政策、技术和公众接受程度之间相互关联，特别是与公平分配原则有关的方面。能源政策的制定受到国家、企业、利益组织以及公民的共同影响，由于不同群体对环境、社会公平和替代能源的期望不同，他们对气候问题、能源安全和经济可持续发展的诉求和意见也不尽相同。[2] 从化石能源向可持续能源的过渡，需要能源系统大规模转换为新的、可再生的、非化石能源，也就意味着公众必须能够有效应对能源改革、生态退化和价格方面的挑战。

2020年，挪威1170家大型制造企业和能源开采加工企业的环保成本达到22亿挪威克朗（折合约2.76亿美元），仅仅是处理各种废弃物就花费了13亿挪威克朗，超过了一半。挪威的能源企业积极配合和践行国家能源政策，挪威已成为绿色气候基金（GCF）的第六大捐款国和第三大人均捐款

---

① 冯晓云：《挪威能源可持续发展政策的路径研究》，硕士学位论文，华东师范大学，2020。

② Wang, K. H., et al., "Does Green Finance Inspire Sustainable Development? Evidence from A Global Perspective", *Economic Analysis and Policy*, 2022,（75）.

国。截至 2022 年底，绿色气候基金已经支持了 124 个项目，预计这些项目将避免 16 亿吨二氧化碳当量的温室气体排放，并为约 3.48 亿人提供更强的生态修复能力。2022 年，挪威的气候基金总额为 155 亿挪威克朗，其中 1/3 来自社会资本。

（三）气候金融助推能源转型

1. 设立专门的气候金融研究机构

挪威拥有 11 个长期从事环境友好型能源专项研究的国际高水平研究中心。以奥斯陆国际气候与环境研究中心（Center for International Climate and Environment Research Oslo，CICERO）为例，该中心一直围绕绿色基金特别是气候金融开展研究和实践，并与世界各国开展广泛合作，目前已经成为国际绿色债券的主要认证机构。从 2008 年世界银行首次发行绿色债券以及 CICERO 与世界银行联合建立绿色主题清单以来，CICERO 一直保持对绿色债券进行独立评估。CICERO 服务于全球公司、金融机构、多边开发机构、主权政府和地方政府等，帮助投资者提高应对气候风险的能力，使其投资于更环保的市场。CICERO 采用的评价方法被称为绿色标签法（Shades of Green）[①]，使用三种不同深度的绿色将绿色项目分类，被贴绿色标签的项目最低要求是超过 50% 的收入和投资来自绿色活动。这种方法易于投资者理解，他们很容易对比绿色项目的绿色级别。又如 Enova 是挪威的一家研发机构，旨在支持创新、开发新能源和提供气候解决方案。Enova 的主要任务是支持绿色能源发展和提高能源效率，加强能源供应安全，并开发有助于长期减排的技术。

2. 完善法律监管

挪威制定了多项能源发展法律，《石油法》涵盖石油生产许可证，《石油税法》规定石油公司应如何缴税；《水资源保护和管理规划》《工业特许

---

① 郭净、李静：《挪威气候金融的研究与实践：来自国际气候与环境研究中心——奥斯陆的经验启示》，《金融理论探索》2020 年第 2 期。

权法》《水道规划法》《水资源法》等法规对水资源开发和保护措施做出了规定；《能源法》《规划和建设法》《竞争法》《天然气法》等法规规范了能源企业之间的商业竞争；《自然保护法》和《污染控制法》限制了工业活动对环境的破坏。

挪威规范了气候金融的信息披露标准。以挪威主权财富基金为例，该基金在年报和季报的基础上还于每年定期披露其《责任投资报告》《业绩表现报告》《收益与风险报告》等，关注气候变化议题，同时鼓励被投资企业主动披露相关信息。[①] 1990 年挪威颁布了《能源法》，为能源的生产、使用、交易和分配制定了指导方针，并对电能和供热质量、基础设施、能源规划和应急计划做出了详细规定。1996 年挪威颁布了《石油法》，为石油开采活动的全过程提供了法律规定，主要明确了生产许可证制度和环境污染防治，包括生产许可证的申请条件、许可证明确的开采区域、许可证的转让、持证企业需履行的义务等相关规定，也包括对石油活动的环境评估报告、石油设施的安装和运营标准、污染损害责任等方面建立了统一的标准。

挪威的《石油法》《温室气体排放交易法》等法律都有对二氧化碳税的相关规定。碳税政策于 1991 年生效，主要对挪威化石燃料燃烧产生的二氧化碳排放征收一定的排放费，例如生产和运输过程中石油燃烧和油气泄漏产生的温室气体。2021 年挪威的碳税标准是每立方米天然气或每升汽油征收1.27 挪威克朗。除了碳税，挪威还颁布了其他的环境税，如燃油税、汽车购置税、电力消费税等，挪威政府提议到 2030 年对每吨二氧化碳征收 200欧元的税。

3. 气候金融推动技术创新

挪威在可再生能源和清洁技术的研发、利用、储存方面处于领先水平，用于能源技术研发的财政支出比例逐年上升，挪威积极与其他国家合作研发，促进能源技术的商业化。2015～2020 年，挪威生物燃料的使用量增加了 171%。

---

① 种高雅：《能源转型路径的国际比较及对我国的启示建议》，《西部金融》2022 年第 6 期。

　　挪威主权财富基金自 2009 年开展气候金融投资，投资与绿色发展相关的行业和企业，挪威财政部要求该基金的气候金融投资规模应当每年达到 300 亿~600 亿挪威克朗。该基金的气候金融投资可分为以下三类。[①] 第一类企业能够为节能减排做出贡献，主要是排放量低和拥有节能科技的企业。第二类企业能够对污染问题提出解决方案，主要是生产清洁能源和可替代能源的企业。第三类企业能够对自然资源进行更有效的利用，主要是高新技术企业。挪威主权财富基金于 2016 年规定了气候金融投资规范，对一些大量排放温室气体的企业不予投资，并引入基于煤炭生产的投资标准，如果一家采矿企业或电力企业有超过 30% 的收入来自动力煤或超过 30% 的业务与动力煤有关，该企业也会被拒绝投资。挪威政府规定主权财富基金应当控制气候风险、操作风险和合规风险，风险价值超过 7.5 亿挪威克朗或者风险影响超过一年的概率应当低于 20%。

　　挪威政府和挪威国家石油公司（Equinor）在蒙斯塔德技术中心（Technology Center Mongstad）投资建立了世界最大的碳捕获测试平台，该平台可以捕获和测试燃煤发电厂、天然气发电厂和其他工业过程的二氧化碳排放。自 1996 年以来，挪威一直利用近海天然气田进行二氧化碳的深井储存工作。挪威于 2008 年制定并实施了《加强推广生物能源战略》，旨在通过增加木质燃料和生物柴油的供应来增加生物质能源的使用，政府对生产生物质能源提供资金支持，并对生物质能源产品免税。挪威国家石油公司已将业务范围拓展到风能、太阳能等可再生能源领域。奥斯陆 Klemetsrud 垃圾焚烧发电厂作为碳捕获试点项目，利用碳捕集技术将二氧化碳通过管道封存到海底，该项目每年捕集 40 万吨二氧化碳，约占该发电厂总排放量的 90%。

　　挪威拥有大量陆地和海上风能资源。从 2009 年开始，挪威利用其在海上油田和海洋工业方面的知识和经验从事海上风能开发，并提供海上风力涡轮机和相关先进设备，发电容量达 2.3 兆瓦。2021 年 4 月，挪威主权财富

---

① Bhopal, A., "The Norwegian Oil Fund in A Warming World: What Are the Interests of Future Generations?" *Ethics, Policy & Environment*, 2023, 26 (1).

基金宣布以 16.3 亿美元收购了荷兰 Borssele 海上风电场 50% 的股份。挪威油气工业较早就开始使用 CCS 技术。挪威的 Sleipner 和 Snhvit 两座油田分别在 1996 年和 2007 年使用了 CCS 技术，两座油田总计封存了超过 2500 万吨二氧化碳。2022 年，挪威国家石油公司在挪威建成世界上第一个为生产石油和天然气装置提供动力也是世界上最大的浮动式风电场 Hywind Tampen，浮动式风电场是可以在海面浮动的风力发电站。挪威国家石油公司已经参与了几十个可再生能源项目的开发，其海上风电装机容量已超过 29 万千瓦。

4. 挪威气候投融资

挪威以《联合国气候变化框架公约》的目标为目标，以经合组织发展援助委员会（DAC）的报告系统（CRS）为基础，通过气候金融优先支持脆弱性群体和发展中国家，资金包括与气候变化相关的官方发展援助（ODA）和其他官方资金流动（OOF）。挪威通过全球环境基金（Global Environment Facility，GEF）、绿色气候基金（Green Climate Fund，GCF）、世界银行等多边渠道获得气候融资。2019 年和 2020 年挪威通过多边渠道接受的气候融资如表 5 所示。

表 5　2019 年和 2020 年挪威通过多边渠道接受的气候融资

投资者		2019 年		2020 年	
		挪威克朗	美元	挪威克朗	美元
通过多边渠道提供的投资总额		1336682352	151919891	2039302467	216642849
多边气候变化基金	多边气候变化基金总额	609829339	69309815	1187376172	126139482
	1. 全球环境基金（GEF）	108293900	12308083	108958200	11575044
	2. 气候变化适应基金	90000000	10228900	50000000	5311690
	3. 绿色气候基金（GCF）	378824000	43055031	1000000000	106233799
	4. 其他多边气候变化基金	32711439	3717800.4	28417972	3018949.1
全球绿色增长研究所（GGGI）		14516903	1649910.5	9865472.7	1048046.7
蒙特利尔议定书多边执行基金		18194536	2067889.9	18552499	1970902.4

续表

投资者		2019 年		2020 年	
		挪威克朗	美元	挪威克朗	美元
多边金融机构及区域开发银行	多边金融机构及区域开发银行总额	647089866	73544640	796646056	84630737
	1. 世界银行	354002720	40233983	450968811	47908130
	2. 国际金融公司			19090560	2028062.7
	3. 非洲开发银行	552759.5	62823.57	31614682	3358547.8
	4. 其他多边金融机构	292534387	33247833	294972003	31335997
非洲发展基金（AFDF）		231036561	26258332	254741196	27062125
亚洲基础设施投资银行（AIIB）		58098870	6603194.9	35337841	3754073.1
美洲开发银行（IDB）		3398955.4	386306.39	4892965.9	519798.36
联合国专门机构		79763147	9065436.2	55280239	5872629.9
国际农业发展基金（IFAD）		44295600	5034391.8	43714800	4643989.3
联合国粮食及农业组织（FAO）		19267547	2189842.4		
联合国气候变化框架公约（UNFCCC）		16200000	1841202	11065439	1175523.7
政府间气候变化专门委员会（IPCC）				500000	53116.9

资料来源：Norwegian Ministry of Climate and Environment，"Norway's Eighth National Communication"，2023，p. 230 – 235，https://www.regjeringen.no/en/dokumenter/norways – eighth – national – communication/id2971116/。

挪威到 2020 年对全球环境基金的捐款共为 5.2 亿挪威克朗（6300 万美元），其中气候变化重点领域获得了全球环境基金投资的约 20.5%，其他投资主要涉及海洋治理、生物多样性和土地退化等领域。2020 年挪威对全球环境基金的气候专项投资为 1.09 亿挪威克朗（1158 万美元）。挪威 2019 年对绿色气候基金的气候金融贡献为 3.79 亿挪威克朗（4306 万美元），2020年为 10 亿挪威克朗（1.06 亿美元），挪威承诺在 2020～2023 年对绿色气候基金投资 36 亿挪威克朗（4.17 亿美元）。

挪威通过气候金融支持多个发展中国家，例如挪威承诺在 2015 年底之前向巴西的亚马孙基金捐款 10 亿美元，前提是巴西能够证明亚马孙的森林砍伐有所减少，挪威只在巴西减少森林砍伐时才向巴西付款。从 2008 年至

2014 年，亚马孙地区的森林砍伐减少了约 60%。基于这一结果，挪威到 2015 年底履行了向巴西亚马孙基金捐款 10 亿美元的承诺。

三　金融服务引领低碳转型——荷兰

荷兰曾因"荷兰病"被许多国家视为经济发展的反面教材，金融服务是荷兰走出困境的重要手段，而荷兰在 17 世纪发生的"郁金香泡沫事件"也使其更加重视防范金融风险。荷兰是低地国家，面临的气候风险更加突出，因而荷兰政府积极完善环境立法体系、设定减排目标、利用气候金融支持清洁技术的开发和应用，以及建立长期的能源和气候计划，其《环境管理法》是世界上综合性最强的环境法之一，荷兰在水资源利用保护、土地利用、洪水预防和粮食安全等领域具有领先的专业知识。当前荷兰拥有活跃的金融科技市场、多样化的金融服务产业及强大的金融支持体系，政府、金融机构和社会资本共同致力于气候金融多边国际合作。2010 年以来荷兰气候金融稳步增长，2019 年以来荷兰社会及私人投资占气候金融总投资超过 50%，到 2025 年荷兰总体气候金融预算将超过 18 亿欧元。荷兰宣布到 2030 年将碳排放量减少 60%，到 2040 年减少 80%，到 2050 年实现碳中和，推动《巴黎协定》目标的实现。[①]

（一）荷兰气候金融发展

20 世纪 80 年代，荷兰开始探索国家能源和气候政策，并陆续推出了一系列法案，包括《电力法》《天然气法》《供暖法》《海上风能法》《采矿法》等。自 1989 年以来，荷兰每四年制定一次国家环境政策计划（National Environmental Policy Plan，NEPP），设定短期与长期的国家环境目标。1993 年，荷兰政府将较为分散的各类环保法律法规进行整合，形成了涵盖荷兰环

---

① Government of the Netherlands，"Global Climate Strategy"，2022 - 12 - 22，https：//www. government. nl/topics/climate-change/climate-policy.

境保护各个方面的《环境管理法》（*Environmental Management Act*）。

2008 年，荷兰发布了《清洁高效计划》（*Clean and Efficient Programme*），该计划设定的温室气体排放目标高于欧盟。它规定到 2020 年将温室气体排放在 1990 年基础上减少 30%，可再生能源占能源消耗的 20%，能源效率每年提高 2%。它还设定了行业强制性节能减排指标，并对建筑、汽车和家用电器实施了更严格的能源消耗标准。在 2022 年 COP27 上，荷兰宣布到 2025 年把年度气候金融投资增加到 18 亿欧元，同时通过非洲发展基金的气候行动窗口向非洲捐款 1 亿欧元。

（二）荷兰政府动员私有资金开展气候投融资

荷兰政府、金融机构和社会资本共同致力于气候金融发展，荷兰通过以下三种公共干预手段动员私有资金扩大投资规模。一是直接动员私人投资国家发展基金，包括气候融资和生物多样性融资及其他发展活动融资（见图 2）。二是动员私人进行气候融资，包括投资荷兰参与的多个多边开发银行（MDB）和荷兰开发银行（FMO）的项目，以及发展荷兰政府计划和基金与荷兰参与的多边机构计划和基金（见图 3）。三是调动私有资金促进生物多样性，包括荷兰政府计划和基金与荷兰参与的多边机构计划和基金。

2010 年荷兰气候金融规模仅为 4500 万欧元，2019 年已经达到 13.33 亿欧元，其中公共气候融资 5.52 亿欧元，私人气候融资 7.81 亿欧元，私人投资占总投资的 58.59%。2021 年荷兰气候金融规模超过 14 亿欧元，在直接动员私人投资国家发展基金中，由荷兰政府资助的公共动员筹集了 3.69 亿欧元的国家发展基金，其中荷兰政府计划和基金筹集了 1.59 亿欧元，荷兰参与的多边机构计划和基金筹集了 2.1 亿欧元，总体融资动员率为 1∶1，即荷兰政府每承诺投资 1 欧元，私营部门就承诺投资 1 欧元。2019 年以来荷兰私人投资占气候金融总投资超过 50%，2022 年荷兰通过公共动员筹集了 3.72 亿欧元的国家发展基金、6.39 亿欧元的私人气候融资和 1100 万欧元的私人生物多样性融资，预计 2025 年荷兰气候金融规模达到 18 亿欧元。

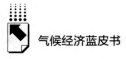

气候经济蓝皮书

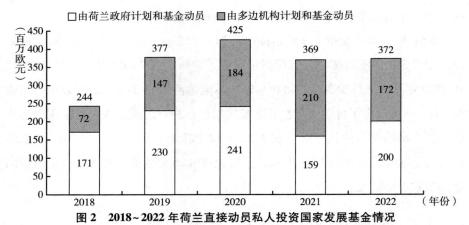

图2　2018~2022年荷兰直接动员私人投资国家发展基金情况

资料来源：Jan Willem van Gelder, Ward Warmerdam, Manon Stravens and Eline Achterberg, "Trends in Climate Finance: Background Report for Policymakers", 2022, p. 8, https://www.government.nl/documents/reports/2022/06/16/trends-in-climate-finance-background-report-for-policymakers。

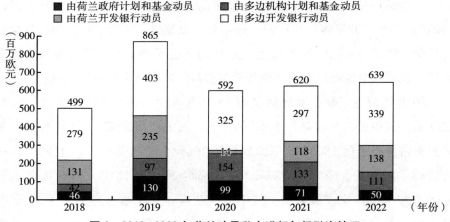

图3　2018~2022年荷兰动员私人进行气候融资情况

资料来源：Jan Willem van Gelder, Ward Warmerdam, Manon Stravens and Eline Achterberg, "Trends in Climate Finance: Background Report for Policymakers", 2022, p. 8, https://www.government.nl/documents/reports/2022/06/16/trends-in-climate-finance-background-report-for-policymakers。

1. 荷兰开发银行（FMO）

荷兰开发银行（FMO）成立于1970年，是一家公私合营企业，荷兰政府持有51%的股份，荷兰几家大型银行还持有42%的股份。荷兰开发银行是荷兰政府管理的资金，它通过贷款（包括银团贷款）和股权提供长期融资，它与商业银行、私人投资者、机构投资者和金融机构合作，重点投资金融机构、能源产业以及综合农业（包括食品和水）三大领域，对荷兰经济发展举足轻重。[1] 荷兰开发银行对多个气候金融项目都有投资计划，包括通过多边开发银行、荷兰气候与发展基金、IDH可持续贸易倡议等机构进行气候融资，而其本身也投资气候金融项目。荷兰开发银行气候金融（FMO-A）是指FMO的资产负债表投资。2022年荷兰开发银行总共动员了1.38亿欧元的私人气候融资，高于2021年的1.18亿欧元和2020年的1400万欧元，但低于2019年的2.35亿欧元。2020年出现断崖式下跌的原因主要是新冠肺炎疫情的暴发，而后随时间推移有所回升。

2. 双倍规模计划（2SCALE）

荷兰设立了多个气候金融基金，并规定至少50%的资金用于帮助最不发达国家。双倍规模计划（2SCALE）自2012年成立，帮助希望在撒哈拉以南非洲农产品行业建立商业战略的公司（主要是非洲中小型农业企业和一些荷兰或国际公司）与当地达成合作伙伴关系，克服当地中小企业和小农户融资难的挑战，通过互利关系与小农户（SHFs）达成可持续采购协议，为当地中小企业提供一系列技术支持和金融经纪服务，培育和加速发展包容性商业以服务当地市场、驱动当地发展。[2] 在荷兰政府、私人资金和金融机构的资本支持下，双倍规模计划是撒哈拉以南非洲最大的包容性农业企业孵化器之一。2020年和2021年获得1.20亿欧元融资（包括1200万欧元荷兰

① Zhang, F., "The Policy Coordinator Role of National Development Banks in Scaling Climate Finance: Evidence from the Renewable Energy Sector", *Climate Policy*, 2022, 22（6）.

② Bolscher, H., et al., "Mobilised Private (Climate & Biodiversity) Finance report 2020", 2021-09-07, https: //www. government. nl/documents/reports/2021/07/09/report - on - mobilisation - of - private - climate - - biodiversity - finance - for - developing - countries - by - dutch - public - interventions-in-2020.

政府投资、4800 万欧元公共资金和 6000 万欧元私人资金），2022 年获得
1.29 亿欧元融资（包括 1250 万欧元荷兰政府投资、5200 万欧元公共资金和
6440 万欧元私人资金）。在该计划中，荷兰政府原本预计投资 3 亿欧元，然
而仅仅在 2020~2022 年三年内，资金规模就达到 3.69 亿欧元，充分体现了
荷兰政府和社会对全球气候问题，特别是对最不发达国家气候变化的重视。
到 2023 年，该计划已经建立了超过 100 个合作伙伴关系，为超过 100 万消
费者提供粮食，涉及超过 75 万小农户和 5000 家中小型企业。

3. 荷兰气候与发展基金（DFCD）

荷兰气候与发展基金（DFCD）于 2019 年启动，是荷兰政府专注于气
候适应的基金，该基金的主要目标是支持发展中国家的气候相关企业建设
有利于弱势群体和生态系统的项目，它使私有资金能够投资于适应和减缓
气候变化的发展中国家项目。[①] 荷兰气候与发展基金利用混合融资，通过
提供赠款、优惠贷款和技术援助支持土地开发利用、水资源保护和环境保
护设施等项目的投资开发。2020 该基金获得 1.04 亿欧元融资（包括 2250
万欧元的荷兰政府投资、5400 万欧元的公共资金和 2700 万欧元的私人资
金），2021 年获得 7430 万欧元融资（包括 1530 万欧元的荷兰政府投资、
3800 万欧元的公共资金和 2100 万欧元的私人资金），2022 年获得 1.34 亿
欧元融资（包括 1500 万欧元的荷兰政府投资、7600 万欧元的公共资金和
4300 万欧元的私人资金）。该项目荷兰政府计划投资 1.6 亿欧元，而截至
2022 年底该项目已经获得超过 3.1 亿欧元的投资（包括 9100 万欧元的私
人资金），显示出荷兰政府和社会对气候金融具有很高的重视程度和参与
力度。

荷兰每年都会建立气候融资计划动员私人投资，荷兰开发银行、双倍规
模计划、荷兰气候与发展基金等都是私人资金为气候金融做出贡献的优质项
目，2022 年荷兰动员的私人气候金融计划如表 6 所示。

---

① 司林波、赵璐：《荷兰能源和气候政策最新进展及对我国的启示》，《华北电力大学学报》
（社会科学版）2020 年第 3 期。

表6　2022年荷兰动员的私人气候融资计划

单位：百万欧元

计划名称	荷兰政府承诺金额	公共投资总额	私人投资总额	动员私人气候融资
荷兰开发银行气候金融（FMO-A）	629.38	1279.91	355.23	138.25
多边机构计划和基金	127.44	4180.61	3963.29	111.13
荷兰气候与发展基金气候投资者一号（Cl1）	64.06	1161.24	727.01	23.01
2021~2025年菲尼仕蒙迪艾尔（FINISH）	3.49	85.78	77.24	22.83
私人基础设施发展集团（PIDG）	12.50	294.34	168.47	15.32
IDH可持续贸易倡议（IDH-STI）	2.99	9.70	22.86	13.62
绿色气候基金（GCF）	10.18	1035.16	2233.69	12.99
全球环境基金（GEF）	4.90	1412.51	627.28	12.54
IDH农场健康基金（IDH-FFF）	4.52	7.61	12.28	4.18
IDH土地可持续发展倡议（IDH-ISLA）	1.68	6.89	4.91	2.10
阿斯利		8.90	44.02	1.67
一英亩基金（OAF）	14.05	47.77	4.68	1.38
全球农业和粮食安全计划（GAFSP）	1.74	15.24	27.16	0.98
国际竹藤网络-竹子合作（INBAR）	1.88	1.97	0.23	0.22
SNV霍特投资（SNV-HI）	0.55	0.55	0.34	0.13
中东和北非私人资金发展计划（PSD-MENA）	3.50	52.00	8.50	0.11
最不发达国家基金（LDCF）	0.39	40.98	4.62	0.04
荷兰政府计划	48.79	151.07	145.06	47.94
SDG7清单（SDG7）	8.28	8.28	26.77	26.77
双倍规模计划（2SCALE）	12.50	51.89	64.39	6.20

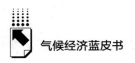
气候经济蓝皮书

续表

计划名称	荷兰政府承诺金额	公共投资总额	私人投资总额	动员私人气候融资
荷兰气候与发展基金气候投资者二号（DFCD-水设施）（CI2）	8.65	50.97	30.12	5.13
气候适应型农业企业（CRAFT）	1.30	1.30	2.36	2.36
荷兰气候与发展基金土地使用设施（DFCD-LUF）	3.75	22.48	11.24	2.34
荷兰气候与发展基金基础设施（DFCD-OF）	2.57	2.57	1.79	1.79
团结变革实践计划（SOL-PFC）	4.17	4.17	1.94	0.78
荷兰良好增长基金国际投资（DGGF1）	2.35	2.35	1.67	0.67
清洁烹饪联盟（CCA）	0.48	0.48	0.63	0.63
农业和水地理数据（G4AW）	1.16	1.17	0.56	0.56
荷兰良好增长基金种子资本 & 业务发展（DGGF2-SCBD）	1.17	1.17	1.87	0.37
为气候动员更多力量计划（MOMO4C）	0.14	1.97	1.36	0.16
健康保险基金（HIF）	2.25	2.25	0.29	0.12
农业3号（AGRI3）计划	0.02	0.02	0.05	0.05
荷兰州政府计划	8.49	13.49	8.37	2.52
荷兰开发银行能源基金（FMO-AEF）	5.99	5.99	3.37	1.69
荷兰开发银行建设前景（FMO-BP）	2.50	7.50	5.00	0.83
合计	814.11	5625.08	4471.95	229.84

资料来源：Warmerdam, W., Walstra, J., "Mobilised Private (climate & biodiversity) Finance 2022 Report", 2023, p.6-7, https://www.government.nl/documents/reports/2023/06/30/mobilised-private-climate-and-biodiversity-finance。

298

（三）荷兰气候风险压力测试

2018 年，荷兰央行使用了政策调整（增加碳税）和快速转型冲击（可再生能源的快速发展、化石燃料技术过失等）两种风险压力测试分析了 15 家主要金融机构对化石能源生产、发电、运输和农业等行业转型的金融风险。测试表明这些行业的风险将影响金融部门的企业贷款、债券和股票价格，以及增加银行信贷风险、造成保险公司资产损失。荷兰央行在 2021 年 3 月发布了首份气候风险压力测试报告，希望银行能够增强气候风险情景分析和压力测试能力，优化风险管理政策。

气候风险的传播途径包括政策法规变化、技术革新、碳税和碳价格变化对生产和销售成本的影响，以及造成财产损失的各种极端天气。压力测试要根据传播途径和行业类别、运营区域和运营效率的具体情况进行差异化调整。以行业类别为例，房地产开发和租赁行业受能源价格变化和极端天气冲击的影响较大，而石油和天然气行业受能源政策调整和市场趋势变动的影响较大。风险压力测试可以结合各银行的资产特征，形成传导路径、承压指标、影响参数等综合方案，将气候风险与银行资产有效结合。

（四）金融业对气候金融的管理实践

1. 荷兰银行（ABN AMRO）

荷兰银行自 2015 年起要求所有的投资都要符合环境、社会和治理标准，并从事碳交易中介业务，提供融资担保、购碳代理、碳交易咨询等服务。荷兰银行于 2019 年将气候风险纳入其风险管理流程中，加强了抵押财产的物理风险分析和风险管理，监测贷款组合的碳强度，使其与《巴黎协定》的目标保持一致。荷兰银行根据荷兰气象研究所制定的气候适应服务（CAS），将温度提升 4℃ 作为压力情景，通过发生效应、认知效应和宏观经济效应来区分极端天气事件的影响。发生效应指实际的气候灾害如洪水或干旱对金融机构资产的影响。荷兰银行使用气候适应服务将洪水暴发的概率数据与每个贷款项目的地理数据相结合，获得贷款项目的气候风险概率图，并计算潜在

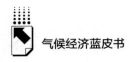

损失。认知效应是指人们感知极端天气事件并预期资产价格下跌，因此荷兰银行在风险管理中，将房产市值下降 5% 的情形纳入计算。① 宏观经济效应是指极端天气事件通过加速建筑和基础设施的贬值及暂时停滞经济活动对宏观经济产生影响。荷兰银行通过压力测试模型评估不同体量的洪水对宏观经济的影响。

2. 荷兰大众银行（De Volks bank）

荷兰大众银行将 2030 年实现气候中性资产负债表作为其战略目标之一。2019 年，荷兰大众银行成立了风险委员会和风险专业机构并由董事会负责最终风险管理。荷兰大众银行采用 ASN 银行关于气候变化和可持续性标准的政策，设定了风险偏好、风险驱动因素和风险指标，风险管理部门通过审查年度运营计划提供全面的风险视图。荷兰大众银行采用碳核算金融联盟（PCAF）的标准，计算实现气候中性资产负债表目标的投资策略，并提出根据每个贷款项目能效标签的平均能耗计算二氧化碳排放，从而使所有贷款项目的碳排放量等于客户的碳减排量。

3. 荷兰合作银行（Rabo bank）

荷兰合作银行将气候变化纳入其风险管理框架，成立了可持续发展数据分析团队和跨学科综合团队。荷兰合作银行进行了四项气候风险分析，包括转型风险压力测试、转型风险投资组合分析、水资源压力评估和荷兰洪水风险评估，研究了转型风险与物理风险对住宅抵押贷款和投资组合的影响。针对转型风险，荷兰合作银行主要进行了转型风险压力测试和转型风险组合分析。转型风险压力测试通过量化气候变化的影响，将相应的情景转化为宏观经济变量，并将其输入压力测试框架中，以分析和计算受气候风险影响更严重的行业和客户群体。对于物理风险，荷兰合作银行评估了全球水资源短缺对违约概率和违约损失的影响，以及洪水风险对荷兰住宅抵押贷款组合的影响。

4. 荷兰国际集团（Internationale Nederlanden Group）

荷兰国际集团制定了 Terra 气候风险评估方法，识别与转型风险相关的

---

① 徐振鑫：《荷兰气候风险管理经验及启示》，《绿色金融动态》2021 年第 1 期。

气候风险，并为每个行业提供基于情景的气候金融组合评估。Terra 可以展示贷款组合如何与科学预估的气候变化或每个行业的转型路径保持一致。Terra 遵循按行业引导投资组合的原则，即根据《巴黎协定》的相关转型路径，对每个行业的趋势和变化进行详细分析，为每个行业制定脱碳路径，并引导每个行业的投资组合朝着《巴黎协议》发展。Terra 通过衡量每个行业转型所面临的挑战以及客户所拥有的资源，来识别和预测每个客户的需求并支持其转型。

B.12
国际金融组织应对气候变化的行动

钟春平 陈 杰 司 敏*

摘 要： 近年来，气候变化已经成为全球范围内备受关注的重大议题，国际金融组织在这一领域的行动也备受瞩目。本报告通过对世界银行、国际货币基金组织和亚洲开发银行在应对气候变化方面的主要行动进行梳理和总结，以及对气候金融的实际效果进行深入分析，旨在为解决这一全球性难题提供理论和实践上的参考。本报告首先详细梳理了国际金融组织在气候融资方面的关键举措，涵盖了资金投入、政策制定、项目支持等多个方面；其次深入分析了存在的问题，包括资金投入的规模是否足够、实际效应是否显著以及是否能够产生示范效应等；最后基于对现有问题的分析，进一步展望未来可能的对策和措施。

关键词： 气候变化 气候金融 国际金融组织 示范效应

一 应对气候变化：国际金融机构的作用

应对气候变化已经成为当前一个重要的议题和中长期的挑战。气候变化通过自然资本（土地资源、水资源和生态系统服务等）、物质资本（基础设施和生产装备等）、人力资本（教育等）等渠道对生产活动、消费行为、身心健康和教育等产生影响。气候与生态环境问题具有明显的外部性

* 钟春平，博士，中国社会科学院财经战略研究院教授，研究方向为宏观经济学、金融学和公共经济学；陈杰，硕士研究生，中国社会科学院大学应用经济学院，研究方向为碳金融；司敏，博士研究生，中国社会科学院大学应用经济学院，研究方向为能源金融。

及公共产品特性，这种公共产品的特性及示范意义在气候变化领域具有重要意义。温室气体排放空间是一个明显的公共产品，因为它同时具备非排他性和非竞争性，从非排他性来看，温室气体排放影响全球，没有国界。一个国家或地区的减排行动无法排除其他国家的影响。减排措施的效果不仅仅局限于本国，也会对全球气候变化产生影响。从非竞争性来看，一个国家的减排行动通常不会减少其他国家减排的能力。相反，积极的减排示范可能会激励其他国家采取类似行动，进一步推动全球减排努力。减排行动不会削弱其他国家的能力，而是相辅相成的。这些特性使得气候变化具有明显的公共产品属性，因此，国际合作和示范效应对应对气候变化具有关键意义。

气候行动的示范意义在于，一个国家或地区的积极气候行动可以为其他国家树立榜样，激励他们效仿。这种示范效应首先体现在推动国际合作上，国家之间的气候行动相互影响，一个国家采取积极的减排和适应措施可以鼓励其他国家加入全球气候努力。通过示范，国际社会更有可能形成共识，加强合作，共同应对气候挑战。其次，还可以创造经验和最佳实践，积极的示范行动可以帮助国际社会积累经验和发现最佳实践。这些经验和实践可以在全球范围内共享，促进气候行动的协同和协调，加速技术和政策的传播。再次，有利于激励私人部门投资，示范效应也可以激励私人部门加大对低碳和可持续项目的投资。当一个国家成功实施气候友好政策时，可以增加投资者和企业的信心，鼓励它们参与气候相关的商业机会。

因而，国际金融组织在应对气候变化方面发挥着重要作用，其必要性体现在以下几个方面。第一，气候变化是一个全球性问题，没有国界。温室气体的排放和气温上升是全球性挑战，因此需要跨国界的合作和协调。国际机构提供了一个平台，使各国能够共同应对气候变化问题。这种全球性的合作是应对气候挑战的必要条件，国际机构在这一进程中扮演着协调和促进的角色。第二，气候变化对全球稳定和安全构成了威胁。极端气候事件、海平面上升和气温上升等现象可能导致生态系统的崩溃、资源的稀缺以及社会和政治的不稳定。国际机构的参与有助于减轻气候变化对全球

安全的负面影响，协助各国共同应对气候相关的安全风险。第三，气候变化与可持续发展密切相关。气候变化可能导致食品和水资源的短缺、生态系统的退化，以及贫困的加剧，从而威胁到可持续发展目标的实现。国际机构可以通过提供资金、技术和政策支持，协助各国在气候行动和可持续发展之间寻求平衡。这包括支持清洁能源发展、提高能源效率、可持续农业和气候适应措施等领域的项目，以确保气候行动有助于社会经济的可持续增长。第四，国际机构的角色还在于协助各国履行其国际气候承诺。各国已在国际气候协定中做出减排和气候适应方面的承诺，如巴黎协定。国际机构可以通过提供融资、技术转移和政策支持，协助各国实现这些承诺，确保全球气候目标的实现。国际机构在协助国家规划、实施和监测气候政策方面发挥了关键作用。

国际金融机构在金融领域应对气候变化的方式和方法如下。第一，提供资金支持。国际金融机构可以提供资金支持，填补气候行动所需的资金缺口。应对气候变化需要大规模的投资，包括在可再生能源开发、能源效率改进、气候适应和绿色基础设施等领域。国际金融机构可以提供长期融资，推动气候友好项目的发展。这有助于加速向低碳经济的转型，减少对化石燃料的依赖。第二，进行技术和知识传递。国际金融机构具备技术和知识传递的能力。它们可以通过技术合作和经验分享，帮助发展中国家实施气候行动和提高气候适应能力。这包括推广清洁技术、气候风险评估和管理等方面的支持，帮助各国更好地理解和应对气候相关挑战。第三，进行风险管理。国际金融机构可以协助国家和企业管理气候相关风险。气候变化带来的极端天气事件、自然灾害和资源短缺可能对金融市场和经济体系造成负面影响。这些机构可以协助国家制定风险管理策略，确保金融稳定性。第四，协助相关政策制定。国际金融机构可以提供政策支持，协助国家制定和实施气候友好政策和法规。这些政策可能包括碳定价、可再生能源激励措施和绿色金融政策，有助于推动低碳经济的增长。第五，推动国际合作。国际金融机构可以促进国际合作和协调，可以协助各国共同应对气候挑战，推动国际气候协定的达成和实施。国际金融机构可以成为不同国家之间合作的平台，协助各国达成共识并推动全球气候行动。

在具体外部性修正及气候金融政策上，间接补贴相当重要，这种补贴能在一定程度上弥补外部性。间接补贴是指通过政策措施鼓励特定行为或产业，而不是直接提供财政援助或津贴。在气候变化领域，政府可以采取一系列间接的补贴措施，以推动低碳经济的发展。一是碳定价机制。实施碳市场或碳税制度，增加碳排放行为的成本；鼓励企业采取减排措施，减少温室气体排放。间接补贴在于通过价格机制激励低碳创新。二是可再生能源激励。政府可以通过法规和金融激励措施鼓励可再生能源的发展。例如提供津贴、税收减免或更优惠的融资条件。这些政策间接支持了清洁能源行业的发展。三是绿色金融政策。政府可以制定金融政策，鼓励银行和金融机构支持可持续和低碳项目。这包括提供有利的融资条件或鼓励可持续投资的政策。这些政策可以间接地降低低碳项目的融资成本。

本报告尝试分析主要国际金融机构在气候变化层面的行动，梳理其主要的政策措施，并分析可能的效果，力图分析其是否已经发挥了主要的示范和促进作用，哪些措施具有积极的意义，在此基础上，参照未来气候金融的发展目标，提出后续的政策改进措施。

二　世界银行：应对气候变化行动与气候金融措施

世界银行作为重要的国际金融组织，一直在力图推动减缓和适应气候变化的措施，积极推进气候金融的发展，本小节总结了世界银行的主要行动，由此探究气候金融的主要措施，并分析可能的效应。

（一）提供咨询服务及智力支持

1. 推出国家气候与发展报告

世界银行在全球和国家层面通过国家气候与发展报告（Country Climate and Development Reports，CCDRs），阐述气候与发展之间的相互作用，CCDRs为具体国家的气候行动提供信息、确定优先次序和排序，从而实施

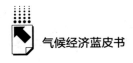

行动计划，其中主要采取：（1）通过开发具有气候因素的国家级宏观模型，将气候纳入宏观经济研究、预测的关键因素进行考量，以评估气候冲击和气候政策对宏观经济表现和财政可持续性的影响；（2）制定财政上可持续的气候战略，实行有针对性的、政治上可行的环境税收改革，利用税收最大限度地实现发展的共同效益；（3）将环境税改革与适应气候变化方面的公共投资以及政府财政空间相联系。

2. 协助对象国建立碳定价及碳交易机制

碳交易作为经济手段之一，相对于行政手段更具有效率及可持续性，合理的碳定价可以发出强烈的价格信号，激励商业实体和公民减少排放，激励私营部门共同投资关键的系统转型，减少所需的额外公共投资。世界银行结合对象国宏观财政、部门设置、技术水平等具体实际，开发新的碳定价评估工具，并引导其将碳定价纳入长期气候战略、将碳定价与部门减缓工具相结合。世界银行还支持全球和各国联合分析环境税和传统税、燃料补贴改革以及将碳定价纳入现有商品税收体系。国际金融公司正在帮助动员私营部门采用内部碳价格，并在各国倡导适合企业的碳定价政策。此外，世界银行正在支持制定互利政策和实施碳定价的倡议，包括能源补贴改革基金、财政部部长气候行动联盟、税收合作平台和碳定价领导联盟。

3. 为具体政策项目实施提供智力支持

世界银行将对进行绿色低碳转型的项目及政策提供技术、数据及实施框架的支持，具体包括依赖化石燃料的国家面临着全球经济从碳密集能源向低碳能源转型过程中可能产生的金融、财政、社会和宏观结构风险。世界银行将提供长期战略的支持，协助对象国厘清发展优先事项，同时确保对象国从气候问题的应对和可持续发展问题的解决方案中获益。为刺激增长，降低转型过程中可能发生的风险，世界银行协助对象国开展多种应对措施和解决方案，包括碳捕获、碳封存、发展循环经济等。

4. 生物多样性支持计划

世界银行还将支持各国实施或更新国家生物多样性战略和行动计划（National Biodiversity Strategies and Action Plans，NBSAPs），以及涉及陆地和海洋生物多样性的计划。具体包括建立相关机制以解决生物多样性减少、保护与恢复生态系统等，以提高对气候变化的适应力和降低气候变化所带来的负面冲击，并尝试开发新的商业模式，以扩大生物多样性项目融资。多边投资担保机构正在将生态系统服务价值评估纳入其气候风险筛选框架，这一办法将使多边投资担保机构能够向客户展示保护自然资本所产生的成本和收益，从而缓解相关市场的信息不对称问题。

（二）直接提供金融服务

1. 增加资金投入

世界银行在筹集资金方面发挥着关键作用，图1展示了2015～2022年世界银行气候融资比例，气候融资主要分为适应性融资与缓解性融资。世界银行承诺在2021年至2025年的五年内实现气候融资占整个世界银行融资份额的35%。[①] 世界银行还将加快调动公共和私营部门的气候资金，帮助各国增加获得国际金融机构优惠的气候融资方面资金。国际开发协会和国际复兴开发银行至少投入50%的气候融资用于适应气候变化，国际金融公司和多边投资担保机构也将致力于扩大私营部门气候融资的规模。国际复兴开发银行、国际开发协会和国际金融公司采用在资本市场发行AAA级债券的财务模式，通过利用私人资本市场来获取稀缺的资本金。

2. 协助各国建立应对气候冲击的财政和金融体制

世界银行将通过协助拟定国内公共财政、碳税以及补贴等激励政策，帮助对象国增加气候行动资源，建立财政缓冲机制以应对气候冲击。具体而言，世界银行将支持各国化石燃料补贴改革、改善税收管理体制、帮助各国制定预算编制方法，并优先考虑应对气候变化的投资，为各国提供技术援助；还将帮助各国建立国内碳市场体系，并向未符合市场要求的合格减排项目提供技术援助。

---

① World Bank Group, "World Bank Group Climate Change Action Plan 2021-2025: Supporting Green, Resilient, and Inclusive Development", 2021-06-22, https://openknowledge.worldbank.org/entities/publication/ee8a5cd7-ed72-542d-918b-d72e07f96c79/full.

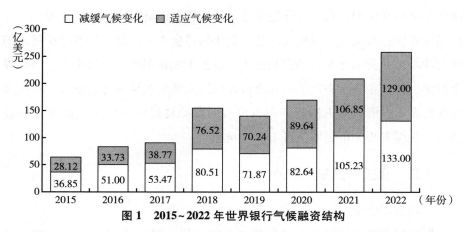

图1　2015～2022年世界银行气候融资结构

资料来源：World Bank Group，"World Bank Group Climate Change Action Plan 2021-2025：Supporting Green, Resilient, and Inclusive Development"，2021-06-22，https：//openknowledge. worldbank. org/entities/publication/ee8a5cd7-ed72-542d-918b-d72e07f96c79/full。

3. 促进私人资本参与

具体内容如下。（1）促进上游能源部门向私人资本开放，在发展中国家创造新的、可持续的绿色市场，鼓励私人投资。世界银行在开放部门方面发挥了关键作用，与政府合作制定改革议程，就公私伙伴关系结构向政府提供咨询，然后直接投资或降低风险，这些部门随后能够在世界银行奠定的基础上吸引资本。（2）增加获得私人资本和绿色融资的机会。世界银行将通过担保降低私营部门投资风险，以及通过商业融资的方式支持发展中国家的气候行动，从而增加获得私人资本的机会。此外，世界银行正在规划气候主体担保渠道，以支持风险分担机制和创新融资结构。例如，国际金融公司的托管共同贷款组合计划是一个迄今已筹集100亿美元的贷款平台，它创建了新兴市场私营部门贷款的多元化组合，使投资者能够增加风险敞口或首次进入这一资产类别。国际金融公司正在寻找潜在的机会扩大这一创新计划，让可持续发展驱动的借款人获得关键的资本池，并帮助增加以影响为重点的私人投资额。（3）建设气候资本市场。世界银行将大力协助各国发展绿色债券、绿色贷款以及其他创新融资工具，包括与可持续发展相关的贷款和绿色抵押贷款，并协助制定绿色分类、绿色债券标准、信息披露法规等。世界银行还将支持公共机构投资者把气候和更广泛的环境、社会和治理（ESG）考虑因素纳入其投资战略，并通过制定符合国际标准的债券市场指导方针和政策，支持新兴市场绿色、蓝色和其他气候相关债券市场的发展。（4）世界银行将与其发展伙伴合作，并通过资本市场为各国应对气候变化提高适应能力和恢复能力吸引私人资本。世界银行将与公私基础设施咨询基金（Public Private Infrastructure Advisory Facility，PPIAF）等信托基金合作，为环境技术咨询提供专项支持，以及为私人资本参与项目提供气候风险分析。世界银行还将与质量基础设施投资伙伴关系（Quality Infrastructure Investment Partnership，QIIP）合作，帮助各国起草或更新适应战略，制定政策措施，分析可投资倡议。此外，世界银行将利用资本市场支持因气候等相关灾害而遭受损失的国家，通过世界银行财政部的风险资本票据计划发行灾难挂钩债券，当地震或热带气旋符合债券条款规定的预定标准时，即可支付。（5）为生物多样性进行融资活动。世界银行将政府和私营部门聚集在一起为减少全球生物多样性丧失的投资项目提供资金，帮助弥补融资缺口。世界银行的一份报告强调了为生物多样性调动私人资金的两种方法。首先，评估了"绿色融资"的机会，即为有助于生物多样性和生态系统服务的可持续利用的项目来确定融资。其次，着眼于"绿色金融"，将资金流从那些可能对生物多样性和生态系统产生负面影响的项目中转移出去。

4. 提供优惠融资服务

优惠融资对于降低风险、发挥杠杆作用以及为气候行动筹集额外资金来实现全球的气候目标至关重要。优惠融资有助于利用私人资本在新兴市场开发和推广新的气候智能技术和商业模式，并在促进私人资本进入发展中国家方面发挥额外的基础作用。同时优惠融资也是一种降低风险的工具，可以弥补商业市场的缺口。国际开发协会由其自身强大的杠杆作用以及平台规模成为气候减让性融资的独特和极具影响力的工具。据世界银行报告，首先将利用国际开发协会第19、第20轮增资所得资金为各国提供气候优惠融资支持。国际金融公司和多边投资担保机构还将利用优惠融资来帮助抵销创新技术引入新兴市场的高昂成本，并激励全球更快地脱碳。

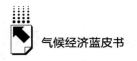
（三）制定标准以落实《巴黎协定》目标

世界银行将根据《巴黎协定》目标调整融资流向使其与之保持一致，即以符合低碳发展、提高气候适应性、符合《巴黎协定》目标、符合成员国 NDCs、LTSs 或其他国家气候承诺的方式向对象国提供支持。由于《巴黎协定》认识到各国的情况不同，并赋予各国道路的选择权，因此世界银行对各国的支持同样尊重气候与发展协调的实际需求和具体情况，世界银行致力于缩小与《巴黎协定》各方面在标准上的差距。

世界银行将从 2023 年 7 月 1 日起按照新的准则开展业务，对于国际金融机构和多边投资担保机构，85% 的部门业务将从 2023 年 7 月 1 日开始调整，其余业务将从 2025 年 7 月 1 日开始调整。[①] 世界银行正在制定严格的方法来评估一致性，并测试与其他多边开发银行共同制定的投资贷款项目方法，为其他融资工具制定新的方法，包括基于政策的贷款和对金融机构和基金的投资。未来将在整个世界银行中推广一致性标准，包括部门层面的指导和培训，并确保与新的国别气候与发展报告（CCDR）和现有的气候承诺保持一致。

三 国际货币基金组织：气候行动与气候金融方案

国际货币基金组织（International Monetary Fund，IMF）本身并不直接从事投资等金融服务，但也在力图推进应对气候变化的措施，在一定层面也在积极推进气候金融的发展。

（一）强化智力支持，提供技术引导

1. 制定国际碳价格下限文件

IMF 通过国际碳价格下限（International Carbon Price Floor，ICPF）来加

---

① World Bank Group, "World Bank Group Climate Change Action Plan 2021 - 2025: Supporting Green, Resilient, and Inclusive Development", 2021 - 06 - 22, https://openknowledge.worldbank.org/entities/publication/ee8a5cd7 - ed72 - 542d - 918b - d72e07f96c79/full.

强《巴黎协定》，通过实质性的政策行动来启动减排，同时规避新出现的边境碳调整压力。根据《巴黎协定》，各国越来越多地承诺在21世纪中叶实现碳排放碳中和目标。截至2023年，59个国家和地区承诺到21世纪中叶实现净零排放，占全球排放量的54%，其中包括加拿大、欧盟、日本、韩国、英国、美国（全部为2050年）和中国（2060年）。ICPF为促进未来十年所需的全球行动提供了现实的前景，其成功符合参与者的个人和集体利益。ICPF有两个关键组成部分：（1）在少数关键的大排放国之间进行谈判；（2）谈判将侧重于每个国家必须为其二氧化碳排放量设定的最低碳价格，或者是区域碳价格下限。

2. 完善与监督各经济体碳定价机制

国际货币基金组织正在加强碳定价方面的工作，并帮助各国政府制定路线图，帮助他们从依赖碳的褐色经济走向努力实现零碳的绿色经济。国际货币基金组织的最新分析发现，排放大国需要在2030年将碳税迅速提高到每吨75美元，以符合将全球温升控制在2℃或更低水平的要求。但碳税必须以谨慎和有利于增长的方式实施。在支出方面，碳税可用于支持低收入家庭，支持选择绿色发展道路的企业和家庭。

3. 气候稳定性压力测试

气候变化压力测试可以让金融公司及其监管机构更好地了解其风险敞口的规模和相关物理风险。2013～2023年，在IMF基金组织自己的金融部门评估计划中，有1/5考虑了与气候灾害相关的物理风险。IMF相关人员根据长期气候风险（温度和降水量的逐渐变化）和极端气候条件（例如热浪、寒流、干旱和洪水）来估计部门生产力的历史变化，并为全球多政府部门、企业制定前瞻性的部门生产率变化相关文件，防范气候变化带来的物理风险。

（二）注重持续融资，创新融资工具

1. 完善可持续融资机制

国际货币基金组织、世界银行和经合组织共同发布如何确保金融部门在

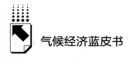

气候活动中发挥作用的报告，旨在帮助政策制定者、监管机构和私营部门确定核心设计和实施要素，为各种方法提供最低限度的可比性基线，从而改进可持续融资的"协调方法"。报告还为政策制定者提供了技术指导，帮助他们识别气候融资需求并确定其优先次序，包括难以进行碳减排的行业；为投资者提供技术指导，帮助他们对其他环境和社会目标进行尽职调查，包括供应链中的气候一致性。此外，由于许多非金融企业和金融企业已开始制定计划，以展示他们将如何实现与气候相关的目标，报告还介绍了相关工具，以提高能源转型规划的可信度、问责度和采纳度，这一过程包括需要大幅去碳化或逐步淘汰的碳密集型活动和项目。

2. 创新融资工具，促进私人投资

IMF 推出的韧性和可持续性基金（Resilience and Sustainability Facility，RSF）是为帮助想要降低未来国际收支风险的国家提供改革所必备的长期融资，其中包括与气候变化有关的风险。IMF 建立该项基金的目的在于提供长期融资，来加强经济韧性和可持续性，其核心关键在于：第一，支持政策改革，减少与气候变化相关的宏观关键风险；第二，扩大政策空间和金融缓冲，以减小此类长期结构性挑战带来的风险。该项基金可以将各国政府、多边开发银行和私营部门联合起来，促进气候金融方面的融资。尽管相对于全球气候投资需求而言，该工具提供的 400 亿美元的总规模较小，但其支持的改革发展有助于吸引更多私人气候融资。

（三）改革补贴政策，加强金融监管

补贴的目的是通过压低价格来保护消费者，但其代价也是巨大的。补贴会带来巨大的财政后果（导致税收/借贷增加或支出减少），导致经济资源配置效率低下（阻碍增长），助长污染（导致气候变化和当地空气污染，从而造成的过早死亡），而且不能很好地针对贫困人群（主要惠及高收入家庭）。取消补贴并将收入用于更有针对性的社会支出、减少低效税收和生产性投资，可以促进可持续和达到公平的结果。取消化石燃料补贴还可减少与化石燃料供应不稳定有关的能源安全问题。目前，一些国家已经成功地取消了显性补贴或逐步采用税收和其他定价措施来支付外部成本，其中包括制订欧盟排放交易计划，该计划迫使发电厂和工业源为碳排放付费，2022年的价格略高于与气候变暖目标一致的碳价格；截至2023年，印度、摩洛哥、沙特阿拉伯和乌克兰已逐步取消显性补贴，在某些情况下还引入了税收，还有许多国家对道路交通使用征税（全球超过160个国家）。

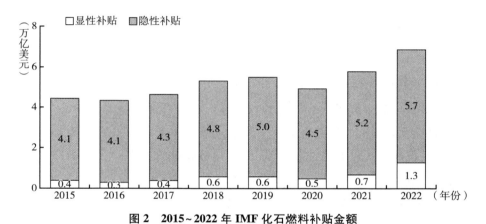

图2　2015~2022年IMF化石燃料补贴金额

资料来源：国际货币基金组织官网，https://www.imf.org/en/Blogs/Articles/2023/08/24/fossil-fuel-subsidies-surged-to-record-7-trillion。

IMF建议从以下几点进行化石燃料补贴改革：（1）实施能源行业全面改革计划，确立明确的长期目标，并及时对改革的效果进行分析；（2）积极与利益相关者进行透明、广泛的沟通和协商，包括补贴规模及其对政府预算影响的信息等；（3）分阶段提高价格；（4）提高国有企业的效率，减少对生产者的补贴；（5）尽可能以现金转移支付来保护低收入人口；（6）加快能源定价市场化体制改革。同时IMF为加快各个经济体向低碳经济过渡，积极推动金融部门完善监管体制，将监管范围涵盖气候风险和"棕色"资产敞口，并采取措施帮助各国实现经济多元化，降低碳密集型产业比重，降低受冲击部门的负面影响。

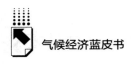
四 亚洲开发银行：气候行动与气候金融进展

亚洲开发银行作为亚洲重要的国际性金融机构，在气候变化层面也做了相当多的工作，促进了气候金融的发展，特别地，在中国也做了一些气候金融项目，因而本报告也试着做一定的梳理和总结。

（一）资金投入规模

2015年，亚洲开发银行承诺到2020年实现自有资金融资翻一番，达到每年60亿美元。在联合国气候变化大会召开之前，亚洲开发银行首次在全球多边开发银行中提出这一气候融资目标，2019年就实现自有资金气候融资70亿美元，提前一年实现了这一目标。但2020年以来，受新冠肺炎疫情影响，气候融资规模有所起伏。从2022年数据来看，实现气候融资71.10亿美元，其中适应性融资达到28.31亿美元，减缓性融资达到42.79亿美元，总量呈现逐步恢复增长的态势（见图3）。

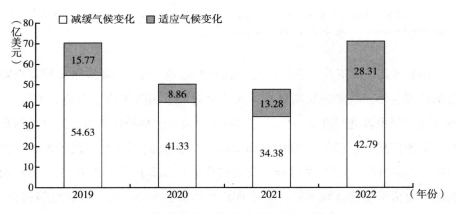

图3 2019~2022年亚洲开发银行气候融资结构

资料来源："Climate Change Financing at ADB"，https：//data. adb. org/dataset/climate-change-financing-adb。

从结构上来看，减缓性融资主要集中于交通运输、能源、金融行业，这三个行业融资占比达到 86%（见图 4）。与此对应，适应性融资的产业分布较为均衡，农业、交通运输、水利和其他城市基础设施、金融等均有一定比例（见图 5）。

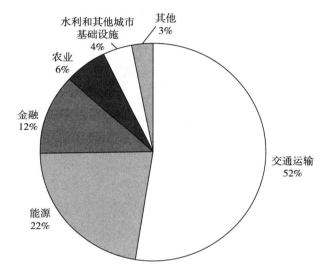

图 4　2022 年亚洲开发银行减缓性融资结构

资料来源："Climate Change Financing at ADB"，https：//data. adb. org/dataset/climate-change-financing-adb。

（二）广西促进区域合作与一体化投资项目

广西促进区域合作与一体化投资项目是亚洲开发银行提供给中国的多批次融资贷款项目，目的是推动中国应对气候变化，实现环境可持续增长，与此同时促进区域一体化进程。广西促进区域合作与一体化投资项目能有效降低所投资项目面临的气候风险，提高项目所在区域的适应气候变化的能力，该项目是亚洲开发银行气候投融资措施的典型项目之一。

项目背景。广西促进区域合作与一体化投资项目是位于桂南与越南边境地区的一项多阶段融资机制，项目区域覆盖钦州、防城港、崇左、百色四个

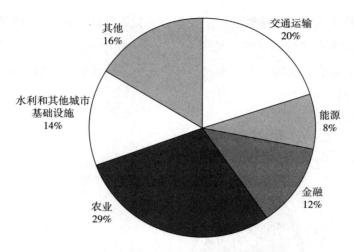

图 5　2022 年亚洲开发银行适应性融资结构

资料来源："Climate Change Financing at ADB"，https://data.
adb.org/dataset/climate-change-financing-adb。

地级市。总投资计划为 11.8 亿美元，其中 4.5 亿美元将由亚洲开发银行分三期提供融资，将主要用于工人和中小企业培训中心建设、跨境劳务合作示范区开发、边贸服务中心扩建等基础设施建设。由于该项目区域位于北回归线以南，气候受到南亚季风的强烈影响，其气候显著特点是夏季炎热，冬季温暖，雨量充沛；以山地丘陵为主要地貌，滑坡、泥石流、洪涝灾害频发。可能影响项目设计、施工和运营的主要气候因素包括温度、降水量，内陆地区最主要的影响在于强降水所带来的洪涝、滑坡、泥石流。而在沿海地区，由台风造成的强降水、河流的回水效应是最主要的气象灾害，可引发城市内涝、海堤等基础设施受损。此外，夏季热浪有可能危害当地居民健康。总体来看，该项目所面临的主要气候风险包括气温升高、降水频率和强度增加、洪水风险增加、土壤侵蚀与滑坡风险增加。因此，在考虑项目所面临的气候风险的情况下，需要对未来气温变化、降水量及时间分布进行预测，从而在项目建设过程中采取相应的措施以提高气候风险的适应能力。

　　亚洲开发银行的项目分析过程主要有以下三个步骤。第一步，构建未来气候变化情境。未来气候变化存在较大的不确定性，因此需要充分考虑不确定性的程度、长期前景和可能的结果范围。第一个不确定性是未来大气中温室气体浓度，温室气体浓度根据未来世界经济发展的方式而变化，由化石燃料驱动的全球经济将导致更高的温室气体浓度，而不是可持续、更低碳的增长模式。为了反映这种不确定性，使用不同温室气体浓度来评估辐射强度。第二个不确定性是由于对气候系统对辐射强度的反应的科学认知存在局限性，因此，对气候辐射变化所带来的气温、降水量变化预测仍有较大差异，采取范围评估是更合理的方式。

第二步，评估气候变化对项目的影响。在各项目中，防城港中越工人和中小企业培训中心位于海拔 150 米左右的丘陵地带，附近均无河流且距离海岸线也较远，因而面临洪涝、海水倒灌、海平面上升的风险较低。但由于位于丘陵地带，当地地质条件呈现石漠化特征，斜坡分布较多，因而面临一定的滑坡、泥石流的风险。萍乡边境经济区跨境劳务合作示范园和扩建萍乡边境贸易服务中心除了同样面临较大的地质灾害风险外，由于地形因素面临洪涝灾害的风险亦较大。同时，由于气候变化，预计热浪危害也将显著增加，热浪通常被定义为连续几天的温度超过给定的阈值，从而可能给人类健康带来直接危害。有研究显示，中国 753 个气象观测点所在区域的死亡率与夏季最高气温有显著关系。从历史数据观测来看，钦州在 1952~2015 年发生过一次，但根据中期气候变化情景预测，到 2050 年，钦州市热浪发生的可能性将增加 7 倍，距离海岸线更远的城市热浪次数可能增加 20 倍。①

第三步，设计应对措施。足够的排水能力是防止城市内涝的重要保障，对于防城港中越工人和中小企业培训中心项目，鉴于所在地海拔变化大、易受水土流失、石漠化影响，排水系统设计应充分考虑气候变化对降水量的影响，建议排水系统处理能力在现行国家标准基础上增加 8%。对于萍乡的两个子项目，建议排水系统设计应高于国家标准 10%。

暴雨引起的径流量急剧上升是造成土壤侵蚀的主要原因，如果强风暴事件的频率增加，滑坡等地质灾害的风险也将增加。对于防城港中越工人和中

---

① "Guangxi Regional Cooperation and Integration Promotion Investment Program".

小企业培训中心项目，考虑到其处于丘陵地带，存在大量斜坡，为降低滑坡风险，建议采取将斜坡坡度削缓、设置挡土墙、增加植被等措施来应对。

热浪对于三个项目具有同样的影响，根据历史观测来看虽属罕见事件，但考虑到未来气温上升的趋势，热浪可能会更加频繁和持久，进而给当地居民和实体的生产、生活带来威胁。空调系统的建设是抵御热浪风险最有效的工程措施，根据可行性研究报告，三个项目均未设计中央空调系统，只有防城港项目的员工生活空间配置了独立空调系统。虽然当前气候条件下可能不需要中央空调系统，但考虑未来的气候变化情况，应在建筑设计当中提供足够的空调设施安装空间，同时建筑应注重自然通风设计，建筑外部使用采用特定材料以减少对阳光辐射的吸收。

良好的植被覆盖已被证明能够有效防止土壤侵蚀和滑坡灾害。2000年以来，广西水土流失严重，2000~2011年，土壤侵蚀面积由10690平方公里增加到50536平方公里，主要原因便在于人为因素所导致的植被覆盖率下降。因此，在严格进行植被保护的同时，应适度进行生态恢复，同时在城市景观设计中增加城市绿色空间，以实现涵养水土的目的，从而降低可能的地质灾害风险。此外，还有研究表明，绿色空间对于减少热量、降低城市气温具有显著的效果，因而增加植被覆盖也有利于降低未来可能的热浪风险。

项目的主要效果。未来气候变化将对该项目产生重要影响。首先是气温持续上升，预计到2050年和2100年，年平均气温分别上升约1.2℃和2.3℃，热浪所产生的危害将有所提升；其次是降水量增加，预计内陆地区到2050年和2100年降水量分别提升3.8%和7.4%，沿海地区降水量将分别增加将近6%和12%。由此产生的危害包括地表洪水和滑坡泥石流风险加剧，并预计北部湾地区平均海平面将在2050年和2100年分别上升25cm和64cm。

为了减轻气候变化的影响，对具体项目分别采取提高排水系统的处理能力，按现行标准提高8%；对于可能缺乏稳定的斜坡地带，建议采取挡土墙等工程措施和景观种植等软性措施，最大限度地降低滑坡风险；对于可能产生的热浪风险，建议通过提供足够的电力供应和空调设施准备空间，使建筑做好应对热浪的准备。实践证明包括植树等"软"适应方案有多重作用，不仅能够固土、提高土壤涵水能力，还能创造绿色空间、吸收温室气体，从而降低因气温升高带来的相关风险。

（三）亚洲开发银行应对气候变化的未来展望

第一，支持发展中国家采取气候行动计划和政策框架。许多发展中国家已经在设计或实施政策框架，根据其发展需求和国际气候承诺，亚洲开发银行鼓励转向低温室气体排放和气候适应型发展。从国家到地方各级部门战略规划应支持实现总体气候和发展目标，公共预算和财政政策应认真将气候变化和灾害风险管理与其他发展问题结合起来。私营部门将为气候变化投资提供很大一部分资金，在某些情况下，可能需要改变政策框架，以激励此类投资或消除障碍。

第二，促进获得公共和私人、国内和国际融资。扩大亚洲开发银行自身的气候融资规模。2021 年亚洲开发银行宣布，已将 2019~2030 年对发展中国家的累计气候融资目标从 800 亿美元上调至 1000 亿美元。根据最新的数据，2022 年亚洲开发银行气候融资已经超过 70 亿美元，并呈受疫情影响后的恢复态势。截至 2022 年末，根据亚洲开发银行公开数据统计，亚洲开发银行已经累计实现对发展中国家融资 250 亿美元左右，未来 8 年，仍有 750亿美元的融资空间有待释放。亚洲开发银行还将增加与私营部门在气候投资方面的上游参与，通过公私伙伴关系（Public-private Partnerships，PPP）调动资本。亚洲开发银行将尽可能以联合融资或平行融资的形式筹集额外资金，包括来自私营部门的资金。亚洲开发银行还将评估如何调整融资机制，以更好地为太平洋发展中小成员国（DMCs）中最贫穷和最脆弱的人口服务，包括使用赠款和优惠资金来建设气候抗灾能力，满足适应需求。

第三，促进气候友好技术的应用。气候友好技术是应对气候变化的关键。国家发展承诺中概述的气候行动在很大程度上取决于所需技术的获取。发展中国家需要在清洁能源、可持续城市和气候智能型农业实践等领域进行投资，以实现其气候目标。根据国际能源署（International Energy Agency）的估计，到 2035 年，仅在中国、印度、日本和东南亚，要实现《巴黎协定》设定的

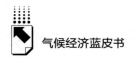

2℃的目标，就需要在能源领域累计投资 7.7 万亿美元的清洁技术。

为此，亚洲开发银行将帮助发展中国家获得所需的技术，以实现低温室气体排放和气候适应性发展。这一援助将包括使用亚洲开发银行采购系统，使发展中国家获得最先进的气候技术，并协助发展中国家获得优惠资金，以解决实施更好技术的费用。除气候技术本身所能发挥的作用外，对气候技术的投资还具有重要的示范作用，通过降低后续项目的风险和成本来支持技术传播。亚洲开发银行还将积极推广先进的清洁技术，促进发展中国家在高科技领域的投资。特别是在与气候变化有关的业务领域，亚洲开发银行将与合作伙伴展开合作，对借款国和私营部门的合作伙伴实施更有效的激励措施，更大程度地促进其可持续发展。

第四，提供能力和信息支持。发展中国家需要获得支持，以获取相关技术和信息，从而能够制定支持其气候和发展目标的政策。亚洲开发银行还必须协助各发展中国家加强其执行和管理政策与项目的能力，提高对气候相关知识和信息的获取能力。发展中国家的决策者往往缺乏与环境相关的气候问题可采取行动的信息，包括关于气候影响的基本信息，以及相关的应对战略、政策、技术和资金等。为保证发展中国家制定有效的应对气候变化的政策，亚洲开发银行必须继续与该地区的机构建立伙伴关系，帮助其成员获得所需的数据和信息。

第五，加强伙伴关系和网络建设。全球应对气候变化行动的成功，将取决于各国之间更强有力的伙伴关系和网络以及城市之间的合作，还包括私营企业、国有企业、跨国公司、公民社会和学术界等的联合行动。为此，首先，亚洲开发银行将支持全球和亚洲低排放发展战略伙伴关系与亚太适应网络等网络的建立；其次，推动气候问题对话，亚行每年举办一次的亚洲清洁能源论坛和每两年举办一次的交通运输论坛，汇聚了亚洲清洁能源委员会各国政府、投资者、金融机构、技术供应商、发展伙伴和其他利益相关方的代表，就各领域的突出问题进行讨论和合作；再次，支持国际气候政策进程，亚洲开发银行将继续参与并支持与气候行动相关的区域和全球进程，包括《联合国气候变化框架公约》缔约方会议（COP）和筹备会议、世界经济论坛以及东南亚国家联盟（东盟）和亚太经济合作组织（APEC）会议等；最后，加强多边开发银行之间的合作与协调，多边开发银行是发展领域的关键行动者，它们与其他国际金融机构在气候行动方面有着长期的伙伴关系。

第六，完善政策框架与气候项目评估。亚洲开发银行将推动气候、灾害风险管理和环境行动纳入太平洋发展中小成员国（DMC）发展规划的主流；支持将两性平等纳入主流，并支持政策改革和统一；完善各级机构能力；协助 DMC 在应对气候、灾害风险管理和环境问题和挑战方面做出积极的政策选择。同时，亚洲开发银行积极推进气候融资项目成果评估机制：首先，通过系统稳健的气候诊断报告为国家战略和计划提供支持，在公共和私营部门的行动中明确规定参与路径和预期成果；其次，尤其注重能够带来具有成本效益的气候成果的投资，而不仅限于能够增加气候融资的项目；最后，将气候融资评估的视角扩展到整个项目周期，采用可靠指标，跟踪投资过程中气候融资与提高气候适应或气候改善的效果之间的因果联系，从而可以识别、传播和推广行之有效的措施，同时把相关经验与教训纳入未来投资设计中。

五　应对气候变化：国际金融机构存在的挑战

（一）商业银行协作空间尚待提升

由于商业银行在金融领域至关重要的作用，因此商业银行对于气候金融的态度对气候金融的发展有重要的影响。在应对气候变化和推动可持续发展方面，商业银行通过制定标准和指引，鼓励金融机构在其融资和投资活动中纳入环境和社会因素，并提供支持和资金以促进绿色和可持续的项目。商业银行重视气候金融责任并积极践行可持续金融的原则。它们通过在投资和贷款决策中考虑环境、社会和治理因素，对绿色项目提供优惠融资条件，以及制定具体的环保和可持续金融政策，发挥了示范和引领作用。许多商业银行

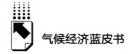

已经成立了专门的可持续金融团队或部门，致力于推动绿色融资和社会责任投资。它们加强与多边开发银行的合作，共同制定共识和标准，分享最佳实践，加强对可持续项目的融资和支持。此外，商业银行还积极参与多边开发银行的气候债券市场，促进绿色债券和可持续债券的发展。它们为投资者提供了低碳资产组合和具有可持续性的投资选择，同时助力全球可持续金融的发展。

但尽管商业银行在配合多边开发银行的气候金融措施方面取得了一定进展，但仍然存在改进的空间。商业银行可以进一步加强对气候风险的评估和管理，并加大对可持续项目的融资力度。此外，监管机构和政府应加强监管框架建设，提供更多政策支持，以激励和推动商业银行在气候金融领域发挥更大的作用。

（二）欠发达区域气候资金存担忧

从历史数据来看，国际金融机构对气候融资的承诺资金规模呈现逐步增长的趋势，2011~2021年气候融资承诺额度实现翻番（见图6），各金融机构制定的气候融资目标基本都超额完成，从各金融机构未来资金投入规划来看，未来国际金融自身资金投入的持续性具有一定保障。从资金使用的效果来看，各金融机构所进行的气候融资均在一定程度上实现了减少碳排放、提升气候变化适应能力、促进能源转型等成效，为未来进一步增加气候融资提供了依据。

对于国际金融机构为应对气候变化所进行的资金投入的持续性的担忧主要在于，国际金融机构所能进行投资的资金有限，增加气候融资意味着传统项目融资可能因此减少，而传统项目投资大多以解决发展问题为直接出发点，而气候融资往往不以发展为直接目的。将原本用于发展的资金进行气候适应性投资或减缓性投资，可能会以项目投资所在地未来的发展为"机会成本"，因此而丧失未来发展的机会，项目投资地未来所能进行的气候融资可能因此而减少，国际金融机构的融资可能从"造血性"融资变成"输血式"融资而缺乏可持续性，但这种担忧主要集中在欠发达国家和地区。

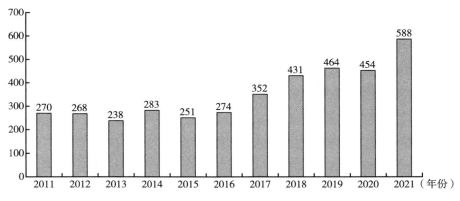

图 6　2011~2021 年国际金融机构气候融资承诺额度

资料来源：World Bank，https：//www. worldbank. org/en/news/press－release/2022/07/14/world－bank－group－responds－to－overlapping－crises－with－nearly－115－billion－in－financing－in－fiscal－year－2022。

六　气候金融改进：国际金融组织的措施与方案

（一）激发私人部门和公众的积极参与

根据世界银行数据，2013~2023 年，私营部门在气候投资方面增长稳定，2020 年达到约 3300 亿美元的规模，大致与公共资金规模持平。然而，发达国家为发展中国家调动的私营部门资金规模自 2018 年起连续下降。目前，现有的私营部门资金规模远远不足以实现《巴黎协定》的目标，因此需要采取综合措施来调动更大规模的资金支持气候行动，私人资本是当前全球和新兴市场经济体气候投资需求融资的关键。

一些当前被广泛讨论的主要措施包括：建立有吸引力的投资环境和政策，降低清洁能源投资的资金成本。通过采用碳定价等政策工具，将化石燃料使用过程中的社会成本内部化，引导私人投资流向减少碳排放的项目。逐步减少和终止对化石能源的补贴，降低化石能源的利润水平，向市场释放明确的政策信号。政府应发挥更重要的作用，承担更多低碳投资的前期风险。

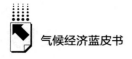

这些是吸引更多私营部门融资的方式。

当前气候行动的风险在很大程度上阻碍了私人部门的投资积极性。世界银行将通过担保吸引私营部门投资、降低私营部门投资的风险，努力增加气候投资，通过减小与气候投资相关的实际感知风险来扩大获得私人资本的机会，支持发展中国家的气候行动。世界银行还将通过技术援助和有针对性的风险缓解，支持对象国接触 ESG 投资者，并为新兴市场的关键气候转型建立本币金融生态系统。目前，银行缺乏可担保的项目渠道阻碍了私人部门行动的积极性，接下来世界银行将支持全球基础设施基金建设。

多边开发银行等国际金融机构在促进融资积极性方面发挥关键作用，通过建立混合融资结构来降低投资风险，改善新兴经济体低碳转型的风险收益状况。创新工具和股权融资，通过公私伙伴关系加强风险分担，并最大限度地扩大有限的公共资金的影响。国际金融公司还将积极与金融机构接触，扩大获得绿色金融的机会。国际金融公司将加大对金融中介机构绿色股权投资的支持力度，旨在提高气候贷款数与透明度。

（二）提高示范效果

相关数据统计显示，2020 年，全球气候资金为 6130 亿~7530 亿美元，而国际金融机构所进行的资金投入约为 660 亿美元，整体占比为 10%。[①] 国际金融机构为气候融资所能提供的资金相对于整体所需资金规模有限，更多还是需要依赖当地政府部门，尤其是私人部门的投资与重视。因此，国际金融机构对气候变化做出的应对措施中，最重要的是发挥带动作用，提高公众认知和意识、提供技术和信息上的指导，从而提升示范效果，以达到更好地"撬动"当地政府以及私人部门的资源投入。

从另一个角度考虑，气候转型为国际金融公司开发创新结构提供了机会：利用国际金融公司的环境、社会和公司治理（ESG）实践吸引和动员机

---

① 谢璨阳、董文娟、王灿：《从千亿向万亿：全球气候治理中的资金问题》，《气候变化研究进展》2023 年第 19 期。

构投资者的私人资本。比如，国际金融公司宣布的新项目"MCPP One Planet"是全球首个与《巴黎协定》相一致的新兴市场跨部门贷款组合。新项目的合作伙伴共同创建了一个新的全球气候智能投资平台，预计为发展中经济体的私营企业提供高达 30 亿美元的资金。在这一平台下，国际金融公司与投资者分享影响不断增强的报告，帮助投资者有形地展示他们对气候议程和更广泛的发展所做的贡献，增强示范效应。

（三）强化资金投入，注重气候金融效果

就《巴黎协定》所制定的在 2100 年平均气温上升控制在 1.5℃ 以内的目标来看，当前所采取的行动效果仍然不足，因此，还需要在现有努力的基础上进一步采取相关措施增强气候行动的成效。（1）加大资金投入力度：多边开发银行可以增加对气候融资的资金投入，以支持更多的可持续项目。这可以通过扩大融资规模、设立专项融资机制或与其他国际机构合作提供资金来实现。（2）提供技术支持：多边开发银行可以为气候融资项目提供专业的技术咨询和支持。这包括技术评估、项目规划和监测等方面，以确保项目的可行性和可持续性。（3）强化合作伙伴关系：多边开发银行可以与其他国际组织、政府、社会企业和私营部门加强合作，共同提升气候融资的成效。这种合作可以通过共享最佳实践、协调政策和资源、共同实施气候融资项目来提高整体效果。（4）建立监督和评估机制：多边开发银行可以建立更加严格的监督和评估机制，确保融资资金的有效使用和项目的可持续性。这包括跟踪项目的环境和社会影响，监测资金流向和结果，及时发现并纠正潜在的风险和问题。

参考文献

王军：《气候变化经济学的文献综述》，《世界经济》2008 年第 8 期。

陈国进、郭珺莹、赵向琴：《气候金融研究进展》，《经济学动态》2021 年第 8 期。

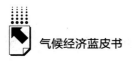

谢璨阳、董文娟、王灿：《从千亿向万亿：全球气候治理中的资金问题》，《气候变化研究进展》2023 年第 19 期。

王信、张蓓、石果平：《支持零碳金融的货币信贷政策——国际实践、挑战与启示》，《清华金融评论》2023 年第 3 期。

付允、马永欢、刘怡君：《低碳经济的发展模式研究》，《中国人口·资源与环境》2008 年第 3 期。

胡鞍钢、周绍杰：《绿色发展：功能界定、机制分析与发展战略》，《中国人口·资源与环境》2014 年第 24 期。

World Bank Group, "World Bank Group Climate Change Action Plan 2021 – 2025: Supporting Green, Resilient, and Inclusive Development", 2021.

Allen, M. R., Ingram, W. J., "Constraints on Future Changes in Climate and the Hydrologic Cycle", *Nature*, 2002, 419.

IPCC, *Managing the Risks of Extreme Events and Disasters to Advance Climate Change Adaptation*, Cambridge University Press, 2012.

IPCC, *Climate Change 2014: Mitigation of Climate Change*, Cambridge University Press, 2014.

Green, D., Vallee, B., "Can Finance Save the World? Measurement and Effects of Bank Coal Exit Policies", Unpublished Report, Harvard Business School, Cambridge, MA. 2023.

Campbell, J., Vuolteenaho, T., "Bad Beta, Good Beta," *American Economic Review*, 2004, (94).

Lepore, C., Roshen F., "Global Economic Impacts of Physical Climate Risks", IMF Working Papers, Washington, D. C.: The International Monetary Fund, 2023.

Cevik, S., João, T. J., "This Changes Everything: Climate Shocks and Sovereign Bonds", *Energy Economics*, 2022, 107 (105856).

Hilscher, J., and Nosbusch, Y., "Determinants of Sovereign Risk: Macroeconomic Fundamentals and the Pricing of Sovereign Debt", *Review of Finance*, 2010, 14 (2).

Andreoni, V., Miola, A., "Climate Change and Supply-chain Vulnerability: Methodologies for Resilience and Impacts Quantification", *International Journal of Emergency Services*, 2015, 4 (1).

Baker, M., et al., "Financing the Response to Climate Change: The Pricing and Ownership of U. S. Green Bonds", *National Bureau of Economic Research*, 2018.

IPCC, "Climate Change 2023 Synthesis Report", 2023.

Basel Committee on Banking Supervision, "Climate-related Risk Drivers and Their Transmission Channels", 2021.

Asian Development Bank, "Tackling Climate Chance, Building Climate and Disaster Resilience, and Enhancing Environmental Sustainability", 2019.

IFC, "International Finance Corporation Annual Report 2022", 2022.

MDBs, et al. , " Multilateral Development Banks: Joint Report Climate Finance 2020", 2021.

Ian W. H. Parry, Simon Black, James Roaf, "Proposal for an International Carbon Price Floor among Large Emitters", International Monetary Fund Staff Climate Notes 2021/001, International Monetary Fund, 2021.

Asian Development Bank, " Guangxi Regional Cooperation and Integration Promotion Investment Program ", 2016.

IMF, "Global Finance Stability Report 2022", 2023.

The World Bank, "Reality Check: Lessons from 25 Policies Advancing A Low – Carbon Future", Washington, D. C. : World Bank, 2023.

World Bank Group, "World Bank Climate Finance 2022", 2023.

Jaumotte, M. F. , Liu, W. , McKibbin, W. J. , "Mitigating Climate Change: Growth-friendly Policies to Achieve Net Zero Emissions by 2050", IMF Working Papers, Washington, D. C. : International Monetary Fund, 2021.

World Bank, "The World Bank Group Action Plan on Climate Change Adaptation and Resilience", 2019.

专题篇 ▷

B.13
气候金融促进可再生能源发展的典型案例

卢日鑫　顾高臣　严东*

摘　要：　在全球零碳转轨的时代背景下，大力发展可再生能源是全球应对气候变化的共同行动。气候金融是我国能源转型的关键金融支撑，是促进"双碳"目标实现的重要金融工具。首先，本报告阐释了气候金融在可再生能源发展中的重要作用，并概览了可再生能源行业中部分典型的投融资数据。其次，以通威股份绿色科创票据、金风科技绿色超短期融资券、中广核风电中期票据以及申金-安瑞绿色定向资产支持商业票据为例，详细阐述了气候金融对新能源企业发展的重要作用。最后，在可再生能源行业，对气候金融未来的发展趋势进行展望，并从信息披露、气候金融模式和工具创新、政策协同等方面提出相应的政策建议。

关键词：　可再生能源　气候金融　气候风险

---

* 卢日鑫，东方证券研究所环保新能源行业首席分析师，申能东方能源研究院执行院长，研究方向为能源生产到能源消费的全产业链环节；顾高臣，东方证券股份有限公司资深证券分析师，研究方向为锂电、风光储氢；严东，东方证券股份有限公司资深证券分析师，研究方向为电力设备、低碳转型。

发展可再生能源是促进区域零碳转轨的重要途径，是全球应对气候变化的战略方向和共同行动。《"十四五"可再生能源发展规划》指出，到2025年非化石能源消费占比要达到20%左右，"十四五"期间可再生能源发电增量要占到全国总发电增加的50%。可见，促进可再生能源发展是我国能源转型的重要目标，而气候金融是助力目标达成的关键金融支撑。可再生能源发展带来巨大的资金需求，能源体系低碳化转型、系统多元化、产业智能化等变革都需要庞大的资金支持。气候金融是供给我国能源系统绿色化、低碳化转型的重要力量，是构建"清洁低碳、安全高效"的现代能源体系，如期实现我国碳达峰碳中和目标的重要支撑，同时也是促进中国经济高质量发展的内在要求。

一　可再生能源与气候金融

（一）气候金融在可再生能源发展中的重要作用

可再生能源是一种在不排放污染物的同时也可以有效地减少温室气体排放的天然绿色能源，合理使用可再生能源能够给全球气候带来多维度的正向积极的影响。我国明确提出2030年前碳达峰、努力争取2060年前实现碳中和，对可再生能源发展提出了明确的要求和任务。我国可再生能源的大规模发展有力促进了以风电、光伏为代表的新能源技术的快速进步，成本快速下降，使全球可再生能源，特别是风电、光伏发电加快成为新增主力能源成为现实。可再生能源行业的发展需要较大体量的资本投入，发展气候金融将气候外部性内部化，能够强化金融机构对气候风险的认知，增加气候友好型项目的投资以及增加减缓气候变化的投资。在可再生能源行业发展过程中，迫切需要气候金融的参与。

气候金融是提高全国光伏发电量的有力工具。光伏产业的发展前期需要一定规模的资金投入，国家和社会资本的投入对产业的发展至关重要。国家公共资金的投资或补贴有限，银行、证券以及公众私人资本的投资都有助于

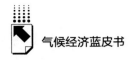

光伏产业更好地开展光伏产品的研发、硅片产品的生产和制造等。硅片是光伏发电原材料的重要产品（见图1），发挥着关键作用，其产能周期相对较长。生产线自动化、数字化、智能化水平对其产量和生产周期有重要影响。利用信贷或其他投融资工具有助于硅片生产获得所需的资金支持，完成硅片既定产量，有利于保障光伏产业原材料供应充裕。使用气候金融工具充分调动私人资本参与光伏发电产业链，对于光伏产业链健康发展、增强民众低碳意识、促进"双碳"目标实现具有重要意义。

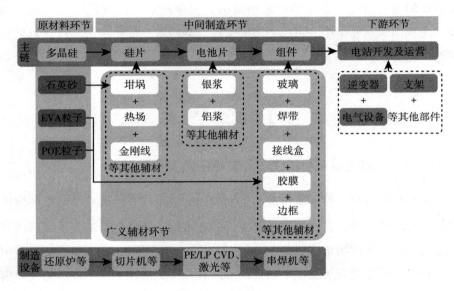

图1 光伏产业链概览

资料来源：产业链各公司公告，由东方证券研究所绘制。

风电产业迅速发展需要气候金融助力。风电是新能源结构中的重要组成部分，数据显示，在中国主要新能源发电量中，2023年风电光伏装机容量达38260万千瓦，占新能源装机容量的29%（见图2）。风电产业的健康发展对于我国能源低碳转型有重要意义，想要促进风电产能迅速扩张，相应的投融资必不可少。气候金融工具是解决资金缺乏、促进风电产业链（见图3）循环畅通的有效渠道。建立集中式风力发电基地，进行发散式风力发电多区

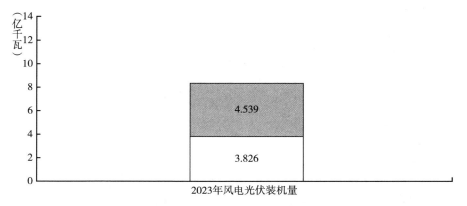

图2　2023年中国风电光伏装机量现状

资料来源：中国政府网、国家能源局官网。

域布局，以及风电装备的创新、研发和制造都需要资金的投入。《关于促进新时代新能源高质量发展的实施方案》中指出，到2030年，太阳能和风电的总装机容量需要超12亿千瓦。2023年太阳能和风电总装机容量达到8.3亿千瓦，现状离目标还有3.7亿千瓦。可持续地开发可再生能源，需要大量资金的投入，气候金融是全面推进风电大规模开发、建立绿色低碳循环发展体系、助力地区经济发展的重要抓手。

气候金融促进制氢和用氢产业发展。氢能是一种来源丰富、绿色低碳、适合广泛应用的绿色能源，氢能的快速发展对于我国能源体系转型、促进经济零碳转轨都有重要意义。《氢能产业发展中长期规划（2021～2035年）》指出，到2030年我国要形成较为完备的清洁能源制氢及供应体系，2035年要形成涵盖交通、储能、工业等领域的多元氢能应用生态。氢能产业涉及环节多，所需资金体量大，气候金融是氢能产业发展的重要投融资工具，通过对氢能产业专项再贷款、抵押补充贷款等方式加强对氢产业的投融资支持存在较高必要性。从长期发展视角出发，支持氢能产业发展基金、支持氢能产业的金融租赁，引导氢能产业链（见图4）中优质企业落地，推动上下游企业集聚，构建与区域经济发展相适应的氢能产业生态集群，对氢能产业有积极促进作用，进而助力"双碳"目标实现。

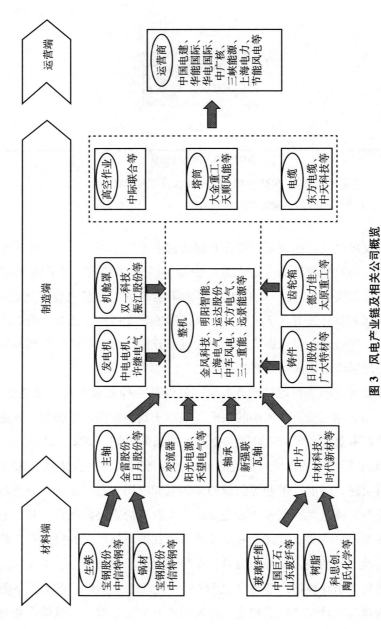

图 3 风电产业链及相关公司概览

资料来源：产业链各公司公告，由东方证券研究所绘制。

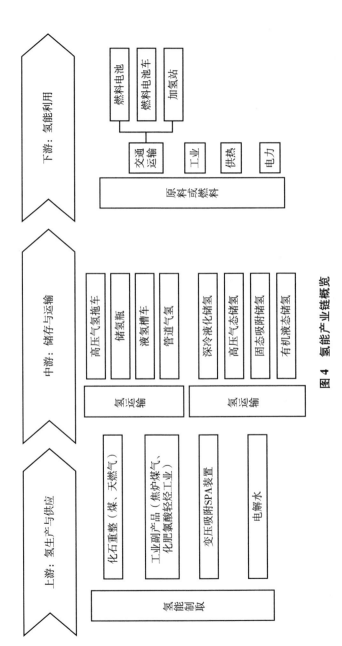

图 4　氢能产业链概览

333

（二）可再生能源领域气候投融资概览

在风电投融资领域，数据统计显示，2017~2022年中国风电相关企业经历了多阶段的投资或融资，对风电产业不同的产业链的资金供给起到了重要作用，为多个企业智能海上风电产业园、陆上风电项目以及风电机械制造的研发及应用都提供了资金支持（见图5和图6）。但目前为止，相对于"双碳"目标的实现，风电领域的投融资规模仍需要进一步提高。

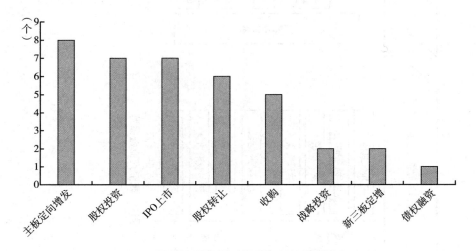

图5　2017~2022年中国风电行业投融资阶段汇总

资料来源：稀牛数据、前瞻产业研究院。

在光伏发电领域，行业的融资渠道主要分为两部分：一部分来源于企业内部；另一部分来源于外部融资（见图7）。外源融资包括银行信贷、债券融资、股权融资、绿色电力证书交易、企业并购、资产证券化、国家政策补贴、政府产业投资基金等。气候金融是光伏企业外部融资的重要工具。Wind数据显示，2023年上半年，光伏产业融资增速较快，光伏行业有33家公司发布再融资预案，募集资金超过1300亿元，这一数额是2022年全年融资量的近90%。普华永道数据也显示，2023年上半年通过并购交易募集的资金有273亿元（见图8）。

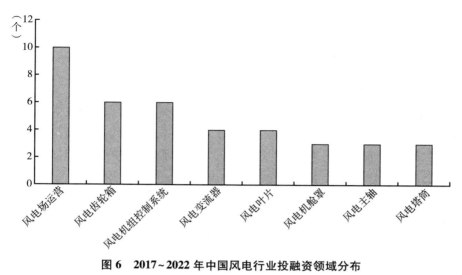

图6 2017~2022年中国风电行业投融资领域分布

资料来源：稀牛数据、前瞻产业研究院。

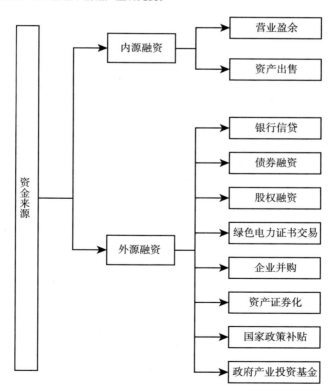

图7 中国光伏行业主要资金来源

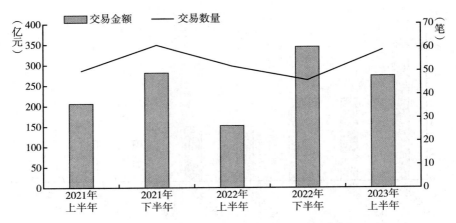

图8 2021年至2023年上半年风电、光伏产业链并购交易数量及金额

资料来源：普华永道。

氢能的应用是能源低碳转型的关键一环，氢能一方面与其他可再生能源高效耦合，另一方面可以协助传统化石能源行业深度脱碳，未来发展前景广阔。中国在制氢、储运、加氢、燃料电池和系统集成方面初步形成了全产业链的布局。2014~2022年，中国氢能产业链的投融资事件也呈波动上升趋势（见图9）。截至2023年6月，中国氢能行业有240余家企业获得相关反融资，涉及融资金额284亿元，融资事件471件，参与机构超过300家。

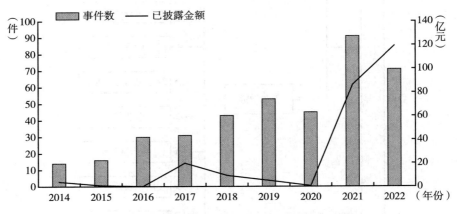

图9 2014~2022年中国氢能行业一级市场融资情况

资料来源：睿兽分析。

二　气候金融助推可再生能源行业典型案例

可再生能源行业气候金融的典型案例较多，本报告具体介绍的案例主要有四个，分别是通威股份绿色科创票据、金风科技绿色超短期融资券（科创票据）、中广核风电中期票据（碳收益相关）以及申金-安瑞绿色定向资产支持商业票据。通威股份绿色科创票据气候金融案例为全国首单民企绿色科创票据，也是在光伏产业链中游制造端标志性的气候金融案例；金风科技绿色超短期融资券（科创票据）为风电产业链中游制造端比较稀有的具备标志性的气候金融案例；中广核风电中期票据是国内首单附加碳收益中期票据，又称"碳债券"，该碳债券利率由固定利率与浮动利率两部分组成，是风电下游运营环节中比较有开创性特点的气候金融案例。申金-安瑞绿色定向资产支持商业票据为全国首批、上海地区首单绿色"碳中和"资产抵押商业票据（Asset-Backed Commercial Paper，ABCP）产品。

（一）通威股份

通威股份落地全国首单民企绿色科创票据。由兴业银行担任主承销商的通威股份 2023 年度第一期绿色超短期融资券（科创票据）落地发行，发行金额 3 亿元，发行利率 2.5%。该笔票据系 2023 年全国首单民营企业绿色科创票据，也是四川省首单绿色科创票据。本次绿色超短期融资券（科创票据）募集资金所投项目均为太阳能发电装备制造类绿色产业项目。经测算，相应规模光伏项目投入运营后，预计每年减排二氧化碳 56.72 万吨，节约标煤 22.44 万吨，减排颗粒物 16.38 吨，减少二氧化硫排放 75.18 吨。

1.通威股份基本情况

通威股份业务主要涉及新能源与农业两大板块，新能源方面，公司以高纯晶硅、太阳能电池、组件等产品的研发、生产、销售为主（见图 10）。公司目前已形成超 42 万吨高纯晶硅产能、90GW 太阳能电池产能以及 55GW

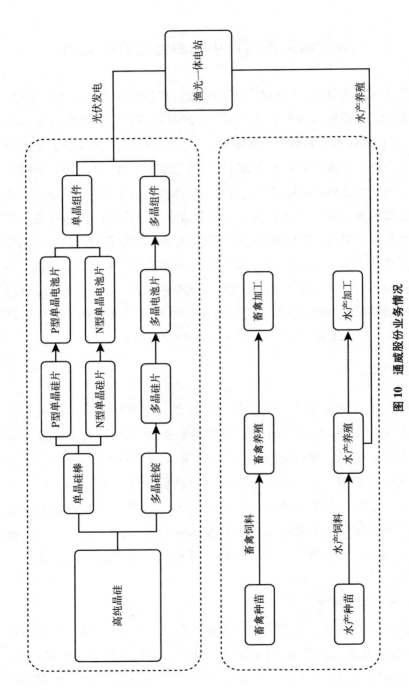

图 10 通威股份业务情况

资料来源：通威股份公司公告。

组件产能，是全球光伏行业的重要参与者与推动者。截至 2023 年，公司高纯晶硅产量连续多年居全球第一，2024 年上半年国内市场占有率超过 25%。公司作为专业化太阳能电池生产企业，电池出货量自 2017 年以来已连续 6 年全球第一。组件方面，公司多年来积累了一定的技术与市场基础，2022 年下半年，公司快速推动组件业务规模化布局，全年公司出货量进入全球前十。①

2. 本案例基本情况

2023 年是光伏扩产关键节点，通威股份作为行业龙头企业（见图 11），正处于行业激烈竞争关键阶段，为了稳固自身硅料行业龙头地位，并且在电池片环节有所突破，做到产业链一体化协同，还要考虑有效应对后续光伏硅料行业整体产业周期波动，公司需要在产能扩建时获得资金支持且有效降低融资成本。

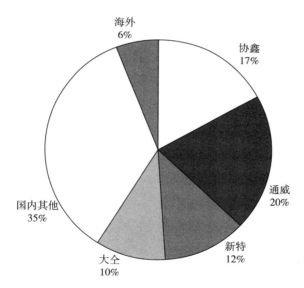

图 11　截至 2023 年底各硅料企业名义产能占比情况

资料来源：Solarzoom。

---

① 《通威股份有限公司 2024 年半年度报告》，资本市场电子化信息披露平台，2024 年 8 月 31 日，https://static.sse.com.cn/disclosure/listedinfo/announcement/c/new/2024 - 08 - 31/600438_ 20240831_ 4KLN. pdf。

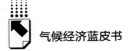

募集资金所投项目均为太阳能发电装备制造类绿色产业项目，专项用于偿还通威太阳能（合肥）有限公司项目银行贷款本金，该笔银行贷款用于补充通威太阳能（合肥）有限公司5GW高效组件项目营运资金（见表1），具体用途为购买太阳能电池片。相关项目均已投产运营，可以提前偿还银行贷款，以优化企业负债结构和提高资金使用效率。

通威太阳能（合肥）有限公司5GW高效组件项目占地面积约183.00亩，新建总建筑面积约144973.45平方米的组件车间、固废仓库、动力站、组件仓库及其他相关设施，新增玻璃移栽机、自动划片机、双层双腔层压机、自动包装线等相关生产设备，建设智能化太阳能电池组件生产线。

本案例中募集资金涉及项目属于太阳能发电装备制造类绿色产业项目。开展太阳能光伏发电，可以利用丰富的可再生资源，节约宝贵的一次能源，对国家调整能源结构、缓解环境污染等均有积极的推动作用。目前我国电力结构中，火电仍占有很大比例，与传统的以化石燃料如石油、煤炭等为原料的火电技术相比，光伏发电具有污染物排放量少、生态环境影响小、环境风险低等优点。

随着相关气候金融项目落地以结合公司其他融资扩产方式，通威股份于2023年底扎稳硅料环节行业第一，并且在电池片环节做到外售排名第一。气候投融资不仅帮助企业解决了资金问题，还促进了企业在环境、社会和治理（ESG）方面的表现，增强了企业的长期竞争力和可持续发展能力。

3. 本案例中气候金融的意义

本案例中的绿色科创票据有效助力太阳能发电装备制造类绿色产业项目，从而给气候效益和社会效益带来积极影响。

（1）碳减排效益分析

根据中国银行保险监督管理委员会《绿色融资统计制度》（2020版）中的绿色信贷项目节能减排量测算指引及国家发展改革委发布的温室气体自愿减排方法学，计算二氧化碳减排量。该期绿色超短期融资券募投项目涉及的太阳能发电装备制造类绿色项目与同等火力发电上网电量相比，预计每年可减排二氧化碳436.80万吨。项目总投资216685万元，本案例募集金额为

表 1　通威股份 2023 年度第一期绿色超短期融资券（科创票据）情况

借款主体	借款银行	起息日	到期日	借款利率（%）	担保方式	借款金额（万元）	借款余额（万元）	拟使用募集资金偿还本金	资金投向	能否提前还款
通威太阳能（合肥）有限公司	中国进出口银行	2021/12/14	2024/12/13	3.6506	保证担保	30.000	30000	30.000	用于补充通威太阳能（合肥）有限公司 5GW 高效组件项目营运资金	是

注：上述银行贷款经借款银行中国进出口银行确认，该合同项下流动资金贷款全额用于补充通威太阳能（合肥）有限公司 5GW 高效组件项目营运资金，并已出具相应情况说明。

资料来源：通威股份公司公告。

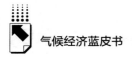

3亿元，按照募集资金对应电池组件生产规模投入具体光伏发电项目运营后，预计每年二氧化碳减排量为60.47万吨。综上，本案例中绿色超短期融资券募投项目具有显著的碳减排等环境效益。

（2）其他环境效益分析

除上文提到的二氧化碳减排外，还有着诸多其他角度给环境带来的效益。因为我国目前的电力能源结构中，火力发电仍占总电力供应量的80%，在煤炭燃烧过程中产生大量二氧化硫、氮氧化物及颗粒物等，会对环境造成较大污染。光伏发电使用清洁的可再生能源，其节能减排效益显著。根据中国电力企业联合会在《中国电力行业年度发展报告（2022）》中公布的火电发电标准煤耗及单位火电发电量污染物排放量计算，募投项目年上网电量与同等火力发电上网电量相比，预计每年可实现节约标准煤177.17万吨，减排颗粒物129.27吨，减排二氧化硫593.46吨，减排氮氧化物893.12吨。

本案例中绿色超短期融资券募投项目总投资216685万元，使用募集资金3亿元，按照募集资金对应电池组件生产规模投入具体光伏发电项目运营后，预计每年二氧化碳减排量为60.47万吨，标煤节约量为24.53万吨，颗粒物减排量为17.90吨，二氧化硫减排量为82.16吨，氮氧化物减排量为123.65吨。

（3）社会效益分析

该期绿色超短期融资券募投项目为太阳能发电装备制造类项目，具有较好的社会效益和经济效益。项目的建设运营利用丰富的可再生能源替代传统的火力发电，在满足项目自身能源及经济发展需求的同时，减小污染物对项目地空气与环境的影响，进而对国家调整能源结构、减少环境污染、保障当地经济可持续发展、提高当地经济水平等方面有重要意义。将太阳能等可再生能源转换为电能，能够增加能源供给、缓解电力供需矛盾、减轻电力企业的运行压力、促进能源结构低碳转型。太阳能发电装备制造类项目的开发、建设和运营，可促进所在地区相关产业如建材、交通等的发展，对扩大就业和发展其他相关产业起到一定作用，有助于促进社会就业、推动行业发展、拉动地方经济。

（二）金风科技

金风科技 2023 年度第一期绿色超短期融资券发行，发行金额 7.5 亿元。该项目减排二氧化碳 66.74 万吨，减排二氧化硫 80.19 吨，减排氮氧化物 128.50 吨，减排烟尘 16.42 吨。该绿色超短期融资券募投项目具有良好的环境效益。金风科技案例是风电产业链中相对比较典型的中游制造延伸至下游运营的气候金融案例。

1. 金风科技基本情况

金风科技是国内最早进入风力发电设备制造领域的企业之一，经过二十余年发展，逐步成长为国内领军和全球领先的风电整体解决方案提供商。公司拥有自主知识产权的风力发电机组，代表着全球风力发电领域最具前景的技术路线。金风科技在国内风电市场占有率连续 12 年排名第一，2022 年全球风电市场排名第一，在行业内多年保持领先地位。

2. 本气候金融案例情况

风电整机制造环节行业竞争激烈，国内外竞争形态存在一定差异，给中国风机厂商造成一定发展压力。叠加经历 2022 年风电需求小幅回落（见图12），在产业多数环节产能大于终端需求的背景下，公司需要应对后续阶段需求潜在提升机遇，通过合适匹配的气候金融方式，公司有望在以下产业关键节点获益。

（1）资金支持与低融资成本：气候投融资直接为企业的气候友好型项目提供必要的资金支持，帮助企业填补资金缺口。通过政府补贴、税收优惠等激励措施，气候投融资可以降低企业的融资成本，提高项目的经济效益。

（2）品牌形象提升：发行绿色融资券可以提升企业在全球投资者和消费者心目中的品牌形象，作为一家注重可持续发展的企业，更容易获得市场的认可，并为后续市场开拓起到铺垫作用。

（3）公共监督与风险控制：气候投融资相当于变相将相关项目由企业间商业模式推向公共市场，可进行更好的信息披露，提高项目的透明度，从而缓解信息不对称问题。通过相关气候金融手段有望进一步管控整体风险，

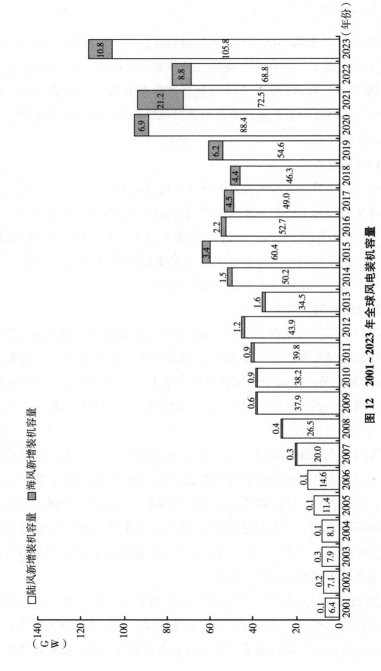

图 12 2001~2023 年全球风电装机容量

资料来源：全球风能理事会（Global Wind Energy Council，GWEC）。

并减小企业单独承担的风险。

由中国银行担任主承销商、中国建设银行担任联席主承销商的金风科技2023年度第一期绿色超短期融资券（科创票据）落地发行，发行金额7.5亿元，发行利率2.3%。该笔票据该期绿色超短期融资券募集资金拟全部用于金风科技本部向上游供应商采购风电机组大部件及零配件，包括发电机、叶片、轮毂、齿轮箱、变流器等，所采购的风电机组大部件及零配件制造组装成整机后全部出售给下游风力发电场投资开发商。金风科技获得的气候融资主要用于降低温室气体排放，减缓气候变化，是新能源行业使用气候金融工具的典型案例。

随着相关气候金融项目落地，结合公司其他融资扩产方式稳步推行，金风科技于2023年稳居国内风电整机行业第一、全球第四。气候投融资不仅缓解了资金短缺问题和促进了清洁能源的采纳，还深化了企业对环境责任和社会贡献的认识。它推动企业在产品设计、生产流程和供应链管理等方面采取更可持续的做法，同时鼓励企业提高治理结构的透明度和问责性，强化内部管理和决策过程的公正性。这些综合改进不仅提升了企业的环境形象和消费者的信任度，还增强了企业的市场竞争力和品牌价值，为企业的长期稳定发展和可持续发展能力提供了坚实的基础。

3. 本案例中气候金融的意义

本案例中的绿色科创票据有效助力了风力发电装备制造类绿色产业项目，从而给气候效益和社会效益带来积极影响。

（1）碳减排效益分析

开展风力发电，可以利用丰富的可再生资源，节约宝贵的一次能源，对国家调整能源结构、缓解环境污染等均有积极的推动作用。目前我国电力结构中，火电仍占有很大比例，与传统的以化石燃料如石油、煤炭等为原料的火电技术相比，风力发电具有污染物排放量少、生态环境影响小、环境风险低等优点。根据中国电力企业联合会公布的统计数据，2022年全国并网风力发电利用小时数为2221小时。同时参考通过公开信息查询得到的金风科技近年供应的某风电场项目（风电装机规模为

200MW，折合单价 1830 元/kW），由金风科技 2022 年年报可知，金风科技 2022 年风机及零部件销售毛利率为 6.23%，按照该期绿色超短期融资券发行规模 7.50 亿元进行估算，则其对应的风电机组装备数量可以支持的风力发电场装机规模约为 435MW，年发电量预计约为 966135.00 MWh。假设该风电场位于华东区域，联合赤道根据相关规范、标准及导则要求，对该风电场（以下简称该项目）产生的节能效益（以标煤计）、减排效益进行了测算。

根据中国电力企业联合会在《中国电力行业年度发展报告（2023）》公布的数据，火力发电供电标准煤耗系数为 300.7gce/kWh。经测算，该项目相较同等发电量火力发电项目预计每年可节约标煤 29.05 万吨。根据《2019 年度减排项目中国区域电网基准线排放因子》，华东区域电网平均二氧化碳排放因子为 0.6908 $kgCO_2$/kWh。经测算，该项目相较同等发电量火力发电项目预计每年可减排二氧化碳 66.74 万吨。

（2）其他环境效益分析

根据《中国电力行业年度发展报告（2023）》，火力发电烟尘、二氧化硫、氮氧化物排放系数分别为 0.017g/kWh、0.083g/kWh、0.133g/kWh。因此，按照该期绿色超短期融资券发行规模 7.50 亿元进行估算，该项目相较同等发电量火力发电项目预计每年可实现减排二氧化硫 80.19 吨，减排氮氧化物 128.50 吨，减排烟尘 16.42 吨。

（3）社会效益分析

风力发电装备制造与贸易是风力发电发展的基础，有利于促进风电场的开发、建设和运营。与火电技术相比，风电项目具有污染物排放量少、生态影响小、环境风险低等优点。同时风能可再生，永不枯竭，无须其他能源开采、钻探、加工和运输的经济成本和运行成本，有利于保护环境和推动经济可持续发展。随着风力发电的产业化，可为地方经济开辟新的增长点，拉动地方经济的发展。风力发电投资，除拉动风电行业发展外，还通过产业间的相互关联拉动其他行业增长。其中，输配电、金融保险服务、电力热力等行业为风电拉动最大的行业。风电的发展创造了一批技术要求高和服务水平高的岗位，涵盖设计材料、设备制造、电力和自动控制等多个领域。无论是现在还是未来，风电发展带动就业的优势会越来越显著。

（三）中广核风电

我国首单碳债券为 2014 年浦发银行主承销的 10 亿元中广核风电有限公司附加碳收益中期票据，又称"碳债券"，该碳债券利率由固定利率与浮动利率两部分组成，其中浮动利率部分与企业下属 5 家风电项目公司在债券存续期内实现的碳减排量（CCER）交易收益正向关联。

1. 中广核基本情况

中国广核集团有限公司，原中国广东核电集团，总部位于广东省深圳市，是由国务院国有资产监督管理委员会控股的中央企业。中广核是伴随我国改革开放和核电事业发展逐步成长壮大起来的中央企业。中广核构建了"6+1"产业体系，业务已覆盖核能、核燃料、新能源、非动力核技术、数字化、科技型环保、产业金融等领域，拥有 2 个内地上市平台及 3 个香港上市平台。截至 2023 年 5 月，中广核在运清洁电力装机容量超 7700 万千瓦，其中在运核电装机超 3056 万千瓦，国内新能源控股在运装机超 3515 万千瓦，海外新能源控股在运装机近 1200 万千瓦。[①] 本案例中的中广核风电为中国广核集团有限公司全资子公司，主要负责相关风电领域业务。

2. 本案例基本情况

2014 年属于碳金融等气候金融手段探索前期，后续发展趋势仍存在不确定性，风电产业作为新能源产业与相关碳金融发展较为适配的落脚点，本案例相较前述案例展现出一定特殊性和探索性。本"碳债券"功能在给企业提供资金支持与低融资成本的基础上，尝试更清晰、直接地勾稽"气候"与"金融"的综合关系，虽最终相关 CCER 基础碳资产包未能产生碳减排收益，可以窥见气候投融资中仍有许多问题有待完善，但该类探索仍对气候

[①]《业务范围》，中国广核集团有限公司官网，2023 年 5 月 16 日，https：//www.cgnpc.com.cn/cgn/c230516/2023-05/16/content_ d3889e753d9b448fac313fc838a59542. shtml。

金融长期发展起到积极作用。

中广核风电附加碳收益中期票据特别创新了"固定利率+浮动利率"的利率结构，其中固定利率为5.65%，较同期限 AAA 级信用债低约46BP；浮动利率区间设定为5~20BP，与企业下属的5家风电项目公司在债券存续期实现的 CCER 净收益正相关。

中广核风电的碳债券通过将债券利率与企业每期 CCER 销售净收益相挂钩，构建了一个相当于对于企业碳收益看涨的利率结构，并将利率控制在 [5.7%，5.85%]，若企业当期碳收益低于50万元的底线，投资者可获得5.7%的债券利率，若当期碳收益高于200万元，企业则可以保留超过的部分收益，仅支付5.85%的利息。具体来看，与债券碳收益所挂钩的企业下属5个风电项目，分别为内蒙古商都项目、新疆吉木乃一期项目、内蒙古乌力吉二期项目、甘肃民勤一期项目和广东台山汶村项目，合计装机容量约23万千瓦。根据评估机构的测算，当 CCER 市场均价区间为8~20元/吨时，上述项目每年的碳收益都将超过50万元的最低限，最高将超过300万元。中广核风电附加碳收益中期票据的利率机制创新性地绑定了企业碳收益与投资者的投资收益，是我国碳金融市场的创新性突破。

3. 本案例中气候金融的意义

作为首单气候意识债券的创新收益机制实现了绿色债券投资价值和环境友好型企业价值的捆绑，即该债券的投资者可通过对气候友好型项目提供资金支持，享受环境友好型企业潜在价值增长带来的红利，同时可以保障最低5%的固定收益，具有较高的风险回报。在债券募集资金支持气候项目的过程中，也可能间接提高环境友好型企业的市场表现，从而增加投资者回报率，继而刺激更多的投资者参与气候意识债券投资，形成循环正向激励。

公司发行该期中期票据所募集资金主要用于置换公司本部银行或中广核财务有限责任公司贷款，以拓宽融资渠道、降低财务成本。具体用途如下：截至2013年12月末，公司合并的金融机构借款余额为210.20亿元，其中长期借款183.95亿元，短期借款14.89亿元，一年内到期的长期借款11.36

亿元；公司本部的金融机构借款余额为 37.32 亿元，其中长期借款为 29.00亿元，短期借款 8.32 亿元，无一年内到期的长期借款。该期中期票据发行后，公司拟将募集资金用于置换公司本部在银行或中广核财务有限责任公司的借款，以优化公司融资结构，提高直接融资比例，降低综合融资成本，减轻公司财务负担，增强公司竞争力。

该期中期票据所指碳收益是将每个协议约定的 CCER 交付价格乘以CCER 交付数量扣除 CCER 核证与备案过程中发生的注册咨询费、签发咨询费、审定费、核证费、交易经手费和所得税后公司所获得的 CCER 交易净收入的合计数。该期中期票据每期碳收益金额将于每个浮动利率确定日核算。

项目上网电量主要参照每个项目的年有效发电小时、装机容量计算得出，并考虑了厂用电率及线损率因素。风电项目发电量受季节因素影响较大，但以年度预测，能够涵盖各个季节的气候环境因素，因此年度预测的发电量值能够维持在稳定水平。同时从审慎预测出发，未来预测年度内未考虑上网电量的增长率因素。在本次预测中，排放因子参考国家发改委统一公布的电网排放因子，按照 5 个项目 CCER 备案时可得的最新排放因子数据进行测算，即采用国家发改委于 2013 年发布的《2013 中国区域电网基准线排放因子》中的有关数据进行测算。

虽然该案例最后直至 2019 年，由于基础碳资产包中的 5 个风电项目属于第四类 CCER 项目范畴，国家发改委未开始受理第四类 CCER 项目的备案申报，这 5 个项目未能注册成为 CCER 项目，也未能产生碳减排收益，所以当期碳收益为零，碳收益率为零，按照募集说明书中约定的浮动利率的计算方法，浮动利率取区间下限，即 5 个 BP。虽然该项目利率最终未展现出较大正向弹性，但该项目的推行仍为后续清洁能源气候金融的碳金融模式探索打开新视野。

（四）申能股份

1. 申能股份基本情况
申能股份主要从事电力、石油天然气的开发建设和经营管理，作为能源项目开发主体，公司提供电力、石油、天然气项目的勘探开发、投资建设、运营维护以及节能环保技术、燃料贸易等多种服务。公司积极响应国家碳达峰碳中和政策号召，推动能源结构绿色低碳转型发展，在全国范围内逐步有新能源项目落地和建成，同时开展用户侧分布式发电、光储等新兴能源业务。申能股份以服务国家"双碳"目标为指引，深入贯彻落实碳资产管理。申能能源金融事业部下属申能碳科技公司与上海环境能源交易所、中国太平洋财产保险股份有限公司（以下简称太保财险）、交通银行股份有限公司达成合作，并落地全国首笔碳排放配额融资叠加保证保险业务，也标志着"银保碳"产融联动助力实现"双碳"目标的创新落地。申能碳科技公司还受太保财险委托，根据第三方机构核算结果，就2021年进博会的温室气体排放量提供相应的"配额+CCER"碳中和服务，助力进博会首次实现碳中和。

2. 本案例基本情况

申能股份作为地方国有企业，从长维度发展情况而言，气候投融资可以促进公司及行业相关新技术的研发和市场的发展，降低技术风险，增加市场对气候金融产品和服务的接受度。此外，气候投融资项目通常伴随着企业的能力建设和人才培养，从而提高企业在气候投融资领域的专业能力，对企业长维度发展有着重要作用。在获得资金支持与低融资成本的同时，能有效提升绿色能源方向品牌形象，并为后续申能碳科技等相关气候金融长维度发展夯实基础。

本案例为全国首批、上海地区首单绿色"碳中和"ABCP产品，东方证券、工商银行和中国银行作为主承销商的"上海申能融资租赁有限公司2021年度第一期申金-安瑞绿色定向资产支持商业票据"在银行间市场发行。其发行规模23.64亿元，其中优先级22.90亿元，占比96.87%，AAA评级，期限178天，票面利率2.74%；次级档0.74亿元，无评级。该债券项目入池资产及资金用于光伏、风电等具有碳减排效益的清洁能源产业领域。该债券在监管机构制定的最低信息披露标准之外，率先引入申能集团系统的碳减排核算机构——由申能碳科技有限公司、上海同际碳资产咨询服务有限公司对各基础资产二氧化碳减排量开展复核工作，进一步强化减碳信息的准确性、权威性。

三 气候金融助推可再生能源发展的展望与建议

（一）未来展望

未来5年可再生能源迎来高速发展期，中国作为全球可再生能源的引领者，可再生能源的发展前景广阔。国际能源署预计，2028年中国将占全球新增可再生能源发电量的60%，中国可再生能源产业的壮大对于全球可再生能源的发展以及全球低碳转型都有至关重要的作用。[①] 要实现2030年我国非化石能源的一次能源消费比重达到25%，2060年要超80%的目标，需要气候投融资的支持。可再生能源的快速发展为气候金融的广泛参与和实施带来新的机遇，气候金融在可再生能源领域有巨大的发展前景。

1. 区域性气候投融资发展前景广阔

近年来，我国多个区域经济发展迅速崛起，包括粤港澳大湾区、雄安新区等，随之而来的是区域性能源体系的低碳化转型。粤港澳大湾区建设是率先推动能源绿色化转型的代表，2023年粤港澳大湾区初步建成清洁能源消纳比重最高的世界级湾区电网。[②] 在风电光伏产业发展方面，粤港澳大湾区发展潜力巨大，包括集中式光伏、分布式光伏、海上风电等，存在巨大的投融资需求。在氢能发展方面，粤港澳大湾区建成了与制氢、用氢、储氢、运氢相关的产业链，在未来氢能的利用、相关附加产品的研发等方面前景广阔。气候投融资对于推动粤港澳大湾区能源体系的建设，风电、光伏和氢能的高效利用，可再生能源电网的大范围铺设等方面具有重要作用。

雄安新区的建设作为国家大事、千年大计，其关于可再生能源的目标和

---

① 《关于完整准确全面贯彻新发展理念做好碳达峰碳中和工作的意见》，中国政府网，2021年10月24日，https://www.gov.cn/zhengce/2021-10/24/content_5644613.htm。

② 《粤港澳大湾区两座百万千瓦级抽水蓄能电站全面投产》，国务院国有资产监督管理委员会官网，2022年5月30日，http://www.sasac.gov.cn/n2588025/n2588119/c24816159/content.html。

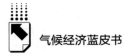

规划更需要有气候金融的支持。雄安新区要创建绿色低碳之城，积极推动交通、建筑、能源等领域低碳化转型。其对零能耗建筑、新能源重卡等方面都提出了明确的未来目标和规划。区域可再生能源的发展需要庞大的资金投入，气候金融在雄安新区的新能源产业发展方面大有可为。

除此以外，长三角、珠三角、成渝都市群等区域的一体化发展为区域性气候金融的发展提供了有利条件，协调了区域可再生能源产能和利用的平衡，气候金融在区域性联合低碳转型中发挥更大的作用。

2.可再生能源金融模式和体系逐步形成

可再生能源的发展是能源转型中的关键一环，在全球零碳转轨的背景下，未来新能源产业规模进一步扩大，与可再生能源相关的金融服务种类和需求进一步增多。气候金融在可再生能源方面的模式和体系有望进一步形成。目前，可再生能源产业迅速发展，但还未形成与产业相关的气候金融服务体系，随着投融资需求的进一步扩大，可再生能源相关产品的进一步丰富，气候金融在工具、服务方式、交易模式等方面都会进一步多元化，相关气候金融模式和制度的建设也将进一步完善。发展可再生能源是减缓气候变化的重要措施，可再生能源的发展，有利于倒逼金融体系，形成更加完善的、能更好服务于可再生能源发展的气候金融方案，降低相关投融资风险，提高气候投融资效率，同时促进可再生能源规模扩大，效率提高。

3.我国气候金融方案和模式逐步走向国际化

我国在可再生能源发展上取得的进步位于全球之首。在可再生能源的发展方面，全球都存在巨大的资金需求，各个国家和地区均存在不同程度的资金缺口，我国金融机构可以抓住机遇，使我国未来的气候金融模式、方案以及相关服务经验走出国门、走向世界。尤其是在"一带一路"倡议的实施下，我国与共建"一带一路"国家在商贸、技术、服务等方面交流频繁，在它们同样迫切需要能源低碳转型的背景下，我国应加快形成有中国特色的气候投融资体系，并利用我国的气候金融力量，协助周边国家加快能源低碳化转型，使我国的气候金融创新模式走向更多的国家。

4.气候投融资中潜在一般性障碍

气候投融资在推动过程中会遇到一些普遍性的障碍，包括但不限于以下方面。

（1）资金需求与供给潜在矛盾：气候金融涉及环节众多，可挖掘潜力巨大，但相应的资金需求量可能会高于预期，叠加当前全球宏观环境与气候转型发展趋势，不排除后续出现较大的投融资缺口，且分布均衡性也可能出现一定问题。

（2）气候投融资标准有待逐步完善：由于气候金融涉及产业环节繁多、分布地区广泛且可能有着持续的迭代与技术创新，相应官方或市场公认的权威标准有待被更完整地统筹，以避免项目识别、分类和评估等分歧或不确定性带来的行业发展的困难。

（3）信息披露体系有待逐步完善：气候投融资项目的信息披露不够透明，标准不统一，导致诸多案例的实际运行效果以及对产业实际影响相对较难有一个定量的清晰指引，对后续气候金融项目的发展可能造成一定障碍。

（4）技术和创新落地不足：在气候投融资领域，气候金融涉及环节众多，跨行业协同要求极高，叠加上述标准等体系问题，可能导致在并不缺乏技术创新和应用的可能性的情况下，阶段性导致项目最终落地实施效果有待提升。

气候金融发展任重道远，解决这些障碍需要政府、金融机构、企业和社会各界的共同努力，通过完善政策体系、加强能力建设、推动技术创新、加强国际合作等措施，来实现气候投融资的健康发展。

（二）政策建议

发展可再生能源是我国实现能源结构低碳化发展的必由之路，是在保障能源安全的同时减缓气候变化的重要举措，是气候金融支持的主要范围之一。近年来，我国大力推动气候金融在可再生能源领域的应用，通过提供贷款和投资，支持风力、光伏、氢能等可再生能源项目的建设和运营。但目前气候金融在可再生能源领域的应用仍存在市场领域单一、对产业发展引领性不足、资金投放难度大等问题。针对这些问题，我们提出以下对策建议。

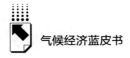

1. 推进可再生能源环境信息披露，完善气候金融标准体系建设

目前，我国气候金融体系建设已初具规模，人民银行确立的气候金融"三大功能""五大支柱"的发展政策思路也已初步形成。建议稳步推进可再生能源企业和相关融资项目的环境信息披露，为气候金融发展营造公开透明的市场环境，降低环境信息不对称、杜绝"漂绿洗绿"等风险。运用金融科技等手段，统筹做好碳盘查、碳减排计算工作，强化碳核算和环境信息披露能力建设，有效降低环境信息披露和管理成本。另外，按照"国内统一、国际接轨、清晰可执行"原则，稳步推进气候金融标准体系建设，有助于扩大中国气候金融市场对外开放。

2. 建立和完善可再生能源全产业链气候金融支持项目库

建议对符合环境信息披露及气候金融相关标准的可再生能源企业和项目进行遴选与评估，并形成相应的企业或项目信息数据库。以市场为导向，遵循政府引导、市场推动、信息分享、金融支持的运行原则，为金融机构及企业（项目）提供有效的绿色融资对接服务。

3. 强化气候金融模式和工具创新

目前在可再生能源领域应用较为广泛的金融工具仍以贷款、债券这类传统的金融工具为主，亟待补充保险和担保等风险缓释类金融工具以及证券化产品等其他工具，以满足可再生能源企业多元化的融资需求。建议针对可再生能源项目规模大、周期长的投资特点，设计差异化、定制化的气候金融产品和服务。另外，针对可再生能源项目风险偏高的特点，建立健全气候金融风险管理体系，建立损失分担、风险补偿、担保增信等机制。

4. 强化政策协同，加强市场衔接

推动地方结合自身可再生能源资源禀赋，形成地方性气候金融配套激励措施，引导各类投资和社会资本精准配置气候投融资标的。除此以外，紧密结合全国及地方碳市场、重启的 CCER 市场、绿色电力市场以及绿证交易市场等开展气候金融业务，丰富相关产品类型。还可进一步发挥金融科技作用，将企业碳账户与气候金融产品和服务进行深度融合。

B.14
气候金融促进储能行业发展的典型案例

卢日鑫　顾高臣　严　东*

摘　要：　全球清洁能源产业的迅猛发展使储能行业成为全球经济复苏的关键推动力之一。在气候变化的背景下，储能可以在时间或空间维度上平衡清洁能源，促进其他新能源产业健康发展，与其他产业协同应对气候变化。本报告从储能行业的视角梳理并分析了气候金融在该领域中的典型案例，涵盖企业如宁德时代、国轩高科、中国华能、中国天楹等。这些企业在产业链的原材料端、中游制造端和下游运营资产端充分运用绿色信贷、绿色债券、绿色股票指数等多种金融工具，为可持续发展项目提供有力支持，实现了气候金融与产业发展的双赢局面。通过深入分析案例，本报告揭示了气候金融在储能行业中的关键作用，彰显了企业通过气候金融手段推动可持续发展的积极实践。这些成功经验不仅代表了企业对环境和社会责任的承诺，也为其他行业在气候金融领域的实践提供了有益经验，为构建更清洁、可持续的能源未来树立了典范。

关键词：　储能行业　气候金融　产业链

　　近年来，全球清洁能源产业进入快速发展期，越来越多的国家开始加速能源转型，储能产业成为全球经济复苏的抓手之一。发展新能源是应对气候

---

* 卢日鑫，东方证券研究所环保新能源行业首席分析师，申能东方能源研究院执行院长，研究方向为能源生产到能源消费的全产业链环节；顾高臣，东方证券股份有限公司资深证券分析师，研究方向为锂电、风光储氢；严东，东方证券股份有限公司资深证券分析师，研究方向为电力设备、低碳转型。

变化问题的关键，而储能将从时间与空间维度上结合清洁能源为能源系统带来新时代。储能行业的发展是应对气候变化的关键环节，是能源转型的重要支撑，是时代发展的必然选择。与此同时，伴随政策驱动和技术突破以及市场空间不断拓宽，越来越多的企业投身储能产业，储能行业的技术不断革新，包括电化学储能、电磁储能、机械储能等技术。储能产业的快速发展引发巨大的投融资需求，这离不开气候金融工具的支持。气候金融是形成储能产业链良好衔接、大中小企业协同创新格局的重要工具，是未来促进储能产业高质量发展的重要金融支撑。

一 储能行业与气候金融

（一）储能行业在应对气候变化中的重要角色

减缓和适应气候变化需要储能行业参与，储能行业快速发展，助力全球碳排放的降低，从而更有效地应对气候变化。储能行业是协同风电、光伏、生物质能等其他可再生能源发展的重要工具，储能赋予电力资源更大的储存能力和更好的移动性，可再生能源的发展离不开储能技术的进步和储能产品的普遍应用。储能产品也是应对越来越频繁的气候灾害的重要武器，储能产品能及时供应受灾地区所需要的电能，帮助快速恢复受灾群众的生产和生活，在应对气候变化中发挥着关键角色。

一方面，储能行业的不断发展，在国家能源转型中发挥着关键性作用。随着全球对可再生能源需求的不断增长，储能技术是解决可再生能源波动性和间歇性的重要工具。通过储存多余的电能并在需要时释放，储能系统可以平衡电网供需，提高可再生能源的利用率和可靠性。风电、光伏等清洁能源受天气情况影响较大，发电具有较大不稳定性，而储能技术解决了电力存储问题。储能技术使分布式光伏和风电更方便地在光伏和风力资源相对丰富的地区广泛使用，扩大了清洁能源的适用场景，有助于更好地发挥清洁能源减少温室气体排放的作用，助力减缓气候变化。

另一方面，储能技术的发展可以更好地适应气候变化。储能技术的发展使电力分配更加灵活，不仅可以在电力丰富时储蓄大量电能，在电力紧缺时释放所需电能用于保障人民生产和生活，而且，在极端天气损害大部分电力系统的情况下，储能产品可以快速提供必要的电能，提高能源供应稳定性，减少灾害给人民生活带来的不利影响。在极端天气如极端高温、低温、风暴、洪涝等增多的背景下，储能技术的发展能显著提高区域适应气候变化的能力。气候金融是促进储能产业发展的利器，气候金融通过使用多样化的方式为储能行业提供资金、监管等资源，促进储能产业发展，进而使新能源产品得到更广泛的使用，助力中国更好地应对气候变化。

（二）气候金融对储能行业发展的重要作用

气候金融促进储能产业的快速发展，提高光伏、风电、生物质能等可再生能源的利用率，加速可再生能源的部署，使新能源加快替代传统能源，促进能源转型，减少温室气体排放。金融机构为储能企业提供资金，监督促进企业降低成本，促进企业创新能力及自身产品竞争力提升，扩大新能源产品在市场中的接受度，促进更多消费者使用储能产品，通过市场的反馈效应进一步促进储能产业的发展。金融市场还通过价格机制、信息披露等方式，帮助储能产业实现资源的优化配置。简而言之，气候金融通过促进新型储能产业高质量大规模发展，推动储能行业在能源转型中发挥关键作用，降低碳排放，助力中国积极应对气候变化。

第一，气候金融为储能行业提供资金支持。储能行业的发展以制造业为基石，与清洁能源行业相仿，不论是上游原材料、中游制造，还是下游运营都有着较大体量的资本投入需求，因此气候金融在储能产业发展中起着重要的支持作用。金融机构如银行、投资公司等可以为储能产业提供资金支持，包括项目融资、股权投资、债券发行等。这些资金可以用于储能项目的开发、建设和运营，推动储能技术的研发和应用，促进储能产业的快速发展。金融机构可以根据市场需求、成本和收益等因素，为储能项目提供差异化的金融服务，推动资金流向更高效、更可持续的项目。例如可以在储能产业链

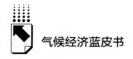

上游的原材料端、中游制造端，以及下游运营资产端，通过气候信贷、气候债券、气候友好型股票指数和相关产品、气候发展基金、气候保险、碳金融等给予不同类型、不同维度的投融资工具以有效推动产业落地，丰富储能产品的应用场景。

第二，气候金融促进储能行业创新。发展气候金融有望将气候外部性内部化，合理有效地利用气候金融工具有望给产业发展带来积极正向的催化，同样也给气候金融市场注入新的活力。金融机构通过提供资本支持，包括为储能项目提供贷款、股权投资、债券发行等投融资服务，促进储能技术的研发，创造成本更低、适用范围更广、使用更安全的新型储能产品。例如金融机构通过贷款或投资入股的方式为储能企业提供融资服务，推进新能源汽车电池的研发，开发出成本更低、更轻便、充电速度更快、续航里程更多的电池产品，拓展新能源汽车中电池的适用范围，提高其稳定性和安全性。金融机构可以通过提供资金支持、建立创新平台等方式，促进储能技术的创新和应用。通过支持创新型企业的发展，金融机构可以推动储能技术的突破和进步，提高储能产业的竞争力。

第三，气候金融促进储能行业更好地进行风险管理。金融机构在为储能行业提供资金支持的同时，也会对项目进行风险评估和管理，帮助企业降低风险。金融机构可以通过定期评估、监督资金用途、督促企业进行相关信息披露等途径对储能项目进行适当监管，协助储能行业进行风险管理。另外，以投资放股的方式对储能企业融资的金融机构还可通过直接参与储能企业决策制定及未来规划等方式，对储能企业起到风险管理的作用。金融市场形成的价格机制、气候投融资模式、成本收益分析等工具或模式，也会对具有资金需求的储能企业起到风险管理的激励作用，促进企业形成恰当的风险管理模式，降低自身以及储能行业的整体风险。

第四，气候金融促进储能产业更有效地分配资源，提高生产率。对于储能企业而言，金融市场固有的价格机制使迫切需要资金支持的储能企业更高效地利用现有资源，合理地分配可获得的设备、人才、技术、信息、管理等资源，促进自身生产效率的提高。对于储能行业而言，金融机构提供的资金和风险管理等资源，有利于提高整个行业的资金使用率和风险管理的规范性，促进行业更好地利用资金政策、人才等资源，使储能行业中各个产业链有效衔接，提高行业整体的运行效率。

第五，气候金融促进新型储能产品的广泛应用。储能产品的设计和研发，是为了更广泛、更恰当的应用。只有大规模地应用新型储能产品，降低电能损耗，提高电能的使用效率，储能行业才能更好地协同光伏风电等新型基础设施的建设，更充分地降低碳排放，从而更好地应对气候变化。气候金融为储能产品的广泛应用提供投融资服务。一方面，有利于分布式储能产品大量接入电网，使家庭和企业普遍具备储存多余电力的能力，调节公共用电负荷，减少电量浪费和电量短缺的发生率。另一方面，有利于储能行业更好地利用大数据技术，更好地规划用户侧储电系统，使各微观主体更容易进入电力市场进行交易，提高电网整体运行效率，同时有利于形成分布式储能产品和电网协同运行的商业模式。

二 气候金融促进储能行业发展的典型案例

在全球气候变化的背景下，储能行业的发展成为推动可持续能源转型的关键驱动力之一。为了支持这一领域的创新和可持续项目，企业逐渐转向气候金融，通过发行绿色债券等金融工具筹集资金。宁德时代、国轩高科、中国华能、中国天楹这四个储能行业的领军企业，通过发行绿色债券积极响应气候金融的发展趋势。宁德时代借助绿色债券，依靠其在锂电池技术领域的卓越表现，为储能行业提供了高效、可靠的电池解决方案。国轩高科通过发行绿色债券的方式，不仅支持了动力电池生产项目，还在欧洲市场布局上取得了重要进展，为清洁能源的推广贡献力量。中国华能聚焦核电、火力发电等项目，通过发行绿色债券为其可持续发展注入新动力。中国天楹创新开发蓝色债券，用于可持续性海洋经济项目。

通过深入分析这四个案例，本报告将揭示气候金融在储能行业中的重要作用，以及企业通过绿色金融手段来推动可持续发展的积极努力。这些案例

不仅代表了企业对环境和社会责任的承诺，还为其他行业探索气候金融的实践提供了有益经验。在储能行业的蓬勃发展中，这些企业的成功经验为构建更清洁、可持续的能源未来树立了榜样。

（一）宁德时代

由兴业银行担任主承销商、中国工商银行担任联席主承销商的宁德时代新能源科技股份有限公司 2022 年度第一期绿色中期票据发行完成。该绿色中期票据所募集资金将全部用于锂离子电池生产项目运营。具体为其下属的年产 147 亿 Wh 新能源锂离子动力及储能电池生产项目、宁德时代动力及储能电池系统智能化扩建改造项目、宁德时代湖西锂离子动力电池生产基地项目、宁德时代湖西锂离子电池扩建项目 4 个项目生产经营所需的原材料采购，包括原材料购置及偿付购置项目原材料开具的银行承兑汇票。上述 4 个项目累计年产能 62.7 GWh，项目生产的锂离子电池全部用于新能源汽车的动力系统以及风光发电等新能源发电的储能设施。经专业第三方绿色认证机构测算，1 GWh 动力电池全部用于纯电动汽车预计每年可减少排放二氧化碳 2.43 万吨，1 GWh 新能源发电储能系统通过吸纳释放新能源发电预计每年可减少排放二氧化碳 24.18 万吨。

1. 宁德时代基本情况

宁德时代新能源科技股份有限公司（以下简称宁德时代）成立于 2011 年，是国内率先具备国际竞争力的动力电池制造商之一，专注于新能源汽车动力电池系统、储能系统的研发、生产和销售，致力于为全球新能源应用提供一流解决方案，核心技术包括在动力和储能电池领域，材料、电芯、电池系统、电池回收二次利用等全产业链研发及制造能力。2017 年该公司动力锂电池出货量全球遥遥领先，达到 11.84 GWh。已与国内多家主流车企建立合作关系，并成功在全球市场上占据一席之地，也成为国内率先进入国际顶尖车企供应链的锂离子动力电池制造厂商。2022 中国民营企业 500 强榜单发布，宁德时代排第 196 位，营业收入 1303 亿元。

2. 本案例基本情况

2021 年底至 2022 年，全球储能产业整体呈高速增长的趋势（见图 1），整体储能市场需求持续提升，行业层面对未来经营抱有良好的预期。同样长维度的增长预期也会带动产业激烈竞争加剧。宁德时代作为产业龙头，在竞争关键阶段，为了稳固自身行业龙头地位，并合理应对行业需求的潜在周期节奏波动（见图 2），有效合理利用绿色中期票据等气候金融工具能够在一定程度上获得相对高效且低融资成本的资金支持，并且有效提升其绿色能源方向品牌形象，为后续国内外市场的持续开拓竞争打下基础。

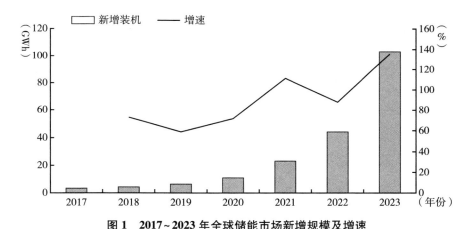

图 1　2017～2023 年全球储能市场新增规模及增速

资料来源：《2024 年中国新型储能产业发展白皮书》。

本案例中的绿色中期票据发行金额 50 亿元，发行利率 2.9%，所募集资金将全部用于锂离子电池生产项目运营，具体涉及年产 147 亿 Wh 新能源锂离子动力及储能电池生产项目、宁德时代动力及储能电池系统智能化扩建改造项目、宁德时代湖西锂离子动力电池生产基地项目、宁德时代湖西锂离子电池扩建项目 4 个项目生产经营所需的原材料采购，包括原材料购置及偿付购置项目原材料开具的银行承兑汇票。宁德时代电池生产基地项目具体如表 1 所示。

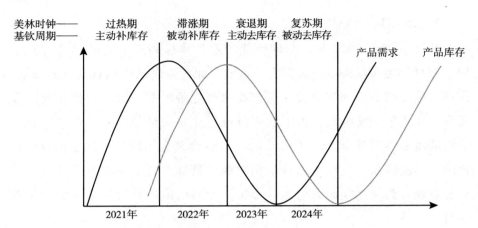

图2 2021~2024年储能发展的周期波动性

资料来源：《2024年中国新型储能产业发展白皮书》。

表1 宁德时代电池生产基地项目情况

单位：万元

项目名称	项目投资额	项目设计计划	项目设计现状	项目运营拟使用募集资金
年产147亿Wh新能源锂离子动力及储能电池生产项目	807500.00	募投项目于2015年开工建设，项目产品为锂离子电池	2017年竣工，同年正式投产	331499.00
宁德时代动力及储能电池系统智能化扩建改造项目	180000.00	募投项目于2017年开工建设，项目产品为锂离子电池	2019年竣工，同年正式投产	73894.00
宁德时代湖西锂离子动力电池生产基地项目	986000.00	募投项目于2017年开工建设，项目产品为锂离子电池	2020年竣工，同年正式投产	404780.00
宁德时代湖西锂离子电池扩建项目	462400.00	募投项目于2019年开工建设，项目产品为锂离子电池	2022年竣工，同年正式投产	189827.00
合计	2435900.00			1000000.00

资料来源：宁德时代公司公告。

募投项目生产所需原材料采购情况为正极材料、负极材料、电解液、隔膜采购等。企业通常选择货币资金或开具银行承兑汇票方式支付锂离子电池生产所需原材料购置款。企业内部有专业订单管理系统，募集资金直接支付的原材料采购款或偿付的银行承兑汇票可相应匹配至项目原材料采购订单，并根据采购订单追溯至锂离子电池生产基地及生产的锂离子电池产品。上述2020年前投产的3个募投项目，2019~2021年采购额分别为309.55亿元、314.58亿元、758.84亿元，按照2019~2021年三年的平均产量及月均采购费用不变的情况保守计算，该期绿色中期票据在发行期限内购置原材料资金缺口约921.98亿元，宁德时代拟将该期绿色中期票据募集资金100亿元用于锂离子电池生产基地项目的运营资金支持符合企业发展现状及相关规定，为绿色用途。

本次绿色中期票据涉及4个募投项目，联合赤道审查了募投项目的综合情况，并对募投项目进行简要介绍，项目基本情况如下。

（1）年产147亿Wh新能源锂离子动力及储能电池生产项目

项目位于福建省宁德市蕉城区漳湾镇，建成23条国际先进自动化锂离子动力及储能电池生产线，形成年产147亿Wh新能源锂离子动力及储能电池规模生产能力。项目总投资807.5千万元，于2015年开工建设，2017年竣工投产。

（2）宁德时代动力及储能电池系统智能化扩建改造项目

项目总建筑面积204600.04平方米，建设国际先进自动化锂离子电池生产线，形成年产8GWh锂离子电池生产能力。建设厂房、仓库、食堂、宿舍、活动中心等，配套建设水、电、路、气、环保设施等。采用国际先进、国内领先的锂离子动力和储能电池设计、制造技术，引进先进的电芯模组一体化全自动物流系统，生产动力、储能电池及系统。

（3）宁德时代湖西锂离子动力电池生产基地项目

项目总建筑面积528949.49平方米，新增国际先进自动化锂离子电池生产线，形成年产24GWh锂离子电池生产能力。建设厂房、仓库、宿舍等，配套建设水、电、路、汽、环保设施等。采用全自动化智能物流系统和国际先进、国内领先的锂离子动力和储能电池设计、制造技术，生产动力、储能

电池及系统。

（4）宁德时代湖西锂离子电池扩建项目

项目位于东侨经济技术开发区，规划建设锂离子电池生产厂房及配套建筑设施，年新增锂离子电池（电芯、模组、电池包）产能约16GWh。

本次募集资金主要用于锂电子储能电池项目，锂离子储能电池可用于风光发电等新能源发电储能设施。风力发电、光伏发电可能会因天气条件的影响，进而影响电网的稳定，储能设施可以帮助恢复电网的稳定，优化发电的出力曲线，减少弃风弃光，接纳更多的可再生能源输送给用户，提高可再生能源发电占比，优化能源结构，保障电网安全、稳定、高效、低成本运行，体现了较强的绿色属性。

根据2022年底的行业数据，宁德时代在电池制造业中的表现依旧突出，其出货量不仅在国内市场上遥遥领先（见图3），而且在国际市场上也处于领先地位。宁德时代凭借其先进的电池技术和持续的创新能力，成功地赢得了全球客户的信赖和支持。公司的产品涵盖了从电动汽车电池到储能系统等多个领域，其高质量的电池解决方案为全球的能源转型和可持续发展做出了重要贡献。其中，气候金融项目的参与也一定程度上给到储能龙头综合性的发展维度支持。

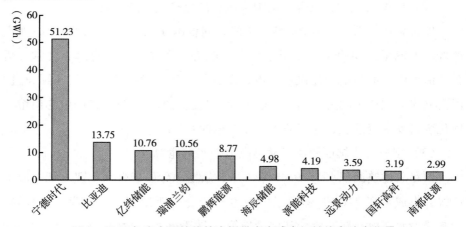

图3 2022年度中国储能技术提供商全球市场储能电池出货量

资料来源：《2023储能产业研究白皮书》、CNESA。

3. 本案例中气候金融的意义

本次使用气候投融资工具募集资金，其应用项目降低了碳排放，同时也减少了其他温室气体排放，在降低资源消耗、增加清洁能源的使用方面起到了重要推动作用。此案例具有良好的环境效益。

（1）环境效益分析

本案例中绿色中期票据募集资金全部用于锂离子电池制造项目，募投项目生产的锂离子电池用于动力系统和储能系统。动力电池用于新能源汽车的动力系统，储能系统用于风光发电等新能源发电的储能设施。

首先分析锂离子动力电池。新能源汽车包括纯电动汽车和混合动力汽车。纯电动汽车本质上是一种零排放汽车，一般无直接排放污染物，间接污染物主要产生于非可再生能源的发电过程，其污染物可以采取集中治理的方法加以控制。纯电动汽车使用电能直接驱动电机推动车轮，而传统燃油车先由热机将燃油或燃气的化学能转为内能、最终转化为机械能，纯电动汽车具有更高的一次能源转化效率。此外，在都市里，行车量较为庞大，而且频繁遇到红绿灯，导致车辆需频繁停车和起步。对于传统的燃油车而言，这不仅导致了大量能源的耗费，还意味着更多汽车的尾气排放。相比之下，采用纯电动新能源车具有明显的优势。在减速停车时，电动车能通过磁电效应将车辆的动能"再生"地转化为电能，并将其贮存在蓄电池或其他储能器中。这项技术使得在停车时无须让电机空转，从而大幅提高了能源的利用效率，同时减缓了空气污染的程度。而混合动力汽车相比传统燃油车也可以实现更高的能源燃烧效率、更低的油耗，排放的大气污染物也更少，环境效益明显。总之，相比传统燃油车，搭载锂离子电池的新能源汽车可实现更低的能耗、更少的污染物排放。

其次分析锂离子储能电池。锂离子储能电池用于新能源发电储能系统，可减少风电光伏发电中的弃风弃光，提高新能源电力并网消纳水平。储能电池是"清洁电量搬运工"，在用电低谷时，如果燃煤机组发电供给仍高于电力需求，而传统能源端无法进一步降低发电量，只能从新能源端选择弃风弃光。储能系统加入后，弹性调度、源网荷储互动成为可能。在

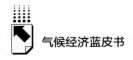

风电、光伏的发电高峰时段内，储能系统"充电"，消纳新能源电量，有效降低弃风弃光率；在无风、无光时，储能系统"放电"，支撑电力系统正常运行。

（2）其他社会效益分析

本次绿色中期票据募投项目包括年产147亿Wh新能源锂离子动力及储能电池生产项目、宁德时代动力及储能电池系统智能化扩建改造项目、宁德时代湖西锂离子动力电池生产基地项目、宁德时代湖西锂离子电池扩建项目，均为锂离子电池生产项目。根据项目资料，募投项目生产的锂离子电池包括锂离子动力电池和锂离子储能电池。锂离子动力电池可用于新能源乘用车、新能源公交车、新能源城市轻卡、新能源重卡、新能源环卫车辆、新能源工程车辆、新能源特种车辆等。锂离子动力电池作为新能源汽车的关键零部件，对于新能源行业的发展意义重大，新能源汽车相比传统燃油车在能耗和污染物排放上进一步降低，同时在平均单位运输工作量能耗相对较低，具有高效率、低消耗、低污染的优势，有利于更好地促进城市的低碳发展，具有较强的绿色属性。

（二）国轩高科

1. 国轩高科基本情况

国轩高科成立于2006年5月，2014年借壳上市，总部位于合肥，在昆山、南京、青岛、庐江、唐山十大生产基地有动力电池及材料产能。公司产业链涵盖了正极材料、隔膜、铜箔、电芯、BMS和PACK等环节。目前公司主要客户包括奇瑞、江淮、吉利新能源、长安、上汽通用五菱等。

2. 本气候金融案例情况

回看2017～2018年，新能源车与动力电池行业处于景气发展阶段，全球动力电池装机需求高速增长（见图4），产业处于扩张阶段。在公司初始体量相对优势不显著的背景下，引入气候金融支持能给公司带来高效且低融资成本的资金，并且提升公司在锂电池行业绿色方向的品牌影响力，为公司在行业增长过程中的竞争带来一定优势支撑。

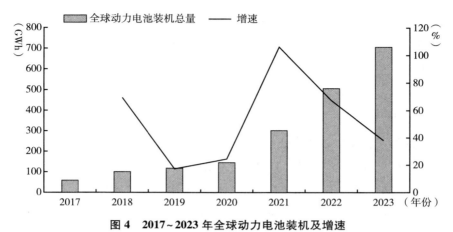

图4　2017~2023年全球动力电池装机及增速

资料来源：SNE research。

　　2018年4月13日，第一期国轩高科绿色债券发行，发行金额5亿元。该期债券募集资金总额为不超过5亿元，其中2.5亿元用于企业间接全资控股子公司青岛国轩电池有限公司年产10亿AH动力电池项目一期，2.5亿元用于补充营运资金。该期债券募集资金投向明细如表2所示。

表2　该期债券募集资金投资项目概况

单位：亿元

序号	项目名称	项目投资额	项目实施主体	拟使用该期债券资金	占募投项目比例（%）
1	年产10亿AH动力电池项目一期	18.00	青岛国轩电池有限公司	2.50	13.89
2	补充营运资金			2.50	
	合计	18.00		5.00	

资料来源：国轩高科公司公告。

　　该项目建设主体为青岛国轩电池有限公司，是企业间接全资控股子公司。根据莱西市发展和改革局出具的《关于青岛国轩电池有限公司年产10亿AH动力电池项目一期备案的通知》，该项目地址位于莱西市姜山镇南环

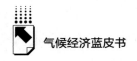

路南，经四路东地块一。该项目一期征地 19.5168 公顷，总建筑面积 120009 平方米，主要建设厂房、配套设施，购置设备。该项目从事动力锂电池生产，拟总投资 300000 万元，项目一期投资 180000 万元。

3. 本案例中气候金融的意义

（1）环境效益分析

燃油汽车在使用过程中会产生一定的有毒有害尾气，并且严重依赖于石油资源。据统计，全球大气污染物的 42% 来自交通运输，二氧化碳排放的 25% 来自汽车。电动汽车由于是以纯电驱动为主，在节能环保方面具有突出的优点，它取代了传统的汽油和柴油而由可充电动力蓄电池作为主动力源，排气污染小，能源使用效率高于内燃机汽车和普通混合动力汽车，从根本上解决了汽车发展与石油短缺的矛盾，保障国家能源安全；减少二氧化碳排放，减排效果显著。在全球能源与环境问题越来越严峻的情况下，以锂电池为主要动力源的交通工具，已得到迅速发展。锂动力电池为使用大功率大能量的应用设备提供了新的选择。该项目建设是发展新能源汽车和节能环保的需要。

（2）社会效益分析

我国现阶段锂动力电池生产还存在装备、技术不成熟等问题，我国电池企业存在高产值、高成本、低效益的困境，技术力量不足导致工艺技术开发困难，电池企业困境无法很好地解决。因此我国锂动力电池亟须通过改善办公环境，增强技术人员力量，以提高锂电池生产线开发能力。该项目的建设能够改善电池产业技术人员的工作环境，吸引高新技术人员加入电池产业的发展中，通过技术创新减少锂动力电池的生产成本，改善锂动力电池高产值、低效益的困境，增加企业效益，促进我国锂动力电池产业发展。

该项目建成后能够增加锂电池直接就业人员，培养出电池产品行业高素质人才，带动区域劳动就业，通过人才流动、技术交流将会有效促进电池制造业发展，带动区域原料产业和轻工业等相关产业的发展，从而带动与电池生产、销售相关的其他行业经济发展，促进区域社会经济的合理、健康、稳定发展。

（三）中国华能

1. 中国华能基本情况

中国华能集团有限公司（以下简称中国华能）是国有重要骨干企业，创立于1985年。目前中国华能已成为中国电力工业的旗帜，正全面开启"领跑中国电力、争创世界一流"的新征程。公司业务涵盖电源开发、投资、建设与经营，电力热力生产和销售，金融、煤炭、交通运输、新能源、环保产业的投资、建设与经营等。中国华能"十四五"规划明确指出将加快建设世界一流清洁能源企业，到2025年新增新能源装机8000万千瓦以上，清洁能源装机占比50%以上，碳排放强度较"十三五"下降20%。此外，中国华能成为我国首家成立专门碳中和研究所的电力央企，在碳达峰、碳中和方面走在前列。

2. 本案例基本情况

2021年2月25日，中国华能成功发行了2021年度第一期专项碳中和绿色公司债券，成为交易所市场首批碳中和绿色债券的发行者。该期债券总规模达到30亿元，期限为2年，票面利率为3.25%（见表3）。

表3　中国华能两期碳中和债具体情况

债券简称	发行规模（亿元）	期限（年）	利率（%）	起息日	到期日
21华能集GN001	30	2	3.25	2021/3/31	2023/3/31
21华能集GN002	20	2+N	2.95	2021/12/20	2023/12/20

资料来源：依据中国华能公开数据整理。

同年9月24日，中国华能再次成功发行了2021年度第二期碳中和绿色公司债券，该笔资金将专项用于石岛湾核电站的扩建工程。本次债券发行规模同样为20亿元，分为5年期和10年期各10亿元，票面利率分别为3.36%和3.8%。值得一提的是，这两只债券的票面利率均为2021年以来AAA级电力企业同年期债券的最低纪录。而在2021年9月12日，国家科技

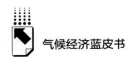

重大专项——华能石岛湾高温气冷堆核电站示范工程的 1 号反应堆首次达到临界状态，这标志着机组正式开启了带核功率运行。这次绿色公司债券的成功发行，为核电建设资金需求提供了有效补充，为石岛湾核电年内并网发电目标的顺利实现提供了有力保障。

截至 2023 年，中国华能总部已利用碳中和绿色公司债券募集资金总额达 40 亿元，发行期限为 2~10 年不等。通过长短期资金的合理搭配，有效调整了债务结构，统筹推进了绿色发展、转型升级和债务风险防范。

在绿色项目进展方面，第一期绿色中期票据所募集的资金已被投入 30 个项目中，这些项目均已完成并网发电，且运行状态良好。而第二期绿色中期票据募集的资金则被投入 7 个项目中，风电、光伏、核电稳步落地并网。

在碳减排效益方面，第一期绿色中期票据涉及的 30 个募投项目在 2023 年 1~3 月，与同等发电量的火力发电项目相比，共实现减排二氧化碳 14.21 万吨，节约标准煤 5.78 万吨，减排二氧化硫 15.96 吨，减排氮氧化物 25.58 吨，减排烟尘 3.27 吨。而第二期绿色中期票据涉及的 7 个募投项目在 2023 年 1~6 月，与同等发电量的火力发电项目相比，共实现减排二氧化碳 6.31 万吨，节约标准煤 2.41 万吨，减排二氧化硫 6.65 吨，减排氮氧化物 10.66 吨，减排烟尘 1.36 吨。这些成果充分展示了中国华能在推动绿色发展和碳减排方面的积极贡献。

2023 年 7 月 14 日，中国金融学会绿色金融专业委员会公布了首批符合中欧《可持续金融共同分类目录》的中国存量绿色债券清单，共 193 只债券入选，其中央企发行 92 只。中国华能旗下 5 家单位的 15 只绿色债券，总金额达 155 亿元，也位列其中。这些绿色债券项目涵盖了风力发电、太阳能发电、水力发电、储能技术、高效节能家电以及城乡公共交通系统等多个领域。

3. 本案例中气候金融的意义

发行绿色债券除了能为企业解决资金问题，满足企业发展需要，还可以为企业带来环境效益和社会效益，有助于企业履行社会责任。中国华能集团的项目聚焦于核电、火力发电行业，其减排效果明显。其项目的绿色发展也在一定程度上提高了空气质量，减少二氧化碳排放，有利于减缓气候问题。中国华能作为我国首批积极推广发行绿色债券的公司，促进了绿色投资市场的发展，引导更多的资金流向绿色产业。这有助于推动绿色技术的创新和应用，提高资源利用效率，降低对环境的负面影响。绿色投资市场的形成和发展还可以促进企业之间的合作和竞争，推动绿色产业的快速发展，可减少资源的浪费，为社会解决就业问题，促进资源的科学分配，提高利益相关者的满意度，让更多的投资者重视绿色发展，参与到绿色发展中来，进一步扩大了绿色债券市场的规模。

（四）中国天楹

1. 中国天楹基本情况

中国天楹股份有限公司（以下简称中国天楹）是一家从事零碳环保新能源、智慧环境服务及再生资源回收利用的大型国际化上市公司。公司业务覆盖储能技术装备的研究、开发与制造，智慧环境服务，新能源发电，区域能源中心，氢能中心，以及循环经济产业的投资、建设、运营。公司以创新为导向，依托高端设备的制造和研发能力，致力于通过等离子体技术、自动分类分选系统、智慧环境服务综合云平台、零碳能源互联网中心和智能网联中心等环保新能源全产业链节点技术的信息化、智能化、装备化、产业化，引领全球环保新能源产业升级和商业模式的创新，为实现我国"双碳"战略目标做出积极贡献。中国天楹汇聚全球技术、人才、资本等要素资源，深耕新能源产业。在分布式光伏、滩涂光伏、重力储能、海上风电等领域具备设计、投资、建设和运营能力，结合区域能源需求和产业链价值节点，走出一条既符合国家"双碳"目标，又体现中国天楹产业发展特色的创新之路。

2. 本案例基本情况

直至今日，重力储能仍可以看作储能行业中处于探索过程中的"新型"技术，对于中国天楹而言，首次在储能环节尝试大规模重力储能的资产投建，需要面对较为直观的资金压力以及相关技术与运营风险。中国天楹恰当地使用气候金融产品，为企业提供了坚实的资金支撑，并将相关重力储能技

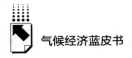

术推向市场，获得更多技术关注度的同时，接受更为立体的监管以及风险平衡与控制。

"蓝色债券"，作为绿色债券领域的一项创新产品，于2021年正式被深圳证券交易所纳入其创新品种业务指引中。该债券的核心目标是为推动可持续的海洋经济项目筹集资金。中国天楹发行的蓝色债券，作为我国民营企业中的"首单"蓝色科创债，其募集的资金将专项用于建设全国首个重力储能项目——如东100MWh项目。该项目在2023年7月27日成功列入国家能源局第三批能源领域首台（套）重大技术装备（项目）的公示名单。如东100MWh项目的核心在于利用重力储能技术，高效地储存如东沿海地区的风电和光伏发电等清洁能源。这一技术的运用，不仅为如东县及南通地区的电力系统提供了调峰调频的有效手段，还显著减少了电网的波动，进而提高了整个地区的能源利用效率。这一创新实践，无疑为改善如东及南通地区的电网生态环境提供了强有力的支持。

该项目的重力储能是一种全新的机械储能技术，可将风能、太阳能等不同形式的能源转化成重力势能存储起来，需要时再将其转化成电能释放。在充电模式下，系统驱动电动机将重力块提升到一定的高度对能量进行存储；在放电模式下，系统通过释放重力块带动发电机发电。整个充放电过程，由人工智能算法系统根据电网或用户需求，实现设施储能供能全程自动运作。重力储能可调节电网功率的瞬时平衡；提高可再生能源资源的利用效率；提高电能质量，增强电力系统供电可靠性。

3. **本案例中气候金融的意义**

根据中国复合材料工业协会数据，到2025年，随风机叶片退役，预计将有19984吨复合材料固体废物产生，之前处理方式以焚烧、填埋为主，会产生大量的碳排放，既浪费资源又有环境隐患，未来将材料分解后可制成重力块。① 若使用重力储能技术，可以有效提升农林固废综合利用空间，

---

① 《中国天楹：2023年度环境、社会与治理（ESG）报告》，资本市场电子化信息披露平台，2024年4月30日，http://static.cninfo.com.cn/finalpage/2024-04-30/1219907472.PDF。

有效减少碳排放，有利于全球气候问题的减缓。中国天楹具有强大的上游垃圾焚烧及固废处理能力，项目回收的垃圾、固废可用于制作重力储能重力块，高效发挥产业链协同优势，降低营运成本。叠加如东重力储能项目用于储存如东沿海地区海上风电、光伏发电等清洁资源，对可持续开发蓝色海洋资源具有积极影响，根据中诚信绿金测算，该项目每年可实现二氧化碳减排量 4.07 万吨。

三 气候金融促进储能行业发展的启示与建议

（一）启示

近年来，我国新能源装机规模增长较快，逐渐成为我国能源结构中的重要组成部分。但在可再生能源中占比较高的风电、光伏发电，受制于自然资源的随机性、波动性、间歇性特征，对电网的运营安全造成冲击。储能技术作为一种新兴的能源存储方式，已经成为可再生能源发展的重要支撑。储能技术的应用，一方面，可以有效平衡电网的负载和需求，提高能源的利用效率，减少能源的浪费，降低能源成本和环境污染；另一方面，储能技术也可以提升能源输送能力。通过储能技术的支持，可再生能源可以更好地融入现代能源系统，提高可再生能源的经济性和竞争力。储能技术的不断发展和成熟，也为可再生能源的大规模应用提供技术保障。

储能行业的发展对于提高我国新能源的普及率，促进能源转型以及应对气候变化都有重要作用。在储能领域，宁德时代、国轩高科、中国华能、中国天楹等企业气候投融资都增加了储能相关产品的生产和应用，在有效降低企业碳排放的同时，带动相关产业发展，产生了外溢作用，为社会发展和人民生活带来正向外部性。因此，储能行业气候投融资的发展能有效促进储能行业发展壮大，与风电、光伏等产业协同产生更大的碳减排效应，促进与之相联系的产业加快发展，提高我国应对气候变化的能力。储能行业气候金融

的发展为实现"双碳"目标、促进经济高质量可持续发展奠定坚实的基础，应将储能行业气候金融的发展作为气候金融体系的重要发展目标之一，实施相关的促进政策，完善我国气候金融模式，促进气候金融在应对气候变化方面发挥更大的作用。

气候投融资是指为实现国家自主贡献目标和低碳发展目标，引导和促进更多资金投向应对气候变化领域的投资和融资活动。在上文密集提到其对产业投资"硬件"方向的直观支撑，同样，其对"软件"方面如企业人才、思想和管理产生的作用也不容忽视。

人才培养与提升：随着气候投融资的推进，企业需要更多了解气候变化、绿色金融和可持续发展相关知识的人才。企业将更加重视对员工的培训和教育，以提升他们在气候投融资领域的专业能力。

思想观念更新：气候投融资强调环境、社会和治理（ESG）的重要性，促使企业更新发展理念，从传统的经济增长模式转向更加注重环境保护和社会责任的可持续发展模式。

管理创新与风险管理：企业在气候投融资的推动下，需要创新管理模式，比如实施碳足迹管理、绿色供应链管理等，以适应低碳经济的要求，并提高资源利用效率和环境绩效。气候投融资有助于企业识别和管理与气候变化相关的风险，包括政策风险、市场风险和物理风险，促使企业采取更为积极的措施来应对这些风险。

气候投融资的推进，不仅给企业带来了挑战，也为人才发展、思想更新和管理创新提供了新的机遇。企业需要把握这一趋势，积极适应和引领变革，以实现可持续发展。

（二）政策建议

近年来，储能行业保持快速增长态势，但产业整体仍处于发展阶段，面临诸多问题。第一，目前储能技术路线较多，但大部分商业化程度较低，应用成本较高，使得储能项目盈利能力差异较大，对政府补贴存在一定依赖。第二，新型储能商业模式尚不完善，价格机制、市场化程度均有待完善和提高。第三，气候金融的产品不够丰富，不能满足储能行业对于资金和风险管理多样化的需求。这些问题增加了储能行业的不确定性，使储能企业和项目在传统金融体系中难以获得成本相对较低的资金，气候金融的工具、模式以及风险管理的特性有待进一步完善。根据以上问题，提出如下相关政策建议。

一是创新气候金融工具，定制符合不同需求的多样化的气候金融产品。气候金融可以为储能企业的技术创新和储能项目的实施提供重要的资金支持，根据人民银行确立的气候金融"三大功能""五大支柱"的发展政策思路，通过引入多元性的气候债券、气候贷款、气候基金等金融工具，更低成本地为储能项目筹集资金，促进储能行业可持续发展。但目前储能行业的投融资工具较为单一，仍以贷款、债券这类传统的金融产品为主，难以满足储能行业多样化的融资需求，亟须模式和工具创新，针对储能项目特点，设计差异化、定制化的气候金融产品和服务。

二是提高企业环境信息披露标准，降低气候投融资面临的风险。因技术路线不同，储能行业的参与主体也存在较大的差异，如抽水蓄能和电网级大型储能项目体量较大，主要由大型电力、电网企业投资运营。而新型电化学储能相对分散，普遍体量较小，中小型技术企业参与较多。项目本身也受季节性因素和自然灾害影响大，稳定性差，存在较大的不确定性，对提供气候金融产品或服务的金融机构而言，识别、区分难度较大，潜在风险多。这就需要切实提高融资企业和相关融资项目的环境信息披露程度和精度，提高碳核查以及绿色评级能力，减少环境信息不对称性，降低金融机构发掘和服务储能项目的成本，提高金融机构提供气候金融产品和服务的意愿，增加资金供给。

三是深化金融机构改革，做好电力市场和气候投融资市场的有效衔接，构建互利共赢的生态圈。目前，我国新型电力系统建设已初见成效，全国统一电力市场体系正在完善，具有中国特色的电力中长期、辅助服务市场机制和规则体系全面建立。储能作为"源网荷储"中的重要一环发挥着蓄水池式的调节作用。而辅助服务市场的价格制度是影响储能产

业发展的重要因素。金融机构应进一步加大气候金融在电力市场改革中的参与力度，发挥金融市场机制和调节作用，推动电力市场、碳市场、气候金融市场协同发展，做好市场机制层面的有效衔接，形成绿色金融与电力交易市场的多层次协同机制，构建电力行业市场主体与金融机构互利共赢的生态圈。

Abstract

The global average temperature is rising year by year, climate change is accelerating, and the frequency of extreme climate events is increasing, posing a serious threat to the earth's ecosystem and human economic and social development and health. Addressing climate change requires concerted action by countries and industries around the world, including the involvement and support of the financial sector. Climate finance is an important branch that has just emerged in the financial field in recent years, and it is an important tool to deal with climate change. To give full play to the role of climate finance is of great significance to the mitigation and adaptation of climate change. The "China Climate Finance Development Report (2024) " (hereinafter referred to as the "Report") is a report jointly compiled by the University of Chinese Academy of Social Sciences, Oriental Securities , and China Society of Urban Economics under the current climate and economic situation. The report defines the concept and connotation of climate finance clearly, analyzes the types and transmission mechanisms of climate finance risks, and calculates the needs and gaps of climate investment and financing in China. The climate finance risk index is constructed and the current situation and trend of climate finance risk in China are evaluated by region and industry. The latest status quo, characteristics, and future trends of climate finance in the fields of the carbon market, carbon finance, banking, insurance, securities, Green Climate Fund, and ESG are summarized. Typical cases of developed countries (regions), international organizations, and China's renewable energy and energy storage industry are reviewed to provide references for promoting the development of climate finance in China. The Report is divided into five main parts:

The first part is the general report. Firstly, the report believes that climate

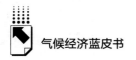
finance, as an emerging field, has attracted more and more attention in the context of increasingly severe global climate change. Climate finance originated from climate finance, but as climate change-related risks have gradually become a new and important source of financial risks, The connotation of the concept of climate finance extends to the general term of all climate-related financial products, services, tools, standards, markets, regulations, and policies, including climate investment and financing and climate finance risk management. The climate finance framework has not yet been established, and the cognition has not yet been unified. This report attempts to conduct a preliminary discussion along the two main lines of climate investment and financing and climate finance risks. Secondly, the report combs the formation process of climate finance risk cognition, Outlines the types and transmission mechanisms of climate finance risks, and the basic situation of climate finance risks in China. Thirdly, the report preliminarily calculates China's climate investment and financing needs from the two aspects of mitigation and adaptation and summarizes the progress of China's climate investment and financing. Although the current climate investment and financing actions are constantly advancing, there is still a huge funding gap. Regarding mitigation, China faces a total funding gap of 42.97 trillion yuan in 2021−2060, with an annual average of about 1.074 trillion yuan. In terms of adaptation, climate investment, and financing have been important since public funds, market-oriented investment, and financing have not been established, and it is possible to face huge losses due to insufficient adaptation investment and financing in the future. Finally, the report puts forward policy recommendations to promote the development of climate finance from many aspects, such as improving the awareness of climate finance, strengthening the risk assessment of climate finance, improving the regulatory system, and strengthening international cooperation.

The second part is the index. This report uses the text analysis method to build a climate change dictionary and builds the impact index of climate change risk on enterprise investment and financing based on the econometric model of financing and investment and the sample of listed companies from 2016 to 2022. On this basis, it further builds the impact index of climate change risk on different provinces and industries. The study found that the climate change risk impact index faced by provinces in 2016−2022 showed an increasing trend. In terms of regions, the impact of climate change risks on corporate investment and financing activities is greater in three provinces: Xinjiang Uygur Autonomous Region, Ningxia Hui Autonomous Region, and Hebei Province, and less in Guangxi Zhuang Autonomous Region, Hainan Province, and Tibet Autonomous Region. In terms of industries, the three industries where climate change risks have a greater impact on enterprise investment and financing are the electricity, heat, gas, and water production and supply industries, the electrical machinery and equipment manufacturing industry, and the non-metallic mineral products industry. The three industries less affected are leather, fur, feathers, and their products and footwear, health and social work, residential services, repairs, and other services.

The third part is the sub-reports, a total of 6 sub-reports. The first sub-report analyzes the development status of the carbon market and carbon finance and finds that China's carbon market and carbon finance policy system are gradually improving, and the market trading activity has also significantly increased, but the innovation degree of carbon financial products is insufficient, the price discovery ability is weak, and the market volume and openness need to be improved. The second sub-report analyzes and combs the practices of climate finance and green finance in banking strategy practice, product systems, risk management, information disclosure, statistical evaluation, and other fields. The analysis shows that the banking industry actively formulates and practices the development strategy of green finance, the product system is increasingly rich, and actively develops the characteristic products related to climate finance; Citibank, Industrial and Commercial Bank of China, and Industrial Bank are actively engaged in climate risk management practices, and relevant environmental information disclosure mechanisms have been gradually established. The third sub-report reviews the policies and business practices of the Chinese insurance industry in participating in climate finance and finds that the innovation of climate insurance products, the active participation of insurance funds in climate investment and financing, and the increasingly rich market practices. But at the same time, there are also problems such as the accumulation of climate risks, increased risk uncertainty, and inadequate policy systems and related infrastructure. The fourth sub-report discusses

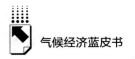
the development status and prospects of climate investment and financing in China's securities industry and finds that although climate investment and financing in China's securities industry started late, it is developing rapidly. The climate-friendly bond market has the following characteristics: first, large quantity and large scale; Second, the growth trend of the issuance market is slowing down; Third, the maturity of bonds shows a trend of short-long polarization; Fourth, the proportion of bond types and issuer industry issuance scale is gradually diversified. The fifth sub-report describes the development process and latest trends of international and domestic Green climate funds and analyzes the investment characteristics of climate science and technology equity investment funds in detail. It is found that the number of registered enterprises related to green funds shows a trend of fluctuating growth, and the types of green theme funds in the capital market are gradually rich, and the scale is growing rapidly. Climate technology equity investment funds have a strong momentum of development, and a large number of domestic investments are invested in the energy and transportation industries, and the geographical distribution of invested enterprises is relatively concentrated. The sixth sub-report analyzes and sorts out the history and latest developments of ESG development in China. In terms of ESG investment, the size of ESG funds has increased, and the issuance of ESG bond products has also shown an upward trend. But at the same time, there are also problems such as inconsistent standards, insufficient data quality and reliability, and investor awareness to be improved.

The fourth part is for reference, combing, and summarizing the experience of developed countries and international organizations in climate finance. On the one hand, it analyzes the typical characteristics of the development of climate finance in the United Kingdom, Norway, and the Netherlands, and summarizes their paths and experiences. It is found that the UK is rich in climate finance instruments and good at combining diverse financial instruments with climate objectives to promote climate governance. Norway focuses on promoting energy transition and low-carbon economic development. The Netherlands actively promotes the participation of social capital in climate governance and focuses on the monitoring and assessment of climate risks. On the other hand, attention was paid to the actions of international organizations on climate finance. It reviews and summarizes the climate actions of the World Bank, the International Monetary Fund, and the Asian Development Bank. It is found that the World Bank not only provides direct financial support for climate governance but also provides advisory services and intellectual support. The IMF focuses on sustained financing, strengthening financial regulation, and providing technical guidance. In China, the Asian Development Bank has implemented the Guangxi Regional Cooperation Integration and Investment Promotion Program to help China cope with climate change.

The fifth part is the industry chapter, which analyzes the typical cases of climate finance development in renewable energy and energy storage industries. In terms of renewable energy, the paper analyzes the important role of climate finance in the development of new energy enterprises by taking the climate investment and financing practices of Tongwei, Goldwind, CGN Wind Power, and Shenneng as examples. In the energy storage industry, four companies, CATL, Gotion High-Tech, China Huaneng, and China Tianying, were taken as examples to analyze their practice of using green credit, green bonds, green stock index, and other climate finance tools in different stages of the industrial chain to promote industrial development and to reveal the key role of climate finance in the development of energy storage industry.

Keywords: Climate Finance; Climate Change; Climate Investment and Financing

Contents

I General Report

Abstract: As the global average temperature continues to rise and extreme weather events increase, climate change has become a common challenge for all mankind. Addressing climate change requires the joint actions of all countries and industries, including the support and participation of the financial sector. First of all, the financial risks caused by climate change are increasingly emerging, and assessing and preventing climate financial risks is a new and important research field. This paper uses a combination of text analysis and an econometric model to measure the climate finance risk of various regions and industries, and finds that the climate finance risk of all provinces in China presents a trend of "low in the east and high in the west". The climate finance risk of industries with high dependence on natural resources and high carbon is more prominent, and the climate finance risk of industries such as the service industry is relatively low. Secondly, addressing climate change requires a huge amount of capital investment, and it is the responsibility of climate finance to analyze and evaluate the needs and funding gaps of climate investment and financing. Based on the STIRPAT model and scenario simulation method, this paper evaluates the financial needs for mitigation under the scenario of peaking carbon neutrality and adaptation under the scenario of 2℃ temperature rise in China. The study found that to achieve the two-carbon goal, about 118 trillion yuan of climate change mitigation finance will need to be invested between 2021 and 2060, and about 64 trillion yuan of climate change adaptation finance. Although China's local climate investment and financing pilot is in full swing, and climate finance instruments are increasingly abundant, the climate investment and financing gap is still huge. In terms of mitigating climate change, China faces a total funding gap of 42. 97 trillion yuan in 2021−2060; In terms of adaptation to climate change, relevant investment and financing policies and tools are lacking, and investment and financing cannot meet the needs of adaptation to climate change. Finally, financial innovation is urgently needed to address climate change. We should innovate the climate finance system and mechanism, optimize climate investment and financing models, improve the climate risk supervision system, increase the supply of green climate finance policies, and give full play to the role of finance in addressing climate change.

Keywords: Climate Finance; Climate Change; Climate Investment and Financing

Ⅱ Index Reports

B . 2 Impact Model and Impact Index of Climate Change
Risk on Enterprise Investment and Financing

He Li, Chen Hongbo, Zhen Haoqing, et al. / 044

Abstract: Climate change risk poses a great threat to corporate investment and financing as well as the financial system, and is one of the important factors affecting financial stability. Accurate assessment and measurement of the impact of climate change risks on different enterprises, regions, and industries is crucial. Accurate measurement of climate change risks is conducive to improving the level of corporate climate governance, and thus promoting the green transformation and

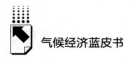

sustainable development of enterprises. Based on the samples of listed companies from 2016 to 2022, this paper constructs a climate change dictionary combined with the text analysis method, and further subdivides the climate change dictionary into a physical risk dictionary and a transformational risk dictionary. In addition, an econometric model based on financing and an investment-based model is constructed to analyze the specific impact of climate change risks on corporate investment and financing, and an impact index of climate change risks on corporate investment and financing is formed. On this basis, the risk impact index of climate change on different provinces and industries is further constructed. The research in this paper lays a solid foundation for accurately quantifying the risks arising from climate change.

Keywords: Climate Change Risk; Enterprise Investment and Financing; Impact Index

B.3 Impact of Climate Change Risks on Corporate Investment and Financing: Regional Differences

He Li, Chen Hongbo and Liu Xilan / 064

Abstract: China's vast territory, different inter-regional climate, geographical environment, economic development level, and the relevant policies and infrastructure to cope with climate change are there are great differences, it is necessary to carry out a detailed analysis of climate change risks in different regions. By analyzing the impact of climate risk on enterprises in each province from 2016 to 2022, it is found that with the attention to climate change in each region and the increase of climate extremes and other factors, the risk of climate change in each province has been on the rise since 2016. By analyzing the impact of climate change risk on enterprise investment and financing in different provinces, it is found that both the flow-based model and stock-based model show that the three provinces with the greatest impact of climate change risk on enterprise investment and financing activities are Xinjiang Uygur Autonomous Region, Ningxia Hui Autonomous Region, and Hebei Province. Less affected are Guangxi Zhuang Autonomous Region, Hainan Province, and Tibet Autonomous Region. At the same time, it is also found that the impact of climate change transformation risk on corporate financing activities is the same as that of the previous ranking, but the impact of climate change physical risk on corporate financing activities is greater in three provinces: Qinghai Province, Inner Mongolia Autonomous Region and Gansu Province, and less in three provinces: Jilin Province, Shanghai City, and Tianjin City. The accurate assessment of regional climate change risk provides an important reference for each region to formulate policies and measures to cope with climate change.

Keywords: Regional Differences; Climate Change Risks; Enterprise Investment and Financing

B.4 Impact of Climate Change Risks on Corporate Investment and Financing: Industry Differences

He Li, Chen Hongbo and Yang Huipeng / 088

Abstract: There are differences in the proportion of high carbon assets, carbon emission intensity, the degree of exposure affected by climate change risks, and the support policies formulated by the government in every industry in our country. Therefore, it is necessary to analyze the impact of climate change risks on enterprise investment and financing in different industries. This paper calculates the climate change risks faced by enterprises in different industries and finds that the models based on stock and flow agree that the three industries in which climate change risks have a greater impact on enterprise investment and financing are electricity, heat, gas, and water production and supply industry, electrical machinery and equipment manufacturing industry, and non-metallic mineral products industry. The three industries less affected are leather, fur, feathers, and

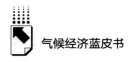

their products and footwear, health and social work, residential services, repairs, and other services. The analysis of climate change risks to different industries is conducive to enterprises to improve their understanding of climate change risks and formulate corresponding risk management strategies, to promote enterprises to better cope with climate change.

Keywords: Industry Differences; Climate Change Risks; Impact Index

Ⅲ Sub-Reports

B.5 China Carbon Market and Carbon Finance

Development Report（2024）

Dai Fubo, Liu Siyue, Yuan Shuai, et al. / 115

Abstract: With China's carbon peaking and carbon neutrality goals, the carbon market and carbon finance are becoming increasingly important. This report analyzes and compares the latest development of China's carbon market and carbon finance in 2022－2023. According to the analysis results, China's carbon market and carbon finance policy system has been further improved in the past two years. The trading activity has been significantly increased compared to the first compliance period in 2021, and market entities have become more proactively involved. However, overall, China's current carbon market trades are still mainly driven by mandatory compliance, with insufficient innovation of carbon financial products, weak price discovery capability, and the market volume and degree of openness yet to be improved. It is recommended to continue to improve relevant laws and regulations, strengthen information disclosure and market supervision. The report also suggests guiding diversified entities to participate in carbon market, and promoting the connection among pilot carbon markets, the national carbon market and international carbon markets in an orderly manner.

Keywords: Carbon Market; Carbon Finance; Carbon Trade

B. 6   The Development of Climate Finance in China's

Banking Sector (2024)

Zhang Chao, Zhang Yizhang, Kong Yue, et al. / 139

Abstract: Banks are the main force in the development of green finance in our country and the leaders and practitioners of climate investment and financing. As of March 2024, the balance of domestic and foreign currency green loans in China was 33. 77 trillion yuan, an increase of 35. 13% year-on-year, which was 25. 53 percentage points higher than the growth rate of various loans. This paper reviews the strategic practice, product system, risk management, information disclosure, statistical evaluation, and other aspects of China's commercial banks in the fields of climate investment and financing and green finance, interprets relevant policies at the national level, and puts forward relevant policy suggestions on the next step to promote climate investment and financing business and achieve healthy and sustainable development of green finance based on China's actual situation.

Keywords: Climate Investment and Financing; Climate Finance; Green Finance; Bank Industry

B. 7   The Development of Climate Finance in China's

Insurance Industry (2024)

Fu Ruolan, Kou Riming and Zhang Yizhang / 165

ZAbstract: Insurance is an important market-oriented risk management tool to help mitigate and adapt to climate change. The report comprehensively reviews the practices of China's insurance industry in climate finance. With policy guidance and support, and to meet the growing demand for climate risk management, China's insurance industry continues to promote innovation in climate insurance products, apply the latest insurance technology, and invest in climate-related projects. The market is rapidly growing, and service paths are constantly

气候经济蓝皮书

expanding. At the same time, China's insurance industry is facing challenges such as the continuous accumulation of climate risks, changes in risk factors, incomplete policy systems and industry infrastructure, and relatively weak insurance awareness. It is recommended to further improve the legal system related to climate insurance, establish a trans-sectoral cooperation mechanism, fully utilize the function of reinsurance, enhance the professional ability of insurance institutions in climate change risk management, to promote the contribution of the insurance industry to China's climate finance and global climate risk governance.

Keywords: Climate Insurance; Climate Finance; Catastrophe Insurance

B.8 China Securities Industry Climate Finance Development Report (2024)

Song Xuefeng, Chen Gang, Chi Yongsheng, et al. / 187

Abstract: This report delves into the present status and future prospects of climate finance within the Chinese securities industry. In the context of an escalating global emphasis on addressing climate change, the utilization of the securities market for climate-related investment and financing stands out as a pivotal means to propel the advancement of climate finance. While the initiation of climate finance within the Chinese securities industry trailed behind that of Western nations, its trajectory has been robust, owing to the escalating governmental support for climate change mitigation and adaptation, coupled with sustained societal and market attention directed towards climate finance. The current trajectory of climate finance within the Chinese securities industry encounters challenges in the domains of regulatory policies, technological and information infrastructure, and the cognitive landscape of market participants. Nevertheless, concomitant with these challenges, lie opportunities arising from the widening scope of international cooperation, impetus towards technological innovation, and the overarching trend towards sustainable development. Future endeavors to refine climate finance within the Chinese securities industry entail the meticulous calibration of pertinent regulatory policies, steering the trajectory of technological and information infrastructure development, and augmenting the cognitive depth and breadth of market participants. These initiatives are poised to instill greater order in the evolution of climate finance within the Chinese securities industry, establishing a foundational framework for the cultivation of a climate finance market imbued with distinctive Chinese characteristics. Furthermore, they are anticipated to exert a positive impact on China's pivotal role in the international landscape of climate change mitigation and adaptation.

Keywords: Climate Change; Climate Finance; Climate Bonds; Securities Market; Carbon Finance

B.9 China Green Climate Fund Development Report (2024)

Wang Zengye, Kou Riming, Huang Yanqiong, et al. / 225

Abstract: The Green Climate Fund is an important tool for climate investment and financing and an important support force for addressing climate change and promoting green and sustainable economic and social development. On the one hand, China's GCF includes the government-led Green Climate Fund, which supports various types of projects such as energy conservation and emission reduction, carbon sequestration, and carbon neutrality. On the other hand, green theme funds in the capital market are included, and the number of registered enterprises and fund scale related to green theme funds in China from 2010 to 2022 are on the rise. In the global market, climate technology equity investment funds are an important part of the Green Climate Fund, with more than 4000 investors around the world participating in climate technology transactions. For China, the investment areas of climate science and technology funds are broad and show a trend of geographical concentration. This paper also puts forward corresponding policy suggestions from the aspects of building a complete supervision system, policy support, legal system, norms, and standards. The research of this paper

helps promote the development of the Green Climate Fund and improve the degree of the fund industry's participation in climate governance.

Keywords: GCF; Climate Change; Climate Gorernance

B.10　China ESG Development Report（2024）

Song Xuefeng, Chen Gang, Xue Jun, et al. / 247

Abstract: In the context of continued global warming and frequent extreme climate disasters, it is increasingly important to consider environmental, social, and governance (ESG) factors in economic activities to address climate change. ESG research can provide investors with comprehensive information, reduce investment risks, promote enterprises to assume social responsibility and actively reduce greenhouse gas emissions, and help the government to formulate support and regulatory policies, which is of great significance for both adaptation and mitigation of climate change. At present, the scale of global ESG investment is rising year by year, the number of international institutions that agree with the ESG concept continues to increase, the global ESG information disclosure standards are constantly refined and the trend of unification is strengthened. ESG funds and bond products have also grown rapidly in recent years. However, ESG development in China currently faces challenges in terms of lack of consistent standards and indicators, data quality and reliability issues, the effectiveness of regulation and enforcement, investor education and awareness raising, and corporate culture and governance reforms. However, China's ESG development is also full of opportunities, and we should fully grasp the opportunities such as government support and policy guidance, market demand and investor attention, corporate competitiveness and brand image, innovation and technology development, and international cooperation and initiative participation. The sustainable development of ESG will help reduce carbon emissions, promote the transformation and upgrading of economic structure, help achieve the dual-carbon goal, and better respond to climate change.

Keywords: ESG; ESG Information Disclosure; ESG Rating; Climate Finance

Ⅳ   Reference Reports

Ｂ.11   Experiences and Lessons in Practice of Promoting
Climate Finance in Developed Countries   *Niu Lanjia* / 267

Abstract: Climate finance, as a crucial tool for mitigating climate risks, has effectively facilitated global climate action. In the context of the worldwide transition towards zero-carbon economies, the exemplary practices of climate finance in developed countries offer valuable inspiration and assistance to other nations in addressing global climate change challenges. This paper examines the distinctive characteristics of climate finance development processes in the UK, Norway, and the Netherlands and summarizes their respective approaches and experiences. As a pioneer in combating climate change, the UK employs diverse financial instruments to integrate its financial system with climate and environmental protection objectives to promote effective climate governance. Norway, being resource-dependent, focuses on advancing energy transformation and fostering low-carbon economic development through strategic utilization of financial instruments. The Netherlands leads national low-carbon transformation efforts by leveraging financial services while actively encouraging social capital participation in climate governance and emphasizing monitoring and assessment of climatic risks. This paper consolidates insights from advanced countries' experiences with employing financial instruments for managing climate change risks along with identifying advantages and challenges that are worth learning from during policy formulation and implementation processes; thus providing valuable guidance for China's own development of climate finance.

Keywords: Climate Finance Policy; Green GDP; Emissions Trading System (ETS); Climate Risk Stress Test

B . 12 International Financial Organisations' Actions to Address Climate Change and Climate Finance—Main Measures and Directions for Improvement

Zhong Chunping , Chen Jie and Si Min / 302

Abstract: In recent years, climate change has become a major issue of global concern, and the actions of international financial organizations in this field have also attracted much attention. By combing and summarizing the key actions of the World Bank, the International Monetary Fund (IMF) and the Asian Development Bank (ADB) in addressing climate change, as well as providing in-depth analyses of the practical effects of climate finance, the thesis aims to provide theoretical and practical references for solving this global dilemma. The thesis compiles in detail the key initiatives of the international financial institutions in climate finance, covering various aspects such as financial input, policy formulation, project support, et; secondly, the thesis also analyses the existing problems in depth, including whether the scale of financial input is sufficient, whether the actual effect is significant, and whether it is able to produce a demonstration effect, etc; lastly, based on the analysis of existing problems, the thesis further looks forward to the possible future countermeasures and measures. Finally, based on the analysis of the existing problems, the thesis further looks forward to possible future countermeasures and measures.

Keywords: Climate Change; Climate Finance; International Financial Organizations; Demonstration Effect

V   Industry Reports

B. 13   A Classic Case of Climate Finance Promoting the
Development of Renewable Energy

Lu Rixin, Gu Gaochen and Yan Dong / 328

Abstract: In the context of the global zero-carbon transition era, vigorously developing renewable energy is a common action for the global response to climate change. Climate finance is a key financial support for China's energy transformation and an important financial tool to promote the realization of the "double carbon" goal. This paper first explains the important role of climate finance in the development of renewable energy and reviews some typical investment and financing data in the renewable energy industry. Secondly, taking Tongwei Shares Green Technology Innovation notes, Goldwind Technology green ultra-short-term financing notes, CGN Wind Power medium-term notes, and Shenjin−Anrui Green Directional asset-backed commercial paper as examples, the important role of climate finance on the development of new energy enterprises is elaborated. Finally, in the renewable energy industry, the future development trend of climate finance prospects, and corresponding policy recommendations are put forward from the aspects of information disclosure, climate finance model and tool innovation, and policy coordination.

Keywords: Renewable Energy; Climate Finance; Climate Risk

B. 14   A Typical Case of Climate Finance to Promote the
Development of Energy Storage Industry

Lu Rixin, Gu Gaochen and Yan Dong / 355

Abstract: Amidst the rapid evolution of the global clean energy sector, the

energy storage industry emerges as a pivotal force propelling worldwide economic resurgence. Against the backdrop of climate change, the energy storage domain, by orchestrating the integration of clean energy across temporal and spatial dimensions, heralds a new epoch for energy systems. This paper, adopting the perspective of the energy storage industry, systematically catalogues and scrutinizes paradigmatic instances of climate finance within this sector, featuring entities such as CATL, Gotion High－Tech, China Huaneng, and China Tianying, among others. These entities, through the issuance of green bonds and analogous financial instruments, actively participate in climate finance endeavors, providing robust impetus to sustainable development initiatives. Across the upstream raw material segment, midstream manufacturing realm, and downstream operational asset domain of the industrial continuum, the energy storage industry adeptly leverages diverse financial instruments, including green credit, green bonds, and green stock indices, facilitating a mutually beneficial synergy between climate finance and industrial maturation. Through an exhaustive case analysis, this paper elucidates the indispensable role of climate finance in the energy storage sector, illustrating how enterprises propel sustainable development through astute engagement with green finance mechanisms. These instances of success not only embody a dedication to environmental and social responsibility but also proffer instructive insights for industries venturing into the terrain of climate finance, thereby establishing an exemplary model for cultivating a cleaner and more sustainable future for energy.

Keywords: Energy Storage; Climate Finance; Industrial Chain

权威报告·连续出版·独家资源

皮书数据库
ANNUAL REPORT(YEARBOOK)
DATABASE

分析解读当下中国发展变迁的高端智库平台

所获荣誉

- 2022年，入选技术赋能"新闻+"推荐案例
- 2020年，入选全国新闻出版深度融合发展创新案例
- 2019年，入选国家新闻出版署数字出版精品遴选推荐计划
- 2016年，入选"十三五"国家重点电子出版物出版规划骨干工程
- 2013年，荣获"中国出版政府奖·网络出版物奖"提名奖

皮书数据库　　　　"社科数托邦"
　　　　　　　　　微信公众号

成为用户

　　登录网址www.pishu.com.cn访问皮书数据库网站或下载皮书数据库APP，通过手机号码验证或邮箱验证即可成为皮书数据库用户。

用户福利

- 已注册用户购书后可免费获赠100元皮书数据库充值卡。刮开充值卡涂层获取充值密码，登录并进入"会员中心"—"在线充值"—"充值卡充值"，充值成功即可购买和查看数据库内容。
- 用户福利最终解释权归社会科学文献出版社所有。

数据库服务热线：010-59367265
数据库服务QQ：2475522410
数据库服务邮箱：database@ssap.cn
图书销售热线：010-59367070/7028
图书服务QQ：1265056568
图书服务邮箱：duzhe@ssap.cn

社会科学文献出版社 皮书系列
SOCIAL SCIENCES ACADEMIC PRESS (CHINA)
卡号：988544156259
密码：

S 基本子库
SUB DATABASE

中国社会发展数据库（下设 12 个专题子库）

紧扣人口、政治、外交、法律、教育、医疗卫生、资源环境等 12 个社会发展领域的前沿和热点，全面整合专业著作、智库报告、学术资讯、调研数据等类型资源，帮助用户追踪中国社会发展动态、研究社会发展战略与政策、了解社会热点问题、分析社会发展趋势。

中国经济发展数据库（下设 12 专题子库）

内容涵盖宏观经济、产业经济、工业经济、农业经济、财政金融、房地产经济、城市经济、商业贸易等 12 个重点经济领域，为把握经济运行态势、洞察经济发展规律、研判经济发展趋势、进行经济调控决策提供参考和依据。

中国行业发展数据库（下设 17 个专题子库）

以中国国民经济行业分类为依据，覆盖金融业、旅游业、交通运输业、能源矿产业、制造业等 100 多个行业，跟踪分析国民经济相关行业市场运行状况和政策导向，汇集行业发展前沿资讯，为投资、从业及各种经济决策提供理论支撑和实践指导。

中国区域发展数据库（下设 4 个专题子库）

对中国特定区域内的经济、社会、文化等领域现状与发展情况进行深度分析和预测，涉及省级行政区、城市群、城市、农村等不同维度，研究层级至县及县以下行政区，为学者研究地方经济社会宏观态势、经验模式、发展案例提供支撑，为地方政府决策提供参考。

中国文化传媒数据库（下设 18 个专题子库）

内容覆盖文化产业、新闻传播、电影娱乐、文学艺术、群众文化、图书情报等 18 个重点研究领域，聚焦文化传媒领域发展前沿、热点话题、行业实践，服务用户的教学科研、文化投资、企业规划等需要。

世界经济与国际关系数据库（下设 6 个专题子库）

整合世界经济、国际政治、世界文化与科技、全球性问题、国际组织与国际法、区域研究 6 大领域研究成果，对世界经济形势、国际形势进行连续性深度分析，对年度热点问题进行专题解读，为研判全球发展趋势提供事实和数据支持。

法律声明